U0014415

SARAH BAKEWELL
莎拉・貝克威爾——著 陳衍秀——譯

人文主義的追尋

Humanly Possible

人文主義七百年來的自由思考、探究和希望

700 Years of Humanist Freethinking,
Enquiry and Hope

【專文推薦】

人文主義的歷史，即一場人類追求快樂與自由的漫長盛宴

阮若缺

十一年前拜讀莎拉・貝克威爾《閱讀蒙田，是為了生活》一書，並為之撰寫導讀，當時便留下深刻印象，除了因為它是本五百頁的大部頭作品，再者就是作者的博學多聞，她以意識流的寫作方式依年代排序娓娓道來，內容平易近人卻豐富多元，愛智者或愛書人不該錯過。

《人文主義的追尋：人文主義七百年來的自由思考、探究和希望》總共十二章，我們可從中感受到人文主義七百年來的演變，有些地方確實進化不少，但某些細節甚或重點仍令人遺憾，畢竟這部書是以七百年來西方白種男人的哲思脈絡為基底。幸好，作者為二十一世紀女性學者，她跳脫了一般男性菁英知識分子的人文視角，對種族、性別、階級上的偏見提出反思與批判，也挖掘出前人曾試圖表達異議的歷程。

首先，前言點出了大哉問，何謂人文主義？還有人文主義（humanism）與人道主義（humanitarianism）的區別。經過一番辯論，可歸納人文主義者所追尋的大約是希望培養眾人具備人文精神，同時也有「高雅、博學、善於表達、慷慨、有禮」等特質。似乎其中共同的人性是存在的，孔子比西方哲人德謨克利特和普羅達哥拉斯早誕生，他所著的《論語》，已談到道德、社會禮儀、哲學看法及政治見解，它的關鍵字便是「仁」，也可譯為「人性」，強調的是人性本善。而印度教史詩《摩訶婆羅多》和基督教經文中所說的「你想要別人怎麼對待你，你就怎麼對待別人」，其實這就與儒家的「己所不欲，勿施於人」有異曲同工之處。不過，當然也有悲觀的反人文主義者，尤其每逢亂世、傳染病、戰爭等天災人禍接踵而來的時刻，不免感到絕望。

接著，兩位文藝復興前期的思想家佩脫拉克和薄伽丘登場。兩人皆愛閱讀與寫作，對人生的感悟，心靈相犀；他們創作的利器就是人文研究，運用的元素包括智慧、友誼、美德、語言表達能力和雄辯術。譬如佩脫拉克的《命運好壞的補救措施》，就是為他的友人和過去的贊助者阿佐所寫，描述他的三重不幸——妻子與小孩被敵人俘虜、流亡外地、後來患癱瘓症——這不禁令人聯想到伏爾泰中篇小說《憨第德》中的龐格羅斯——作者所要表達的，不外乎「理性的任務是使悲傷高興起來，同時提醒歡樂時莫得意忘形。這兩位人文主義者皆屬樂觀主義派。本章還穿插了許多趣味橫生的軼聞，甚至提到鼠疫對人類文明的影響。

到了十四世紀末、十五世紀初，義大利的「人文主義者」陣容逐漸壯大，不過幾乎以男性為主，然而少數幾位女性的人文活動表現出色，值得在此記上一筆：其中最知名的莫過於德．皮桑，她多才多藝，創作內容包羅萬象，除了所謂男性主題，如道德、教育、政治和戰爭外，還寫情詩以及敘述了人生活中的詩篇，也提供了許多正向思考的想法。不過，她也對具厭女意味的話感到無奈：「那些說女人壞話的人，對他們自己的傷害比他們實際誹謗的女人的傷害更大。」此外，同一世紀晚期的塞雷塔，她不僅寫詩，也將自己與多位人文主義者的通信作為文學作品發行，並表示女性受教育及婚姻中更加獨立的必要性。另一位書信作家菲德勒，曾把書信和一份拉丁文演講稿寄給麥地奇家族的著名家庭教師波利齊亞諾，對方閱後大為讚賞：「遇見一位提筆寫作而非做女紅，在紙上揮灑墨水而非在皮膚上妝的女性，真是太棒了！」但字裡行間仍嗅得出他優雅的優越感。由此我們不難察覺當時的女性仍難避免得仰男人鼻息。

第三章最值得討論的是，遭逢「非我族類」時的排他心態。西元前四三〇年，雅典領導人伯里克里斯於雅典和斯巴達戰爭期間，便發表了「夷夏之大防」的演說：他說斯巴達人只關心軍事演習和紀律，閉關自守，並嚴酷對待小孩，且階級分明；而雅典人則兼具自由與和諧、對外開放貿易、憑自由方式教育兒童，且雅典人人自由平等參與城市事務。這篇洋洋灑灑的論述，看來完美無瑕，然而其中的「人人」，可不包括婦女與奴隸！還特別提醒，戰爭寡婦並不適用，因為她們唯一的美德就是「不要被男人談論，不管是讚美或是批評。」同樣，另一時期的佛羅倫斯也有婦女和奴隸，而女性既不公開發言，也不會被公開談論，婦女只能低調存活如不存在的透明人。其實，雅典與佛羅倫斯這兩處自以為是的人文寶地，還經歷政權動蕩、瘟疫、暴動，前者甚至敗於斯巴達人之手；社會蒙昧或光明，眾說紛紜。

時勢造英雄，身為義大利醫生兼人文主義者的弗拉卡斯托羅，於一五三〇年出版了一本人類不會感到光彩的書——《梅毒或法國病》。他還給患者一些飲食建議：避免吃豬大腸、五花肉，里肌肉也不行，至於蔬菜，小黃瓜、松露、朝鮮薊、洋蔥都不能吃。這些食物的禁忌與我國飲食文化有雷同之處，或許是經驗法則，或許為道聽塗說，不過目的皆為改善人類生活，減少其痛苦。

這還不算癡人說夢，喬叟《坎特伯里故事集》中一位醫生竟認為黃金可治心臟病，更是醫療瘟疫的萬靈丹！再者，解剖學研究方興未艾，以活體手術獲得新知不易，醫學院甚至退而求其次用罪犯的屍體以了解人體結構——十九世紀時許多人拒絕死後遭解剖，原因則是相信來世會復活——這意外地成了嚇阻犯罪的利器，他們可不希望下輩子天生殘疾，這比判處死刑還有效。

那麼阿爾卑斯山另一頭的人文藝文發展呢？一五〇〇年代，歐洲南北之間交流日趨頻繁，藝術家、文學家和醫生亦絡繹不絕，前往人人嚮往的文藝復興大國義大利，在那兒有最好的大學、最新的學術研究方法、最多的藏書，還有羨煞眾人的人文素養。他們取經回到自己的土地後，便與友人分享發現，並將其優點融入在地文化中。其中值得我們一提的，包括了阿格里科拉、伊拉斯謨和蒙田。

原住低地國的阿格里科拉，旅居義大利十年，不僅在那兒教授修辭學，還彈奏教堂管風琴，他聽力靈敏，因此學了多種外語。他也很擅長繪畫，曾告訴學生不應太依賴課堂所學，最重要的是學會如何好好生活。另一位生於鹿特丹的伊拉斯謨，被譽為最多才多藝的人文主義者之一，他的作品包括翻譯、寫作手冊、對話錄、辯論、娛樂性作品及數量驚人的書信。他並不質疑基督教信仰，但確實深信明智且美好地生活最重要。伊拉斯謨倡導和平與友誼，也十分注重禮儀與教養，認為學習和文學有助於人們在亂世中獲得成長。他一五三〇年的作品《論兒童的教養》裡總結了許多該做和不該做的事，其中管教的範圍頗奇妙：「眉毛要保持光滑開朗，以顯示問心無愧、心胸開闊；不要有皺紋，那是衰老的象徵；不要如刺蝟般優柔寡斷；也別像公牛一樣具威脅性。」另一位吸收義大利精神和伊拉斯謨思想，學富五車的人文主義者蒙田，在當時充斥暴戾之氣的氛圍中，主張寬容和協調，但尋求中庸之道的他反遭詆毀。他的哲學觀就是「最美好、最合理的事，莫過於好好做個正學的人，最難以學習的知識莫過於知道如何好好地、自然地過完這一生；而我們最凶險的疾病便是輕視我們的存在。」這三位都主張以旅行擴展見識，尊重多元性與多樣性，他們的影響力在人類文明史上留下了痕跡。

接下來承先啟後的啟蒙時代思想家，這裡首推伏爾泰和狄德羅，這群知識分子的哲學觀可說是奉行「進步」、「改善」、「理性」、「啟蒙」。他們認為以不同方式來思考宗教，是人類邁向進步的途徑之一。而寬容是伏爾泰的重要信仰，基本上他是位自然神論者，因此宗教寬容成為其關注焦點，也曾為一些新教徒平反。此外，他對當時里斯本大地震，並未得到上蒼的「良好安排」，是有意見的，作者一七九五年出版的《憨第德》中主角之一潘格羅斯，可說是命運最多舛的一個：他先被地震所困，又因發表異端邪說差點被絞死，逃出來之後又遭逮捕，囚禁在一艘土耳其船上當奴隸。起初他還樂觀地堅持這一切都是上天的安排，只能自嘲以紓解心情，但最終則像是種絕望哲學，對上帝的存在產生質疑。伏爾泰本人的言論亦不見容於權貴，曾因而蹲牢、流亡，法院也焚毀了他的《哲學通信》；《哲學辭典》則在巴黎和日內瓦均遭焚毀。因此自己就只好住在法國與日內瓦邊界附近，以便根據哪個國家對他的迫害程度隨時移動。狄德羅也坐過牢，他最大的成就，便是編撰了《百科全書》，但為了避免打斷寫作，還佯稱不再出版「錯誤的書籍」；這群作者得以用假書名、匿名或化名，透過手抄本流傳作品，少數則走私至境外印刷。不過諷刺的是，在《百科全書》裡，狄德羅讚美印刷術和其他科技的進步，而自己大多數著作卻只能依賴手抄本流傳坊間。其他還包括了《懷疑論者的散步》（無神論者、自然神論者與泛神論者的一系列討論）、《修女》（逼少女入修道院的悲劇）、《拉摩的姪兒》（主題包括音樂、道德及快樂等）。

造化弄人——神權猶在，但固若金湯的王權卻傾倒了，然而當時為國王求情的人文主義者卻遭狂熱分子殺害。植物學家馬勒澤布因為替被捕的路易十六求情、辯護，被送上斷頭台，罪名是圖謀幫助流亡者；女性主義者暨反奴隸制運動家德古熱，也因反對處決國王而遭斬首，這次她被冠上的罪名是：「她忘了她所屬性別的美德。」數學家孔多塞贊成革命，但反對暴力，尤其是處決國王，也因此曾躲到鄉下避風頭，結果被識破，關入監獄，隔日竟被發現死在那裡。孔多塞的作家朋友潘恩，也因替國王求情而遭監禁，但他是英國人，也具美國公民身分，這反而救了他一命：新上任的美國駐法大使詹姆斯．門羅成功令他獲釋。

如果說人文主義灌溉了人類發展的進程，那可是先人用汗水與鮮血換來的。到如今，它已塑造了西方社會四個主要觀念：普遍性、多元性、批判思考、道德連結。不過性別議題仍無解，雖多次被提起，卻更常遭忽視。在古希臘，柏拉圖就曾表示支持女性教育，但他卻相信，女性是前世懦弱或不道德的男人轉世而來的！亞里斯多德則認為他所著的倫理學與政治學，只適用於希臘男性自由人，至於女性與奴隸，都是比較低劣的。本書作者貝克威爾察覺所謂的人文主義者，仍具嚴重的局限性，譬如休謨就曾斷言非白種人「天生拙劣」、「每一種不符現代歐洲習慣的做法與情感都是野蠻的」；遭指責後，卻修正成「只」針對非裔人士……盧梭是當代最激進的政治思想家之一，然而一提起女子教育問題，卻成了古板的守舊派，在《愛彌兒》中他就曾表示，女孩不必學習哲學或科學，她們只要知道如何取悅老公即可。就連確實認為女性可成為優秀科學家的伏爾泰，在情人沙特萊（數學家暨翻譯家）去世時，曾嘆息道：「她唯一的缺陷是身為女人。」這些以基督教精神一脈相承的國度，傾向認為「凡存在者必合理」，因此主張女性維持謙遜順從的現狀是「正當而有益的」。換言之，可容許她們在基礎教育中成長，但壓抑她們任何自負、有主見的行為，而這也和「女子無才便是德」的儒家思想不謀而合。

誠然，所謂的菁英分子在女性議題上是發生了瓶頸，然而在自由、教育、社會繁榮方面較有共識。洪堡便曾說過，擴大人與人的接觸，令人振奮，這也是社會推進的動力。密爾也認為豐富的生活歷練可以拓展人生。阿諾德進一步表示，就算不旅行，只看報紙，如果有帶著開明且具批判性的思維閱讀，亦可提升文化素養。其中最客觀的是洪堡，他曾寫道：「一本重要的新書，一個新理論，一種新語言，都能令我擺脫死亡的陰靈，感受到難以言喻的喜悅。」對密爾而言，體驗「詩歌的想像力」與研究「人類行為」，是使他恢復感覺的一切動力；阿諾德則認為，文化活動使人生更甜美。三位人文主義者都同意，文化確實可以將人性的真善美發揮到極致，這種正面的意識形態，淡化了沉悶教育家所推崇的狹隘文化觀念，所謂的「新人文主義」也影響了二十世紀初某些美國大學短暫興起的一種意識形態。

十九世紀末，二十世紀初，西方邁向科學的人文主義，一些稀奇古怪的發現對人類思考的方式產生巨大影響。達爾文於一八五九年出版的《物種起源》，提出一個關於生命多樣性的妙論，他認為高等動物的繁殖，是自然競爭、饑荒及死亡造成的，也就是所謂的「物競天擇，適者生存」，這本書特別在英國擁有廣大讀者群，並被穆迪圖書館列為推薦好書。馬克思是他的忠實讀者，肯定達爾文思想及其社會階級鬥爭理論相互關聯，更曾對恩格斯說：「它為我們的觀點提供了自然史的依據。」另一位讀者赫胥黎，他表示達爾文主義融合了十九世紀的兩大趨勢：教育及自由思想，並引領大家轉向以科學方式思考，因此他創了一個新名詞：科學人文主義者，更在一時間與保守派的人文主義者發生多起論戰，尤其是這套說法並沒為人類道德提供明確的立論基礎。不過確定的是，這派知識分子都紛紛表明自己非「無神論者」而是「不可知論者」。這些所謂的異端，不見容於當代在英國勢力龐大的教會，不是遭大學開除，就是被迫辭職，總之，離開學術圈已無可避免。

在那百家爭鳴的時代，出了若干著名的意見領袖，他們確實替西方文明傾注了一股活力。孔德創立了社會學這學科，並創造實證主義（positivism）一詞；他的科學世界觀令他拒絕了傳統宗教信仰，以生活中某些儀式性的東西取代宗教，設計出所謂的實驗主義宗教或人。但這竟伴隨著一個匪夷所思的謬論：人類必須有聖人和處女，不然就無所適從。密爾則反對他的想法，認為這種以人類「進化」的渴望為出發點的哲學，最後竟落入屈從教條的窠臼！

另一位替人類帶來新希望的是柴門霍夫，發明以西方語言為基礎的世界語（esperanto），欲藉此打破人類語言與文化的隔閡，進而搭起友誼的橋樑。他提出「人類主義」，旨在促進人與人之間的理解與溝通。許多人都認為世界語是不切實際的設計，但不可否認地，這個烏托邦語言，雖歷經狂風暴雨，眼見即將夭折，仍載浮載沉地存活下來。

此外，還有一位不能忽略的哲人，就是羅素。他是樂觀的人文主義者，不僅深受十九世紀的世界與各種新思潮的影響，更因為活得夠久（1872–1970），而能夠在他長達九十八年的生命裡，鍥而不捨地從事多項運動——他是數學家、政治活動分子、哲學家、性解放主義者、理性主義者、無神論者。羅素的思想偏向伊比鳩魯主義，與啟蒙時代的霍爾巴赫或近代的英格索爾相近，認為若人類要感到快樂（幸福），就必須擺脫宗教所引發的焦慮。恐懼是快樂的頭號敵人，而宗教又是恐懼最主要的來源之一。簡而言之，羅素希望人類的生活更大膽、更自由、更快樂、更具建設性，一切取決於己。

既有人文主義，便不難想像反人文主義（anti-humanism）的存在。義大利法西斯主義的意識形態即十分具代表性，墨索里尼和詹提勒當時共同撰寫了「混沌之神與古老的黑夜女神」，它成了法西斯主義的宣言。後者撰寫了主要的理論部分，他闡明，法西斯國家的目標並非為增進人類幸福，也非要追求進步，而和平並不值得嚮往，國家主要是為了避免互相殘害才進行干預，它有時會傷害人民，但要為了「增進國家利益」，為國家「自我犧牲」。史達林稱詹提勒為「人類靈魂工程師」，他更藉新理論推動共產主義，表示他的任務是從精神上改造人民，打造所謂的「新蘇聯人」。其實，當時德國的小說家褚威格和湯瑪斯．曼已察覺人文思想太具彈性、太軟弱，甚至為了配合極端思想的激進分子，去解決之間的歧見，結果竟是目睹希特勒坐大及接踵而至的世紀災難，這無疑是對人文主義的世界觀宣戰。因此許多歐洲人文主義者，尤其是猶太人，不得已選擇流亡，到大西洋的彼岸——美利堅合眾國，暫避風頭。

二戰後，有鑒於體認戰爭的殘酷及對和平的渴望，於一九四五年成立了聯合國，其中重要分支機構之一便是聯合國教科文組織，它所提出的願景充滿人文主義精神，關鍵概念更充分實現「個人、城市、國家與整體人類的能力。」然而，人們在社會中的權利與義務，何者為重——如何在個人主義和社群認同間取得平衡，如何展現包容，或何謂「人類普世價值」？這些問題至今仍是文化辯論時的無解話題，因而所發表的《世界人權宣言》在各國仍有不少歧見。

整個二十世紀和二十一世紀，尋找羅素所謂「自由幸福的人類世界」者，皆以人文主義者名義組織社群，但態樣多元——有的是強烈無神論者，有的是呈準宗教組織，有的提倡以科學和理性為中心思想，有的則強調道德生活；有的與激進的社會主義結盟，有的則避免跟政治扯上關係。他們關注的無非是想「獲得知性滿足的人類生活」。

而美國黑人人文主義者戈達德豐富了人文主義思維，並讓它變得更好。非裔美國人人文主義組織於二〇〇一年發表宣言，指出人文主義者可針對美國黑人社群推廣「生活中良好的行為與智慧」。另一個新興的社群LGBTQ+人文主義組織也有其特殊性，一九七七年的《同志新聞》訴訟案，意外提高了它的知名度。之後還有超人類主義者，他們熱切期待各種新科技的出現，大幅延長人類的壽命，讓自己跟機器人合而為一；對立面則是「後人類主義者」，他們認為世界遭人類破壞殆盡，建議進行自我毀滅，也就是推動所謂的人類自願滅絕運動，以拯救地球。

總之，目前有組織的人文主義團體，在各國倡議實現最大公約數，以實現更包容、更具人文關懷的生活，如人文主義式的婚禮或葬禮儀式、有尊嚴的安樂死、陪伴。它們多少帶一些宗教色彩，就像生活中常見的美鈔，照理不應具政治或宗教意涵，上面卻印著「我們信仰上帝」（In God We Trust）……。

不過，作者寧可樂觀地再引用英格索爾的信條，認為快樂（幸福）是唯一的善，它此刻就在我們身邊。

本文作者為政治大學歐洲語文學系教授

目次
Contents

前言

只有連結！

「什麼是人文主義（humanism）？」[1]大衛．諾布斯（David Nobbs）在一九八三年出版的喜劇小說《麻袋競走倒數第二名》（*Second from Last in the Sack Race*）中拋出了這個問題。問題是在小說中的瑟瑪許重點中學（Thurmarsh Grammar School）的人文主義雙性社團（Bisexual Humanist Society）成立大會上提出來的——名為「雙性」，是因為這個社團裡有男生也有女生。結果引起一陣譁然。

一個女生首先說道，這意味著文藝復興時期擺脫了中世紀的影響。她想到的是十四世紀到十五世紀，在佛羅倫斯（Florence）等義大利城市裡，由精力充沛、自由奔放的知識分子所推動的文學與文化復興運動。另一個社員卻說，才不是這樣呢，人文主義意味著「仁慈、愛護動物、做善事還有探視長者等等」。

第三個社員尖銳地反駁說，他把人文主義和人道主義（humanitarianism）混為一談了。第四位社員則抱怨，他們全都在浪費時間。人道主義者氣沖沖地說道：「難道你覺得幫生病的動物包紮和照顧長者之類的事，通通都是在浪費時間嗎？」

這時候，尖銳批評的人提出了一個完全不同的定義。他說，「這是一種拒絕超自然主義（supernaturalism）的哲學，把人視為自然的客體，主張人的基本尊嚴與價值，並透過運用理性與科學方法完成自我實現的能力。」大家紛紛對這段話表示贊同，直到有人提出了疑問：有些人確實相信上帝，但他們也自稱人文主義者。到了散會的時候，每個人都比一開始的時候更疑惑了。

但瑟瑪許的學生們不必擔心：他們的想法**全都是**對的。他們每一個人的描述——以及更多其他的描述——都有助於完整而豐富地描述人文主義的意涵，以及人文主義者在過去幾個世紀以來的所作所為、研究與信念。

因此，正如那位談到拒絕超自然主義人生觀的學生所知道的，許多現代人文主義者偏好在沒有宗教信仰的情況下生活，並根據同理心、理性和對於其他生物的責任感，做出自己的道德抉擇。作家寇特．馮內果（Kurt Vonnegut）將他們的世界觀總結如下：「我是一個人文主義者，」他說道，「在某種程度上，這意味著我試圖在不期望死後得到任何獎賞或懲罰的情況下，做出得體的行為。」[2]

然而，另一個瑟瑪許學生說得也沒錯，有些自認是人文主義者的人的確有宗教信仰。他們仍然可以稱之為人文主義者，只要他們主要關注的還是人們的世俗生活與經驗，而不是宗教機構、教義或來世的神學。

人文主義的其他意涵則和宗教問題完全無關。比如說，一個人文主義哲學家把關注的重心放在活生生的人身上，而不是把這個人解構成一堆文字、符號或抽象原則。一個人文主義建築師以人為尺度來設計建築，使那些住在裡面的人不至於感到壓迫或不自在。同樣地，醫學、政治或教育領域包含了人文主義；文學、攝影和電影也包含了人文主義。在每一種情況下，個人都是首要關注的對象，而不是從屬於某些更偉大的概念或理想，這樣的想法更接近那位提到「人道主義」的學生要表達的意思。

但是，那些活躍於十四世紀與十五世紀，來自義大利等地的學者，也就是第一個瑟瑪許學生提到的那些人呢？他們是另一派人文主義者：他們翻譯與編纂書籍，從事教學工作，與他們睿智的友人通信，對彼此的詮釋進行辯論，提倡知性生活，致力於寫作與討論。簡單來說，他們是人文科學或所謂 *studia humanitatis*，即「人文研究」的專家。這個拉丁文詞彙後來演變成義大利文中的 *umanisti*，稱呼他們是人文主義者；今天在美式英語用法中，依然稱他們為人文主義者（humanist）。他們多半跟其他人文主義者一樣，關注道德利益，認為學習和從事人文研究的教學工作，可以讓人們過著更有品德與文明的生活。時至今日，人文科學領域的教師還是常常抱持這樣的想法，只不過他們是從現代化的觀點出發，藉由向學生介紹文學與文化經驗，以及批判性分析的工具，希望幫助學生更理解別人的看法，更敏銳地掌握政治和歷史事件的發展，並且更明智而思慮周全地面對整個人生。他們希望培養人文精神（*humanitas*），在拉丁文裡，這個詞指的是「人性」，同時也有高雅、博學、善於表達、慷慨、有禮等意涵。[3]

宗教和非宗教的，哲學和實用的，人文科學和教育人文主義者——如果所有這些意涵之間有任何共同點的話，會是什麼呢？答案就在這個詞本身：它們全都著眼於生活中有關**人**的面向。

那是一個什麼樣的面向？可能很難確切說明，但某種程度上，它介於事物的物質領域和任何可能存在的純粹精神或神聖領域之間。當然，我們人類是由物質構成的，就像我們周遭的其他事物一樣。而在光譜的另一端，（有些人認為）我們可能以某種方式與努祕的（numinous）領域產生連結。然而，在此同時，我們也佔據了一個既不完全屬於物質也不完全屬於精神的現實領域。我們在這裡進行各種文化、思想、道德、儀式、藝術活動——這些活動（即使不是全部，但大部分）是人類這個物種所特有的。我們投入許多時間與精力在交談，說故事，製作圖片或模型，做出道德判斷並努力做正確的事，協調社會共識，在寺廟、教堂或聖林（sacred grove）中進行禮拜，傳遞記憶，從事教學，演奏音樂，插科打諢來娛樂別人，嘗試推理，以及僅僅是做我們自己。這正是形形色色的人文主義者所關注的範疇。

因此，科學家研究的是物質世界，神學家研究的是神的世界，而人文學者——人文主義者研究的是人類世界的藝術、歷史和文化。非宗教人文主義者基於人類的福祉，而非神的指示做出道德抉擇，宗教人文主義者則是在信仰的脈絡下，關注人類的福祉。至於哲學與其他類型的人文主義者，則不斷透過現實生活中人們的經驗來衡量他們的想法。

大約兩千五百年前，希臘哲學家普羅達哥拉斯（Protagoras）說的一句話傳達了以人為本的思維：「人是萬物的尺度」（Man is the measure of all things）。[4]這句話聽起來很傲慢，但我們沒有必要把它理解成整個宇宙都應該服膺人類，更不能認為我們有權支配其他的生命。我們可以把它理解成，身為人類，我們以人類的方式體驗我們的真實。我們了解與關心與人有關的事；它們對我們來說很重要，所以讓我們認真看待它們。

無可否認，根據這個定義，我們的所作所為幾乎都可以跟人文主義扯上一點關係。其他人提出來的定義甚至更加廣泛。當小說家愛德華・摩根・福斯特（Edward Morgan Forster）——一位深具「人性關懷」的作家，也是人文主義組織的付費會員——被問到人文主義對他來說意味著什麼時，他如此回答：

要頌揚人文主義，最好是列舉出我們喜歡或覺得有趣的事，曾經幫助過我們的人，以及我們愛過並試圖幫助過的人。這樣一份清單並不令人震撼，沒有宗教信條的鏗鏘有力，也沒有官方認可的嚴肅莊重，但它可以被自信地背誦出來，因為它傳達的是人們的感激與希望。[5]

這樣的回答很迷人，但也幾乎放棄了給人文主義下定義。不過，福斯特拒絕在談人文主義時說出任何抽象或教條式的東西，這件事本身就是典型人文主義的表現。對他來說，人文主義是一件個人的事，而這正是重點所在。人文主義往往是個人的，因為它與人有關。

對我來說也是這樣。我一直以來都是一位非宗教人文主義者。我的哲學與政治思想越來越接近人文主義者，我更重視的是個人生活，而不是過去那些曾經令我激動的偉大思想。而且，由於我多年來致力於閱讀、書寫有關歷史上「人文科學」領域的人文主義者，我對他們共同的人文研究基礎產生了濃厚的興趣。

我很幸運，可以在不怎麼受到干擾的情況下，實踐我的人文主義。許多人為了人文主義而賭上性命——沒有比這更個人的事了。而在人文主義沒有得到深入理解的地方，可能還要冒更大的風險，英國一位年輕人文主義者近期的經歷說明了這一點。

哈姆扎・賓・瓦萊耶（Hamza bin Walayat）來自巴基斯坦，二〇一七年他住在英國並申請了居留許可，理由是他的人文主義信仰和他與伊斯蘭教的決裂，使他在母國面臨生命威脅，特別是來自他自己家人的恐嚇。他擔心如果被驅逐出境，可能會被殺害。他的擔憂是有道理的：巴基斯坦（和其他幾個國家一樣），判定人文主義是褻瀆罪，甚至可以判處死刑；實際上，巴基斯坦的人文主義者大多遭到暴民私刑殺害，當局卻視若無睹。同樣在二〇一七年，發生了一起臭名昭彰的事件：在社交媒體上以「人文主義者」身分發文的學生馬沙勒・汗（Mashal Khan）被同學毆打致死。[6]

英國內政部的工作人員與哈姆扎進行面談，以評估他的申請時，他們要求他定義何謂人文主義者，以證明他為什麼害怕因為這樣的身分遭到迫害。他在答覆中提到了十八世紀啓蒙思想家的價值觀。這是一個很好的答案：在某種程度上，許多啓蒙思想帶有人文主義色彩，這也符合好幾個瑟瑪許學生提出的定義。然而，評估委員們要不是欠缺知識，不然就是找藉口抓他的把柄，宣稱他們期待他的回答要包含古希臘哲學家，特別是柏拉圖（Plato）和亞里斯多德（Aristotle）。這很奇怪，因為有關人文主義的書籍不太會提到柏拉圖和亞里斯多德，原因是他們（在大部分的情況下）並不怎麼重視人文主義。最後，內政部的結論是哈姆扎不是一個人文主義者，拒絕了他的申請。

英國人文主義者協會（原名British Humanist Association，現已改稱Humanists UK）與其他支持者接手處理他的案子。他們指出評估委員們在選擇哲學家上的錯誤。[7]整體來說，他們辯稱，人文主義並不是那種不論如何都需要依賴權威經典的信仰體系。人文主義者不需要了解特定的思想家，不像大家會期望一個馬克思主義者要了解馬克思的思想。人文主義者往往拒絕遵從意識形態的「經文」。在這麼多的支持與強而有力的論證之下，哈姆扎在二〇一九年五月取得留在英國的權利。[8]他後來擔任了英國人文主義者協會的董事會成員。此外，在他贏得勝利之後，英國內政部評估委員的培訓課程中增加了有關人文主義思想的介紹。[9]

所以，人文主義的定義因人而異，它所包含的意義與含義相當廣泛，也沒有特定的理論家或實踐者。此外，直到最近，人文主義者很少組成正式的團體，他們當中有許多人也從來沒有自稱人文主義者。即使他們樂於成為**人文主義者**，但直到十九世紀，他們才把「人文主義」當成整體的概念或實踐來談論（令人欣慰的是，**人文主義者**的出現，比人文主義這個概念早了幾個世紀，這個事實本身就充滿了人文主義色彩）。這一切聽起來似乎有點模糊——但我確實相信，某種連貫的、共同的人文主義傳統是存在的，而且把所有這些人放在一起思考是有意義的。他們由五顏六色但有意義的線索串連起來。我想要在這本書中追尋的，就是這些線索——在此同時，我把福斯特說的另一句有關人文主義的名言奉為圭臬：「只有連結！」

這是他一九一〇年出版的小說《霍華德莊園》（*Howards End*）中的題詞與反覆出現的一句話，有許多含義。他的意思是說，我們應該著眼於我們之間的連結，而不是分歧；我們除了要試著欣賞別人和自己看世界的角度，也要避免因為自欺欺人或虛偽而使我們的內在產生分裂。我完全同意這些想法，它鼓勵我抱著聯繫而非分歧的精神去敘述人文主義的故事。

我也會本著福斯特的個人精神，側重於書寫人文主義**者**而不是人文**主義**。我希望，你會跟我一樣，被這些人文主義者冒險、爭執、努力與磨難的故事所吸引，有時候還會受到啓發，因為他們在這個往往不理解他們或以更惡劣的方式對待他們的世界上，走出了自己的路。誠然，有些人一帆風順，在學術界或宮廷裡找到了令人羨慕的工作，但他們很少能長期仰賴這些工作，而其他人一生都在忍受困難重重的局外人生活。好幾個世紀以來，人文主義者一直是學術界的流亡者或流浪者，靠著他們的智慧與寫作維生。在近代早期，有人因為冒犯了宗教裁判所或宗教密探而惹上麻煩，其他人則隱瞞自己真正的想法以求自保，有時候他們掩飾得天衣無縫，以致我們到了現在仍無所知。進入十九世紀之後，非宗教人文主義者（通常稱之為「自由思想家」"freethinker"）會遭到謾罵、取締與監禁，權利受到剝奪。到了二十世紀，他們不准公開發言，也別想競選公職，還會受到迫害、起訴與囚禁。即使在二十一世紀的今天，所有這些事情依然發生在人文主義者身上。

人文主義引發了強烈的迴響。它不僅與人有關，而且它本身相當地複雜，和我們每個人息息相關：身為人類一直以來都是個難題與挑戰。那些公開擁護人文主義的人如此重視我們對自己的看法，所以他們受到迫害並不令人感到意外，尤其是在必須遵循宗教或政治規範的情況下。然而，世世代代固執的人文主義者在歷經種種挫折之後，潛移默化地以雄辯與理性證明了他們的論點，現在他們的思想對許多社會產生了深刻的影響，無論它們是否承認。

我們即將在這本書中認識的人，活在我們今天所熟悉的人文主義正在發展成形的時期。我要講的故事主要涵蓋了七個世紀，從十四世紀到現在。本書大部分（但不是全部）提到的人都生活在這段期間；而且大部分（但不是全部）是歐洲人。我如此界定我的故事框架，有一部分是因為這段時間發生了許多有趣的事，另一部分則是因為它提供了某種連續性：儘管許多人文主義者彼此無緣見面，但他們熟悉對方的作品，並作出回應。從這樣的歷史與地理視角切入，有助於勾勒出一些主要的人文主義思想，並且觀察它們如何演變。

然而，我的故事總是必須放在一個更大的思想脈絡之下來看：也就是有關全世界人文主義者的生活與思想更廣泛、更悠久、更完整的故事。人文主義的思維方式在許多不同的文化和時代都出現過。我相信，自從我們人類開始自我反思，並思考自己所做的抉擇和身處這個世界的責任，它們就以某種形式存在了。

因此，在故事開始之前，讓我們踏上人文主義的巡禮之旅，認識其中一些重要的思想。

我們可以從瑟瑪許學生提出的第一種定義開始談：從非超自然的觀點去理解人類的生活。這是那場聚會提出的所有觀點之中，歷史最悠久的一個。有關唯物主義觀點最早的討論（據我們所知）出現在印度，是思想家哈斯帕蒂（Brhaspati）大約在西元前六世紀前創立的加爾瓦卡學派（Cārvāka school）思想的一部分。這個學派的追隨者認為，當我們的肉體死去，我們也隨之死去。[10] 有人引述了印度哲學家阿耆多・翅舍欽婆羅（Ajita Kesakambalī）說過的話：

人類是由四大元素所構成的，人死後，土的部分歸於土，水的部分歸於水，火的部分歸於火，氣的部分歸於氣，而能力（faculties）則消散於宇宙之中。不論愚者或智者，一旦與肉體分離，都會被摧毀和消亡，他們死後就不再存在了。[11]

一個多世紀以後，一個類似的想法出現在希臘東北部的沿海城鎮阿布德拉（Abdera），哲學家德謨克利特（Democritus）的故鄉。他教導人們，自然界所有的實體都是原子組成的，這些不可分割的粒子以各式各樣方式組合成一切我們曾經接觸或看過的東西。就精神與身體上而言，**我們**也都是由這些粒子組成的。當我們活著的時候，它們結合在一起，形塑我們的思想與感官經驗。當我們死亡之際，它們則分崩離析，構成其他的東西。這是思想與經驗的終結，因此也是我們生命的終結。

這就是人文主義嗎？難道不令人沮喪嗎？不會的。事實上，它讓我們在人生中感到振奮與安慰。如果沒有任何一部分的我能夠存活到來世，我就沒有必要生活在恐懼之中，擔心神明會對我做出什麼事，或是未來會面臨什麼樣的折磨或冒險。德謨克利特的原子論使他如此無憂無慮，所以他被稱為「笑的哲學家」：他擺脫了巨大的恐懼，因此能夠嘲笑人類的弱點，不會像其他人那樣為此哭泣。

德謨克利特把他的思想傳授給其他人。接受這些思想的人當中包括伊比鳩魯

（Epicurus），他在雅典的學校裡建立了一個由學生與志同道合的朋友組成的社群，稱之為「花園」（Garden）。伊比鳩魯學派主要是藉由享受他們的友誼，食用簡單的稀粥，以及培養心靈上的平靜來追求幸福。正如伊比鳩魯在一封信中寫道，保持心靈平靜的一個關鍵在於迴避「那些關於神明與死亡的錯誤想法，它們是煩惱的主要來源」。[12]

還有提出「人的尺度」的普羅達哥拉斯，他也來自阿布德拉，並且認識德謨克利特。他以人為尺度來衡量一切的言論，早在他那個時代就已經令人感到不安了，他還因為寫了一本關於神的書而更加臭名昭彰，據說這本書的開頭如此驚人地寫道：

> 至於神明到底存不存在，我沒有辦法知道。有許多障礙讓我們無法得到答案，因為這個提問是模糊的，而且人類的生命是短暫的。[13]

這樣一個開頭，令人很想知道他這本書裡還寫了什麼。但這樣一段開場白已經說出了重點。神明可能存在，也可能不存在，然而**對我們來說**，祂們的存在是可疑而無法檢驗的。接下來的論點可能是，我們不需要浪費我們短暫的生命去擔心這個問題。我們要關心的是當下的世俗生活。換句話說，最適合作為我們判斷的尺度，就是人的尺度。

我們不知道這本書接下來的內容，因為只有這幾行字流傳下來——我們也很清楚為什麼。傳記作家第歐根尼．拉爾修（Diogenes Laertius）告訴我們，普羅達哥拉斯這本有關神的著作才剛問世，「雅典人就把他給驅逐出境了；他們派人找到所有擁有這部作品的人，沒收他們的手稿，在市集上燒毀。」[14]德謨克利特或加爾瓦卡學派成員的著作也失傳了，可能也是類似的原因。伊比鳩魯倒是留下了幾封信，而且他的學說被後來的羅馬詩人與哲學家盧克萊修（Lucretius）改寫成長詩《物性論》（*On the Nature of Things*）。這首詩本來也幾乎散佚，但後來有一份手稿在修道院裡倖存下來，在十五世紀時被人文主義書籍收藏家發現之後，重新開始流傳。總之，德謨克利特的思想歷經了種種打壓，幾乎失傳之後，還是流傳到了今天——因此，美國作家卓拉．尼爾．赫斯特（Zora Neale Hurston）才能在她一九四二年出版的回憶錄《道路上的塵跡》（*Dust Tracks on a Road*）中，以優美的文字傳達了他的想法：

> 何必恐懼呢？我的存在是由物質構成的，不斷變化，不斷流動，但永不消失；因此，何須宗派與教義來剝奪我享受人類所有的樂趣？遼闊的銀河不需要指環。我和無垠

的宇宙融為一體，不需要其他的保證。[15]

這個傳統延續到了今天，出現在二〇〇九年英國人文主義者協會贊助的海報宣傳文字。他們在公車兩側與其他地方張貼了以下訊息，傳達德謨克利特關於獲得心靈平靜的說法：「上帝或許並不存在，所以別煩惱了，盡情享受人生吧！」這個點子是艾莉安．謝琳（Ariane Sherine）想出來的，她是一位年輕作家暨喜劇演員，在看到公車上貼了則某福音教派組織的廣告之後，想提供另一個令人安心的訊息，因為該組織在他們的網站上威脅罪人將慘遭地獄之火焚燒。[16]

這種把注意力轉移到此時此地的想法，仍然是現代人文主義組織奉行的重要原則之一。為此甚至制定了一套跟人文主義最扯不上關係的「信條」，或關於核心信念的說明。十九世紀美國自由思想家（或非宗教人文主義者）羅伯特．格林．英格索爾（Robert Green Ingersoll）所寫的信條如下：

快樂是唯一的善。
快樂就是現在。
快樂就在這裡。

接著他以最重要的一句話作結：

快樂之道是讓別人快樂。[17]

最後這句話向我們點出了第二個重要的人文主義思想：我們必須在彼此之間的聯繫與關係之中尋找我們的人生意義。

有關人類相互聯繫的這個原則在泰倫提烏斯（Publius Terentius Afer，一般在英語中被稱作 Terence）的劇作中被歸納成一句巧妙的話。Afer 指的是他的出身，因為他很可能出身奴隸，在西元前一九〇年左右出生於北非迦太基或鄰近地區；然後在羅馬成為知名的喜劇作家。他劇中的一個角色說道——我附上這句台詞的拉丁文原文，因為它經常被引用：

Homo sum, humani nihil a me alienum puto.

意思是：

我是人，沒有任何人類之事與我無關。[18]

實際上，這是一句滑稽的玩笑話。說出這句台詞的角色是一個以愛管閒事出名的鄰居：每次有人問他能不能不要多管閒事，他就是這樣回答的。我相信這句話一定讓觀眾哄堂大笑，因為它出人意料，還嘲弄了深奧的哲理。一想到好幾個世紀以來被大家嚴肅引用的名言，居然來自一齣搞笑喜劇，我也覺得很好笑。不過，事實上，它成功歸納出了一個重要的人文主義信念：我們彼此之間的生活息息相關。人類天生是社交的動物，我們可以在彼此的經驗之中看見自己，即使是那些看起來和我們非常不一樣的人。

類似的想法也出現在非洲大陸南端，如恩古尼・班圖語（Nguni Bantu）中的「烏班圖」（Ubuntu）這個字，其他非洲南方語言中也有類似的詞。它們指的是在大大小小的社群中，使個人之間產生連結的人際關係網絡。[19]在一九九〇年代，南非擺脫種族隔離制度（apartheid）期間，已故的戴斯蒙．屠圖（Desmond Tutu）大主教擔任南非真相與和解委員會主席，他援引了「烏班圖」與基督教教義作為他的行動方針。他認為，種族隔離制度所帶來的壓迫，使被壓迫者和壓迫者都受到傷害，破壞了原本人與人之間的自然聯繫。他希望著手進行改變，重建這些聯繫，而不是執著於報仇雪恨。他用以下這些話來定義「烏班圖」：「我們是芸芸眾生中的一分子。所以我們可以說，『一個人是透過其他人才成為一個人。』」[20]

世界上還有另一個地方，也認為共同的人性非常重要：那就是中國古代的儒家傳統。孔子的生存年代略早於德謨克利特與普羅達哥拉斯，他把許多有幫助的建議傳授給他的弟子。孔子在西元前四七九年逝世多年之後，他的弟子蒐集了他說過的話並加以補充，編纂成《論語》，裡面談到道德、社會禮儀、政治建議與各種哲學見解。貫穿這本語錄的關鍵字是「仁」。這個詞在英語中可以譯成仁慈、善良、美德、道德智慧，或者簡單譯成「人性」，因為如果你想成為更完整、更有內涵的人，就必須培養仁。它的含義非常接近人文精神。[21]

當弟子們請求孔子對「仁」作出更完整的解釋，並想出一個適合作為生活準則的字，他提到了「恕」：人與人之間的互惠網絡。所謂的「恕」，他說道，指的是己所不欲，勿施於人。[22]如果這個說法聽起來很熟悉，那是因為世界上許多其他的宗教與倫理傳統也遵循這個原則，有時候稱之為「黃金法則」。猶太神學家希列爾長老（Hillel the Elder）說：「不要對別人做出你所憎惡之事。整部《妥拉》（*Torah*）就是在講這件事；其他的都是關於它的解釋；去學習吧！」[23]印度教史詩《摩訶婆羅多》（*Mahābhārata*）與基督教經文則反過來說，你想要別人怎麼對待你，你就怎麼對待別人[24]——儘管蕭伯納（George Bernard Shaw）詼諧地指出，這不怎麼可信，因為「他們的喜好可能不同。」

以上這些都是在說，我們的道德生活應該植基於人與人之間的相互聯繫。我們的道德基礎也是建立在同胞情誼之上，而不是根據神的標準加以監控與評判。值得高興的是，我們大部分的人都能自然而然地感受到這種基本的夥伴關係，因為我們是高度社會化的動物，也都是在與周遭人們所建立的深度聯繫中長大成人的。

孔子後來的追隨者之一，孟子，以這種自發性的認識作為出發點，發展出一整套性善論。他請他的讀者在自己身上尋找善的根源。想想看，有一天，你在外面看到一個小孩子快要掉進池塘裡，會有什麼感覺？幾乎可以肯定的是，你會有一種衝動，想跳下去救那個孩子。在此之前，沒有經過任何算計或推理，也不需要任何命令。這就是你道德生活的「種子」——即使你還是要經過思考，才能發展出一套完整的道德規範。[25]

需要以這種方式催生與培養我們的潛力，是貫穿人文主義傳統的另一個想法。正因如此，所以教育非常重要。小時候我們從父母和老師那裡學習；接著我們藉由經驗與進一步的學習繼續發展我們的潛力。當然，我們沒有受過高等教育也能成為人，但要把我們的「仁」或人文精神發揮到極致的話，接受指導與拓展視野會非常有幫助。

接受良好的教育，對於那些未來要替民眾管理政治與行政體系的人來說尤其重要。孔子和他的追隨者們堅信，領導人與公務員必須經過長期勤奮的學習，才能勝任他們的工作。他們必須能言善道，了解他們這份職業的傳統，還要嫻熟文學與其他人文科學。孔子說，讓這樣有教養的人當政，對整個社會都有好處，因為有德行的領導人有助於激勵人民以他為榜樣。[26]

在希臘，普羅達哥拉斯也支持教育，這並不令人意外，他是一位遊歷四方的教師，教導從事政治或法律工作的年輕人如何表達，進行有說服力的辯論，因此過著優渥的生活（有些人覺得他過太爽）。他甚至聲稱能夠教導他們成為有德行的人：他說，他可以幫助學生「培養良好高尚的品格，我的收費絕對合理，甚至物超所值」。[27]

為了招收新生，普羅達哥拉斯會講一個故事來說明為什麼受教育是非常重要的。他說，在人類誕生之初，人們根本沒有任何特殊的能力，直到兩位泰坦巨人普羅米修斯（Prometheus）與艾比米修斯（Epimetheus）為人類從諸神那裡偷來了火，以及農耕、縫紉、建築、語言甚至宗教信仰等技術。普羅米修斯的盜火神話，以及他為此受到的懲罰早已廣為人知，[28]但普羅達哥拉斯的版本多了一些轉折。宙斯看到事情的經過之後，他免費多送了人類一份禮物：建立友誼與其他社會關係的潛力。現在人類懂得合作了。但是別高興得太早：他們目前只有去做這些事情的**潛力**。他們有了一顆種子，但要建立一個真正蓬勃發展而健全運作的社會，人類必須透過學習與互相教導使這顆種子成長茁壯。這是我們自己的責任。我們被賦予了各種天賦，但除非我們想出如何攜手合作，一起善用這些天賦，否則它們什麼也不是。

人文主義者對教育的熱愛背後，潛藏著一種極為樂觀的想法，認為教育能為我們帶來某些好處。我們可能本來就很好，但我們可以更好。我們現有的成就是可以發揚光大的——在此同時，思考我們所完成的事情也讓我們感到快樂。

因此，興高采烈地歌頌人類的傑出，成了人文主義作品最常見的文類（genre）。羅馬政治家西塞羅（Cicero）寫了一段對話讚美人類的成就，[29]其他人也模仿他。這種文類在義大利發展到極致，如外交家、歷史學家、傳記作家暨翻譯家吉安諾佐・馬內蒂（Giannozzo Manetti）在一四五〇年代寫的《論人類價值與卓越》（*On Human Worth and Excellence*）等作品。馬內蒂說，看看我們創造出來的美好事物吧！看看我們的建築，從金字塔到最近由佛羅倫斯的菲利波・布魯內萊斯基（Filippo Brunelleschi）建造的大教堂穹頂，以及附近由羅倫佐・吉貝爾蒂（Lorenzo Ghiberti）鑄造的鍍金青銅洗禮堂大門。還有喬托（Giotto di Bondone）的畫作，荷馬（Homer）或維吉爾（Virgil）的詩歌，希羅多德（Herodotus）等人撰寫的歷史；我們甚至還沒有提到研究大自然的哲學家或醫生，以及研究行星運動的阿基米德（Archimedes）呢。30

那些發明確實都是我們的——它們屬於人類所有——因為它們被認為是人類創造出來的：所有的房屋，所有的城鎮，所有的城市，包括世界上所有的建築……我們的繪畫，我們的雕塑；還有我們的工藝，我們的科學與我們的知識……以及我們各式各樣的語言和字母。

馬內蒂讚美生活中有形物質帶來的樂趣，也讚美我們充分發揮心智與精神上的能力，因此感受到更美妙的愉悅：「判斷、記憶與理解能力為我們帶來了多少樂趣！」31他讓讀者心中充滿自豪——但是他讚美的是我們的**活動**，所以這意味著我們應該繼續努力做得更好，而不是坐享其成，自我陶醉。我們正在重新創造世界，以彌補上帝創造的不足。此外，我們自己也是尚未完成的作品。我們還有很多事要做。

跨越幾千年的歷史與不同的文化，馬內蒂、泰倫提烏斯、普羅達哥拉斯、孔子——他們每一位都為建立人文主義的傳統做出了貢獻。他們共同的興趣是探討人類能做些什麼，並希望我們做得更多。他們往往非常重視學習與知識。他們關心的倫理是建立在人際關係、世俗與凡人生活之上，而不是預期的來世。他們都尋求「連結」：在我們的文化與道德網絡中好好生活，並且成為「芸芸眾生」的一分子，我們都由此而生，我們生命的目的與意義也都源自於此。

人文主義思想遠遠不只這些，我們將在這本書中認識更多流派與不同類型的人文主義者。但在此之前，我要先講另一個故事。

長期以來，人文主義的傳統籠罩著一道陰影。它和人文主義旗鼓相當，我們可以稱之為反人文主義（anti-humanism）的傳統。

當人文主義者一一列舉人類的幸福與卓越之處，另一頭的反人文主義者也同樣熱切地清點我們遭遇了哪些痛苦和失敗。他們指出我們有許多缺陷，以及我們在處理問題或尋找生活意義上的天分與能力不足。反人文主義者往往不喜歡享受世俗歡愉的想法，相反地，他們主張以某種激進的方式改變我們的生活，不是遠離物質世界，就是徹底改造我們的政治——或者是我們自己。在倫理學上，他們認為服從宗教或世俗的更高權威所制定的規則，比人性本善或人際關係更重要。而且，他們不僅不讚美我們最大的成就，以此作為未來改進的基礎，反而傾向於認為人類更需要的是謙卑。

舉例來說，在儒家思想中，另一位思想家荀子的哲學觀跟孟子恰好相反，以「惡」來描述人的本性。對他來說，只有透過教化才能予以矯正，就像車工以蒸氣軟化木材，塑造成不同的形狀一樣。他和孟子都認為教育是有用的，但孟子認為，我們需要教育來發展我們善良的本性，而荀子則認為，我們需要教育才能完全擺脫我們的本性。[32]

基督教也提供了這兩種選擇。有些早期的基督徒奉行人文主義：對他們來說，讚美人類也是讚美上帝的一種方式，畢竟上帝創造了我們。西元四世紀的神學家艾梅沙的尼梅修斯（Nemesius of Emesa）在描述人類時，聽起來很像馬內蒂，他寫道：「誰能說出這種生物的優點？他穿越海洋，在沉思中進入天堂，他辨識行星運動……他不在乎野獸與海怪。他控制著每一門科學、每一種工藝與程序，他透過寫作與那些他想交談卻見不到面的人對話。」[33]但幾年之後，尼梅修斯的同僚，頗具影響力的神學家希波的奧古斯丁（Augustine of Hippo）提出了原罪的概念，指出我們生來就是個**錯誤**（這都要怪亞當和夏娃），甚至連剛出生的嬰兒都是有缺陷的，所以最好窮盡畢生之力尋求救贖。[34]

對人類自尊最嚴重的打擊，是羅塔里奧·德·塞尼（Lotario dei Segni）樞機主教在成為教宗英諾森三世之前，在一一九〇年代撰寫的論著《論人類之苦難》（*On the Misery of Man*）（這本書後來成為馬內蒂著作批評的對象：他設法一一駁斥它的論點）。這位樞機主教確實講了一個殘酷的故事，他描述人類從受孕那一刻開始，就是低劣而污穢的。他警告人們，永遠別忘了，你最初只不過是一坨黏液、塵埃和骯髒的種子，在發洩肉慾的瞬間被扔在一起。當你還是子宮裡的胎兒時，你以母親血腥的體液為食，它是那麼地污穢，足以讓青草枯死，讓葡萄園枯萎，讓狗染上狂犬病。然後，你出生時赤身裸體，或更糟糕的是，裹上了一層羊膜。你長得像一棵倒立的樹，看起來可笑極了，你的頭髮看起來像糾結的樹根，你的身軀是樹幹，雙腿是樹枝。你是不是曾經在登山、航海、在切割與打磨石頭來生產寶石的時候，在用鐵或木頭建造房舍，在以紗線編織衣服，或深入思考生命的時候，感到自豪呢？你沒有必要這樣，因為這一切都沒有任何意義，你很可能只是出於貪婪或虛榮心去做這些事。真正的生活充斥著辛勞、焦慮與痛苦——直到你死去為止，最後你的靈魂可能在地獄中燃燒，而你的肉體則被蛆蟲啃食果腹。「噢，人類的存在是多麼卑賤啊！噢，人類的卑劣是何其可恥啊！」[35]

這場恐怖秀的目的是要我們猛然醒悟，明白我們必須改造自己，讓我們從奧古斯丁所謂的「凡人之城」（City of Man）走向「上帝之城」（City of God）。我們在這個世界上獲得的樂趣與成就，只不過是虛榮心作祟。過了很久之後，神祕主義者暨數學家布萊茲．帕斯卡（Blaise Pascal）寫道：「別在世間尋求滿足，別期待從人類身上得到什麼。」「你的善只存在於上帝。」[36]哲學家威廉．詹姆斯（William James）在一九〇一至一九〇二年發表的演講中，分析了宗教的運作包含這兩個步驟：首先讓我們感到不安，覺得「我們天生**有些不太對勁**」。然後宗教提供了解決方案：「讓我們有一種感覺，只要和更崇高的力量建立適當的聯繫，**我們就可以糾正錯誤**。」[37]

然而，這套把戲不只用在宗教上，也可以用在政治上。二十世紀的法西斯主義者一開始就說，當前的社會出了嚴重的問題，但如果所有的個人生活都服從民族國家的利益，就可以解決這個問題。共產主義體制也是如此，它找出既有的資本主義制度中的錯誤，並主張透過革命來解決問題。新社會可能暫時需要使用武力來維持穩定，但這是值得的，因為它會帶領人們走向意識形態的應許之地，進入一個不再有不平等或痛苦的優雅狀態。這兩種政治體制都主張無神論，但它們只不過是用另一種同樣具有超越性的東西取代了神：民族主義國家或馬克思主義理論，以及以領導人為中心的個人崇拜。他們剝奪了一般人的自由與價值觀，然後賦予他們被提升到某種更高層次的意義或「真正」自由的機會。每當我們看到領導人或意識形態提出某種更崇高的理念，凌駕於現實人類的良知、自由和理性之上，反人文主義就可能正在興起。[38]

所以，人文主義與反人文主義之間的對立，從來沒有精確地反映在宗教與懷疑論者之間的對立：就像有些無神論者（atheist）是反人文主義者，大多數的宗教仍然保留了一些人文主義的元素，讓我們得以跳脫錯誤／救贖的既定模式。兩者之間通常會持續保持平衡。據說連英諾森三世都曾經打算在人類的苦難之外，再寫一部有關人類成就的論著——不過，因為他忙著迫害異端跟發動十字軍東征（他在這兩個方面表現得特別優異），所以沒有付諸實現。我們人類長久以來一直都在跟自己共舞：人文主義與反人文主義的思想針鋒相對，但在這個過程中，它們也彼此激盪出新的思維。

一個人身上往往同時有這兩個面向。我當然也不例外。每逢亂世，當戰爭、暴政、偏執、貪婪和對環境的破壞似乎一發不可收拾，我內心的反人類主義者就會開始嘀咕，咒罵人類真他媽的混帳。我感到絕望。然而，有時候，（比如說）當我聽說科學家合作設計並發射了一款新的太空望遠鏡——它的功能強大到可以讓我們看到一百三十五億年前，也就是宇宙大爆炸發生不久之後的太空偏遠地帶——這時候我就會想：我們人類能夠做到這件事，真是了不起啊！或者當我站在法國沙特爾大教堂（Chartres Cathedral），仰望辭世已久的工匠在十二世紀與十三世紀製作的天藍色彩繪玻璃窗：我可以感受到他們是多麼地專業，多麼地投入！有時候，我只不過是目睹了人們每天為彼此所做的大大小小善事或壯舉，就成了一個樂觀主義者和人文主義者。

我們在心理上維持這種平衡並不是一件壞事。反人文主義有助於提醒我們不要虛榮或自滿；它提供了一種透澈的現實主義觀點來看待我們身上的弱點或邪惡。它提醒我們不要天真，讓我們做好心理準備，因為事實上，在任何時候，我們跟別人都有可能做出某些愚蠢或邪惡的事情。它也迫使人文主義繼續努力為自己辯護。

同時，人文主義則警告我們，不要對天堂懷抱夢想，不管它是在這個地球上還是其他地方，而忽略了我們現世的任務。它有助於抵制極端主義者令人陶醉的承諾，避免因為過分糾結於我們所犯下的錯誤而感到絕望；它摒棄了失敗主義的心態，不再把所有的問題歸咎於上帝、我們的天性或歷史必然的發展，提醒人類對自己的所作所為負起責任，並敦促我們把注意力放在人世的挑戰和我們共同的福祉之上。

所以兩者之間相互制衡——但我主要是一位人文主義者，所以我認為人文主義揮舞著一面更美好的旗幟。

我這麼說的時候不免有點遲疑，畢竟人文主義者基本上很少搖旗吶喊。但是，如果他們真的在旗子上繡上文字的話，可能會特別標示出三大原則：自由思考、探索與希望。至於要怎麼實踐這些原則，則取決於你是哪一種人文主義者——對人文學者和對非宗教倫理的倡導者來說，探索的意義截然不同——但在接下來的篇幅中，這些原則會在許多人文主義者的故事裡一再出現。

自由思考：因為各式各樣的人文主義者偏好根據他們自己的道德良知、證據或他們對別人的社會或政治責任來過他們的生活，而非只是一味地遵循權威的教條。

探索：因為人文主義者相信學習與教育，並試圖針對宗教經典與任何其他被認為是不可質疑的資訊來源進行批判性推理。

還有希望：因為人文主義者認為，儘管人類有缺陷，卻潛力無窮，能夠在我們短暫的人生中，為文學、藝術或歷史研究，推動科學進步或增進世間萬物的福祉做出重大的貢獻。

在我寫這本書期間，世界上發生了一些災難。民族主義與民粹主義的領袖們似乎大行其道，戰鼓隆隆作響，很難不對我們人類和地球的未來感到絕望。但我依然深信，我們不應該因此放棄自由思考、探索或希望。相反地，我認為我們比以往更需要它們。你在這本書裡讀到的一切思想，都是這種信念的產物。

而現在——如果**我們**覺得我們現在很慘——那就讓我們回到一三〇〇年代的南歐吧。在面對各種混亂、疾病、苦難與死亡之際，一些熱心人士拾起了遙遠的、過去的碎片，用來規劃一個新的開始。而當他們這麼做的時候，他們自己也創造出了新的東西：他們因此成為第一批偉大的文學人文主義者。

第一章

生者的國度

一三〇〇年代

佩脫拉克和他的藏書／說故事的人與學者：喬凡尼．薄伽丘／對他們來說都是希臘文／邋遢的翻譯家：萊昂提烏斯．皮拉圖斯／瘟疫／死亡與安慰／雄辯術／命運的補救措施／光明的願景

如果可以選擇的話，你可能不會想出生在十四世紀初期的義大利半島上。當時治安很差，不同的城市與政治團體之間經常處於敵對狀態。在圭爾夫派（Guelfs）和吉伯林

派（Ghibellines）的長期衝突告一段落之後，獲勝的圭爾夫派又分裂成黑、白兩派，開始互相攻擊。陷入困境的教宗克勉五世（Clement V）遺棄了基督教世界的歷史中心羅馬，逃離他的敵人，把教廷遷到亞維農（Avignon）去——這個位於阿爾卑斯山另一頭的小城不但尚未準備周全，而且氣候惡劣，而教宗將在那裡主政數十年，任憑混亂的羅馬在雜草叢生的廢墟中萎靡不振。托斯卡尼（Tuscany）則遭到天災與饑荒摧殘——更可怕的災難也即將降臨。

然而，不知道為什麼，世界上這塊飽受蹂躪之地卻迸發出一股文學能量。在一三○○年代，新一代的作家出現了，洋溢著復甦與新生的活力。他們希望回到過去，克服當前的困頓，甚至超越基督教本身奠定的思想基礎，以便和羅馬時期的作家產生連結，因為他們的作品已經多多少少被遺忘了。這些新生代作家憧憬著古希臘羅馬時期的理想生活模式，重視友誼、智慧、美德、培養語言表達能力與雄辯術。他們運用這些元素，創造出各式各樣的文類，而激勵他們創作的利器是*studia humanitatis*：人文研究。

人文研究復興的跡象，早在數十年前就出現了，在看到宇宙異象的但丁．阿利吉耶里（Dante Alighieri）的作品裡尤其明顯——但丁是托斯卡尼語的推廣者，也是擅長進行文學報復的藝術大師，他發明了一個栩栩如生的地獄，然後把他的敵人扔進去。然而，人文研究復興真正的起點是他的下一代，有兩位和他一樣來自托斯卡尼的作家：弗朗切斯科・佩脫拉克（Francesco Petrarca〔Petrarch〕）和喬凡尼・薄伽丘（Giovanni Boccaccio）。大致上來說，他們在接下來的兩個世紀，發明了所謂人文主義的生活方式——這並不是指他們把這個標籤貼在自己身上，而是後來的人們經常用「人文主義者」這個詞來稱呼他們；而佩脫拉克和薄伽丘具有「人文主義者」的特徵，所以這樣稱呼他們似乎是合理的。

在成為人文主義者的道路上，他們踏出的第一步很類似：都是反抗父親要他們從事的職業。佩脫拉克父親希望他學習法律；薄伽丘的父親則要他經商或從事神職工作。他們各自選擇走上一條新的道路：文學生活。年輕人的反文化有很多不同的表現方式——而在十三世紀，這可能意味著大量閱讀西塞羅的作品並開始蒐集藏書。

兩人當中比較年長的是佩脫拉克，他在一三〇四年生於阿雷佐（Arezzo）。他原本應該在佛羅倫斯出生，但他的父母在黑黨佔領該城時屬於白黨，所以被迫逃亡。而在和他們一起逃亡的難民之中還有另一個白黨成員但丁。之後佩脫拉克的父母和但丁都沒有再回到佛羅倫斯。

因此，佩脫拉克是在流亡途中出生的。他早年的生活不是逃亡就是避難，全家人在某些地方停留幾個月甚至幾年，再繼續往前走。他曾經身歷險境，嬰兒時期在一次旅途上差點淹死：一個僕人騎馬馱著他過河時滑倒，差點失手讓他摔下去。接著，他們一家在馬賽附近的危險水域險些遇上船難。不過他們倖存了下來，抵達亞維農，他父親在那裡找到了一份教廷的工作。後來他們在附近定居，佩脫拉克在亞維農及其近郊長大——他一點也不喜歡那個城市，雖然他在十幾歲到二十幾歲的時候，偶爾還滿享受那裡的夜生活。多年後，他曾在一封寫給弟弟的信裡回憶著，他們出門玩樂之前，會穿著灑上香水的花俏衣服，檢視他們的鬈髮。[1]

佩脫拉克的父親是公證人，所以他的兒子很自然也接受了法律相關的職業訓練。但佩脫拉克討厭學習法律。他本來應該在蒙彼利埃（Montpellier）和波隆納（Bologna）認真唸書，卻把大部分的精力都花在蒐集書籍上。當時距離印刷技術發明還有一段很長的時間，所以取得閱讀資料唯一的途徑是去收購手稿，或跑去跟別人懇求、借用或自己抄寫一份——而他對這些事情相當熱衷。

不過，他遇到了打擊，因為父親把他第一批為數不多的藏書給燒了，大概是想幫助這個年輕人專心學習法律。不過到了最後一刻，父親還是心軟了，從火堆中搶救了兩本書，一本是西塞羅的修辭學著作——反正它對於從事法律工作也是有用的；還有一卷維吉爾的詩歌，留給佩脫拉克作為自娛之用。[2]這兩位作家一直以來都是佩脫拉克心目中的偶像，而他們也持續受到後世人文主義者的景仰：維吉爾寫下了優美的詩歌，重新建構了古希臘羅馬時期的傳說，西塞羅則以有關道德和政治的思考，以及典雅的拉丁文散文著稱於世。

這段期間，佩脫拉克只好埋首苦讀，小心翼翼免得惹上麻煩。但在他二十二歲，父親去世後，他就放棄了法律，回到亞維農，開始過一種完全不同的生活：從事文學創作。終其一生，他擔任許多有權有勢的贊助人的隨從，換取經濟保障，而且通常還有一兩棟舒適的房子可以住。這些贊助人有貴族、領主和教會神職人員，而佩脫拉克為了有資格從事教會工作，還成為低階教士。他負責處理一些外交和祕書業務，但最重要的是創作一系列令人愉快、討人喜歡、具有啟發性或帶來心靈慰藉的作品。總之，佩脫拉克主要的工作就是做他喜歡的事：閱讀與寫作。

而這個小伙子的確很能寫。他源源不絕地寫出了論著、對話錄和個人敘事，以及人物小傳、慶祝凱旋的祝賀文、拉丁文詩歌、撫慰人心的省思和尖刻的謾罵。為了自娛娛人，他用義大利方言寫下優美的情詩，制定了一套他自己的十四行詩格式並加以改良（今天我們仍然稱之為「佩脫拉克十四行詩」（Petrarchan sonnet））。其中許多詩句是在歌頌一位名叫「蘿拉」（Laura）的理想化女性——佩脫拉克說他在一三二七年四月六日，在亞維農的一座教堂裡與她相遇——他在珍貴的維吉爾手稿上記載了這個日期。[3]他為這名遙不可及而難以捉摸的女子癡狂、為她飽受煎熬，啟發了許多後世詩人的創作。

佩脫拉克履行了他對城裡的贊助人應盡的職責，他所得到的回報是有機會住進迷人的鄉間別墅。這進一步激發了他的靈感，創作閒暇之餘，他在樹林和河畔小路上漫步，拜訪朋友，或埋首於他心愛的藏書。他三十多歲的時候，在沃克呂茲（Vaucluse）村莊裡擁有一棟房子，位於清澈的索爾格河（the Sorgue）畔，距離亞維農不遠。後來他隱居的地方包括帕多瓦（Padua）附近的尤佳寧山丘（Euganean Hills）上的一棟房子；之前他在米蘭附近的加雷尼亞諾（Garegnano）也有一棟位於河邊的房子，那裡可以聽見「五顏六色的鳥兒在枝頭千啼百囀」；他也在花園裡栽種了不同品種的月桂樹，進行植物學實驗。[4]

佩脫拉克選擇種植的月桂樹充滿了象徵意義，他為他的摯愛取名「蘿拉」很可能也是這個原因。在古希臘羅馬時期，詩人被授予月桂花環，以表彰他們的成就。一位帕多瓦詩人阿爾貝蒂諾・穆薩托（Albertino Mussato）近期恢復了這個習俗，以月桂花環為自己加冕，以示慶祝。[5]一三四一年，佩脫拉克在他的長詩《非洲》（*Africa*）（描寫古羅馬將軍大西庇阿（Scipio Africanus））通過口頭審查，並發表了一場讚美詩歌的官方演講之後，在羅馬舉行的一場儀式上受封為桂冠詩人。他非常清楚這個習俗的由來與重要性，所以深感榮幸且心滿意足。我們不得不說佩脫拉克從來不缺虛榮心，有時候甚至流於浮誇。他一天到晚聲稱他鄙視自己的名聲，還說他疲於應付眾多慕名上門的訪客，但很明顯的是，他相當樂在其中。此時佩脫拉克的事業達到巔峰——這是一個相當可觀的高度，不論就字面上還是比喻上來說都是如此。後來馬內蒂根據認識佩脫拉克的人的轉述，描寫他身材高大而具有「威嚴」。[6]

儘管佩脫拉克擁有這種尊貴的氣質，但他缺乏安全感的童年生活卻使他終生留下心理陰影。志得意滿之餘，他也深受憂鬱症或*accidia*，即無感症所苦，甚至連不快樂都感覺不到。有時候，一切似乎對他來說都是不可知、不確定的：當他五十幾歲的時候，他在一封信裡如此描述自己：「我沒辦法給自己什麼，什麼都不能確定，懷疑一切，除非我覺得這種懷疑是一種褻瀆。」[7]

有時候他感覺起來比較有自信，這主要是因為文學生活的召喚賦予了他一種使命感。雖然教會長期雇用具備文學才能的祕書人員，但沒有人像佩脫拉克一樣那麼投入文人的角色。他似乎經常想起古希臘羅馬時期的偉大典範：雖然年代久遠，但時間的隔閡卻讓他們更有震撼力。他認為他們指派了一些道德任務給他。

當佩脫拉克不緬懷過去的時候，他的生活和作品深深地融入他同時代人的生活。他認識了許多有趣的朋友：其中包括了受過良好教育的人、文學愛好者，以及有錢有勢的人。他在他們之中傳閱他的作品——所以，這些作品不只寫給他的贊助人看，其他人也可以讀。此外，佩脫拉克利用這個朋友圈來搜尋書籍，每次他的朋友出門，他都會給他們一份購物清單。他曾經把這樣一份清單交給因奇薩的喬凡尼（Giovanni dell'Incisa），佛羅倫斯聖馬可修道院的副院長，請對方拿給他在托斯卡尼認識的所有人看：「讓他們把教會人員和其他文人的衣櫃和箱子都翻出來，也許會翻出適合用來緩解或刺激我慾望的東西。」[8]辛苦抄寫或輾轉借來的手稿，在強盜橫行的危險道路上跨越了整個義大利半島；而借來的手稿也必須物歸原主。佩脫拉克本人經常因為他的工作與社會使命感在外奔波，而無論他走到哪裡，如果看到前面有一座修道院，他就會停下來，心想：「誰知道這裡有沒有我想要的東西？」他會進去要求翻找。如果他發現了珍貴的文本，有時候會在那裡待上好幾天或好幾週，自己抄寫一份。[9]

想像一下那是一種什麼樣的感覺：每增加一本藏書，你就得親手把這本書從頭抄到尾。甚至連佩脫拉克也覺得這樣很累。他在一封信裡描述他如何謄寫一個朋友借給他的一篇西塞羅的長文，他慢慢地抄，試著邊寫邊記。他抄到手都僵硬酸痛了，然後就在他覺得自己再也抄不下去的時候，他讀到了一段關於西塞羅自己如何抄寫某人講稿的段落。佩脫拉克覺得自己好像被罵了：「我臉紅了，像個被令人尊敬的指揮官訓斥而感到尷尬的士兵。」[10]如果西塞羅做得到的話，他一定也可以。

有時候，寫作讓佩脫拉克感受到的是慰藉，而不是疲憊，這讓他幾乎上癮。他承認：「除了寫作的時候，我總是痛苦不堪，無精打采。」有個朋友看到他絞盡腦汁在寫一首史詩，試著對他進行所謂的「干預」。他若無其事地跟佩脫拉克要了他櫃子的鑰匙，然後把佩脫拉克的書和寫作資料全都扔進去，上鎖走人。到了隔天，佩脫拉克從早到晚都在頭痛，再過一天，他發起高燒。那位朋友只好把鑰匙還給他。[11]

佩脫拉克通常不會只是機械式地抄寫。他除了努力記住他讀到的內容，還會把自己不斷增長的知識用於探索新事物。他開創了敏感編輯（sensitive editing）的技藝，也就是利用新發現的手稿，為古代文本建立起更完整的版本，這些文本原本只剩下斷簡殘篇，而他盡最大的努力把它們正確地拼湊起來。他在這方面最重要的貢獻是修復李維（Titus Livius〔Livy〕）李維的著作，這位古羅馬歷史學家的巨著只有一部分流傳於世（目前這本著作還是不完整，但比佩脫拉克的時代多了一些內容）。佩脫拉克在不同的手稿中找到了一些新的段落，再把這些段落跟他的手稿中既有的內容裝訂成冊。[12]後來擁有這本書的人，是下個世紀的偉大學者羅倫佐．瓦拉（Lorenzo Valla）（稍後我們會正式認識他）；瓦拉加上了更多他自己的注釋，使這本書更完整。這正是世世代代的人文主義者一直熱衷去做的事——蒐集更多的知識，援引證據使文本更豐富、更精確。佩脫拉克是這方面的先驅。

佩脫拉克研究的作家們不僅經常激勵他的工作，甚至直接成了他寫作的靈感來源。其中一個特別令人振奮的發現是他最早的成果之一：西塞羅《為阿基亞斯辯護》（*Pro Archia*）的講稿。西塞羅於西元前六二年在羅馬發表了這場演說，為詩人阿基亞斯（Archias）辯護；身為移民的阿基亞斯，因為犯了個小錯而即將被剝奪他的羅馬公民權。西塞羅的論點是，阿基亞斯提倡的「人文與文學研究」為羅馬社會帶來了這麼多的樂趣與道德利益，所以不管他到底有沒有錯，都應該取得公民身分。[13]佩脫拉克在某個修道院發現了這篇講稿的全文時，正在和他的朋友們在列日（Liège）附近旅行。他們一行人不得不在那裡停留幾天，讓佩脫拉克自己抄寫一份帶走。[14]對於像他這樣一個剛剛展開文學生涯的人來說，這篇文章再適合不過了：因為這表示西塞羅也認同這樣的生活方式。

西塞羅的另一部作品則提供了佩脫拉克可以模仿的具體範例。在列日發現西塞羅講稿的十二年後，他在維洛納（Verona）大教堂的圖書館裡發現了三封西塞羅的信件手稿，包括一封寫給他的終生摯友阿提庫斯（Atticus）的信。[15]這些信件令佩脫拉克著迷：它們展現了西塞羅比較私密的一面，作家隨性地以朋友的口吻，寫下關於人類的困境與情感的思索，並對當時發生的政治事件發表評論。佩脫拉克也對編輯這樣一部書信集很感興趣：他挑選信件，編排成一部前後連貫的文學作品。

佩脫拉克本人也是一位多產的書信作家，他在信上寫了幾乎所有他感興趣的東西。他回覆朋友提出的想法和問題，以他的學識巧妙應對或舉例佐證，討論研究計劃並提供個人建議。就在他剛剛年屆不惑，準備回顧他的前半生之際，他發現了西塞羅的信件，他意識到自己也可以這麼做。他可以把他自己的信件找回來，重新審視、複製、潤飾，按照自己的意思排列，然後在任何想閱讀這些信的人之中傳閱——這樣會吸引更多的通信者與新朋友，而他也可以寫更多的信給他們。

佩脫拉克花了四年時間準備，最後著手編纂出他的第一本長篇書信集《熟悉之事信札》（*Familiares*〔*Familiar Letters*〕），後來又出了一本《老年信札》（*Seniles*〔*Letters of Old Age*〕）。這些書信集是他主題最為廣泛，而且坦白說，也是最引人入勝的作品。信中傳達了他的熱情、悲傷、關切或憤怒，偶然有些矯揉造作或感到不快，同時也映照出他所看到的世界。有的信件很長，比方說有一封信描述他和兄弟一起攀登亞維農附近的旺圖山（Mont Ventoux），他把一本奧古斯丁的《懺悔錄》（*Confessions*）塞進口袋，以便在山頂上朗讀一段貼切的引文（這封信的收信人是送他奧古斯丁這本書的朋友；佩脫拉克以這種方式向他致謝）。[16]總而言之，這些書信集不僅向西塞羅致敬，也是充滿個人色彩而生動自然的創作。

或者應該說，**看似**自然。因為這些信都經過精心編輯與潤飾，直到今天仍然沒有人可以確定他是不是真的攀登了旺圖山，或只是用這個概念創作出一首優美的幻想曲。書信是一種文學創作，而文學往往也是信上討論的主題。佩脫拉克懇求別人給他手稿，把別人發現手稿的消息傳出去，引經據典並開些機智的玩笑來炫耀他的博學。他寫信感謝一位朋友的款待時，順便詳細描述了文學史上許多接受朋友款待的人。而當他談到他自己，說他嬰兒時期差點在河裡淹死的事，則影射了維吉爾《艾尼亞斯紀》（*Aeneid*）中的一個故事，羅馬神話中的國王米塔巴斯（Metabus）在流亡途中，必須帶著他襁褓中的女兒卡蜜拉（Camilla）渡河，而他用的是一種不可思議的方式：把她綁在長矛上扔到對岸。[17]

佩脫拉克有些信是**寫給**他所欣賞的古典時期作家，彷彿他們也是他朋友圈裡的一分子。他用「來自生者的國度」（From the land of the living）來結束這些信，而不是一般書信結尾的慣用語。而現在我們讀他的信，是我們（暫時）處於生者的國度，而佩脫拉克在彼岸對我們說話。實際上，他的確有一封信是寫給我們的：最後一本書信集的最後一封信是「致後人」（他在這封信的開頭靦腆地寫道：「你也許曾經聽說過一些關於我的事，不過我覺得不太可能。」）[18]

對佩脫拉克來說，書籍是善於社交的：「它們跟我們交談，給我們建議，並且和我們建立起某種活生生而無所不在的親密關係。」他寫道，古人跟那些自認為活著的人一樣，都是我們好夥伴，因為他們仍然可以在冰冷的空氣中看到自己呼出的氣息。最偉大的作家們都是他家的客人，他們聚在一起談笑風生。有一次，他被放在地上的一部西塞羅作品絆倒了，他問道：「我的西塞羅，你怎麼了？為什麼打我？」他是不是因為被擱在地板上不開心？佩脫拉克在寫給西塞羅的另一封信裡，大膽批評了他在世時做的一些事：「你何必捲入這麼多的爭吵和毫無意義的長期糾紛呢？……我為你的缺點感到痛心、羞恥。」[19]這些不是粉絲寫來的仰慕信，而是和那些曾經努力應付人生難題，不時犯錯的人進行深思熟慮的交鋒。他們犯了一般人都會犯的錯，但在佩脫拉克看來，他們也來自一個比他周遭的世界更睿智、更有教養的時代。

在佩脫拉克言語間的調侃與親暱背後，這些寫給過去的信籠罩著一股憂鬱。收信人已逝，他們的時代已逝。而這些赫赫有名的時代，或這些赫赫有名的人物，還會再出現嗎？這正是佩脫拉克和他那個圈子的人渴望知道的——也是他們致力於付諸實現的。

和佩脫拉克通信討論書籍的所有朋友之中，最引人注目的是喬凡尼·薄伽丘。他早年也經歷過一段叛逆才開啟他的文學生涯。他生於一三一三年，比佩脫拉克晚了九年，

但他從未像佩脫拉克那樣流亡在外：他大部分的時間都待在佛羅倫斯和附近位於切塔爾多（Certaldo）的老家，過著相當優渥的生活。[20]不過，他的人生道路也不順遂。他母親可能很早就去世了；我們對她一無所知，她對他的成長沒有任何影響，他是由繼母撫養長大的。薄伽丘的父親，一般稱他為薄伽奇諾・迪切利諾（Boccaccino di Chellino）（他的名字相當令人費解，因為它的意思是「小薄伽丘」），是一位商人，很希望兒子繼承他的事業。他把薄伽丘送到一個商人那裡去學了六年的算術，但沒有成功；接著又打算把他培訓成教會神職人員——這是「一個致富的好方法」，後來薄伽丘如此評論——結果發現他也缺乏這方面的興趣和能力。[21]

薄伽丘擅長的是寫作，尤其是詩歌，他從六歲起就開始寫詩了。[22]因此，他跟佩脫拉克一樣，經歷了一個儀式性的轉變。他們同樣都拒絕從事父親所期望的行業，轉而致力於文學和人文研究。他也跟佩脫拉克一樣，最後寫下了關於他投身人文科學的經過，並打造出一則個人傳奇。

他們在其他方面則有所不同。薄伽丘和佩脫拉克一樣充滿了焦慮和複雜的情緒，但兩者不太一樣。薄伽丘一方面經常充滿戒心，脾氣暴躁，好像覺得自己在別人面前總是處於劣勢。另一方面，他卻比佩脫拉克更樂於稱讚別人，他從不吝於表達他對前後輩作家的欽佩之情。他對佩脫拉克本人和一三二一年去世的但丁（在他死後）都有很高的評價。事實上，薄伽丘是第一個認真研究但丁的學者，他舉辦了一系列關於但丁的講座，並撰寫了他的介紹和傳記。[23]他稱呼佩脫拉克是他「尊敬的老師、父親和主人」，並說他傑出到與古人並駕齊驅，以至於我們不應該把他當成現代人看待。[24]這想必會讓佩脫拉克很開心。薄伽丘繼續說道，他的名聲傳遍全歐洲，甚至包括了「世界上最偏遠的小角落——英格蘭」。

然而，在評價他自己的作品時，薄伽丘卻抱怨，他本來可以跟他們分庭抗禮：如果他年輕時得到更多鼓勵的話，應該會成為一個更有名的作家。[25]我們很難理解他到底有什麼好抱怨的，因為他所創作的各種不同文體的作品都頗受好評：包括小說、詩歌、文學對話、神話和故事集以及各種學術研究作品。

現在大家對他印象最深刻的作品是《十日談》（*The Decameron*），其中收錄了以托斯卡尼方言敘述的一百個故事。十位敘述者各自在十天內講了十個故事——這讓薄伽丘有機會展現他多變的風格與巧思。其中有一些關於愛情和美德的道德教化故事，格調高雅，表現出看透人類心理的洞察力。另一些充斥著淫穢的肉慾和滑稽的報應，如騙子捉弄了倒楣的傻瓜，狡猾的妻子巧妙地給老公戴綠帽。還有一些是在嘲諷神職人員的懶散或腐敗，其中一個故事描述一位女修道院院長半夜得知有個修女和她的情人在床上，但當她起身查房的時候，頭上戴的卻不是她的頭巾，而是當時跟她同床共枕的牧師的馬褲。[26]在這些嘲弄宗教的故事當中，有些大膽對基督教當權者提出了更嚴厲的批判：例如，另一個故事敘述一位領主先後召見他的三個兒子，給了每個兒子一枚戒指，好像表示他已經選擇其中一個作為他的繼承人。但事實上，他用原本的戒指做了兩個一模一樣的複製品，所以沒有人能夠分辨這三枚戒指中哪一枚是真的。[27]這是個很好的比喻——猶太人、基督徒和穆斯林爭相主張他們代表的是真理，他們都認為自己是唯一正統的宗教，但實際上這是無法確定的。

和這本書一樣包羅萬象並勇於創新的作品，還有薄伽丘《異教諸神的系譜》（*Genealogy of the Pagan Gods*），這是一本古典神話選集。該書內容詳盡，具學術性，但有點欠缺條理，因為這些神話是透過訪談有識之士和查閱書籍所蒐集起來的——而當時的神話或歷史研究還沒有發展出嚴謹的方法論。這本書洋溢著薄伽丘對一切古代事物的熱愛，不過他在該書結尾也談到他對現代文學的思考，以及他自己走上文學之路的過程。

薄伽丘在寫這本書以及其他文體的作品時，同時也在佛羅倫斯擔任公職。他在不同時期擔任過該市財政、稅務人員與大使，也曾經任職於公民委員會和公共工程監督部門。[28]他比佩脫拉克更融入他周遭的群眾，至於佩脫拉克則是那種不論在任何地方都感到自在的人——或是沒有一個地方可以讓他感到自在的人。

薄伽丘所擔任的其中一項公職，使他在遙遙仰慕佩脫拉克多年之後，終於見到了他本尊。薄伽丘在佛羅倫斯積極遊說過去流亡在外的家族後代搬回來，重新成為自豪的佛羅倫斯人。[29]一三五〇年，當佩脫拉克路過該地，薄伽丘趁機邀請他到城裡來，在自己家裡款待他，而且想必使出了渾身解術，展現他的魅力和慷慨。他打算讓佛羅倫斯當局替佩脫拉克安排大學教職——這是一項莫大的榮譽，但他並沒有成功。佩脫拉克沒有搬到佛羅倫斯，而是輾轉遷徙於米蘭（Milan）、帕多瓦、威尼斯等地。薄伽丘很失望，因為他白忙了一場。但他們還是克服了一開始的不順利，成為長期的朋友。有時候，薄伽丘會前往佩脫拉克不同的住處拜訪他。而更多的時候，他們透過魚雁往返維繫友誼——信上自然充滿讀書心得的交流，也傳達了雙方惺惺相惜之情，以及一些彼此之間深情的責備。

雖然年紀相差不遠，薄伽丘還是把佩脫拉克當作父親看待，而佩脫拉克也樂於把薄伽丘當成他自己的兒子。[30]他似乎覺得薄伽丘比他的親生兒子（他也叫喬凡尼）更討喜。嚴格來說，身為教士的佩脫拉克是不能結婚的，但他有兩個孩子，一個兒子和一個女兒。他的女兒弗朗切斯卡（Francesca）和她的家人在佩脫拉克晚年時繼續照顧他，但喬凡尼似乎沒有得到父親的青睞。他十八歲的時候，有一段時間賴在父親家裡混日子，顯然跟他父親一樣罹患了無感症，但卻不像他父親那樣在書本中尋求慰藉。佩脫拉克發現他很討人厭，最後寫了一封嚴厲無情的信，把他趕出家門。

另一方面，薄伽丘則對一切對的事情都表現出無窮的興趣：他懷抱著對語言的熱情，沉浸於寫作的喜悅，致力於尋找和復興古典文學——這些元素構成了（非常早期）現代人文學者的特徵。薄伽丘跟佩脫拉克一樣熱愛手稿，喜歡去修道院翻箱倒櫃。他也有精彩的發現，包括在卡西諾山（Montecassino）的本篤會修道院中發現了更多西塞羅的作品。[31]而且薄伽丘對抄寫書籍的苦差事毫無所懼。

然而，有一件怪事讓薄伽丘差點就放棄了這一切。一三六二年，西恩納（Siena）的一位修士皮耶特羅．佩特羅尼（Pietro Petroni）警告薄伽丘，如果他不把藏書中所有無關基督教的書籍處理掉，如果他不放棄寫這一類的書，他很快就會沒命——皮耶特羅說他看到了這樣的異象。驚恐的薄伽丘於是向佩脫拉克尋求建議，後者勸他別慌，並說如果薄伽丘真的要清掉他的書，可以送一份清單過來，他很樂意收購。[32]

不過，佩脫拉克也沒那麼自私，他用一些很好的理由讓薄伽丘打消了這個念頭。佩脫拉克寫道，如果一個人熱愛文學又有文學才華，那麼放棄文學怎麼會是一件合乎道德的事呢？無知並不是通往美德之路。[33]佩脫拉克相當虔誠，但他不認為基督徒在生活中只能安於出世的沉思，只閱讀宗教書籍，或者根本什麼都不讀，他不能接受這樣的想法。他看重知識、學習、健全而豐富的語言與思想。幸運的是（但對佩脫拉克的藏書來說卻是不幸的），薄伽丘很快就改變心意了，他保留了他的書。他在《異教諸神的系譜》中直率地寫道，即使一個基督徒去研究古典時期的神祇或故事，也不應該被認為是「邪門歪道」。畢竟，現在基督教顯然打敗了古代的神祇，所以沒什麼好怕的。[34]佩脫拉克也寫道，非基督教的教義——只要它們實際上不抵觸福音（Gospel）——仍可以增加「許多心靈享受與生活修養」。[35]

佩脫拉克和薄伽丘如此熱愛文學，他們甚至珍藏著自己看不懂的文本。他們的拉丁文很好，但就像當時大多數的西歐人一樣，他們對古希臘文知之甚少或一無所知。[36] 一些中世紀的學者學過希臘文，但大多數人沒有，當修道院的抄寫員在以拉丁文書寫的文本中看到希臘文的時候，他們往往會加注：*Graecum est, non legitur*，即「這是希臘文，看不懂」。這段話在莎士比亞的《凱撒大帝》（*Julius Caesar*）演變成「對我來說都是希臘文」（It's all Greek to me），卡斯卡（Casca）報告他聽到西塞羅用希臘文說了些什麼，但他聽不懂。[37] 在十四世紀，只有在君士坦丁堡（Constantinople）、現代希臘領土或義大利南部一些地區，才找得到講希臘文的人，因為那裡居住著母語是希臘文的社群。至於其他地方，許多哲學、科學、宇宙學和文學知識仍然遙不可及。

對佩脫拉克和薄伽丘來說，荷馬是充滿誘惑卻無法觸及的作家之一，當時他的作品還沒有出現拉丁文或本地語言的譯本。但佩脫拉克很自豪他擁有一本《伊利亞德》（*Iliad*），這是一位君士坦丁堡的希臘朋友送給他的。他寫信感謝這位朋友，並說他多麼希望這位朋友能夠親自到義大利來教他希臘文；否則，佩脫拉克寫道，荷馬就只能繼續保持沉默了——「或者應該說，我對他來說是個聾子。但我對他的出現還是感到高興，我不斷嘆息著擁抱他，對他說：『偉大的人啊，我多麼願意聆聽你說話！』」[38]（這聽起來好像是在說：「謝謝你喔，送了我一個沒用的禮物」，但我覺得我們還是可以假設，佩脫拉克想要解鎖希臘文學之謎是真心的）。

薄伽丘也有希臘文藏書，而且他想出了一個辦法來解決這個問題。他再次游說佛羅倫斯當局，就像他之前徒勞無功試著幫佩脫拉克爭取一個職位時那樣，他說服當局在一三六〇年設立了西歐第一個希臘文教職，還聘用了一位會說希臘文的卡拉布里亞（Calabria）學者，萊昂提烏斯．皮拉圖斯（Leontius Pilatus）。[39]這是一個大膽的決定。萊昂提烏斯這個人個性衝動又不可靠，而且外表邋遢，他留著一把大鬍子，長得其貌不揚——後來薄伽丘也承認，他「一天到晚陷入沉思，行為舉止都很粗魯」。[40]佩脫拉克見過他，對他沒什麼好感。薄伽丘則對他比較包容，因為萊昂提烏斯嫻熟希臘神話和歷史故事，因此他是薄伽丘寫作《異教諸神的系譜》重要的素材來源。[41]他讓萊昂提烏斯跟他一起住在佛羅倫斯的家裡，委託他把《伊利亞德》和《奧德賽》（*Odyssey*）逐字逐句譯成拉丁文，再交給薄伽丘潤飾，便於閱讀。[42]人在遠方的佩脫拉克也關心這件事，懇求薄伽丘每完成一部分就馬上寄給他，這樣他就可以抄寫一份並把原稿寄回[43]——當時的信件往返總是令人焦慮不安。

還好沒有任何東西寄丟，但這個計畫曠日廢時，而萊昂提烏斯也越來越任性。一三六三年，萊昂提烏斯已經在薄伽丘家住了差不多三年，但翻譯工作還沒有完成，他卻說他厭倦了佛羅倫斯，要搬去君士坦丁堡。薄伽丘跟他同行，一直走到佩脫拉克在威尼斯的家，把他留在那裡；佩脫拉克顯然希望換個環境可以讓萊昂提烏斯冷靜下來，重新開始工作，但他並沒有成功。最後，萊昂提烏斯在大肆抱怨和侮辱義大利之後，揚長而去。佩脫拉克送了他一套泰倫提烏斯的喜劇作為臨別禮物：他注意到泰倫提烏斯愛看這些劇本，儘管他曾經自忖：「那個陰鬱的希臘人和這個快活的非洲人之間到底有什麼共同點。」[44]（不過，佩脫拉克自己也常常對別人的一些小毛病感到不耐煩，他也不完全贊同泰倫提烏斯寫的那句台詞：「沒有任何人類之事與我無關」）。

沒想到，萊昂提烏斯一到了君士坦丁堡就改變心意，又想回義大利了。他寫信給佩脫拉克——根據收信人的說法，這封信「比他的鬍子和頭髮更長更亂」——請他幫忙安排和資助他回去。現在，佩脫拉克在萊昂提烏斯生活中扮演了比薄伽丘更重要的角色——但他卻以嚴父的口吻對薄伽丘說道：「既然他傲慢地移居到那裡去，就讓他悲傷地在那裡生活吧。」[45]

事實上，佩脫拉克承認，萊昂提烏斯的不穩定令他感到不安。[46]這當然是可以理解的，但我們也可以了解為什麼萊昂提烏斯會感到煩惱與委屈：不論他走到哪裡都被當成外人，而這兩個托斯卡尼人還一直刺激他，不停地議論他不修邊幅的髮型，把他講得像個野蠻人。然而，他卻掌握了他們所渴望的那個古老的文學語言；對了，「野蠻人」（barbarian）這個詞就是從希臘文來的。

令人驚訝的是，即使萊昂提烏斯答應替佩脫拉克弄來更多希臘作家的手稿，佩脫拉克還是沒有點頭，而這個提議本來應該會讓他心動才對。最後，萊昂提烏斯只好設法自己安排這趟旅行，並在一三六六年上了船，但他的下場很慘。這艘船在亞得里亞海上航行，快抵達目的地的時候，遇上了一場暴風雨。就在船身翻滾墜落之際，萊昂提烏斯緊緊地抓住一根桅桿，而船上其他乘客似乎都躲到下面更安全的地方去了。接著，一道閃電擊中了桅桿，他因此喪命——成了船上唯一的罹難者。

佩脫拉克似乎感到有些懊悔。他在一封給薄伽丘的信中寫道：「這個不快樂的傢伙，不管他是什麼樣的人，都是愛我們的。」「我相信，他死前沒過過一天平靜的日子。」最後，佩脫拉克還想到了一個問題（但我們不知道這個問題的答案）。他問道：水手們會不會碰巧救出了萊昂修斯可能為他帶回來的任何希臘文書籍？[47]

佩脫拉克有他的人性缺陷；而薄伽丘有時候脾氣暴躁，難以相處。然而，從所有這些有關他們蒐集、翻譯、編纂書籍與通信的故事中可以得知，他們全心投入自己的工作，致力於達成一個模糊的目標：復興古老的人文研究。他們希望看到這些研究絕處逢生，在未來獲得新生。

然而，邁向未來的道路並不總是一帆風順。

回到一三四七年，也就是佩脫拉克和薄伽丘初次見面的幾年之前，有一種疾病已經開始在義大利北部和法國南部悄悄流行起來；亞洲和非洲一些地方也出現它的蹤跡，而且之後還會蔓延到更多歐洲地區。[48]病原體是鼠疫桿菌（Yersinia pestis），透過跳蚤和其他病媒傳播，當然那時候人們對此一無所知。這種疾病以前在歐洲曾經流行過，不過因為年代太過久遠，沒有人能夠辨識這些病徵。

一位住在皮亞琴察（Piacenza）的律師加布里埃爾．德．穆西斯（Gabriele de' Mussi）描述了以下症狀。首先病人會感到「冰冷僵硬」與刺痛，好像「被箭尖刺傷」。接著，腋窩或腹股溝出現變色的淋巴腺炎或癤子（由於下方的淋巴結腫大所致），並開始發燒。有些人吐血。有些人則陷入昏迷。大多數人發病後死亡，只有少數人康復。[49]由於患者的腹股溝淋巴腺發炎，這種疾病被稱為腺鼠疫（bubonic plague）或黑死病（Black Death）。

瘟疫的傳播一開始令各地居民措手不及，更可怕的是，人們很快就得知它從一個城鎮傳播到另一個城鎮，一步步向他們逼近。他們想盡一切辦法來阻止它。其中一種策略是避開別人，盡可能把自己隔離起來，因為人們知道它透過病人傳播。[50]但如果是你丈夫或孩子（正如加布里埃爾．德．穆西斯所寫的那樣）向你苦苦哀求：「過來吧。我渴了，給我拿點水喝。我還活著。別害怕。也許我不會死。求求你緊緊抱住我，抱住我虛弱的身體。你應該把我抱在你懷裡。」這就不容易了。

人們努力保持冷靜和樂觀，相信恐懼會使他們更加脆弱[51]——當時他們是多麼迷惘而無所適從！同時，人們也經常想到上帝，但祂似乎打算懲罰人們，想看到人們懺悔。於是人們組織遊行，當街鞭笞自己。[52]這些活動有時候演變成大屠殺，因為有人懷疑猶太人是引發瘟疫的罪魁禍首。其他理論則認為，這種疾病是由地面升起的有害氣體，或難以消化的食物在體內積累的「多餘之物」引起的。有些醫生把病人腹股溝淋巴腺發炎處切開，排出壞的體液。蓋伊・德・喬利亞克（Guy de Chauliac）是當時教宗克勉六世（Clement VI）在亞維農的醫生，也支持這種療法。幸運的是，教宗本人沒有接受過這種治療，他從未染疫，儘管他確實勇敢地在城裡待了一段很長的時間，而其他人早就逃之夭夭了。克勉六世還試圖阻止反猶太暴行，並在懺悔遊行中維持秩序。當墓園和田野上的亂葬崗都被填滿的時候，他為隆河（the Rhône）祝聖，讓那些屍體被扔進河裡的人得以上天堂。[53]

佛羅倫斯的疫情更嚴重。據估計，第一波疫情結束時，佛羅倫斯十萬人當中有三分之二的人口死亡。對當時狀況最生動的描寫來自薄伽丘的作品：雖然當時他很可能不在佛羅倫斯，但他在那裡有認識的人。《十日談》的序言中有一段簡短而恐怖的敘述，設定了作品的場景，這十位說故事的人是年輕富裕的貴族，他們逃離城市，來到他們舒適的鄉間別墅避難。薄伽丘精準地描述了他們在躲避什麼——並向讀者致歉，因為這喚醒

了他們記憶猶新的恐懼，而他們很可能寧可遺忘。54

薄伽丘告訴我們，整座城市崩潰了。人們不敢對他們的親戚伸出援手；甚至連父母也不想碰自己的孩子。由於女僕人手不足，貴族仕女只得放棄她們一貫的矜持，讓男僕服侍她們，這種違背禮教的行為前所未聞。房子裡和街道上屍體堆積如山；葬禮越來越寒酸，直到完全取消。屍體被抬到木板上運走，埋在深達好幾層的壕溝裡。

許多城市平時夜裡會關閉城門以抵御外部威脅，但現在許多人走出城門去鄉下避難，就像薄伽丘描述的十個年輕人一樣。但不同的地方在於，大多數人看到不是田園牧歌的美景。鼠疫往往比他們早一步抵達，鄉下人已經遺棄了他們的田地和家畜，任憑雞犬自生自滅。栽種作物所需的種子和農具被扔在一旁，但沒有人指望有一天能再回來使用它們。

薄伽丘描述的所有這些細節，對有關人類尊嚴與卓越的古老理想帶來了嚴重的打擊，理想中每個人都過著井然有序的生活，擁有生機盎然的田地和蓬勃發展的工藝，並自信地期待著他們可以為後人留下什麼。然而，面對鼠疫，人類的藝術和技術發明似乎毫無用處，用來改善人類生存條件的醫學，幾乎無能為力，就連文明的治理和行政也遏止不了瘟疫的傳播。正如薄伽丘寫道：「一切人類的智慧與聰明才智都無濟於事。」55 鼠疫不僅使基督徒對上帝創造的秩序產生質疑，也挑戰了古典的社會願景，即認為社會能夠受益於有天賦、有才能的人的科學與藝術發展。

早在薄伽丘之前，古希臘歷史學家修昔底德（Thucydides）就說過類似的故事：西元前四三〇年，在漫長的雅典與斯巴達戰爭期間，雅典卻偏偏碰上一場傳染病（可能是傷寒或斑疹傷寒，但也有其他不同的說法），導致道德淪喪。真是屋漏偏逢連夜雨，不過碰上這種事只能認了。修昔底德自己也不幸染疫，但活了下來，他描述了當人們不再相信未來時，雅典社會是怎麼瓦解的。人們砸錢及時行樂；他們為非作歹，因為不覺得自己可以活到被起訴。「而當人們看到不論好人壞人都紛紛死去，他們是否敬拜諸神，似乎也沒有什麼差別。」[56]薄伽丘也說了一個類似的故事：災難當前，人們放棄了既有的文明，因為他們認為文明的時代已經結束。[57]

真實的情況可能更複雜。全面崩潰，就像全面戰爭一樣，聽起來很有說服力——但當危機迫在眉睫，人們也會盡最大的努力抵禦或減輕損失。因此到了緊要關頭，有人會堅守崗位，英勇地撐起大局。薄伽丘這麼認為，並不令人意外，因為留在佛羅倫斯繼續努力減少傷害的人之一，正是他自己的父親。薄伽奇諾身為該市貿易局長，冒著巨大的風險留下來，努力維持糧食供應。他當時很可能已經染疫，因為他不久之後就去世了，原因不明。[58]其他地方則有人嘗試研發新的療法（顯然沒有成功），防止疫情擴散，或繼續執行必要的任務，盡可能有效地處理屍體。[59]等到疫情結束，他們努力展開新的生活。

因此，這個故事——跟一切涉及人類文化與行為的事情一樣——在道德上是複雜的，無法轉化成一個簡單的寓言。正如十九世紀的小說家亞歷山德羅．曼佐尼（Alessandro Manzoni）在回顧一六三〇年米蘭爆發的鼠疫時指出：「發生任何公共災難，以及任何長期干擾正常事務運作的事件時，我們總是發現人類美德的增進與提升；但不幸的是，人類的邪惡也隨之滋長。」[60]我們也可以反過來說：我們在恐慌或自私之外，也會發現英勇事蹟——以及兩個極端之間種種細微的差異。

曼佐尼的小說以一六三〇年爆發的疫情為背景，顯示過了很長一段時間，鼠疫才在歐洲銷聲匿跡。佩脫拉克和薄伽丘經歷了後續的疫情。一三四〇年代末期的第一次疫情爆發——最嚴重的一次——雖然結束了，但該世紀剩下的時間及其後，更多的疫情相繼爆發。整個我們稱之為歐洲「文藝復興」（Renaissance）的這段時期，出現了古希臘羅馬智慧與知識的復興，輝煌的藝術成就，發展出更進步的醫學與更有成效的探索方法——而與此同時，人們也經常死於這種沒有人理解的疾病。歐洲最後一次疫情爆發是在一七二〇年的馬賽（Marseille）；之後，鼠疫繼續在世界上其他地方帶來苦難和死亡，特別是在十九世紀中期的中國和印度。儘管現在有了更有效的治療方法，它仍會致人於死。

第一波鼠疫至少造成了三分之一的西歐人口死亡（而在佛羅倫斯等特定地點，死亡人數更多），[61]這不僅改變了歐洲的人文景觀，還留下了憂鬱、悲傷和焦慮等創傷後遺症。薄伽丘和佩脫拉克的作品生動地描述了這一切，尤其是後者。

疫情爆發時，佩脫拉克在帕爾馬（Parma）工作，後來他繼續待在那裡。他沒有染疫，但他的朋友們卻染上了。他失去了當時的贊助人兼好友，樞機主教喬凡尼·科隆納（Giovanni Colonna），而且（過了一陣子之後）聽說他的「蘿拉」在亞維農去世了。[62]消息傳來後，他拿出了記錄他們初次邂逅的維吉爾手稿，加上幾句話記錄她的死，日期是一三四八年四月六日——距離他們第一次見面正好滿二十一年。[63] 他繼續寫情詩，但這些詩變得越來越陰沉，越來越憂鬱了。他還寫了一首絕望的拉丁文詩歌題獻給「他自己」，悲嘆到處有人死去，喪失至親，出現了越來越多的墳墓。[64]

佩脫拉克寫信給他的老朋友路德維希・范・肯彭（Ludwig van Kempen）——他總是稱呼他「我的蘇格拉底」，問道：「我該說什麼呢？我該從哪裡開始說？我該往哪裡去？我們四處所見盡是悲傷，四面八方盡是恐懼。」他問道，我們可愛的朋友們在哪裡呢？「什麼樣的雷電摧毀了一切事物，什麼樣的地震使一切翻覆，什麼樣的風暴擊倒了它們，什麼樣的深淵吞噬了它們？」人類幾乎被消滅了——這是為什麼呢？為了教我們謙卑？也許我們應該明白：「人是一種太脆弱又太驕傲的動物，他太自信地在脆弱的地基上蓋房子」，[65] 或許，我們應該期盼來世，因為現世的一切都可能消失。

其後鼠疫反覆爆發，隨之而來的是更多的死亡。一三六一年的疫情帶走了佩脫拉克的兒子喬凡尼，他曾經跟父親大吵一架，後來兩人和解。他去世時只有二十三歲。[66]

這次疫情也帶走了佩脫拉克的「蘇格拉底」。他在寫給另一位他熱愛的筆友弗朗切斯科・內利（Francesco Nelli）的信上，提到了他的死——但內利不久之後也去世了。後來他又失去了另一位交往了三十四年的朋友，安吉洛・迪・皮埃特羅・迪・斯特凡諾・德・托塞蒂（Angelo di Pietro di Stefano dei Tosetti）。佩脫拉克在他寫給安吉洛的一封信被退回來的時候，得知了這個消息，信差默默地把這封尚未拆封的信遞給他。佩脫拉克在寫給薄伽丘的信裡提到這兩個朋友的死訊，他說他現在已經麻木到感覺不到悲傷了。他邀請薄伽丘到他座落於威尼斯美麗港口邊的新家小住；當薄伽丘沒有立刻回覆時，佩脫拉克感到「憂心如焚」。[67]好在薄伽丘一切平安，但在那個時代，任何友誼都擺脫不了這種令人心寒的恐懼。

一如既往，佩脫拉克靠文學度過了這些危機。一三四九年，在第一次鼠疫爆發之後，佩脫拉克著手執行之前延宕的計畫，開始蒐集他的信件。他也繼續寫他最近動筆的作品《祕密》（*Secretum*〔*Secret Book*〕）。[68]這本書由他自己（「弗朗切斯科」）與希波的奧古斯丁之間的對話構成，後者扮演一位年長睿智的導師。弗朗切斯科向他坦承自己「對人類生存的狀況感到憎恨與輕蔑，這對我來說是如此沉重，以至於我別無選擇，只能沉溺於痛苦之中。」奧古斯丁建議他去讀塞內卡（Seneca）、西塞羅等作家撫慰人心的經典之作，並且認真做筆記，把他們的建議銘記在心。

這種安慰文學——不論在基督教或古希臘羅馬傳統中都很流行——是佩脫拉克喜歡閱讀和模仿的一種文類。它通常是一封寫給遭遇喪親之痛、疾病或其他災難的朋友或贊助人的信；也可以為了幫助別人而公開傳閱。信上充滿了道德上的鼓勵，文筆典雅，因為優美的文字本身就能振奮人心。

這就是為什麼佩脫拉克在撰寫安慰文或陷入自身痛苦之際，還是很注重文學技巧。因此，在寫給他的「蘇格拉底」的信中，談到他們所失去的親友時，一開始他語無倫次地吶喊：「噢，兄弟啊！兄弟啊！兄弟啊！」不過馬上就停止了。隨即補充說道，他知道信件開頭這樣寫很不正統，但畢竟也不是**那麼**不正統。[69]西塞羅自己就寫過類似的東西。對現代讀者來說，看到佩脫拉克把發自內心的吶喊與西塞羅式的反思結合起來，可能會感到疑惑。如果他還會去想這些事情的話，能有多真誠呢？他怎麼還會想到要推敲他的用詞——去寫什麼雷電、地震、風暴、深淵？

但佩脫拉克和他同時代的人絕對想像不到，模仿最偉大的拉丁文演說家和作家，以精確而優雅的文字寫作，會讓他們要表達的東西**失去**任何影響力。他們深信，寫出流暢拉丁文的好處之一，是可以幫助現代人振作起來，更加堅強。

關於這一點，沒有哪個作家比西塞羅更適合當作典範了，他在演說和寫作中以充滿說服力與情感渲染力的語言來傳達他的想法，使表達技巧更臻完美。他使用了特殊的句法結構：其中一個例子是獨特的「掉尾句」（periodic sentence），他讓句子在乍然結束之前進行悠長的循環，把重點放在句子的末端，寫出畫龍點睛的結尾句。拉丁文比英文更適合這麼做，因為文字順序可以對調，不過英文也可以做得到。舉例來說，十八世紀作家的愛德華．吉朋（Edward Gibbon）描述他如何寫出六卷羅馬帝國歷史時，簡潔地寫道：「縱無獨創之學問，亦無思考之習慣，更不知遣詞造句之藝術，我仍決心要寫一本書。」[70]

另一個令人震撼的句子比較長，出自小馬丁・路德・金恩（Martin Luther King Jr）在一九六三年寫的〈伯明罕獄中書信〉（Letter from Birmingham Jail），信中提到大家總是告訴他要「等待」平等與社會改變：

> 然而，當你看到凶惡的暴徒任意將你的父母私刑處死、將你的兄弟姊妹淹死的時候；當你見到充滿仇恨的警察咒罵、踢打甚至殺害你的黑人兄弟姊妹的時候；當你見到你那兩千萬的黑人兄弟，絕大多數擠在富裕社會中令人窒息的貧民窟裡苟延殘喘的時候；當你的六歲女兒問你，為什麼她不能去剛剛出現在電視廣告上的主題樂園，而你突然張口結舌，說不出話來的時候，以及當她得知這個樂園不對有色兒童開放，而你看到淚水湧上她的眼眶，看到她的心靈開始被自卑的陰霾籠罩，看到她開始不自覺地對白人產生怨恨而扭曲了她的人格的時候；還有當你的五歲兒子問你：「爸爸，為什麼白人要對有色人種這麼壞？」而你不得不編一套謊話來搪塞的時候……

他接著往下寫，讓我們**等待**最後一個子句出現，它是這麼寫的：

然後你就會明白，為什麼我們覺得難以再等待下去。[71]

這樣的結構反映了它的含義：這位大師級的作家和演說家掌握了西塞羅的技巧——提出了人類有史以來最重要的論點之一。

人性一直以來都是重要的。如果修辭技巧不是用於實踐美德與道德目的，就是無用甚至有害的：一切都必須以善為宗旨。西塞羅區分了高尚的雄辯術與政客製造的混亂；[72]另一位寫了一本影響深遠的著作的修辭學家昆體良（Quintilian）也強調，出於哲學上的考量，口才出眾的演說者**必須**是個好人。畢竟，語言是使「我們有別於其他生物的天賦」，如果它只不過被當成「犯罪的武器」，大自然就不太可能賜予人類這樣一種天賦。昆體良還暗示，心懷不軌的人將會飽受焦慮之苦，以致無論如何也無法專注於取得文學上的成就。「你還不如去滿布荊棘與刺藤的土地上尋找果實呢。」[73]

因此，善用語言技巧不只是為了粉飾門面；而是為了打動別人的心並獲得認可。它是一種道德活動，因為良好的溝通能力是*humanitas*的核心——能夠將人性發揮到極致。

這種思維在安慰信當中表現得最為明顯，它是最人性化的文類。當寫信人和收信人擁有相似的經歷時，這種人性充分流露，使他們之間產生了「烏班圖」的連結。佩脫拉克的信件中最感人——也最有特色——的例子，是他在一三六八年寫給一位適逢喪子之痛的朋友的信。他旁徵博引，舉出了許多古典文學中喪親之痛的例子，同時也談到他自己的孫子剛剛夭折，使他大受打擊（「我心裡充滿了對那個小傢伙的愛，以至於很難說我是不是曾經如此愛過別人。」）他也向薄伽丘表示哀悼：「我們懇求你，想像一下，我們當中永遠有一個人陪在你右邊，另一個人陪在你左邊。」這封信兼具博學與個人色彩，但兩者傳達的訊息都是「你並不孤單」。[74]

其他的文學形式也可以提供類似的慰藉。在一三五〇年代，也就是最嚴重的兩次鼠疫爆發之間的十年，佩脫拉克在寫一本名為《命運好壞的補救措施》（*Remedies for Fortune Fair and Foul*）的書。這本書是為他的朋友和以前的贊助人阿佐．達．科雷吉歐（Azzo da Correggio）寫的，阿佐過去是帕爾馬一位有權有勢的貴族，他遭遇了和鼠疫無關的三重不幸：他的妻子和孩子被敵人俘虜，他不得不流亡外地，還患有癱瘓的毛病，需要僕人攙扶他行走或上馬。所以他急需一切能夠使他鎮定下來並振作起來的想法。

佩脫拉克這本書由兩段對比鮮明的對話構成，在對話當中，擬人化的理性先後回應了擬人化的悲傷與歡樂。理性的任務是使悲傷高興起來，同時提醒歡樂切莫得意忘形。[75]

歡樂：每個人都仰慕我的美貌。

理性：不過，很快地，你的臉蛋將不再標緻，失去光采。這頭金髮將會脫落……而腐爛的蛀牙則會讓你的晶瑩皓齒消失殆盡……（等等）。

有些慶祝的理由比其他的更容易遭到反駁：

歡樂：我有許多頭大象。

理性：請問要用來做什麼？

（沒有回答）

在本書後半部，悲傷發表了她的意見：

悲傷：我已經遭到流放。

理性：心甘情願地去吧，這將是一段旅程，而不是流放。

悲傷：我害怕瘟疫。

理性：為什麼一聽到瘟疫就不寒而慄？在這麼多人陪伴之下死去，也可以算是某種安慰。[76]

並不是一切痛苦的根源都顯而易見，內心的痛苦是更加難以駕馭的：即便我們掌握了理性之舵，但在波濤洶湧的海上還是會迷失方向。但是，我們經歷的痛苦越深刻，我們在生活中最美好的時刻所感受到的快樂也越深刻。理性使悲傷想起上帝賜給我們的許多禮物，從世界上的自然美景（那些潺潺的溪流與嘰嘰喳喳的鳴禽）到我們自己的卓越成就。我們能夠發明和製造物品，甚至能夠修復自己，製作「木腿、鐵手和蠟做的鼻子」以及相對晚近的發明——可以透視的眼鏡。我們人類自身也是美好的，擁有一雙可以窺見靈魂的眼睛，而「額頭上則閃耀著智慧的光芒」。[77]佩脫拉克跟後來的馬內蒂一樣，在這本書裡歌頌了人類的卓越。事實上，這段期間有一位朋友寫信給他，問他是否願意寫一些東西來答覆英諾森三世的論著《論人類之苦難》，他回答說他正在處理這個主題——他指的是《命運好壞的補救措施》這本書比較正面的那一半內容。[78]不過，整體來說，與其說它是一部正面的作品，不如說這是一部平衡的作品，它權衡正反兩面，提醒我們，人類的故事不全都是美好的，也不全都是悲慘的，兩者之間可以發揮相互制衡的作用。

要做到這一點，我們必須善用推理與智慧。佩脫拉克書中的理性角色說道，相信我

們會一生順遂是徒然無益的，命運總是會讓我們失望。還不如在學習、思考與友誼中尋求慰藉——何況以上三者之間是相輔相成的。理性引用了古希臘哲學家泰奧弗拉斯托斯（Theophrastus）的話：「在所有人之中，唯有學者在異國他鄉不會感到陌生；在失去親朋好友之後，仍然能找到朋友；他處處為家，並且無視艱難的命運，一無所懼。」[79]

佩脫拉克所有的作品都展現了對於命運無常的蔑視（與對抗），他從顛沛流離的童年開始，就習於面對變幻莫測的人生。他以寫作來對抗**失去**。藉由尋找手稿與蒐集自己的信件、書寫他的安慰文學和其他作品，他築起了一道屏障，防止一切分崩離析——包括朋友和書籍。[80]

薄伽丘也感受到他身後那片死亡的荒原。他在《異教諸神的系譜》的序言中，回顧了過去幾個世紀以來連綿不斷的天災人禍。他告訴他的讀者，想想看，過去倖存至今的作品多麼稀少，它們又遭遇了多少破壞：包括火災、洪水、被時光磨蝕。他還特別提及另一個因素：早期基督徒的蓄意破壞，他們認為自己有責任抹去之前所有異教留下的痕跡。[81]

他和佩脫拉克決心從過去那段歷史找回他們所能找到的東西，加以修訂，重新想像，讓他們自己跟他們的朋友堅強起來，戰勝悲傷——並將它們傳承給後人，希望他們也能藉此重生。回到一三四一年，在佩脫拉克發表他的《非洲》一詩，被加冕為桂冠詩人時，他曾把自己的作品當作一個即將踏入未來世界的孩子：

> 我註定生活在各種混亂的風暴之中。但或許對你來說，如果你能像我所期盼與希望的那樣，在我之後活得更久，那麼一個更好的時代將會來臨。這種遺忘不會永遠沉睡不醒。當陰霾散去，我們的後代可以在過去純淨的光輝中重新開始。[82]

這類關於黑暗和光明的討論延續到下一個世紀，產生了一種嶄新的方式來想像歐洲歷史。佩脫拉克感到黑暗潛伏在他背後，仍然包圍著他——黑暗就像個巨大的深淵，而書籍和人類全都墜入其中。他認為，在很久以前，古人以他們的口才與智慧照亮了他們的世界，而在即將來臨的新時代，後代子孫可能也會重新照亮他們的世界。他希望消除兩者之間的鴻溝，所以他把可以找到或複製的東西保存下來，在舊的形式上創造新的變化，維持這一切不穩定的存在，以爭取足夠的時間來重新點燃燈火。

第二章

打撈沉船

西元七九年之後，但主要是一四〇〇年代

新世代／損失與發現／十二世紀與其他時期的文藝復興／科魯喬・薩盧塔蒂、尼科洛・尼科利、波吉歐・布拉喬利尼和他們的人文主義手寫體／羅馬廢墟與內米湖巨船／監獄和殘骸／是的，有一些女性／教育／烏比諾、卡斯蒂廖內與*sprezzatura*／更多、更好的書籍／印刷商，尤其是阿爾杜斯・馬努提烏斯

佩脫拉克和薄伽丘指派了任務給他們的後繼者：發掘智慧和卓越的痕跡，研究並加

以傳播，以此闡釋道德和政治問題，並且在舊的典範上創造出具有類似智慧與卓越成就的新作品。

現在，隨著十四世紀結束與十五世紀的開始，熱情地接手這項任務的的新世代，是我們現在可以自信地稱之為義大利「人文主義者」——這樣的說法開始流行，雖然它從來沒有指涉任何正式或有組織的團體。本章談的是少數幾位這樣的人。雖然我說只有少數幾位，但他們陣容龐大：包括尋找手稿的人、沉船打撈者、探險家、教師、抄寫員、印刷商、廷臣、收藏家、作家等。幾乎所有人都是男性，但少數幾位女性在這些人文活動中也表現得很出色；我們稍後會在本章認識他們。

但首先讓我們自問，佩脫拉克和薄伽丘關於黑暗和毀滅的說法是否正確？在他們之前真的沒有其他具有真知灼見的拯救者嗎？在進入本章的主題之前，讓我們用幾頁篇幅來回溯過去，從更寬廣的脈絡去思考他們如何看待自己。

正如人們面對長期以來相信的歷史觀念經常出現的反應，人文主義者對於沒有快樂，沒有光明的黑暗時代的想像，也同時引起「讓我們面對現實吧，他們說得對」以及「等等，事情沒有那麼簡單」等正反不一的回應。

首先，讓我們面對現實吧，佩脫拉克和薄伽丘說得對。許多知識、技術和文學文化在歐洲已經失傳，而且其中一些發生在很久之前。例如，德謨克利特和伊壁鳩魯的作品在古代就消失了。但消失的速度在西元五世紀西羅馬帝國（Western Roman Empire）滅亡之後加快。除了文學文化之外，還有許多其他事情也萎靡不振：包括設計公共建築的技術、良好的道路、污水處理系統和其他改善生活條件的城市設施都擱置不用，直到沒有任何在世的人知道它們是怎麼建造出來的。原本看似令人欽佩的「修修補補」也造成進一步的破壞：建築物倒塌後的石頭被重複使用，害這些建築物倒塌得更嚴重，成了一堆瓦礫。寫在莎草紙上的舊文本自然褪色或龜裂；較新的文本則寫在羊皮紙上，這種紙更堅固，但製作時需要一疊綿羊、山羊或小牛皮。與其這麼做，不如把比較舊的，沒怎麼讀過的書上的字跡刮掉，再次使用。再見啦，比較舊的，沒怎麼讀過的書。

因此，薄伽丘把一些古代作品的失傳歸咎於早期基督徒，不是沒有道理的。當他們必須清理羊皮紙重新使用時，可以選擇篇幅比較短的宗教作品，但選擇一個非基督教文本似乎更能展現他們的虔誠。當他們在處理建築物時，則同時滿足了對於回收材料的需求和打垮宿敵的願望。[1]當聖本篤（Saint Benedict），這位在西元六世紀建立以其為名的修道會創始人，想在山頂上建造一個小教堂時，正是如此。他選擇了一個有阿波羅神廟及其聖林的地方，把神廟和樹木夷為平地，建造了後來的卡西諾山修道院。[2]對了，在同一個世紀，兩尊美麗的大佛被雕刻在今天阿富汗巴米揚（Bamiyan）的山腰上，直到二〇〇一年被穆斯林塔利班（Taliban）炸毀，剩下破碎的空洞。破壞美麗的事物並不是某個宗教或某個世紀的專利，也不是宗教本身的專利：十八世紀法國大革命後的世俗主義者（secularist）曾經以啓蒙和進步之名摧毀了教堂的藝術珍品。

透過破壞事物來慶祝光明和進步，也不是什麼新鮮事。西元三八四年，羅馬元老院（Roman Senate）針對是否移除前基督教時期雕像，進行了一場辯論。一些具有保存意識的人懇求皇帝瓦倫提尼安二世（Valentinian II）留下它們，但米蘭神學家聖安博（Ambrose of Milan）寫信呼籲瓦倫提尼安拒絕這樣的請求。畢竟，自上帝創世以來，一切都越來越好，地球從大海中分離出來，「從濕答答的黑暗中被拯救出來」；[3]同樣地，我們每個人也都順利地長大成人——那為什麼還要保留低劣的、前基督教時期的歷史遺跡呢？

目前為止，如此黑暗。佩脫拉克和薄伽丘說得對，包括他們談到基督教帶來的影響。但是等等，事情沒有那麼簡單。

修道院圖書館有時候的確會清掉古典時期的作品，為宗教書籍騰出空間，但也多虧了它們，才有那麼多古典時期的作品得以保存下來。這些圖書館通常精心呵護他們收藏的非基督教作品——聖本篤的卡西諾山修道院圖書館正是收藏這類作品的傑出圖書館之一。古籍正本幾乎不可能以任何別的方式保存下來。除了寫在易碎的莎草紙上，它們還經常被製成卷軸，所以每次閱讀都很容易損壞。很少有作品直接以這樣的形式出現在我們面前，儘管直到今天，偶爾還會有一些作品出土。當維蘇威火山（Vesuvius）在西元七九年爆發，古城赫庫蘭尼姆（Herculaneum）被灰燼覆蓋之際，一座裝滿了卷軸的別墅遭到掩埋。這些捲軸在十八世紀時被發現，但大部分都遭到擠壓、損壞而無法閱讀。現在，新技術已經讓我們可以辨識更多的捲軸，包括之前以為已經失傳的整部作品：老塞內卡（Seneca the Elder）的《歷史》（*Histories*）。[4]

然而，在大多數情況下，我們之所以擁有古典時期文本，是因為在漫長的「黑暗」與中世紀時期，對這些文本進行了複製。沒有什麼比大量複製更有利於維持書籍的生命力了，這一點在印刷術發明之後更加明顯。這些複製工作在特定的時間與地點進行。從西元六世紀到八世紀，偏僻的愛爾蘭與英格蘭修道院團體成績斐然。從西元八世紀開始，阿拉伯世界翻譯並保存了豐富的資料，包括了許多數學、醫學、哲學等希臘文文本。在巴格達（Baghdad），阿拔斯哈里發帝國（Abbāsid caliphate）和私人贊助者讓圖書館擠滿了翻譯團隊，在西元九世紀，一度由迷人的肯迪（al-Kindi）負責管理，他也撰寫了自己的研究，主題包羅萬象，從地震到倫理學都有。[5]肯迪完全有資格被視為一位人文主義者，特別是那種主張「只有連結！」企圖在不同的傳統之間搭起橋樑的人文主義者。他希望能調和哲學與神學，以及希臘思想與伊斯蘭思想之間的矛盾。然而，這是一項危險的工作。不管是因為他的思想令人不快，還是因為對手嫉妒他的成就，他無法進入他自己的圖書館工作，並遭到人身攻擊。他大部分的著作都失傳了。

同一個時期，在歐洲西北部，查理曼（Charlemagne）命令他領土上的修士在他們的圖書館裡努力工作，以重建他所謂「因為我們祖先的疏忽而幾乎被遺忘」的知識[6]——後來任何一位尋找書籍的人文主義者都可能會說出這樣的話。查理曼對書籍的興趣令人感到意外，因為他雖然能閱讀，卻不會寫字。與他同時代的傳記作者艾因哈德（Einhard）提到，他晚上把蠟片和筆記本放在枕頭下，這樣他一醒來就可以練習，但他起步得太晚，不得不繼續依賴抄寫員。[7]

這沒有讓他退縮。查理曼創辦了男子學校，並且出乎尋常地堅持教育他自己的女兒。[8]他不停地向他的修士們嘮叨：收到修道院為他祈禱的優美信札之後，他指出了他們在文法和表達上的錯誤，並安排作者接受更好的培訓。[9]為了管理他的藏書，他從不列顛群島招募了一位圖書管理員暨教師，約克的阿爾琴（Alcuin of York）。查理曼領土上的修士們為了進行抄寫，創造出一種新的、更容易辨認的手寫字體：卡洛林小草書體（Carolingian minuscule或Caroline minuscule）。這是一項重大的進展，使人們得以更順利、更清晰、更容易進行閱讀，它直接影響了後來人文主義者的手寫字體，並以此為基礎發展出我們今天使用的大多數印刷字體。

修道院的繕寫室可以是個痛苦的地方，也可以是個生氣蓬勃而多產的地方。本篤會的修士每人每年都可以拿到一本書作為私人學習之用，他們一邊吃飯一邊聆聽朗誦——儘管《聖本篤準則》（*Rule of Saint Benedict*）規定，「任何人都不應該冒險問任何關於朗誦或其他事物的問題，以免鼓勵交談。」這套規定還警告他們不要講笑話，不要抱怨葡萄酒短缺，也不要為自己在任何一種工藝上的技能感到自豪。[10]最後這條規定會把大多數後來的人文主義者排除在外，他們喜歡吹噓自己的才華。

話說回來，有些修士也是這樣。語法學家諾瓦拉的貢佐（Gunzo of Novara）回憶他在西元九六〇年拜訪聖加侖（St Gall）——另一座擁有精美圖書收藏的修道院，位於現在的瑞士。在晚餐後的交談中，他偶然使用了賓格（accusative case）而不是奪格（ablative case），有一部分因為這是他義大利故鄉的用法。修士們對這個錯誤大加撻伐，接著樂不可支地大肆取笑他。文學史學家安娜・A・格羅坦斯（Anna A. Grotans）寫道：「一位年輕的修士……提到違反拉丁文文法規則應該挨打，另一位則當場寫了一首詩來紀念這件事！」[11]讀到這裡，我們很難相信那些聰明伶俐而興高采烈的修士們會陷入宗教狂熱。

到了一一〇〇年代，有這麼多複製、研究與知識共享活動正在進行，以至於歷史學家稱之為「十二世紀的文藝復興」。[12]新的造紙技術已經從中國經由阿拉伯世界和西班牙傳到了歐洲，這樣就可以在不損壞舊羊皮紙的情況下，書寫更多的內容。紙張是用破布製成的，根據馬可．莫斯特（Marco Mostert）最近提出的一個精彩的理論，當時有了更多的破布，是因為人們從農村搬到城裡去，而穿內衣在城市裡是很時髦的。這些內衣比堅韌的上衣磨損得更快，經常被丟棄，所以更容易取得破布。[13]因此，文學是在內褲裡誕生的。

其他的學習中心也在歐洲蓬勃發展：包括受到阿拉伯世界的學術機構啟發而建立的大學，以及附設圖書館和學校的大教堂，如法國的沙特爾（Chartres）和奧爾良（Orléans）大教堂。它們在建造過程中採用了飛扶壁等創新技術，裝飾著雕像和彩色玻璃窗，不僅展現了藝術與建築技巧，也展現了精神生活。尤其是沙特爾大教堂，裝飾著高大、寧靜而極其美麗的人像；其他的大教堂也有類似的人像裝飾。幾年前，我參觀巴塞爾大教堂（Basel Cathedral）時，被一塊十二世紀早期，雕刻了六位使徒的美麗石板所震撼：他們沒有像往常一樣，表現殉教的跡象，而是拿著裝訂好的書籍和卷軸，看起來深思熟慮，溫文爾雅，彷彿沉浸在關於閱讀的討論中。

大教堂成為培養學者的重要根據地，如索爾茲伯里的約翰（John of Salisbury）年輕時在沙特爾學習，後來成為沙特爾的主教，並把他的私人圖書館遺贈給沙特爾。[14]他至少去了六次義大利，在那裡蒐集手稿。他跟後來的佩脫拉克一樣，是個熱愛寫信的人，

巴塞爾大教堂的使徒雕像

在給同事和朋友的信上談論了西塞羅、維吉爾、賀拉斯（Horace）和奧維德（Ovid）。他也在他的論著中大量引用古典時期的作品，探討跟人文主義密切相關的主題：《論政府原理》（*Policraticus*）談的是廷臣與文員的行為，《元邏輯》（*Metalogicon*）則討論教育和其他主題。[15]

如果索爾茲伯里的約翰和佩脫拉克能夠見面，而不是相隔兩百年的話，他們一定會很愉快地分享他們的旅行見聞與當權者打交道的故事（約翰曾經在坎特伯里大教堂（Canterbury Cathedral）

認識湯瑪斯・貝克特（Thomas à Becket），並差點目睹他遭到刺殺，因此他對政治和人生命運突如其來的轉折略知一二）。他們用拉丁文交流是沒有問題的，這個語言使歐洲受過教育的人能夠跨越時空的藩籬。

人們可以如此輕易地想像約翰和佩脫拉克之間的對話，這使人們對於光明降臨的簡單故事產生了懷疑。十四世紀和十五世紀確實發生了很多變化，但這種變化最引人注目之處或許是佩脫拉克和他的後繼者如何看待自己：他們從失落的、遙遠的過去中汲取靈感，創造了一條走出黑暗的道路。

有一件事是肯定的：能夠把約翰和佩脫拉克聯繫在一起的，莫過於他們對書籍共同的渴望了，這種渴望曾經把佩脫拉克和薄伽丘聯繫在一起——也把他和年輕世代聯繫在一起，我們現在要繼續講他們的故事。

擁有大量藏書的煩惱之一，是擔心如何傳承給後人。佩脫拉克曾經協議把他的藏書遺贈給威尼斯政府，用來建立一座向公眾開放的圖書館。[16]然而，到了一三七四年，當他在七十歲生日的前夕去世之後，這些書還是留在他家人手上，這表示協議出了問題。後來這些藏書分散各地，多次易主，最終落腳於西歐各地如倫敦、巴黎和數個義大利城市的圖書館。

佩脫拉克確實在他的遺囑中留給薄伽丘一份深情的禮物：「五十枚佛羅倫斯弗羅林金幣（Florin）用於購買一件冬衣，供他在夜間學習和工作的時候穿。」但薄伽丘沒有多少時間享受這件舒適的衣服，因為他隔年也去世了，享年六十二歲。他的藏書轉讓給他認識的一位修士，修士死後又移轉給佛羅倫斯的聖靈修道院（Santo Spirito），書被裝在箱子裡，鮮少使用，儘管他的遺囑中有一條但書，註明這些書應該要給任何想看的人看。[17]

現在，「佛羅倫斯三冠王」都去世了（但丁、佩脫拉克和薄伽丘在佛羅倫斯的行銷文案中被稱為「三冠王」），他們的後繼者致力於紀念他們並散播他們的作品。其中最活躍的人物是佛羅倫斯執政官科魯喬．薩盧塔蒂（Coluccio Salutati），他跟佩脫拉克一樣，擁有許多朋友和通信者。科魯喬請他們努力尋找佩脫拉克遺失或未完成的文本，特別是他得獎的詩作《非洲》的筆記。[18]科魯喬也受到薄伽丘的啟發，替後者自己在切塔爾多（Certaldo）的墳墓上所寫的過於謙遜的墓誌銘進行潤色。原文只有幾行，科魯喬增加了十二句詩，其中包含這樣的責備：「傑出的詩人啊，為何如此謙卑地談論你自己，彷彿只是隨口提起？」[19]如果薄伽丘看到這些補充，一定會被感動，因為他在世時常常覺得沒有受到應有的肯定，即使他自己並不吝於讚美別人。

科魯喬也是一個偉大的收藏家，他的圖書館裡大約有八百本書，因為加上了他自己的附注與修訂而大為增色。他把這些書借給感興趣的讀者，最後這些書被送到佛羅倫斯的聖馬可（San Marco）修道院。他還推動了佛羅倫斯的希臘文研究，邀請來自君士坦丁堡的學者曼努埃爾・赫里索洛拉斯（Manuel Chrysoloras）教授希臘文——使希臘文研究在義大利大為興盛，人們再也不用像以前的佩脫拉克和薄伽丘那樣跟希臘文奮戰了。

另一位擁有精美圖書館的收藏家是尼科洛・尼科利（Niccolò Niccoli），一樣擁有大約八百本書。尼科洛比科魯喬小一輩，在佩脫拉克和薄伽丘去世時還是個孩子，他長大後成為科西莫・德・麥地奇（Cosimo de' Medici）的圖書管理員——他的家族經營銀行和貿易發了財，把一部分的財富拿來贊助學者和藝術家。尼科洛的行政決策之一，是把薄伽丘的藏書從聖靈修道院無人聞問的倉庫裡挖出來，讓它們更容易取得。他還把自己的書留給了麥地奇家族，條件是任何想看或想借的人都可以拿到這些書。今天佛羅倫斯兩座主要的圖書館，老楞佐圖書館（Biblioteca Medicea Laurenziana）和中央國家圖書館（Biblioteca Nazionale Centrale）的館藏都是建立在麥地奇家族的藏書之上。

尼科洛跟薄伽丘一樣是商人之子，他也經歷了同樣的人生轉折，拒絕繼承家業，轉而從事文學與學術研究。他喜歡享樂與藝術珍品，生活在一大批雕塑、馬賽克鑲嵌畫、陶器與手稿之中。他沒有結婚，除了僕人以外，一人獨居。書商維斯帕西亞諾・達・比斯蒂奇（Vespasiano da Bisticci）的回憶錄為當時許多人文主義者留下了寶貴的紀錄，根據該書的描述，尼科洛在人群中妙語如珠。維斯帕西亞諾寫道：「他經常為了放鬆而參加飽學之士的討論，而每次他滑稽的故事和尖刻的嘲諷（因為他天生愛開玩笑）總是讓所有的聽眾笑個不停。」[20]馬內蒂也寫了一本傳記，指出尼科洛如何「穿上精緻的梅紅色衣裳，烘托他天生的美貌」。[21]他鼓勵許多年輕學者到他家去讀他的書，然後放下書本，討論他們從中學到的一切。

就這樣，結合了友誼與藏書癖的傳統延續了下去。尼科洛和他年紀較輕的朋友波吉歐．布拉喬利尼（Poggio Bracciolini）保持密切的通信聯繫，但他活潑的個性有時候會太超過，演變成「激動的謾罵」（這也是維斯帕西亞諾說的）和自吹自擂。至少有一次，他在爭執中跟別人打起來。[22]但波吉歐對尼科洛比較友善，他們在信件中愉快地討論書籍，互相開對方的玩笑。令尼科洛感到滿足的是，波吉歐為了尋找手稿四處奔波，而且經常寄給他。

最引人注目的發現，是波吉歐陪同教廷參加康士坦斯大公會議（Council of Constance）期間取得的。該會議於一四一四年到一四一八年之間在現在的德國舉行，試圖改善教會中駭人聽聞的混亂局面，也就是所謂的天主教會大分裂（Great Schism）——在兩個對立的教皇選舉祕密會議各自在羅馬和亞維農（也就是上個世紀作為教宗替代居所的城市）選出一位教宗之後爆發。二位新當選的教宗都立刻把對方逐出教會。樞機主教團曾在利沃諾（Livorno）召開會議，選出第三位教宗來解決這個問題，但這位教宗在其他地方也沒有得到認可。康士坦斯大公會議比較成功，它廢黜了這三位教宗，選出第四位，他順利即位成為瑪爾定五世（Martin V）。對新世代的人文主義學者來說，這是個不錯的選擇：瑪爾定喜歡這些能言善道而知識淵博的作家，任命他們中的許多人擔任祕書和行政工作。

波吉歐為羅馬教廷代表團工作期間，跟他的朋友們一起探訪了康士坦斯周遭廣大地區的修道院。佩脫拉克一定會羨慕他們的發現。他們在克呂尼修道院（Cluny Abbey）找到更多西塞羅的講稿，在聖加侖也發現了好幾部作品，包括維特魯威（Vitruvius）保存完好的建築學論著，還有一些特別令人嚮往的東西：如昆體良《演講術》（*Institutes of Oratory*）第一個完整的文本——就是那本關於修辭技巧的聖經，主張要成為演說家的人，必須是個有道德的人。[23] 接著，波吉歐和他的朋友巴爾托洛梅奧・達・蒙特普齊亞諾（Bartolomeo da Montepulciano）很可能在富爾達（Fulda）發現了盧克萊修的《物性論》，這首長詩傳達了伊比鳩魯和德謨克利特學派的原子論和對神靈存在的懷疑論。其他作者曾經引用過這首詩的片段，所以人們知道它的存在，但他們以為全詩已經佚失。波吉歐把它寄給了尼科洛，後者對它如此著迷，以致他一反過去一貫的開放態度，把它珍藏在自己身邊長達十年之久，才肯讓別人一睹為快，甚至包括波吉歐在內。[24]

他們通常對彼此是比較慷慨的。一四二三年，波吉歐在羅馬擔任教宗祕書時，邀請尼科洛住進他舒適的公寓。「我們會一起交談；我們會日日夜夜生活在一起；我們會剷除一切古代的痕跡。」[25]穿著梅紅色衣裳的尼科洛所帶來的歡樂和波吉歐粗俗詼諧的幽默感，必定讓這個小窩和樂融融。波吉歐正是在羅馬的這段時間，寫了一本名為《詼諧集》（*Facetiae*）的逸聞妙語錄：這是一本充滿雙關語，兼具高度人文主義色彩的娛樂書，其中有個故事是說，信差問一個女人是否要寫張便條給她出遠門的丈夫。她回答：「我老公把他的筆帶走了，讓我的墨水池空空如也，叫我怎麼寫呢？」[26]這本書流傳甚廣，在波吉歐去世多年後還印刷了許多版本——這也是第一本出版的笑話書。

科魯喬、尼科洛、波吉歐等人在抄抄寫寫的過程中，創造出一種新的手寫字體，反映了他們的新思維。它被稱作「人文主義手寫體」（humanistic hand），他們以為這是從古代文字發展出來的字體，實際上卻源自查理曼的抄寫員首先研發的小寫字體。這種字體比一般的中

dragenos eris diuisit. Morte subtractus spectaculo magis hominũ q̃ triũphantis
glorie syphax est tibur audita multo ante mortuus q̃ ab alba traductus fuerat.
Conspecta tamen mors eius fuerit quia publico funere est elatus. hunc regem in
triũpho ductum polibius haud quaq̃ spernendus auctor tradit. Secutus scipionem
triũphantem est pilleo capiti imposito. Q. terentius culleo; omniq; deinde uita ut
dignũ erat libertatis auctorem coluit. Africani cognomen militaris primũ fauor
an popularis aura celebrauerit, an sicuti sylle magniq; pompey patrũ memoria
ceptum ab assentione familiari sit parum compertum habeo. Primus certe hic
imperator nomine uicte a se gentis est nobilitatus. exemplo deinde huius nequaq̃
uictoria pares insignes imaginũ titulos. claraq; cognomina familie fecere.

波吉歐的人文主義手寫體

世紀手寫字體更容易書寫與閱讀，非常適合那些可以按照自己的節奏，讀完許多書的讀者，而不必在講台上慢條斯理地大聲朗誦文本。[27]人文主義者屏棄了這種他們稱之為「哥德體」（Gothic）的複雜字體，這是一種侮辱，意味著「野蠻人」——就像成群結隊的哥德人（Goths）和汪達爾人（Vandals）曾經使羅馬提前走向衰落。[28]而他們發展出自己那套與之抗衡的手寫字體，恰恰說明了他們如何看待自己：恢復古老的簡約，祛除雜亂，讓知識重見天日。

說到雜亂無章，他們很難不注意到羅馬周遭環繞著他們的古代遺跡，儘管它們處於混亂不堪的狀態。當時羅馬競技場（Colosseum）倒塌，許多老建築物的材料被搶走，城市的拱門也遭到破壞，半埋在羊群啃食的植物中。這一切都讓人文主義者興致盎然。佩脫拉克在幾次造訪期間，盡力把他看到的跟他在古典時期的歷史、神話或詩歌中讀到的文字描述進行比對。他跟他的朋友兼贊助人喬凡尼·科隆納一起待在那裡，玩起尋找地點的遊戲。他們會環顧四周，說道：「這裡是馬戲團表演和綁架薩賓（Sabines）女子的地方，那裡則是卡布里島（Capri）的沼澤和羅穆盧斯（Romulus）消失的地方。」每天日落時分，他們會爬到戴克里先浴場（Baths of Diocletian）的屋頂上凝視美景，交換他們的知識。佩脫拉克比較擅長古典時期的歷史，而科隆納則對基督教時代早期比較了解。但他們還是會犯下一些錯誤，有一部分原因是他們被一部典型的十二世紀或十三世紀初期的著作誤導：某位格雷戈里（Gregorius）老師寫的《羅馬的奇蹟》（*The Marvels of Rome*）。[29]

波吉歐和他的朋友安東尼奧·洛斯基（Antonio Loschi）做了更多的研究，慶幸自己糾正了佩脫拉克的錯誤。例如，佩脫拉克自以為找到了瑞摩斯（Remus）的墳墓，而安東尼奧則意識到這是蓋烏斯·塞斯提伍斯（Gaius Cestius）的墳墓（馬修·尼爾〔Matthew Kneale〕評論道：「這不是什麼了不起的發現，塞斯提伍斯的名字就大大的寫在旁邊。」）[30]

波吉歐寫下了他個人對羅馬廢墟的描述，把推測是古建築與街道的所在地標示在留存至今的遺址上；他恰如其分地把這些描述收錄在他一四四八年寫的一部關於命運無常的作品中。他也把類似的考古技巧應用在探索城市周遭更廣闊的鄉村，仔細研究墓穴或爬到拱門上面抄寫碑文。[31]

其他人也研究羅馬廢墟，但他們的目的是要學習建築技術並加以改良。一四〇〇年代初期，兩個小伙子在探索這個地區時過著半原始生活，被當地人認為是窮困潦倒的尋寶者。事實上，他們名叫菲利波・布魯內萊斯基（Filippo Brunelleschi）和多那托・迪・尼科羅・迪・貝托・巴蒂（Donato di Niccolò di Betto Bardi），後來人稱多那太羅（Donatello），他們正在進行研究。幾年之後，他們的創新思維將會改造佛羅倫斯的建築。[32] 一些旅行者做了更深入的調查。安科納的西里亞克（Cyriac of Ancona）遊歷希臘和土耳其，記錄碑文。[33] 歷史學家如弗拉維奧・比翁多（Flavio Biondo）（又名比翁多・弗拉維奧（Biondo Flavio），但無論如何，這兩個詞的意思是一樣的，都是指「金髮」）[34] 等人更擅長結合實地調查與文獻資料，寫出長篇研究報告，如《數十年的歷史》（*Decades of History*）、《羅馬的重建》（*Rome Restored*）、《義大利的啟蒙》（*Italy Illuminated*）、《羅馬的勝利》（*Rome in Triumph*）等。中世紀的旅行者也對過去的遺跡感興趣，但這些更現代的旅行者則是透過真正的歷史調查來了解它們：這些遺跡是**怎麼**出現的？誰興建了這些建築物，又是誰摧毀了它們？

對羅馬起源感興趣的還有建築師萊昂・巴蒂斯塔・阿伯提（Leon Battista Alberti）。他在一四四〇年代的長期調查之後，編撰了《羅馬城的描述》（*Description of the City of*

Rome）。[35]同一個時期，他也參與了在羅馬城外進行的一個引人注目的計畫：跟比翁多等人一起努力，把兩艘巨大的古船從附近的內米湖（Lake Nemi）底撈起來。

長期以來，人們一直想了解這些船。在天氣晴朗的日子，人們可以看到它們在海面下晃動。當地漁民有時候會發現釘子和木頭碎片黏在他們的漁網上。阿伯提發明了一種方法，希望把整艘船吊起來檢查。來自熱那亞（Genoa）——比翁多寫道，那裡「魚比人多」——的潛水員團隊游到其中一艘船上，綁上繩索，繩索的另一端則固定在水面上的絞盤，由浮筒托起。第一階段進展順利。不過，當絞盤轉動，吊起船身的時候，繩索很快地穿過了腐爛的木頭，船又沉入了海底。確實有一些碎片浮出了水面，供比翁多和阿伯提檢查。他們揣測了船隻的建造年代，但並不準確。[36]事實上，這些船是卡利古拉（Caligula）皇帝統治時期的豪華駁船。比較大的那艘長達七十公尺，用在這個小湖泊裡，實在大得離譜。船上配備了水管、馬賽克鑲嵌畫和各種奢侈品，展現了由羅馬人所締造出的輝煌成就。

此後多年，還進行了其他小規模的嘗試。一八九五年，一塊馬賽克鑲嵌畫從甲板上脫落，歷經各種波折之後，在紐約一位古董商家裡被改造成一張咖啡桌。他對其來源一無所知。最後它被送回內米博物館，館長說：「如果你從某個角度觀察它，仍然可以看到杯底留下的環狀痕跡。」[37]

直到貝尼托・墨索里尼（Benito Amilcare Andrea Mussolini）執政時期，船隻才全部被打撈上岸——古羅馬的宏偉風靡一時。令人難以置信的是，當時是把大量的湖水抽乾才完成這樣的壯舉，從一九二八年到一九三二年，一共花了將近五年的時間，而且還因為水的重量減輕，導致湖底泥漿噴發，引發了一些小問題。不過還是成功了，打撈起來的船隻被送進博物館展出。不幸的是，它們在那裡只待了幾年。一九四四年五月三十一日晚間，在美國轟炸之下，整座博物館陷入火海，燒毀了船隻。[38]只有一些文物倖存下來，包括那塊踏上紐約神祕旅途之前的馬賽克鑲嵌畫。現今，這座博物館又恢復了生機與活力。[39]

到了十五世紀，把幾乎看不見的沉船從深海中打撈起來的想法，恰好成了人文主義者計畫搶救各種殘缺或被埋沒的知識的完美比喻。比翁多在他的《義大利的啟蒙》中用了這個比喻來描述歷史學家的任務。他寫道，如果我不能像拯救整艘船一樣，完整地重建事件的經過的話，請不要抱怨。相反地，請感謝我**能**進行零碎的重建——「因為我從這麼一艘巨大的沉船中拖出了一些木板上岸，而這些木板原本是漂浮在水面上或幾乎看不見的。」[40]

搜尋書籍與廢墟的人文主義者都喜歡這個比喻。除了殘骸、火災與黑暗的比喻之外，他們還把他們的工作比喻成把囚犯從地牢中釋放出來。波吉歐描述他在聖加侖發現的昆體良手稿就像個罪犯，留著髒兮兮的鬍子，一頭爛泥似的頭髮，被關在塔底骯髒黑暗的牢房裡。「他彷彿伸出雙手，乞求忠誠的羅馬人民把他從不公正的判決中拯救出來。」[41]（由於波吉歐不得不把手稿留在那裡，讓這個畫面有點美中不足。不過他確實複製了一份，讓昆體良得以重見天日，所以意義重大）。[42] 波吉歐來自羅馬的朋友辛齊奧（Cinzio），又稱辛修斯（Cincius）以一些假想的台詞讓他們找到的書發聲：「你們這些熱愛拉丁文的人啊，不要讓這種可悲的忽視徹底把我摧毀。把我從這個陰暗的監裡救出來吧，這裡是這麼地幽暗，連書籍本身的光亮都看不到。」[43]

光明與黑暗持續交鋒。書商暨傳記作家維斯帕西亞諾，把無知的人所生活其中的「巨大的黑暗」與作家為世界帶來的啓蒙或啟發做了對比。他重複了佩脫拉克曾經對薄伽丘說過的話，並說無知有時候被認為是神聖的，但並不能算是一種美德。他說，無知甚至可能是世俗罪惡的根源。[44]

作家和收藏家持續對古人展開人道主義救援行動，把他們從深淵中拉出來，讓他們從地牢裡跳出來，而古人的回報則是以道德之光照亮現代世界，使其重生。威尼斯學者弗朗切斯科・巴爾巴羅（Francesco Barbaro）在波吉歐發現昆體良等人的作品之後寫信給他，說他聽到有人「為全體人類福祉做了這麼多的努力，這麼多的好處將會永遠存在」，真是太棒了。因為「文化與心靈的鍛鍊，造就美好幸福的生活與優美的談吐」不僅個人受惠，也為城市、國家和全世界帶來莫大的助益。[45]

這是一項令人振奮的工作：在拯救現代人之際，還可以放縱自己大肆收購，為堆積如山的藏書與各種文物感到沾沾自喜。波吉歐寫道：「我有一個裝滿了大理石頭像的房間」，他還夢想在鄉下找一個更大的地方來存放更多的藝術珍品。[46]有些收藏家確實財力雄厚，大手筆贊助了內米湖巨船打撈計畫的樞機主教普羅斯佩羅・科隆納（Prospero Colonna），在奎里納萊山（Quirinal Hill）上建立了一座雕塑花園，而他所得到獎賞是當這個遺址開挖時，更多的古物出土了。難怪波吉歐決定把他的作品《論貪婪》（*On*

Avarice）獻給這位樞機主教，該書論證了一個古老的觀念：擁有巨大的財富不是一種罪惡，而是一種美德，因為可以用來改善生活。[47]

收藏工作持續進行，最引人注目的是佛羅倫斯的麥地奇家族。在遙遠的北方，曼托瓦（Mantua）侯爵夫人伊莎貝拉・埃斯特（Isabella d'Este）也擁有一批可觀的收藏。她把宅邸的一座塔樓改建成她的私人書房與藝廊，裡面擺滿了古物，以及委託當代藝術家繪製的畫作。[48]她是個罕見的例子，這位偉大的贊助人與收藏家是一位女性。

說到女性：如果故事講到這裡，有更多的女性該有多好！一九八四年，歷史學家瓊・凱莉——加多（Joan Kelly-Gadol）寫了一篇著名的論文，問道：〈女性有文藝復興嗎？〉你大概可以猜到她的結論。她認為，中世紀的歐洲賦予女性更多的發展空間，至少對一些女性來說確實如此。[49]她們可以管理大型房地產，特別是當她們的丈夫去參加十字軍東征的時候。她們也可以在修道院團體中有所發展，比如說十世紀的詩人、劇作家和歷史學家甘德斯海姆的赫羅斯葳塔（Hrotswitha of Gandersheim）就是一個例子。她的劇本在人文主義時代被發現並出版，令人大為振奮，還有賓根的赫德嘉（Hildegard of Bingen），她是十二世紀的作曲家、哲學家、醫生、神祕主義者與人工語言發明者。[50]

相較之下，十五世紀人文主義者的世界比較都市化，修道院氣息不再那麼濃厚。人文主義者擔任神職人員或王公貴族的私人家庭教師或祕書，或在公共領域擔任官職或外交人員。要勝任這些職務，通曉**人文研究**是很重要的——傳統上，它包含了五個科目：文法、修辭、詩歌、歷史與道德哲學。學習良好的表達與書寫，了解歷史案例和道德哲學，為他們在生活中公開演講、寫作、處理政治事務與作出睿智的判斷，奠定了完美的基礎。但這正是問題所在。很少有父母會夢想他們的女兒過著這樣的生活。出身高貴的女性被期望待在家裡，深居簡出，不在公共場合拋頭露面。她們永遠不必發表演講或寫出優雅的信件，她們不需要拉丁文，而且學習如何作出明智的抉擇也沒有意義，因為她們根本不可能有很多選擇。由於女性缺乏這方面的訓練，她們無緣培養**人文精神**。相反地，人們期待她們培養的是貞潔與謙遜的美德，而這些不需要接受太多的教育。在一些人文主義者最為活躍的城市，特別是佛羅倫斯，同時也是最壓抑女性，迫使她們隱身的城市。

不過，有一些女性人文主義者還是發揮了很大的影響力。一位早期的傑出女性是目前已知的第一位職業女性作家克里斯蒂娜・德・皮桑（Christine de Pizan）。她在一三六四年出生於威尼斯，一生中大部分的時間都待在法國，顯然從她的醫生父親那裡學會了義大利文和法文，可能還有拉丁文。她十五歲結婚，生了三個孩子。在她丈夫和父親都去世之後，她的人生出現了轉折，必須負責養活自己、孩子與母親。因此，她投身寫作，為王公貴族創作換取經濟資助。她的多才多藝令人印象深刻：除了有關道德、教育、政治和戰爭的作品之外——這些都被視為男性創作的主題——她還寫情詩和一些敘述個人生活的詩篇，如《命運無常》（*The Mutability of Fortune*）闡述了佩脫拉克最喜歡的主題之一。[51]一四〇五年，她寫了《女士之城》（*The Book of the City of Ladies*），這本故事集取材自薄伽丘關於神話和歷史中的女性的著作，但為女性整體的技能與卓越品德進行了慷慨激昂的辯護。大部分的辯護都出自理性之口，就像佩脫拉克《命運好壞的補救措施》這本書正面的部分一樣，她提供了令人振奮的想法來袪除陰霾。當敘述者因為讀了男性寫的許多帶有厭女意味的內容而感到沮喪，理性讓她振作起來。她提出了這樣的問題：這些男性在任何事情上從來沒有犯過錯嗎？顯然是有的，因為他們經常產生矛盾或彼此糾正，不可能都是對的。「讓我告訴你，」她說道：「那些說女人壞話的人，對他們自己的傷害比對他們實際誹謗的女人的傷害更大。」[52]她建議敘述者在她腦海中打造一座「女士之城」，裡面充滿了所有她發現的博學、勇敢而鼓舞人心的女性典範。這是另類的救援任務：善用被遺忘的人物來替生者打氣。

同一個世紀晚期，還有其他獲得成功的女性：如蘿拉・塞雷塔（Laura Cereta），她不僅寫詩，也跟佩脫拉克一樣，蒐集了自己的信件作為文學作品發行。她跟許多知名的人文主義者通信；她在信中鉅細彌遺地描述了自己的生活，並思考為什麼女性應該擁有

女性之城

更多受教育的機會，並且在婚姻中爭取更多的獨立性。[53]另一位書信作家卡桑德拉・菲德勒（Cassandra Fedele）蒐集了她的書信以及一份拉丁文演講稿，寄給安傑洛・安布羅吉尼（Angelo Ambrogini），也就是波利齊亞諾（Poliziano），麥地奇家族著名的家庭教師。他寫了一封優雅卻優越感十足的讚美信作為回覆：他說，遇見一位提筆寫作而不是做針黹，在紙上揮灑墨水而不是在她的皮膚上妝的女性，真是太棒了！[54]至少這比遭到忽視要好多了，這正是她之後很長一段時間的遭遇。她在一封信中，對西塞羅為詩人阿基亞斯辯護的演說中，歌頌「人文研究」帶來的樂趣與益處大加嘲諷。她寫道：「即使研究文學也不保證會為女性帶來任何回報或尊嚴，但就算如此，每一個女性都應該追求與進行這些研究，只是為了從中獲得快樂和喜悅。」[55]她在丈夫去世之後，過了許多年貧困的生活，後來終於在八十二歲被任命為威尼斯育幼院的院長；到了她九十歲的時候，波蘭女王蒞臨該市訪問，她很榮幸地被要求撰寫並發表一篇優雅的拉丁文歡迎詞。

到了一五五六年，跟從前相比，對博學女性的看法似乎**稍微**不那麼離經叛道了，而且女性也**稍微**多了一些受教育的機會。詩人維托麗婭・科隆納（Vittoria Colonna）在另一位女性寇斯坦薩・德・阿瓦洛斯（Costanza d'Avalos）的優質圖書館中獲益良多。寇斯坦薩是維托麗婭三歲時訂親的未婚夫的姨媽。[56]在遙遠的英格蘭，人文主義者湯瑪斯・摩爾（Thomas More）決定教育他的女兒們。亨利八世（Henry VIII）也是如此：負責教導瑪麗公主的是西班牙人文主義者胡安・路易斯・維夫斯（Juan Luis Vives），而伊麗莎白公主的老師則是作家羅傑・阿斯卡姆（Roger Ascham），他諂媚地對她的早慧與語言能力大表驚嘆。但這些是少數的特權階級，她們受教育是為了日後擔負政治職務與道德責任，因此學習如何做好這件事是有意義的。

當然，男孩不會因為接受了更精緻、更完整的道德教育，就必然成為美德和智慧的典範。當時的人文教育甚至被描述成旨在培養狂妄自大、口若懸河的公眾人物的技巧，他們的腦袋裡根本沒有真正的求知慾或嚴肅的思想。[57]這不是沒有道理的。我注意到在二十一世紀初期的英國，一個能夠隨口引用拉丁文的人，就算表現個像個無賴，照樣可以飛黃騰達。

不過，這樣的理想確實令人欽佩，它直接吸收了西塞羅和昆體良等受人尊敬的楷模的思想：一個人想把國家治理得好，應該要辯才無礙，善於推理，行中庸之道，並且展現各種意義上的「人性」——包括了解一些過去真實發生在人類身上的故事。

一位好老師應該能夠把這一切都傳授給學生，而且不只是教他們理論。老師本身也應該是圓融、有教養而優秀的人，以樹立好榜樣。擔任教師的人文主義者喜歡拿自己跟舊式的中世紀大學教授進行比較，想像後者是古怪迂腐的老學究，沉溺於三段論與毫無意義的悖論，例如：「火腿讓我們想喝水；喝水能夠解渴；因此火腿能夠解渴。」[58]瑪麗公主的老師維夫斯嘲笑這一類的書呆子，他們認為自己很聰明，滿腹哲理，但一旦被拉出他們的小宇宙，就會結結巴巴說不出話來。他們對更重要的生活技能一無所知：如「道德哲學，教給我們有關心靈與人生的知識，使我們的心靈與舉止優雅；歷史是學習和經驗之母；演講術不僅有教育功能，也主宰了我們的生活與常識；還有政治學或經濟學，用於管理公共與家庭事務。」這三大人文主義支柱——道德哲學、歷史理解能力與良好的溝通技巧——在這個世界上得到了最好的實踐，即便那是一個屬於皇室的菁英世界。維夫斯感謝上帝讓他擺脫了學究氣，並讓他發現「值得人類學習的才是真正的學科，因此通稱人文科學。」[59]

隨著這些學科的發展，學習環境也逐漸改善。在曼托瓦，貢扎加家族（Gonzaga）在草地上創辦了一所美麗的學校，由費爾特的維多里諾（Vittorino da Feltre）主持，被稱為 La Giocosa 或 La Gioiosa，意即好玩或快樂的學校。在費拉拉（Ferrara），維羅納的瓜里諾（Guarino da Verona）和他兒子巴蒂斯塔．瓜里尼（Battista Guarini）在同樣優美的環境裡為埃斯特家族和他們的友人授課。瓜里諾在寫給一位學生萊昂內羅．埃斯特（Leonello d'Este）的信上，歌頌了在戶外閱讀的樂趣，也許是在河裡划船的時候。他描述在河面上滑行，膝上打開的書本，經過葡萄園和農民遍地歌唱的田野。不過在圖書館裡閱讀也一樣令人心曠神怡。在另一位作家寫的對話裡，瓜里諾建議雷奧內羅怎麼去裝飾這樣一座圖書館：除了藏書之外，還可以加上幾株玫瑰、一把迷迭香、一座日晷、一把里拉琴，以及諸神和學者的圖片。但最好不要有小貓或籠子裡的鳥，牠們滑稽的動作太容易令人分心了。[60]

關於這個理想圖書館的想像，令人想起另一個類似的地方：位於義大利半島另一端的烏比諾（Urbino）宏偉宮殿。烏比諾公爵費德里科・達・蒙特費爾特羅（Federico da Montefeltro）本來是維多里諾在曼托瓦的學生，後來擔任雇傭兵發了大財。他從一四五四年開始用這筆錢來打造一座夢幻宮殿，它高踞山丘之上，建築比例完美，內部裝飾充滿了人文氣息與人性。他的私人書房裡陳列著彩色木板畫，繪製了他崇拜的作家（荷馬、維吉爾、西塞羅、塞內卡、塔西佗〔Tacitus〕）、樂器、神殿、鸚鵡和他的寵物松鼠——好在木頭不會跳來跳去，所以不太會令人分心。他塞滿了書的圖書館佔了整整兩個大廳，裡面裝飾著藝術與科學的壁畫，以及有關他藏書的拉丁文題詞：「在這棟房子裡，你擁有財富、金碗、一大筆錢、成群的僕人、閃亮的寶石、各式各樣的珠寶、珍貴的項鍊和腰帶。但它們的光彩都遠遜於這裡的寶藏。」這些藏書大部分是維斯帕西亞諾提供的，據說他讓三十四名抄寫員長期為烏比諾公爵（Duke of Urbino）抄寫手稿，用的當然都是清晰的人文主義手寫體。[61]

烏比諾宮廷以社交生活聞名，無論是在第一代公爵時期（公爵夫人和她的朋友們熱愛舉辦派對）還是之後，女性都**曾經**活躍於社交生活。一位也出身曼托瓦地區的士兵暨外交官，巴爾達薩雷・卡斯蒂廖內伯爵（Count Baldassare Castiglione）描繪了稍晚一個世代的宮廷氣氛。十六世紀早期，他長期待在烏比諾宮廷，在圖書館裡學習，跟當時的時尚人士度過一段相當美好的時光。他的對話錄《廷臣論》（*The Book of the Courtier*）

回憶了那段生活，以壯麗的風景為背景，充滿了機智的對白、俏皮話以及關於愛情、雄辯術或政治美德的辯論。這令人想起薄伽丘《十日談》的氣氛，裡面也談到聚會和遊戲；但《廷臣論》裡的角色沒有講猥褻的故事，而是提出了這樣的問題：「如果我必須公開發怒的話，可能會被認為做了什麼蠢事？」

其中一個挑戰是要描述一位理想廷臣的特質。眾人討論他應該擅長哪些運動。會打網球很好，會走鋼絲也不錯。[62]最重要的是，他們一致認為他必須英勇，受過良好的教育，能言善道，而且行為舉止應該展現*Sprezzatura*。這個詞指的是一種放鬆自在，率性而為，毫不在乎的調調：不論做什麼困難的事好像都很輕鬆自然，毫不費力。[63]這個詞讓我聯想到有人隨意把斗篷往肩上一披，讓它完美地垂在那裡，不用別針固定，也不重新整理。

這種隨性不羈的調調也成了文學創作追求的理想境界。卡斯蒂廖內宣稱，他就像拌一道簡單的沙拉似地寫他的書，從來沒有打算正式出版，因為這要花力氣。他告訴我們，他的詩人朋友維托麗婭．科隆納在朋友圈裡私下傳閱這本書，直到許多人看了以後，他才意識到也許可以出版它。但事實並非如此：他跟大多數的作家一樣，在創作上嘔心瀝血。《廷臣論》在一五二八年問世之前歷經多次修訂，並且得到很高的評價。[64]

許多學者、作家和教師的成就都是在這種鬼鬼祟祟的情況下完成的。雖然他們喜歡表現出一副輕鬆自在的樣子，但許多人的出身比他們的貴族學生要樸實得多。有些人跟他們的前輩佩脫拉克和薄伽丘一樣，經歷了違背父母期望，選擇走上人文主義之路的痛苦過程。他們必然比表面上付出更多的心力去尋找、維持適合他們的工作或贊助，而且表面上還要故作瀟灑。

他們也無法徹底擺脫瘋狂教授的傾向。弗利（Forlì）宮廷裡有一位備受景仰的學者暨教師安東尼奧．烏爾西奧（Antonio Urceo），人稱科多（Codro），他在宮裡擁有一套公寓，作為生活與工作之用。某天他出門的時候，留下一根蠟燭在他書桌上燃燒。結果一疊文件著火了，火勢蔓延，他回來發現幾乎所有的東西都燒掉了，包括他目前正在進行的工作。

科多馬上把他所有的人文修養和瀟灑不羈都拋諸腦後，他在倉皇之際衝出市區，來到鄉下，大吼大叫地詛咒上帝和聖母瑪利亞，呼喚魔鬼帶走他的靈魂。後來他消失在曠野之中，叫喊聲逐漸減弱。等到他冷靜下來準備回去的時候，晚上的城門已經關了。他只好露宿街頭，到了早上，一位好心的木匠收留了他，讓他借宿在自己家裡。結果科多在那裡待了六個月，沒有回宮廷，也沒有碰任何一本書——直到他終於恢復平靜，這才重拾他的工作。[65]

卡斯蒂廖內的書之所以風靡一時，部分原因是他不像早期的作家那樣，只在為數不多的讀者群中傳閱手稿。他把書印了出來。

中國和韓國很早以前就發明了雕版印刷和活字印刷，方便佛教徒大量複製經文來累積功德。[66] 當印刷術傳入歐洲，它很快就有了類似的用途：印製教宗的大赦證明書（indulgence）——也就是減輕來世懲罰的贖罪券。約翰尼斯·古騰堡（Johannes Gutenberg）印了多達一萬份這樣的大赦證明書，[67] 後來他最為人所知的是生產了歐洲第一本重要的印刷書籍：他那本偉大的一四五五年聖經。

印刷機跟大多數改善人類生活的發明一樣，遭到懷疑和抵制。烏比諾公爵一點都不想跟這些印刷書籍扯上關係。一位德國本篤會（Benedictine）的修道院院長約翰尼斯·特里特米烏斯（Johannes Trithemius）寫了《讚美抄寫員》（*In Praise of Scribes*）一書，主張手抄本比印刷書籍更好，何況抄寫是非常有益的精神鍛鍊，修士不應該放棄。然後，為了盡可能擴大讀者群，他把這本書印了出來。[68]

這位院長還認為，羊皮紙比一般紙張更耐用，這是事實——跟一九七〇年代的木漿紙平裝書比起來，女用襯褲製成的紙張也保存得很好。儘管如此，為了讓文學作品流傳下去，印刷術當然遠勝於抄寫手稿，因為前者可以大量製作與散播。我們只要想想薄伽丘和佩脫拉克是怎麼把珍貴的荷馬著作譯本一頁頁地來回寄送，還有波吉歐有十年無法從尼科洛那裡拿回盧克萊修的著作。的確，許多印刷書籍也失傳了，但整體來說，書籍比手抄本更有機會流傳下去。早期印刷術是技術創新與文化知識相輔相成，打造永恆價值之物的典範。正如愛德華·吉朋寫道，這群德國機械工人創造了「一種藝術，嘲笑時間的摧殘與野蠻。」[69]

特里特米烏斯在他的著作裡讚揚了手抄本之美，不過印刷術也發展出特有的美感，特別是它樸素、清晰、易讀的設計。德國印刷商使用了一種叫做「哥德體」的厚實字體，它也被廣泛地用於印刷宗教經典。由於這種字體起源於北方，被稱為「哥德體」。不過，人們也需要比較輕盈的字體，以襯托重新被發現的古典時期文學作品中散發光明的特質。（目前倖存的）第一本義大利印刷書籍，一四六五年版的西塞羅《論演說家》使用的就是這種字體，該書由德國人阿諾德·潘納茨（Arnold Pannartz）和康拉德·施溫海姆（Conrad Sweynheym）印刷，他們以「人文主義手寫體」為基礎發展出這種字體，而人文主義手寫體又是從卡洛林小草書體演變而來的——後者至今仍被認為起源於古羅馬。不過，一直要等到後來出版卡斯蒂廖內《廷臣論》的義大利出版商，來自威尼斯的阿爾杜斯·馬努提烏斯（Aldus Manutius）和他出色的打字員弗朗切斯科·格里佛（Francesco Griffo）出現以後，這些印刷字體才獲得充分的應用。[70]

馬努提烏斯曾經在費拉拉的巴蒂斯塔·瓜里尼（Battista Guarini）門下接受人文教

育，他起初考慮從事學術研究。不過到了四十歲的時候，他在威尼斯發現了印刷術。當時威尼斯已經成為義大利印刷術的發展中心：到了阿爾杜斯的時代，該市有大約一百五十台印刷機在運作，到處都是書攤。阿爾杜斯先替其他印刷商工作以學習這門手藝，再自行創業。一四九八年，他在當時經常爆發的一波瘟疫中病倒了，並向上帝發誓：如果他免於一死，就放棄印刷術，從事神職工作。後來他雖然保住了性命，卻沒有履行他的誓言，並親自向教宗請求特別豁免，理由是他以此謀生——彷彿當了神父就過不了好日子。幸運的是，教宗亞歷山大六世（Alexander VI）對規則的詮釋很有彈性，同意了他的請求。

阿爾杜斯成了創造印刷風格的大師。他甚至可以為虛榮心強的作者印出奢華的作品。[71]一個明顯的例子是一四九九年的《尋愛綺夢》（*Hypnerotomachia Poliphili*）——更完整的譯名是《波利菲羅的尋愛綺夢，他教導人類的一切不過是一場夢》（*Poliphilo's Hypnerotomachia Where He Teaches That All Things Human Are No More Than a Dream*），作者是一位年過六旬的修士，理論上他是匿名的，但他以藏頭詩的形式留下了明顯的線索，每一章的第一個字母可以拼出一個句子，裡面包含了他的名字：弗朗切斯科．科隆納（Francesco Colonna）。這本書混合了拉丁文和義大利文，敘述主人公波利菲羅（Poliphilo）在古老的廢墟和草地上徘徊，尋找他失去的愛人波利亞（Polia）。她跟阿爾杜斯一樣，在一次瘟疫爆發時作出承諾，如果她僥倖存活的話就遁世隱居——她打算成為奉祀黛安娜女神的神廟裡的貞潔少女。但跟阿爾杜斯不同的是，她做到了。不過要守貞卻不容易，因為有一天波利菲羅來到神殿，在祭壇前帥氣地暈倒，她送上一吻使他甦醒，結果被女祭司看見了，把他們趕出了神廟。波利菲羅很高興，但當他想要擁抱波利亞時，她卻從他懷裡消失了。故事就這樣結束了——因為這一切都是一場夢。

正如研究書籍的歷史學家恩斯特・菲利普・戈爾德施密特（Ernst Philip Goldschmidt）說道，這本書表現出「一個學究的狂喜」。他還說，「這本書跟其他一些偉大的作品一樣，是瘋子寫的。」[72]但它表現的是帶有**人文主義色彩**的狂喜與瘋狂，充滿了語言與視覺美感帶來的喜悅。多虧了阿爾杜斯，這個故事以清楚的字體印刷，周圍有許多留白，排版也很清晰，儘管內容未必如此。它還搭配了木刻版畫，可能出自藝術家貝內代托・伯多諾（Benedetto Bordone）之手，描繪廢墟、遊行隊伍與墳墓，用了很多精細的字體，以取悅讀者中的碑文收藏家。[73]

阿爾杜斯其他的印刷作品更加細膩與節制。他發行了便於攜帶的現代與古典時期著作，非常適合乘船順流而下時閱讀。小開本書籍已經不是新玩意了：早在西元一世紀，拉丁詩人馬提亞爾（Martial）就建議想帶書旅行的讀者去購買「尺寸縮小的羊皮紙」。[74]現在，這類書籍成了人文主義者旅行時可以負擔得起的東西。為了搭配阿爾杜斯簡潔的設計，格里佛另外設計了一種易於閱讀的新字體──「斜體」。這種字體在一五〇〇年第一次出現，用於卷首插圖的題字；到了一五〇一年四月，則更全面地用於印刷維吉爾的詩歌。

維吉爾是一個恰當的選擇，因為人文主義者普遍崇拜他、模仿他。在新世代的作家之中，一直在模仿他抒發鄉村情懷的是皮耶特羅・班波（Pietro Bembo），他是卡斯蒂廖內的朋友，之前在費拉拉的埃斯特宮廷任職，後來也在烏比諾宮廷待過。[75]他把他的第一本書《論埃特納火山》（*De Aetna*）交給阿爾杜斯──這本迷人的書，是結合了人文主義寫作與印刷術的最佳典範。

這本書沒有使用斜體印刷；它在一四九六年二月出版，離斜體字的發明還有幾年的時間。不過它的字體乾淨清晰，更還有一項了不起的創舉：發明了一個圓圓胖胖的可愛分號，用來表示中斷或停頓。[76]整體來說，這本書讀起來令人耳目一新，展現了人文主義者追求光明與解放的理想。該書的外觀和它愉悅優美的故事內容相得益彰。我們看到作者和他父親貝爾納多（Bernardo Bembo）在他們位於帕多瓦附近的精緻別墅，沿著小河散步，他向父親敘述了近期的西西里島（Sicily）之旅。他跟一個朋友在旅行期間攀登了埃特納火山，沿途駐足欣賞廢墟、希臘錢幣和各種樹木。皮耶特羅想起他在古代作家那裡讀到關於埃特納火山的描述，如地理學家斯特拉波（Strabo）提到，只有冬天才

PETRI BEMBI DE AETNA AD
ANGELVM CHABRIELEM
LIBER.

Factum a nobis pueris eſt, et quidem ſe-
dulo Angele; quod meminiſſe te certo
ſcio; ut fructus ſtudiorum noſtrorum,
quos ferebat illa aetas nõ tam maturos, q̃
uberes, ſemper tibi aliquos promeremus:
nam ſiue dolebas aliquid, ſiue gaudebas;

會在山頂看到雪。皮耶特羅說，他很驚訝地發現，事實並非如此：即使是夏天，瀰漫著硫磺雲，偶有噴發的落石，雪還是沒有融化。以前的作者會不會有時候搞錯了呢？火山到底又是怎麼活動的？它們是不是像人類的肺一樣呼吸，吸入蒸汽之後再呼出？

《論埃特納火山》除了展現作者的探索精神，對於古代書籍與文學技巧的鑽研，也體現了印刷形式與內容完美而寧靜的結合，正如二十世紀文學史家恩斯特．羅伯特．庫爾提烏斯（Ernst Robert Curtius）在評論中提到：真正的人文主義氣質「讓人們在世界上和書本裡都感到愉悅。」[77]

在接下來的幾個世紀裡，印刷術將同時為世界與書籍服務，為科學和人文科學服務。它不只吸引像班波這樣善於言詞的作家，也吸引那些更加務實的人，他們想要盡快把他們的新發現傳播到遠方去。阿爾杜斯的印刷廠已經能夠滿足所有這些需求。它吸引了當時學術界的菁英，提供寫作、編輯、翻譯、設計版面與印刷字體的一條龍服務。他們過著幾乎像是公社般的生活，客人、員工以及兼具兩者身分的人經常擠滿了阿爾杜斯的家。這群人當中包括了來自北方的作家暨學者，鹿特丹的德西德里烏斯·伊拉斯謨（Desiderius Erasmus）——一五〇七年，他跟阿爾杜斯一起住了大約八個月，在那裡進行自己的計畫。他在《箴言集》（*Adages*）中描述自己坐在角落裡寫作，每寫完一張就遞給排版工人——據他自己所說，他忙到連抓耳撓腮的時間都沒有。[78]

阿爾杜斯讓朋友們深入研究有錢的贊助人或他們自己收藏的手稿，以便找出更多的文本出版，或更好的版本進行編輯。他開始印刷以希臘文撰寫的經典作品，現在義大利有很多這方面的專家。許多希臘學者移居義大利城市任教，特別是在一四五三年，土耳其征服了君士坦丁堡之後大批湧入，這件事震驚了世界各地的基督徒。逃亡的難民及時帶走了他們的藏書，裡面有許多哲學、數學、工程等方面的希臘文著作，這不僅因此豐富了義大利的文化、知識與技術，也為阿爾杜斯那個圈子裡的人提供了素材。[79]阿爾杜斯自己懂希臘文，他不只印刷希臘文書籍，舉辦聚會，還規定如果有人不小心忘了說希臘文，就要投錢到罐子裡。每次罐子滿了，阿爾杜斯就用這些錢來舉辦派對。

跟他合作的人越來越多，他的讀者也隨之增加。伊拉斯謨談到阿爾杜斯時表示，他正在建立一座沒有國界的圖書館，而唯一的限制就是這個世界本身。[80]或許這也不構成限制。在現實世界之外，阿爾杜斯出版的書籍出現在烏托邦——這是一座伊拉斯謨的朋友湯瑪斯・摩爾筆下想像的島嶼：《烏托邦》（*Utopia*）的敘述者為島上居民帶來阿爾杜斯的便攜版希臘文書籍，他們讀得津津有味。[81]

阿爾杜斯理所當然地對自己的成就表示祝賀。他在一五〇九年出版的普魯塔克（Plutarch）《道德小品》（*Moralia*）的序言中，引用了佩魯賈（Perugia）人文主義者雅各波・安提卡里（Jacopo Antiquari）寫的一段熱情洋溢的拉丁文詩句：阿爾杜斯來了，一手拿著希臘文書籍，一手拿著拉丁文書籍。阿爾杜斯是我們的蜂蜜，我們的鹽，我們的牛奶！年輕人，在城裡撒滿鮮花吧！阿爾杜斯來了！[82]

其他的人文主義者也是這麼看待自己：他們把新鮮空氣與鮮花帶進學術界，同時也把學術界帶進現實生活。他們樂此不疲地用他們最喜歡的比喻來描述自己正在做的事情：如打撈沉船殘骸，照亮黑暗，拯救囚犯。阿爾杜斯在他出版的修昔底德《歷史》（*Histories*）的序言中談到他是怎麼「出版——或者確切來說，是把好書從嚴酷陰暗的監獄中釋放出來。」[83]他釋放了被禁錮的作者，也解決了讀者過去難以取得好書的問題。

此外，他和他的編輯們盡其所能地校正文本中的錯誤。他們刪除早期抄寫員的筆誤，不停地查閱各種不同的版本，開始為大多數古典時期的重要作品制定一個公認的標準版。他們身兼偵探、法官與歷史學家，為了蒐集與評估證據而發展出更好的技術。伊拉斯謨把編輯工作比喻成仔細權衡不同證人的陳述：你不斷地糾纏他們，進行比較，直到最後出現最合理的解讀。[84]

然而，如果你花了這麼多的時間研究文本裡的錯誤或含糊不清的地方，如果你認出有些文本是不折不扣的贗品，或只是因為你在做這些事情的時候似乎太過於自得其樂，那麼你可能會惹惱一些有權有勢的人——你看起來不再像是無害的文學愛好者，而是危險的異端分子或來挑釁的「異教徒」。這會讓你成為下一章的主題之一：差不多生於同一個時期，同樣來自義大利的人文主義學者（但反叛意圖濃厚），至少他們的敵人是這麼懷疑的。

ERASMI ROTERODAMI ADAGIORVM CHILIADES TRES, AC CENTVRIAE FERE TOTIDEM.

ALD. STVDIOSIS. S.

Quia nihil aliud cupio, q̃ prodesse uobis Studiosi. Cum uenisset in manus meas Erasmi Roterodami, hominis undecunq; doctiss. hoc adagiorũ opus eruditum. uarium. plenũ bonæ frugis, & quod possit uel cum ipsa antiquitate certare, intermissis antiquis autorib. quos paraueram excudendos, illud curauimus imprimendum, rati profuturum uobis & multitudine ipsa adagiorũ, quæ ex plurimis autorib. tam latinis, quàm græcis studiose collegit summis certe laborib. summis uigiliis, & multis locis apud utriusq; linguæ autores obiter uel correctis acute, uel expositis erudite. Docet præterea quot modis ex hisce adagiis capere utilitatem liceat, puta quẽadmodum ad uarios usus accõmodari possint. Adde, q᷑ circiter decẽ millia uersuum ex Homero. Euripide, & cæteris Græcis eodẽ metro in hoc opere fideliter, & docte tralata habẽtur, præter plurima ex Platone, Demosthene, & id genus aliis. An autem uerus sim,
ἰδοὺ ῥόδος, ἰδοὺ καὶ τὸ πήδημα.
Nam, quod dicitur, αὐτὸς αὐτὸν αὐλεῖ.

Præponitur hisce adagiis duplex index. Alter secundum literas alphabeti nostri: nam quæ græca sunt, latina quoq; habentur. Alter per capita rerum.

第三章

挑釁者和異教徒

主要是一四四〇年～一五五〇年

羅倫佐．瓦拉質疑一切／西塞羅主義、異教與羅馬／龐波尼奧．萊托和巴托洛米奧．普拉蒂納，他們惹惱了教宗／托斯卡尼，尤其是佛羅倫斯／皮科．德拉．米蘭多拉與人類變色龍／萊昂．巴蒂斯塔．阿伯提與通才／又是人的尺度／維特魯威人／吉羅拉莫．薩佛納羅拉燒毀了虛榮之物／羅馬之劫／肖像畫／一切都受到質疑

大約在西元三一五年的時候，君士坦丁大帝（Constantine the Great）罹患了漢生

病，他本來打算採用傳統療法——用兒童的血沐浴來治病。但後來他依循夢境的指示，向教宗思維一世（Sylvester I）尋求幫助。他接受了教宗的賜福，病就好了；而君士坦丁為了表示感謝，把西歐包括義大利半島在內的所有領土贈予教宗及其繼任者。皇帝把這份贈禮紀錄在一份名為《君士坦丁獻土》（*Donation of Constantine*）的文件。[1]

雙方簽字的場景還因為一幅梵蒂岡的壁畫而名垂千古，由拉斐爾（Raphael）的學生們在一五二〇年代繪製：你可以站在這幅畫前面，親眼見證這件事。

只不過，這件事從來沒有發生過——在這幅壁畫完成時，已經是眾所周知的事實。漢生病的故事是編出來的，這份文件顯然也是在西元八世紀偽造的，用來強化教宗對領土的主張，同時合理化德國皇帝自稱神聖羅馬帝國皇帝（Holy Roman Emperors）的企圖。獻土文件一度引發質疑，[2]但最徹底的駁斥來自一位十五世紀的文學人文主義者，他為這個任務傾注了那個時代知識分子的滿腔熱情。

他的名字叫羅倫佐．瓦拉（Lorenzo Valla），他在一四四〇年發表的論著《君士坦丁獻土辨偽》（*On the Donation of Constantine*）是偉大的人文主義成就之一，結合了精準的學術批判和從古人那裡學來的高超修辭技巧，而且嗆辣敢言，無所顧忌。對瓦拉來說，這些都是必要的優勢，因為他膽敢抨擊教會最重要的現代主張之一：合理化它對整個西歐的統治權。他還可以輕易地更進一步質疑教會的其他權威，包括它主導人們思想的權威。

瓦拉似乎是個什麼都不怕的人，永遠無法說服他保持沉默。他走遍了義大利，替許多贊助人和支持者工作。當時他住在那不勒斯（Naples），卻到處樹敵。詩人馬菲歐．維吉歐（Maffeo Vegio）曾經警告過他，在寫出傷害人們感情的東西之前，要徵求意見，而且通常要克制自己的「知識暴力」。[3] 這一點他做不到或不想這麼做。瓦拉的能量從他身體裡迸發出來：另一位學者巴托洛米奧．法西奧（Bartolomeo Facio）概括地描述了他這個人：他抬頭挺胸，喋喋不休，手勢很多，走起路來意氣風發（法西奧寫的是優美簡潔的拉丁文，只用了八個字：*Arrecta cervix, lingua loquax, gesticulatrix manus, gressus concitatior*）。[4] 瓦拉不諱言自己的狂妄自大：他在一封信中承認，他之所以寫《君士坦丁獻土辨偽》，有一部分純粹是為了自娛而炫耀他的能力：「顯示這些東西只有我知道，別人不知道。」[5]

他以這樣的語氣展開攻勢。他直接了當地對教宗說：我會證明這份文件是不合法的，它提出的主張也是錯誤的。他還得意洋洋地辱罵了其他被騙的人：「你這個笨蛋，你這個傻瓜！」（*"O caudex, o stipes!"*）。[6] 事實上，這種開門見山的論述方式也是一種精心策劃的修辭策略，以抓住讀者的注意力。這麼做之後，接著再專注於他的論證。首先，他跟歷史學家一樣，針對可信度與證據進行調查。他問道，像君士坦丁大帝這樣的統治者，有**可能**把這麼多的領土從他的帝國中割讓出去嗎？再者，有沒有人看過教宗思維一世接受過這樣一份餽贈的證明文件？這兩個問題的答案都是否定的。[7]

以修辭學和歷史推理進行打擊之後，他使出了殺手鐧，這是他戰略中的第三個也是最後一個武器：語文學或語言分析。瓦拉表示，在西元四世紀，該文件所寫的拉丁文是不正確的。他列舉了一些不合時宜的錯誤，例如某段中有一句「和我們所有的總督一起」（*"cum omnibus satrapis nostris"*）。但一直要到西元八世紀，羅馬官員才被稱為 *satraps*。而在另一段話用了 *banna* 表示「旗幟」，但中世紀之前的作者會用 *vexillum* 這個字；此外，*clericare* 一詞的意思是「任命」，也不是西元四世紀的用語。他還指出了其他荒謬之處，比如說 *udones* 對羅馬人來說是「毛氈襪」，但文中卻描述它們是白色亞麻布做的。瓦拉說，毛氈跟亞麻布完全不一樣，也不是白色的。[8] 他的陳述告一段落。

瓦拉知道自己無疑是一位拉丁文專家（以及希臘文專家：他後來翻譯了荷馬、修昔底德和希羅多德的作品）。[9]他的作品中最有影響力的是一本優秀的拉丁文文法手冊《拉丁語的優雅》（*Elegances of the Latin Language*），後來世世代代的學生在寫作的時候都要參考它。「瓦拉多麼厲害啊！」在眾多從這本書獲益良多的人當中，有人誇張地說道：「他使拉丁文擺脫了野蠻人的束縛，恢復了它的榮耀。願泥土輕柔地覆蓋在他身上，春光永遠照耀他的骨灰罈！」[10]

《拉丁語的優雅》剔除了附著在這個古老語言上的中世紀雜質，恢復它的真實原貌。這樣的想法也推動了《君士坦丁獻土辨偽》的寫作，只不過那整件事都是個騙局。這個過程也可以比喻成剷除雜草，這正是瓦拉在寫《君士坦丁獻土辨偽》不久之前完成的作品所呈現的意象，它取了一個引人注目的書名：《辯證法與哲學的再鑽研》（*Repastinatio dialecticae et philosophiae*），大概的意思是對辯證法與哲學進行鋤草或重新挖掘。它以充分的理由說服我們翻開中世紀的泥土，往下挖掘更肥沃的土壤，使真理得以成長茁壯，[11]即使這免不了會驚動像是亞里斯多德這樣安然沉睡的作者——在過去幾個世紀以來，他一直備受尊崇。瓦拉也重新校閱了那些更受到他同時期人文主義者推崇的文本，如他針對李維倖存的書籍進行了一系列校訂——他手上有佩脫拉克親自編輯的版本；[12]他甚至對《聖經》也採取了同樣的做法。他在《新約聖經注釋》（*Annotations to the New Testament*）中指出了西元四世紀時，耶柔米（Jerome）以標準拉丁文翻譯希臘文版《新約聖經》(*New Testament*)的缺失。[13] 瓦拉再次善用他對過程與起源進行歷史思考的能力,不僅指出了錯誤,還推測這些錯誤是**如何**產生的,例如,由於看起來相似的希臘字母所造成的混淆。

瓦拉冒著遭到老派的亞里斯多德學者、現代人文主義者和教會當局敵視的風險,但這一切似乎都阻擋不了他。在這些反對者當中,最後一個是最危險的。果然,一四四四年,那不勒斯的宗教裁判所(Inquisition)對他進行調查。宗教裁判所主要質疑的不是他寫的那本《君士坦丁獻土辨偽》,而是他對基督教三位一體(Trinity)與自由意志的其他一些離經叛道的看法,以及他對於古老而不帶基督教色彩的伊比鳩魯學派哲學的看法,後者建議我們在現世過著睿智而美好的生活,而不是擔心來世。[14]

早在一四三一年,瓦拉就寫了觸及這個危險主題的作品:一本名為《論快樂》(*De voluptate*〔*On Pleasure*〕)的對話錄。這部作品主要由三個人依次就這個主題發表自己的看法。首先,一位斯多葛主義者(Stoic)說,所有的一切都是苦難,人類根本不可能擁有快樂。「噢,如果我們天生是動物而不是人就好了。如果我們根本沒有出生該有多好!」

接著,一個伊比鳩魯主義者提出相反的意見。他說,生活中充滿了快樂與美好的體驗,如傾聽女人甜美的聲音或品嘗好酒(他離題說道,我自己呢,有一整窖的上好葡萄酒）；還有更深層的快樂，如建立家庭、擔任公職和做愛帶來的快樂（他對最後一點有很多話要說）。更大的快樂，則是因為知道自己品德高尚而感到滿足：但這也只不過是另一種快樂。

第三位則表達了基督徒的立場：快樂**是**好的，但最好是追求天堂的快樂而不是世俗的快樂。最後基督徒做出了結論並贏得辯論，但很難不注意到作者從頭到尾都支持伊比鳩魯主義者（Epicurean）——尤其是在某個時刻，羅倫佐這個角色（也就是作者本人）對他耳語：「我的靈魂默默支持你。」[15]

的確，這一點引起了注意。當作品的第一個版本引發爭議時，瓦拉稍作調整，重新命名了書中的角色，把場景從羅馬搬到帕維亞（Pavia），並把書名從《論快樂》改成更為振奮人心的《論真善》（*De vero bono*〔*On the True Good*〕）。他把最後關於基督教的那部分送給教宗安日納四世（Eugenius IV），還厚著臉皮附上一封求職信，寫道：「老天在上，還有什麼比這本書更能取悅您的呢？」[16]然後開口跟他要錢。

因此，在一四四四年，那不勒斯的宗教裁判所很有理由對瓦拉進行調查。但他幾乎馬上就得救了，因為他的贊助人與保護者，那不勒斯國王阿方索（King Alfonso of Naples）出面阻止了調查。這是國王欠他的：瓦拉擔任他的宮廷隨從已經有一段時間了，他總是口齒伶俐地維護國王的利益。當然，瓦拉跟佩脫拉克一樣，身為一個四處遊歷的人文主義者，必須討好他現在的保護者。這也是他除了捍衛語文學的純粹之外，撰寫那本《君士坦丁獻土辨偽》主要的原因之一：當時，阿方索一直在努力捍衛自己的領土，反對羅馬教宗安日納侵佔他的邊界。瓦拉暗中破壞了羅馬當局所有這一類的領土主張，協助國王實現目標。[17]不過我不覺得這讓他的成就打了折扣：原則上，瓦拉仍然以校訂文本為樂。他不怕對權威提出學術質疑，並將之應用在偽造的《君士坦丁獻土》文件上，取悅他的贊助人，從而使自己免於承擔他無畏的學術質疑所帶來的後果。

那不勒斯的職位並不是永久的，人文主義者的職位很少如此。最後，瓦拉在你或許覺得最不可能的地方找到了新飯碗：在羅馬，為一位新教宗工作。一四四七年，尼閣五世（Nicholas V）在安日納四世之後繼位，他比他的前人更支持人文主義思想與活動。瓦拉當時在教廷供職，成為教宗的抄寫員，因此可以住在羅馬；他還被任命為羅馬大學的修辭學教授，並繼續擔任下一任教宗加理多三世（Calixtus III）的祕書，後者安排他在聖約翰拉特朗教宗聖殿（Papal Basilica of Saint John Lateran）擔任教士。[18]你很難找到比這些更典型的人文主義者的職位了：在皇室宮廷、教會、大學任職，順利地融入了他的人生；不過他仍然設法讓自己在大部分的時間裡，能夠按照自己的方式進行自由、大膽的調查。

但瓦拉從來沒有過著完全放鬆或安逸的日子，連他死後也沒有。當他在一四五七年五十歲時去世時，在他母親的安排之下——她活得比他久——在大教堂裡設置了一塊精美的墓碑，上面寫著讚美他辯才無礙的碑文。但在某個時候，可能是十六世紀中葉，當時的宗教改革（Reformation）使教會對批評它的任何人格外敏感，於是他的墳墓被移到看不見的地方去了。從那時候開始，它遭遇了更多的屈辱，直到一八二三年，德國歷史學家巴特霍爾德．格奧爾格．尼布爾（Barthold Georg Niebuhr）訪問羅馬時，才驚訝地在街上發現瓦拉的墓碑，竟被拿來當作鋪路石板——其他許多基督教色彩不夠濃厚的石碑也走上了同樣的命運。不久之後，它被搶救回來，移到大教堂裡面一處更安全的地方，今天依然在那裡。[19]

瓦拉真正的紀念碑是他的作品，但是，就跟他的墓碑一樣，我們也無法預料它們會被用在什麼地方。他對《新約聖經》的評論似乎被遺忘了，直到伊拉斯謨在一座修道院圖書館找到一份手稿，編輯之後在一五〇五年出版——跟之前佩脫拉克發現的書籍一樣，不過這次發現是一部現代作品，而且它只被「監禁」了幾十年。這個發現激勵了伊拉斯謨自己重新翻譯《新約聖經》。[20]他跟瓦拉一樣，更喜歡使用古老原始的文獻，部分原因是對自己優秀的學術能力感到自豪，部分則是因為他也相信，基督教在處心積慮地掌握權力機構之前，是一個更好的信仰。[21]

但不論是伊拉斯謨還是瓦拉，都不會像伊拉斯謨時代出現的另一種人：像新教徒那樣，把這樣的主張奉行到底。新教徒在對抗教會的權威時，拿著瓦拉的論述當作佐證，至少德國人烏爾里希．馮．胡滕（Ulrich von Hutten）的行動正是如此，他在一五一七年重印了這本著作，公然反對教宗。難怪教宗儒略二世（Julius II）當時認為有必要請人繪製那幅梵蒂岡壁畫：目的是要讓大家清楚了解君士坦丁大帝的故事，同時忽視它已經遭到人文主義者窮追猛打的事實。

後來，隨著宗教衝突逐漸淡化，後世的知識分子受到瓦拉的吸引，只是因為他們欽佩他的方法與目標。對他們來說，他代表了「自由思考」一詞最廣泛的意義——也就是說，堅持相信專業知識而不是權威，堅持探索文本和主張是**如何**演變。他們將會效法他，調查可疑的文件，分析它們的起源和正確性。[22]後來，非宗教人文主義者（也就是意義更明確的「自由思想家」）也會在瓦拉的直言不諱的態度和他顯然支持伊比鳩魯學派的立場上，找到共鳴。

就連他狂野好鬥的作風也有一定的吸引力，特別是因為他以此發展出了一套哲學。他在一封信中提到他對於一天到晚唱反調的看法，他問道：「有誰沒有在撰寫任何學術或科學著作中批評過他的前輩？」例如，亞里斯多德就曾經受到他的學生兼侄子泰奧弗拉斯托斯（Theophrastus）的批評。「事實上，回想我讀過那麼多的書籍，幾乎找不到一個作者**不**在某些時候反駁或至少責備亞里斯多德。」他們這樣做，可以說是在效仿亞里斯多德本人——他也反對過自己之前的老師柏拉圖——「沒錯，就是那位哲學大師柏拉圖！」回頭看看基督教作家：奧古斯丁批評了耶柔米，而耶柔米則抨擊了過去的教會權威，說他們的詮釋本身就需要詮釋。醫生們互相批評，作出不同的診斷。而水手們，在暴風雨逼近之際，對於要怎麼好好駕馭船隻，永遠無法達成共識。至於哲學家：「哪一個斯多葛主義者不想去反駁一個伊比鳩魯主義者所說的幾乎所有的話，只是為了從他那裡得到同樣的回報？」知性生活的本質是爭執與矛盾，而不是妥協和服從。而且，最重要的是，瓦拉不只告訴人們他們錯了；他還告訴他們之所以錯了的**理由**。

正如他在這封信的結尾寫道：有時候，與死者戰鬥是我們的責任，因為這有益於未來的追隨者。這是我們的另一個責任：我們必須訓練年輕人，並且盡可能地「讓其他人恢復理智。」[23]

年輕人確實紛紛湧向瓦拉，尋求他的指導。但他的敵人之一布拉喬利尼抱怨，瓦拉甚至在最令人尊敬的作品，如古典修辭學手冊《獻給赫倫尼厄斯的修辭學》（*Rhetorica ad Herennium*）裡面不斷挑毛病，給學生樹立了一個壞榜樣。他說，瓦拉似乎很自命不凡，認為自己「比任何一個古代作家都厲害」。他還毫不客氣地加上了一句，「要打倒這個怪物跟他的學生們，人們需要的不是文字，而是棍棒，而且是赫丘利（Hercules）

的木棒。」[24]

波吉歐這麼尊敬《獻給赫倫尼厄斯的修辭學》的原因之一，在於它被認為是西塞羅的作品；但事實上這是錯的（真正的作者不詳）。有一批人文主義者認為，西塞羅是這麼地傑出完美，所以一般人是沒有資格批評他的，而波吉歐正是其中一個。因此，他在一場曠日費時的思想論戰中與瓦拉對立，它牽涉到一個現在聽起來很荒謬，但在當時似乎很重要的問題：我們是不是**只能**模仿西塞羅的拉丁文寫作風格，還是也可以效法其他古典時期的作家？某些人文主義者對前一種想法非常執著，以至於他們發誓——也許有一部分是在開玩笑——他們自己寫作的時候，不得使用任何一個在他們偶像的作品中找不到的字。如果西塞羅的作品沒有用過這個字，它就不是拉丁文。[25]

這個現象背後隱藏的是整個人文主義傳統中的西塞羅主義（Cicerolatry）。以佩脫拉克來說（他並非那麼不加批判地崇拜西塞羅），他曾經拿一個朋友來開玩笑；這個朋友聽到佩脫拉克對這位偉大演說家的攻擊之後非常痛苦，大聲喊道：「溫柔一點，拜託，對我的西塞羅溫柔一點！」這位朋友後來承認，西塞羅是他的神。佩脫拉克回答說，聽到一個基督徒這麼說，感覺很奇怪。這位朋友連忙解釋，他指的是「雄辯術之神」，不是真正的神。佩脫拉克則說，啊！那麼如果西塞羅只是一個人，他就可能會有缺點——他也確實有。最後這位朋友氣得渾身發抖，掉頭就走。[26]

這正是部分問題所在：把西塞羅當成超人，意味著把他當成耶穌基督本人來崇拜。如果如果你覺得這聽起來有點誇張，那麼請想想一千年前，聖經翻譯家耶柔米記錄的一個夢：當時他住在安條克（Antioch）附近一處隱修所，因為飢餓而發燒，決定放棄古典時期作家和所有其他的世俗樂趣。有天他夢見自己被傳喚到坐在審判席的耶穌面前。

「你是什麼人？」耶穌問。

「我是基督徒。」耶柔米回答。

「你撒謊，」耶穌回答。「你不是基督徒，你是西塞羅主義者。」耶柔米因此挨了一頓鞭子，當他醒來之後，他發誓不再擁有或閱讀跟基督教無關的書籍。[27]

事實上，耶柔米還是繼續在他的作品裡引用這些書。瓦拉在評論這個問題時，大方地表示這是沒有問題的，因為基督只有禁止他引用西塞羅的哲學，卻沒有禁止他把他的作品當成文學來引用或模仿。瓦拉本人並不討厭閱讀西塞羅，他只是覺得其他的文學楷模也一樣好，甚至更好——尤其是他非常欣賞的昆體良。[28]

這些人都熱愛他們古典時期的作品，但這一連串關於西塞羅的爭執顯示，兩種人文主義者之間出現了分歧：一種是毫不懷疑地崇拜和模仿某些失傳已久的作家，另一種則是不斷在思考的時候提出質疑，連西塞羅（或甚至教宗）也不能倖免。發現瓦拉屬於後者並不令人意外——除了他一貫的探究精神之外，他有充分的理由從歷史視角看待作家，而不是把他們視為永恆的典範。如果每個人都開始模仿西塞羅寫作，那麼像瓦拉這樣的人就不可能再透過內部證據來判定一部作品的創作年代。如果所有的文本看起來都一樣，語文學家也不用混了。

幸好，模仿者總是會出一些小差錯讓他們露出馬腳。最極端的西塞羅主義者之一是克里斯多佛洛斯．朗格利烏斯（Christophorus Longolius），原名克里斯多福．德．朗厄爾（Christophe de Longueil），一四九〇年生於低地國（Low Countries）。但當他每次使用自己的名字，無論用的是拉丁文還是當地語言拼法，都會突顯出他和西塞羅的不同，因為Christophorus的意思是「基督的承載者」，而西塞羅在西元前四三年去世，他對基督一無所知，不可能會使用這個詞。

伊拉斯謨在他一五二八年出版的諷刺對話錄《西塞羅主義者》（*The Ciceronian*）中指出了朗格利烏斯的問題。有兩個朋友正在勸說第三個人不要趕流行，他們列出了所有嘗試之後失敗的作家。有那麼一刻，他們以為朗格利烏斯成功了，直到他們意識到，他的名字讓他功虧一簣。[29]伊拉斯謨在這裡嘲笑了狂熱分子，但他也提出了一個嚴肅的論點：如果西塞羅主義者拒絕談論任何跟基督教有關的主題，這意味著他們的信仰體系是什麼？西塞羅主義可能象徵了現代基督教世界中心的一個祕密的、顛覆性的「異教」（paganism）。

*Pagan*這個字的原意是「農民」或「鄉巴佬」，被基督徒用來描述所有基督教之前的宗教，尤其是崇拜古羅馬諸神的宗教。這兩種傳統之間的關係一直很緊張，因此早期的基督徒急於把羅馬神廟和雕像從地景中抹去。然而，兩者的關係隨著時間流逝而逐漸緩和。很明顯地，在歐洲文化中，異教與基督教的傳統緊密交織，再也無法完全切割開來。羅馬是異教徒建立起來的，而且特別讓藝術家永遠無法抗拒的是，古希臘羅馬神話裡充滿了精彩的故事——尤其是裡面有一位穿著飄逸的半透明衣裳，從貝殼裡誕生的愛神。[30]也許，與其嘗試消滅異教傳統，不如嘗試加以同化並使它成為基督教的一部分。

這需要一些心理建設。佩脫拉克向自己保證，如果西塞羅有機會的話，他一定會成為一個好基督徒。[31]而其他人則試圖把古典時期的作品重新詮釋成基督教來臨的預言。維吉爾的作品很適合用在這方面。他的第四首《牧歌》（*Eclogue*）提到一個新時代即將來臨，以及一個特別的男孩的誕生：他指的是耶穌嗎？[32]還有，《艾尼亞斯紀》提到埃涅阿斯（Aeneas）往返冥界：這難道不是耶穌復活的寓言嗎？早在西元四世紀，出身於一個從異教改信基督教的顯赫家庭的詩人法爾托尼亞．貝蒂西亞．普羅芭（Faltoria Betitia Proba），就已設法蒐集了足夠的維吉爾作品片段，構成一段完整的敘事，描述創世、墮落與洪水，以及耶穌的誕生與死亡。[33]然而，不幸的是，維吉爾本人終究還是太早出生而無法得到拯救。這就是為什麼但丁在《神曲》（*Divine Comedy*）中靠著他的引導，穿越了地獄和煉獄，卻不能讓他繼續走到天堂。他告訴我們，維吉爾通常住在靈薄獄（Limbo），一個不會太令人討厭的第一層地獄，其他善良的異教徒也住在那裡，不像伊比鳩魯（和他所有的追隨者）這一類的壞異教徒，被打入第六層地獄深處。[34]

西塞羅主義者試圖用類似的方式，融合異教與基督教的用語來解決他們的問題，例如把戴安娜女神當成聖母瑪利亞。但他們還是充滿了懷疑。正如伊拉斯謨讓他作品其中的一個角色問另一個角色：你在這些古典學者珍貴的私人古董博物館裡看過十字架嗎？說話的人自己回答：「沒有，裡面到處都是異教的歷史遺跡。」他說，如果他們有機會的話，可能會把這些東西通通帶回來——包括「古羅馬祭司與維斯塔貞女（vestal）、祈禱、神廟與聖殿、長榻盛宴、宗教儀式、男女諸神、卡庇托林山（Capitol）與聖火。」[35]

問題是，伊拉斯謨顯然是對的，至少一些早期的西塞羅主義者確實會這麼做。一四六〇年代，羅馬有一些人開始在後來稱之為「學院」（Academy）的地方聚會，以此向柏拉圖在雅典建立的古老「學院」或學校致敬。不過，西塞羅主義者對前基督教時期的羅馬比對希臘更有興趣。這涉及到一些嚴肅的歷史問題：這些人當中有在大學任教的知名學者，他們發表演講，安排羅馬遺跡的導覽——佩脫拉克一定會想參加這樣的行程，也許伊拉斯謨也會一起去，但他和佩脫拉克都會被這些人在晚上舉辦的一些更瘋狂的活動嚇到。他們在廢墟聚會，盛裝打扮，額頭上戴著月桂花環，舉辦古代慶祝活動；他們還會朗誦自己寫的拉丁文詩歌，包括寫給彼此或年輕男子的情詩。他們演出普勞圖斯（Plautus）或泰倫提烏斯的喜劇[36]——這是一項大膽的冒險，自從查士丁尼一世（Justinian I）在西元六世紀關閉劇院以來，基督教一直都不贊成非宗教性的戲劇表演。許多這類表演背後的推手是一位來自那不勒斯的修辭學教授，朱利奧・龐波尼奧・萊托（Jiulio Pomponio Leto）或朱利烏斯・龐波尼烏斯・萊圖斯（Julius Pomponius Laetus）。Laetus是他自己取的名字，意思是「快樂」。

快活的教授們在月光下嬉戲，互相朗誦情詩，舉辦戲劇盛會：這一切……都很……基督教嗎？嗯，好吧，學院裡大多數的成員都受雇於教廷，或以不同的方式為教廷工作，有時候跟他們其他的職務合併，所以人們會這樣質疑。但羅馬有許多知識分子在教會擔任有給職，所以這並不代表什麼。一位米蘭大使寄回去的報告聲稱，他們真正的信仰是截然不同的，他寫道：「人文主義者否定上帝的存在，認為靈魂與身體一起死去，」並補充說，他們認為基督是一個假先知。[37]

由於他們崇拜西塞羅時代的羅馬共和國，他們也可能在其他方面看起來具有煽動性。有些旁觀者懷疑，他們也許想透過起義或革命恢復共和政體。這聽起來好像滿有道理的：佩脫拉克的一位熟人克拉・迪・里恩佐（Cola di Rienzo）就曾經嘗試過這樣的壯舉，他也是一位羅馬廢墟與碑文的愛好者。在歷經早期的失敗之後，他成功地推翻了羅馬統治者，成為古羅馬風格的執政官（consul），並且獲得了一些公眾支持——儘管為時短暫，如同他的人生——一三五三年，人們的情緒出現了變化，一群人聚集在他的宅邸外，高呼：「叛徒克拉．迪．里恩佐去死吧！」他喬裝出逃，試圖喊出同樣的口號來混入人群，但他還是被認出來，遭到刺傷，隨後被捕並處以絞刑。[38]現在有些人想知道，學院成員（Academicians）是不是會想要發動類似的政變，看看第二次會不會比較成功。

他們開始被敵意所籠罩。起初，他們在羅馬教廷擔任各種祕書和文書工作是安全無虞的，因為當時的教宗庇護二世（Pius II）本身就是一位好學不倦的人文主義者，他欣賞他們研究古代的興趣。不過，到了一四六四年，事情有了變化，下一任教宗保祿二世（Paul II）即位。他並不理解人文主義者所關心的事情，也不尊重他們的研究和技能；更重要的是，他不喜歡任何異教的氣息。雖然他也很享受結合了古代與基督教意象的華麗遊行，但他對古人並沒有更深入的興趣。他說，最好是保持虔誠無知，而不是讓年輕人的腦袋裡塞滿了異端邪說跟猥褻的故事。「男孩們在年滿十歲上學之前，就已經知道了許多放蕩的行為；想想他們在讀尤維納利斯（Juvenal）、泰倫提烏斯、普勞圖斯和奧維德的時候，還會更加墮落。」[39]（事實上，你不需要靠古典文學來學壞：根據波吉歐關於虛偽的對話，一位牧師在進行反對縱慾的佈道時，描述得是那麼地鉅細靡遺，以至於信眾事後急著趕回家自己嘗試）。

保祿二世不喜歡人文主義者，並打算節省花在他們身上的開銷，因此取消了他們在梵蒂岡的祕書和其他職務。但是，擁有這些職位的人通常要先支付一筆錢，才能得到工作，所以人文主義者抱怨被坑了。他們抗議了，於是比之前看起來更像個反叛者。[40]其中有一位名叫巴托洛米奧・薩基（Bartolomeo Sacchi）的人（他的家鄉在皮亞德納〔Piadena〕而又被稱為「普拉蒂納」〔Platina〕），因其直言不諱遭到逮捕，在聖天使城堡（Castel Sant'Angelo）的教宗監獄裡關了四個月，後來獲得釋放。但在一四六八年二月，教宗下令圍捕大約二十名學院成員，其中也包括普拉蒂納。他們被控犯下包括陰謀、異端邪說等罪行，被關進城堡的酷刑室。普拉蒂納遭受吊刑，對他的肩膀造成了永久性的傷害——這是一種可怕的酷刑，受害者的手腕被綁在背後吊起來，有時還會讓他們突然從高處摔落，或輔以其他的折磨。

一開始萊托並不在被捕之列，他當時在威尼斯教書，但他很快也成了他們的一分子。他在威尼斯因雞姦罪被捕，因為他一直在寫色情詩歌給他的男學生；威尼斯當局隨後把他引渡到羅馬，在那裡更改了罪名。他跟其他人一樣被指控為異端分子。

他們現在都經歷了漫長的折磨，囚禁在牢房裡，前途未卜。他們唯一的安慰來自一位有同情心的典獄長羅德里戈・桑切斯・德・阿雷瓦洛（Rodrigo Sánchez de Arévalo），他替他們送信，自己寫東西安慰他們，並允許他們恢復會面。龐波尼奧感謝他，寫道：「在跟朋友交談的時候，囚禁算不了什麼。」令羅德里戈驚訝的是，在這麼悲慘的情況下，他們不僅仍然可以寫作，還能以他們一貫優美的風格寫作。[41]但正如我們在佩脫拉克的書信中看到的，人文主義者會盡可能優雅地表達他們的痛苦，這一點也不奇怪。崇拜無聲或神祕的沉默——如同崇拜無知——對他們來說沒有吸引力；而發揮他們的文才，正是對那些他們之所以受到迫害的價值觀的肯定。

同年稍晚，他們當中有一些人被釋放了，但普拉蒂納最慘：他一直被關到一四六九年三月。對他們之中任何人的指控都無法得到證實；後來也找不到任何有關實際煽動活動的證據。這些事件發生之後幾年，教宗再次更換，他們的處境也大幅改善。西斯篤四世（Sixtus IV）恢復了他們在教廷的工作，普拉蒂納後來還被任命為梵蒂岡圖書館的圖書館員。在此同時，他也恢復了寫作。他出版了一本他已經寫了一段時間的食譜，取了一個非常伊比鳩魯式的書名《正當的樂趣與良好的健康》（*Right Pleasure and Good Health*），裡面有一道菜是香橙烤鰻魚，它是那麼地誘人，以致後來成了李奧納多．達文西（Leonardo da Vinci）的壁畫《最後的晚餐》（*Last Supper*）裡的一道菜。[42]普拉蒂納還寫了一部關於歷任教宗的歷史巨著，並在書的最後，對先前迫害他的保祿二世提出了嚴厲的批評。[43]

普拉蒂納和教宗西斯篤四世與梵蒂岡圖書館館藏

這個團體終於恢復了他們的聚會與活動，儘管比以前低調了些。一四七七年，它轉型成為一個平信徒基督徒兄弟會，讓它感覺起來更體面。儘管如此，它的成員還是繼續在廢墟裡聚會，謹慎地尋歡作樂。[44]

羅馬的人文主義者不論在什麼情況下，都傾向於參與教會事務，而那些遠赴托斯卡尼半島的人文主義者則要承擔一些不同的職責，取悅不同類型的雇主（當然，有些人文主義者喜歡四處遊歷，在兩地都有短期工作或任務)。而托斯卡尼的人文主義者更有可能擔任純粹的私人教師與祕書,或是在托斯卡尼地區的大城市裡擔任市政、外交或政治職務。這些城市往往自視為自由、開放與和諧的燈塔。安布羅喬・洛倫澤蒂(Ambrogio Lorenzetti)在一三三〇年代末期為西恩納創作的壁畫中,描繪了這些城市的理想形象,突顯了好政府與壞政府之間的對比。其中有一個場景描繪了城市裡充滿著尋歡作樂的舞者與快樂的商人,周遭則是肥沃的田地和酒足飯飽的農民。這是好政府治理下的結果。與此相反的是空曠荒涼的田野,只見軍隊相互攻伐,城市破敗不堪:這是壞政府帶來的影響。選擇好政府而非壞政府,就是選擇秩序而非混亂、和平而非戰爭、繁榮而非飢餓、智慧而非愚蠢。

佛羅倫斯執政官李奧納多・布倫尼(Leonardo Bruni)是一位人文主義者,他認為在托斯卡尼地區所有的城市中,佛羅倫斯正是「好政府」的縮影。他在一四〇三年左右所寫的《佛羅倫斯讚歌》(*Praise of the City of Florence*)中,描寫這個城市充滿自由的氣息,並且跟豎琴的琴弦一樣,奏出甜美和諧的音調。「在這裡,沒有一樣東西是失序的,沒有一樣東西是比例失衡的,沒有一樣東西是不和諧的,沒有一樣東西是不確定的。」這裡的公民在每一項成就上都超越了別人。他們「勤奮、慷慨、優雅、親切、友善,而且更重要的是,溫文爾雅。」[45]此外,正如他在其他地方寫道,人文研究——也就是「最好、最傑出、最適合人類學習的一門學問」——自然而然地在這裡蓬勃發展:

在當代或更早期的詩人之中，誰能說得出哪一位不是佛羅倫斯人？除了我們的市民以外，還有誰能發掘這種已經完全失傳的公開演講術並發揚光大？如果沒有我們這個城市，又有誰會認識到拉丁文的價值，見證它的重生與復興？它曾經卑微地一蹶不振，幾乎死亡。

他還特別提到，「甚至連有關希臘文的知識，在義大利已經廢棄了七百多年，也在我們的城市裡得到復興，讓我們得以思索偉大的哲學家和令人欽佩的演說家。」[46]這件事跟布倫尼本人有很大的關係，他是希臘研究專家與譯者。他對歷史學家修昔底德特別感興趣——後者提供了許多資料，包括雅典領導人伯里克里斯（Pericles）在西元前四三〇年發表的一篇著名的講稿。雅典與斯巴達（Sparta）戰爭期間，伯里克里斯向市民發表了紀念陣亡將士的演說，讚美了雅典，而布魯尼幾乎直接挪用了他說的話來讚美佛羅倫斯。修昔底德說道，事實上，伯里克里斯一開始就問，為什麼我們比我們的敵人好得多？答案是：我們跟斯巴達人不一樣，他們只關心軍事演習和紀律，我們則在自由與和諧的基礎上建立了雅典。斯巴達人閉關自守，我們卻向全世界開放貿易。他們殘酷地對待自己的孩子，使他們堅強，而我們教育我們的孩子是為了自由。他們階級分明，但在雅典，每個人都可以自由平等地參與城市事務。[47]但是，伯里克里斯沒想到要說的是，這裡的「每個人」並不包括婦女和奴隸。他只有在最後一句話提到女性，他提醒聽眾中的戰爭寡婦，這一切都不適用於她們，因為女人唯一的美德就是不要被男人談論，無論是讚美還是批評。

佛羅倫斯也有婦女和奴隸，她們既不公開發言，也不會被公開談論。整體來說，這兩個城市的真實情況並不完全符合描述。雅典並不和諧，它經歷了社會動亂、瘟疫與暴動，並最終在與斯巴達人的戰爭中敗北；佛羅倫斯也陷入了王朝衝突、陰謀、政權更迭與整體治安不佳的混亂狀態。然而，對這兩個城市來說，人文主義的理想是他們身分認同的核心——毫無疑問，佛羅倫斯確實在十五世紀成為一個活力十足、藝術氣息濃厚、思想活躍的城市，充滿了不同凡響的人物，而且通常支持人文主義者的活動。[48]

麥地奇家族在這座城市掌權的期間，其中一些菁英形成了一個以這個家族為核心的知識圈。圈子裡的成員跟他們在羅馬的同行一樣，以柏拉圖的「學院」之名舉行半正式的聚會；羅倫佐・德・麥地奇（Lorenzo de' Medici）特別鼓勵與支持這些活動，他本人也是一位人文主義詩人、收藏家與鑒賞家，同時也是一位商人、行動家以及政治領袖。[49]

這個團體的核心人物是馬爾西利奧・費奇諾（Marsilio Ficino），他利用麥地奇家族收藏的手稿翻譯了柏拉圖的作品，並撰寫自己的研究論著《柏拉圖神學》（*Platonic Theology*），提出一種融合了基督教與柏拉圖主義的哲學思想。柏拉圖是另一個不幸出生在基督之前的「異教徒」，但他確實談到宇宙和諧與理想的「善」（Good），因此很早就有基督徒視之為神學預言。儘管費奇諾並不是第一個探討這個問題的人，但他創造了一種新的學術風格。此外，他打算對人類在宇宙裡扮演的角色提出大膽的主張。他強調人類在文學、創造力、學術和政治自治方面的成就，並問道：「誰能否認人類擁有跟天堂創造者差不多的天賦？誰能否認人類也可以用某種方式創造天堂，只要他有工具和材料……？」[50]這是一個相當大膽的主張：只要我們有合適的工具和原料（不可否認地，兩者都很困難），也許我們就可以跟上帝本人媲美，成為創造者。

佛羅倫斯學院圈的另一位成員：年輕瀟灑的貴族與書籍收藏家喬凡尼·皮科·德拉·米蘭多拉（Giovanni Pico della Mirandola）也作出類似的推測。他廣泛閱讀基督教與非基督教書籍，深入研究各種玄奧神祕的思想。他蒐集了有關這些主題的材料之後，在一四八六年前往羅馬，打算舉辦一次大型會議，在會議上，與會者可以就他提出的九百個論點或命題進行辯論。但這個活動沒辦成：它不討教會喜歡而遭到壓制。皮科逃回佛羅倫斯，擔心自己也會被打壓。但這些論點還在，他幫它們寫了一篇導讀，後來被冠上一個響亮的標題：《論人的尊嚴》（*Oration on the Dignity of Man*）。在後來的幾個世紀裡，它將成為一份反映佛羅倫斯人文主義世界觀的宣言，體現文學學者的人文科學研究發展得更為宏觀的時刻：一種無拘無束、普世人性的哲學願景，平等而自豪地面對宇宙。

最近研究皮科的學者們試圖淡化對他的這種看法，認為他對神祕主義更感興趣，並提醒讀者，「人的尊嚴」這個標題也不是他下的。[51]把皮科這本書放回它原本的歷史脈絡，避免過於偏頗，是一個重要的修正，然而，我們不能否認這本書的前幾頁帶來的情感衝擊。皮科和費奇諾一樣，對人類的能力充滿雄心壯志。他的做法跟年代比他早很多的普羅達哥拉斯一樣——敘述一個關於人類起源的故事。

皮科的故事寫道，起初，上帝創造了所有的生物。他把每一種生物各自放在固定的架子上，根據它們是植物、動物還是天國的生物來分配位置。他也創造了人類，卻沒有預設要把他們放在哪一層。上帝告訴亞當：我賜給你的並不是單一的位置或特質，而是任何存在方式的種子，由你決定要種哪一種。如果你選擇低等的種子，你將會成為動物甚至植物。如果你選擇比較高等的種子，你可以成為天使。如果你選擇兩者之間的種子，你將會隨你的人性而變。因此，上帝說：「我們讓你不屬於天國也不屬於人間，不屬於凡人也不屬於神祇，因此你可以無拘無束而別出心裁地塑造你自己，把你自己打造成任何你想要的樣子。」皮科的評論寫道：「誰不會對我們這樣一隻變色龍感到驚奇？」還有，「誰還會羨慕其他的生物？」[52]

直到今天，這段話仍然是皮科的作品中最令人難忘的一段話。這也難怪：這隻閃閃發亮、變幻莫測的變色龍，呈現了我們自己令人振奮的形象。這似乎比那些文學家們的工作要有趣多了，他們整天不是在抄寫手稿，就是為了寫出像西塞羅的拉丁文而煩惱。但實際上，皮科跟他們並沒有那麼不同，他也在努力寫出一部博學的跨學科學術著作，把大量傳統哲學與神學的素材融合在一起。他暗示，正如人類可以成為他們想要的任何樣子，學者們也應該要從任何資料來源汲取他們所需要的智慧與知識，無論這些資料來源是否與基督教有關。於是我們可以理解，為什麼教會無法容忍他在羅馬召開會議。

同時，人們不得不問：這樣一個擁有多重面向，能夠自主決定且自由和諧的奇蹟之人是否真的存在？有多少隻人類變色龍在佛羅倫斯附近走動？

當然，如果你想找到一隻的話，的確可以去佛羅倫斯看看。在那裡可以找到的全能人類模範生，包括了多才多藝的藝術與科學天才李奧納多・達文西，以及建築師阿伯提。事實上，十九世紀歷史學家雅各・布克哈特（Jacob Burckhardt）在尋找那個時代的代表性人物時，選擇的就是這兩個人：他們是所謂的通才（*uomo universale*），能夠以任何一種身分，在一個變動不居的社會中實現幾乎任何目標。[53]

選擇李奧納多不是沒有道理的，因為他的興趣廣泛得驚人（我們等一下再回來談他）。阿伯提似乎也是個恰當的選擇，特別是當我們讀到一位跟他同時代的匿名作者——我們現在相當肯定，那就是阿伯提本人——熱烈地讚揚了他的成就。這段文字描寫他本領無數，在生活各個領域都很厲害，除了謙虛以外什麼優點都有，而這麼寫也不是沒有根據的。[54]

他確實有許多可以自負的地方。除了設計建築與繪圖，他還寫了有關繪畫、建築和雕塑藝術的重要論著。[55]他是一位測量專家，發明了新的技術來研究羅馬廢墟。[56]他寫過拉丁文詩歌、一部關於希臘諸神的喜劇、以及一本名為《數學遊戲》（*Mathematical Games*）的著作。他的每一項專業都強化了其他領域的實力，如他利用自己的數學天賦，制定了視覺藝術透視法的原則。[57]

這些成就都有文獻記載，但傳記的內容更為詳盡。阿伯提會摔角、唱歌、撐竿跳高以及登山。年輕時，他的力氣大到可以把蘋果扔過教堂頂端，還可以站著從一個人的背上跳過去；他很能忍痛，以至於當他十五歲腳受傷的時候，還能夠冷靜地協助外科醫生縫合傷口。

他還培養了一些更細緻的能力：即使在冬天肆虐的狂風中，他也不戴帽子騎馬（這是一件不尋常的事），訓練自己忍受頭上的寒意。他也把同樣的原則應用在社交生活中，「故意讓自己忍受粗魯無禮的對待，以培養自己的耐性。」他喜歡跟他遇到的每個人交談，獲得新的知識。他邀請朋友到家裡來談論文學和哲學，「向這些朋友口述簡短的作品，同時為他們畫肖像或製作蠟像。」不論在任何情況下，他都力求行為端正；

「他希望他生命中的每一件事，每一個手勢和每一句話，都是一個好人善意的表達，而且看起來也是如此。」同時，他很重視*sprezzatura*，「在藝術中加上藝術，使成果看起來沒有一絲矯揉造作，」尤其是下面這三件事特別重要：「如何在街上行走，如何騎馬，如何說話；我們應該在這些事情上，盡一切的努力讓所有人都非常滿意。」他在做這些事情的時候，「保持愉快的心情，甚至在不失莊重的前提下，表現出歡樂的樣子。」[58]

因此，阿伯提是一位出類拔萃、才華洋溢、自由奔放的人類典範，在他那個時代大放光彩。他確實很了不起，但不僅僅如此，這裡描繪的是人類整體的理想形象。這裡強調的一切特質都是人文精神的特質：包括知識與藝術上的成就、美德與勇氣、社交能力、能言善道、*sprezzatura*，有禮貌地「取悅」所有人。此外還有他出色的身體條件：他的身體比例反映了他的心理素質。閱讀關於他的描述，讓我們想起那個時代的另一個人物：「維特魯威人」（Vitruvian Man）。

維特魯威人是一個比例完美，目光冷靜，身材勻稱的男性形象，純粹根據數學繪製而成。他說明了人體各部分之間應有的距離比例：從下巴到頭髮根部、從手腕到中指指尖、從胸部到頭頂等。在西元前一世紀計算這些比例時，阿伯提感興趣的不是解剖學，而是建築：在他看來，男性身體的這些比例是建造神廟最好的基礎。[59]因此，人類——

正如普羅達哥拉斯所言——應該按照字面上的意義，作為**尺度**或標準。維特魯威提供了得出數據的方法，如果一個人仰躺，手腳張開，你以他的肚臍為中心畫一個圓，圓周將會觸及他的手指和腳趾。你也可以根據他手臂的跨度與身體的長度，在他雙腳併攏的時候畫出一個正方形。

十五世紀和十六世紀的藝術家們致力於實現維特魯威的理想。甚至連印刷字體的設計者也按照維特魯威人的身體來修改他們的字母。[60] 米開朗基羅·博納羅蒂（Michelangelo Buonarroti）延續了關於神廟的思考，他按照維特魯威人的尺寸，替佛羅倫斯的聖羅倫佐聖殿（San Lorenzo church）設計立面——儘管他從未建造它，因為他無法取得他想要的大理石。[61]

最有名的是達文西在一四九〇年左右繪製的一幅畫，顯示一個男人同時擺出兩種姿勢，並以精緻的表格標示他的尺度。這個人被安置在一個以肚臍為中心的圓圈和一個方框裡。他皺著眉頭，但很平靜；他有一頭細緻的頭髮，一隻腳轉向側面，以顯示它的尺寸如何與整體搭配。他是完美的——除了有太多的手臂和腿之外。

達文西的原作完好地收藏在威尼斯的學院美術館（Gallerie dell'Accademia），這個沒有實體的形象跨越了遙遠的歷史與地理空間，展現人類的自信、美好、和諧與力量。它已經成為「文藝復興」和「通才」概念的象徵，跟皮科那隻有尊嚴的變色龍為伴。甚

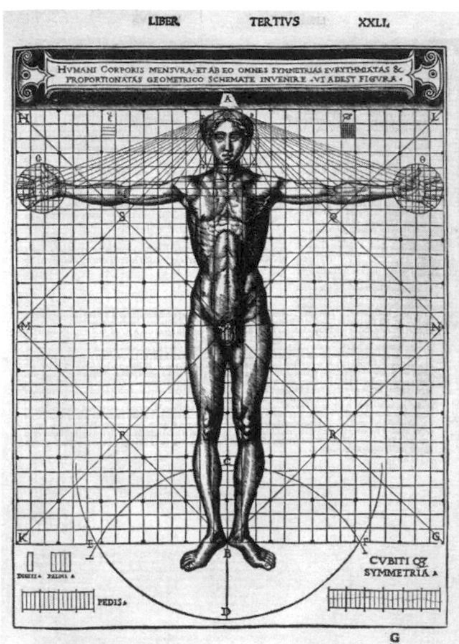
LIBER TERTIVS XXLI.
HVMANI CORPORIS MENSVRA·ET AB EO OMNES SYMMETRIAS EVRYTHMIATAS & PROPORTIONATAS GEOMETRICO SCHEMATE INVENIRE ·VT ADEST FIGVRA·
CVBITI QZ SYMMETRIA.
PEDIS.
G

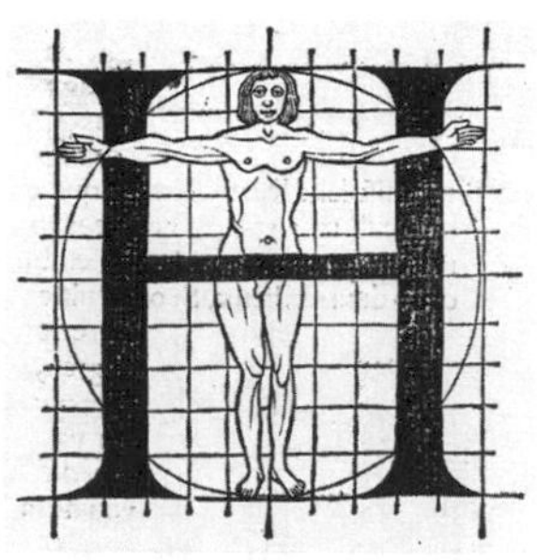

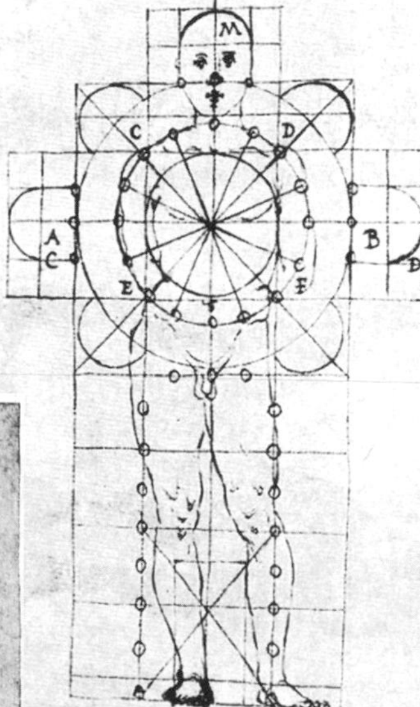

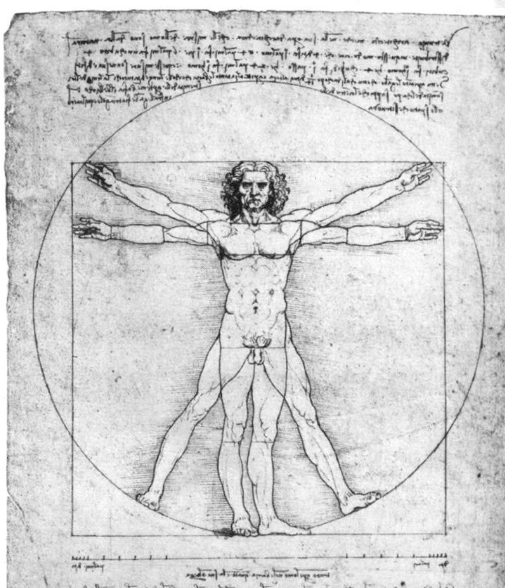

至連現代人文主義運動的國際符號也與之呼應：一九六五年，丹尼斯．巴林頓（Dennis Barrington）設計了一個「快樂的人」（Happy Human）的圖像，呈現了一個以類似方式高舉雙臂的人形，充滿自信、坦誠與幸福[62]（有趣的是，英國人文主義者協會現在把它改成一個更流暢的符號，像是一根正在舞動的繩索——選擇這個符號是因為它會自行移動，而不是站在我們面前被測量。[63]你可以在本書最後一章結尾看到這個符號，在頁四九八）。

事實上，達文西的圖像與其他維特魯威的圖像之差別在於，它並**不**對稱，它不是一個同心圓。達文西把正方形往下移，呈現人物的視覺美感與合理性。圓圈以肚臍為中心，而正方形則以男人的陰莖末端為中心。此外，正方形的上端穿過圓周。比例必須進行調整，因為即使是「理想的」人類也不是一組精確的方框和圓圈。許多對應關係確實存在：一個寬肩男人從左手指尖到右手指尖的跨度可能跟他的身高差不多。但是，如果不進行調整，真正的維特魯威人看起來會非常奇怪，這一點從其他一些例子中可以看得出來，例如一五二一年問世的維特魯威著作的義大利文譯本中，由切薩雷．切薩里亞諾（Cesare Cesariano）繪製的那張圖。[64]

這裡要傳達的訊息是，真正的人類，即使是那些符合主流男性典範、肌肉發達的人，也達不到完美和諧的比例，他們巧妙地偏離了中心——一個理想和諧的人，跟一個理想和諧的城市（以及一隻和諧的變色龍）一樣，是不存在的。伊曼努爾·康德（Immanuel Kant）在三個世紀之後如此寫道，且這想必更接近事實——「人類這種彎曲的木材，根本做不出什麼筆直的東西。」[65]

另一個來自義大利更北端的年輕人：吉羅拉莫·薩佛納羅拉（Girolamo Savonarola）也透過研讀柏拉圖的哲學與醫學著作，展開他的知識生涯。一四五二年，他出生於費拉拉的一個醫生家庭，原本註定要從事同樣的工作。他在學習過程中，寫了佩脫拉克風格的詩歌和關於柏拉圖對話錄的文章。但後來他聽到了上帝的聲音，從醫學院退學，並撕毀了他關於柏拉圖的作品。[66]

實際上，上帝對他說的是：摧毀這些虛榮之物！這些對於知識的渴望、這些詩歌，以及閱讀這些異教哲學家的著作——全都是徒勞無益、自我本位的，令人分心而不再虔誠，必須加以根除。沒有任何世俗之事比為死亡和天堂做準備更重要了。正如薩佛納羅拉後來說道，在這個世界上，我們應該「像信差一樣，到了旅店，沒有脫下馬刺或任何東西，才吃了一口……就說：『起來，快點起來，我們繼續趕路吧！』」[67]

他確實「起來」了。薩佛納羅拉一聲不響地離開了他的家人，從費拉拉走了五十多公里到波隆納，來到該市的道明會（Dominican）修道院，他們收留了他。之後他寫信

給他的父親，告訴他自己所做的一切。為了解釋他這麼做的理由，他讓父親看了他寫的一篇短文，裡面談到必須輕蔑地屏棄一切世俗事物。68

薩佛納羅拉在修道院宣誓之後，終究還是發現自己擁有一項相當世俗的天賦：他非常擅長以佈道來激勵人們。為了精進這項技能，他設法去找一些關於雄辯術與演講術的人文主義課程——這些技巧起源於異教，但保證有用。但他找來幫他上課的老師喬凡尼·加佐尼（Giovanni Garzoni）粗暴地拒絕了他，這無助於改變薩佛納羅拉對整體人文主義事業的態度。他開始經常鞭打自己，整個人看起來焦慮不安。他總是眉頭緊皺，眼神銳利，這跟他巨大的鼻子相得益彰，讓他的話聽起來格外具有衝擊力。一四八二年，他搬到佛羅倫斯的聖馬可修道院，在那裡教導見習修士；然後他有幾年時間在其他城市巡迴傳教，最後被羅倫佐·德·麥地奇等人召回佛羅倫斯。69

當時羅倫佐患有關節炎，可能是強直性脊柱炎（ankylosing spondylitis），性命垂危。身陷絕境或許可以解釋他為什麼找上薩佛納羅拉這種極端的人，在精神上引導他走到最後。[70]然而，他圈子裡有許多其他的人文主義者也被薩佛納羅拉迷住了，其中包括皮科和費奇諾。[71]他們被他關於革除基督教內部腐敗現象的言論所吸引；正如我們在瓦拉身上看到的那樣，人文主義者往往都對清除訛誤感興趣，包括文本和道德上的訛誤。再加上薩佛納羅拉的領袖魅力似乎催眠了每個人；人文主義者為之傾倒，卻沒有想到，他們和他們所珍視的一切，很可能輕易淪為薩佛納羅拉後續攻擊的目標。直到當他提議救濟窮人——藉此刪減大學的資金，這件事才變得更加明確。並不是所有的人文主義者都在大學任職，但它普遍代表了學習與學術的原則。這讓我們想起一些二十世紀的西方知識分子如何迷上極權共產主義，卻從來沒想過，這樣一個政權可能會對他們不利。

薩佛納羅拉對窮人的吸引力比較容易理解，因為他譴責了神職人員的菁英主義與貪婪。他在聖馬可和佛羅倫斯大教堂的佈道吸引了大批聽眾——在那個世紀初期、在由佈魯內萊斯基所設計的美麗穹頂之下，一次有一萬人可以聽他講道。

他有了更多的追隨者，他們開始沿街吟唱和哀嘆，這些人被稱作他的*piagnoni*：痛哭者或哀號者。他們還安排一群兒童，也就是所謂的*fanciulli*，走在橫幅布條後面募款。他們毆打路人，尤其是他們認為衣著不端莊的婦女，並挨家挨戶地索取「虛榮之物」。正如一位目擊者在描述一四九六年二月十六日那天的時候寫道：

傾瀉於他們唇上的恩典是如此之大，以至於所有的人都感動落淚，甚至那些與他們為敵的人也願意把一切都給他們。哭泣的男人和女人們孜孜不倦地尋找紙牌、桌子、棋盤、豎琴、魯特琴、西特琴、鐃鈸、風笛、揚琴、假髮、面紗（當時婦女頭上非常淫蕩的裝飾品）、可恥淫蕩的繪畫與雕塑、鏡子、香粉、其他化妝品和淫蕩的香水、帽子、面具、以拉丁文或當地語言撰寫的詩集，還有其他各種可恥的讀物和音樂書籍。這些孩子出現在任何地方都會引起恐懼，每當他們走上一條街，邪惡的人就逃到另一條街去。[72]

在接下來的幾年裡，遊行在篝火中達到高潮。他們會預先蓋好一座巨大的八邊形木製金字塔，裡面擺滿原木當作燃料；然後把孩子們蒐集來的虛榮之物平均掛在兩側的層架上。[73]一位目擊者說道，鏡子、香水瓶、畫作、樂器的擺放方式「變化多端，別出心裁，令人感到賞心悅目」[74]（焚燒虛榮之物的人本身並不缺乏審美意識）。

薩佛納羅拉並不是第一個發明這種奇觀的人。早在十年前，西恩納的貝爾納迪諾神父（Fra Bernardino da Siena）和費爾特的貝爾納迪諾神父（Fra Bernardino da Feltre）就曾經在佛羅倫斯焚燒書籍和其他物品，後者還會一邊高聲朗誦琅琅上口的短句：「每當我們讀到低俗的奧維德，我們就把基督釘在十字架上！」[75]薩佛納羅拉的篝火對現代作家與古典作家的作品一視同仁。如果這些書籍的文字與裝幀都很精美，那就更好了：在

他一四九八年焚毀的東西當中，有一本佩脫拉克的藏書「飾有金銀插圖」。[76]

他也想用同樣的方式來對付某些人。他呼籲對「雞姦者」進行可怕的懲罰——在當時的佛羅倫斯，同性戀是違法的，但實際上很少有人受罰。他認為執法應該「毫不留情，對這些人處以石刑，燒死他們」。[77]他確實在某種程度上成功說服了該市的立法者：以前這些雞毛蒜皮的小事只要罰款就好，現在則認為有必要對累犯者施加一系列變本加厲的暴行：枷刑、烙印，最後活活燒死。當官員們不怎麼熱衷於執行這些酷刑的時候（畢竟罰款更有利可圖），薩佛納羅拉怒道：「我想看你們在廣場上用這些雞姦者升起熊熊烈火，抓兩三個來，男女都行，因為有些女性也犯下這種該死的罪惡。」必須讓他們成為「上帝的祭品」。

最後，薩佛納羅拉自己走上了他熱衷於看到別人遭遇的悲慘命運。他冒犯了教會，主因不是篝火或遊行，而是他聲稱他看到了異象——尤其是在一個異象中，聖母瑪利亞告訴他，佛羅倫斯人必須悔改。當個人的異象，特別是和反教權主義（anticlericalism）結合在一起的時候，相當於對教會調解所有宗教經驗的權利提出了挑戰。一四九七年，教宗召見薩佛納羅拉，命他到羅馬去解釋自己的行為，並在他拒絕前往時，把他逐出教會。佛羅倫斯當局不想跟羅馬當局作對，所以他們逮捕了薩佛納羅拉，用吊刑折磨他，直到他簽下一份懺悔書，說他只是假裝看到了異象。他在一連串的審訊與審判之後被判死刑。一四九八年五月二十三日，他和其他兩個人被絞死之後遭到焚燒，骨灰被裝在馬車上運走，扔進河裡，以免留下任何遺骸。甚至連他用來召喚群眾前來聽他講道的聖馬可大教堂大鐘「哀號者」（La Piagnona）也被搬到馬車上，沿街鞭打，流放出城。[78]但薩佛納羅拉確實讓人們留下了難以磨滅的記憶，這座城市下一代最偉大的兩位歷史學家都受到這段經歷的影響：一位是弗朗切斯科・圭恰迪尼（Francesco Guicciardini），他是一位「痛哭者」的兒子，他本人可能也當過*fanciullo*。另一位則是尼科洛・馬基維利（Niccolò Machiavelli），他也曾經聽過薩佛納羅拉講道。他想了解為什麼這麼一個善於煽動民眾情緒的人，下場卻如此悲慘。他的結論是，這主要歸咎於薩佛納羅拉沒有一支私人軍隊，可以迫使民眾繼續沉浸在這種情緒之中。[79]

人們可能會有一點同情薩佛納羅拉，因為他死得這麼不光彩，也因為他對教會的腐敗提出了有益的批評，以及他捍衛窮人的利益。他口齒伶俐地表達了真正的不滿，跟瓦拉一樣，毫不畏懼挑戰一個龐大的機構，而這個機構的權威建立在可疑的基礎上。他**真正**的慷慨之處在於：他想幫助佛羅倫斯人，讓他們死後不會下地獄。

不過，他是個殘暴的人，他想殺死雞姦者的慾望是凶殘的，他利用自己的演說技巧，在聽眾中掀起了正義魔人的怒火。他派遣他的追隨者去蒐集一切展現出熱愛人類身體或心靈的東西——一切裝飾性、燦爛輝煌、做工精美的東西，每一個有趣的遊戲、每一本令人愉快的書、每一個挑逗的小飾品、每一個世俗快樂的象徵。他以偉大的人文主義收藏家般的奉獻精神蒐集這些東西——再燒了它們。所有這些人類技藝與美感的結晶全都化作二氧化碳與灰泥。

至於他的整體哲學，湯瑪斯．潘恩（Thomas Paine）在幾個世紀之後進行了總結，他寫道，有些人似乎認為，「把肥沃的土地稱之為糞堆，不知感恩地把生命中所有的祝福稱之為虛榮」[80]是一種謙遜的表現。但在潘恩看來，這更像是忘恩負義。

到了該世紀末期，加諸人民與藝術的暴力席捲了義大利半島的其他地方：法國軍隊入侵，佔領了瓦拉和他的語文學巧妙捍衛的那不勒斯地區，並在一四九五年不戰而勝。他們進軍半島其他地區，留下了許多創傷。數十年之後，羅馬在一五二七年遭遇了最嚴重的打擊，神聖羅馬皇帝查理五世（Charles V）麾下欠餉而譁變的士兵突破羅馬防線，洗劫了這座城市。其中有許多人是宗教改革（Protestant Reformation）領袖馬丁・路德（Martin Luther）的追隨者，他比薩佛納羅拉更成功地反抗了教會的權威。這些欠餉的士兵大肆搜刮他們所能找到的任何金錢或藝術珍品，砸毀他們用不到的東西。他們在街上遊蕩，攻擊不幸撞見他們的當地人，搶走教堂裡的聖徒遺骨。在梵蒂岡內部城牆的塗鴉中，人們仍然可以看到在一幅拉斐爾壁畫下方的灰泥，有人刻下了「路德」字樣。[81]

許多書籍也在這座城市被毀，包括梵蒂岡圖書館與私人收藏的書籍。在人文主義者雅各波・薩多萊托（Jacopo Sadoleto）的圖書館遭到破壞之後，他在給伊拉斯謨的信上寫道：「這座城市的毀滅，對人類造成的一切悲劇與損失，令人難以置信。即便羅馬不乏罪惡，但有更多的美德——它一直以來都是人性、好客與智慧的的避風港。」

失去個人圖書館的還有保羅・喬維奧（Paolo Giovio），教宗克萊孟七世（Clement VII）的醫生。他幫助克萊孟出逃，並把自己的斗篷借給他，掩蓋獨特的白色教宗袍。

他們沿著一條祕密通道逃出梵蒂岡，來到了聖天使城堡；[82]六十年前，教會就是在這裡對普拉蒂納和其他學院成員施加酷刑。

後來，喬維奧離開了羅馬，在伊斯基亞島（Ischia）待了一段時間，逐漸從這個打擊中恢復。維托麗婭．科隆納在那裡為她的朋友們舉辦了靜修會，以古老的人文主義娛樂活動來撫慰他們。他們整天都在講故事，就像《十日談》中的那些難民貴族一樣，他們也跟卡斯蒂廖內在烏比諾的廷臣們一樣，進行優雅的辯論。這些討論後來被喬維奧寫進一本名為《我們這個時代著名的男女》（*Notable Men and Women of Our Time*）的作品裡。[83]

人文主義者與其他人發現，現實世界發生了許多改變。羅馬在一五二七年遭遇的劫難，震驚了全歐洲的天主教徒。人文主義者嘲笑與激怒羅馬當局是一回事，但這個事件不禁令人深思：如果連這個古老莊嚴的城市都慘遭攻擊，還有人能夠在任何地方感到安全嗎？在十六世紀剩下的時間裡，宗教戰爭帶來的混亂肆虐歐洲，證實了這種憂慮。

由於這樣的經歷，以及歐洲人對於生活的理解面臨了其他的挑戰——特別是他們與大西洋彼岸「新」世界的相遇，以及印刷術帶來的資訊爆炸——十六世紀的人文主義者不再那麼天真地崇拜過去。他們轉而對於社會的複雜性、人類易於犯錯的傾向，以及大規模事件對個人生活的影響更感興趣。瓦拉和其他人文學者對於官方說法的拒絕，與他們所倡導的懷疑精神，獲得了更多的認可；人文主義者對皮科或費奇諾那隻變幻莫測的人類變色龍仍然感興趣，但逐漸從神學轉向務實。例如，馬基維利和圭恰迪尼兩位歷史學家發展出一種堅決探索的態度：他們對歷史變遷以及人們**為何**做出這些行為進行了反思。

對人類複雜性的興趣，也推動了另一種以人為本的文類：傳記的復興，對個人生活中的原因與結果提出質疑。喬維奧是新一代的傳記作家，儘管跟歷史學家的作品相比，他的風格比較溫和。他回到他在北方的家鄉，在科莫湖（Lake Como）附近蓋了一座別墅——就像你想遠離混亂失序時會做的那樣。他根據以前住在當地的一對叔侄——老普林尼（Pliny the Elder）和小普林尼（Pliny the Younger）對他們曾經擁有的古老別墅的描述，設計了他的別墅。小普林尼甚至曾經寫道，他的臥室窗戶離湖面如此之近，以至於他可以在那裡垂釣；[84]這是個很美的想法。喬維奧沒有做到這一點，但他把他的別墅打造成了一扇更令人驚艷的人生之窗。他在裡面設置了一座博物館，對外開放，裡面掛滿了他希望能激勵參觀者學習仿效的人物肖像。他還出版了一本關於這些圖片的書籍，為每一幅木刻版畫撰寫簡短的說明。[85]別墅原本的收藏品並沒有倖存下來，但克里斯多法諾・德爾・阿爾蒂西莫（Cristofano dell'Altissimo）為科西莫・德・麥地奇複製了這批肖像畫。這些作品現在高掛在佛羅倫斯烏菲茲美術館（Uffizi Galleries）第一（或東）走廊的牆上——儘管佔據了如此尊貴的位置，但就在許多人匆匆走向波提切利（Sandro Botticelli）的畫作時，並沒有特別注意它們。

某夜，在一場晚宴上，喬維奧提到他想寫一本書來介紹那個時期的現代藝術家。坐在他旁邊的是畫家喬爾喬．瓦薩里（Giorgio Vasari），他跟藝術圈的**每個人**都很熟。他說，這是個很棒的主意，何不請一位真正的專家來提供建議呢？同桌的其他人也紛紛附和：「喬爾喬，**你**應該這麼做！」[86]

於是，瓦薩里從善如流，他在一五五〇年出版了《藝苑名人傳》（*Lives of the Great Painters, Sculptors, and Architects*）。裡面充滿了流言蜚語和炒作名聲的溢美之詞，但也包含了專業的技巧評論（瓦薩里的作品中有一些略嫌臃腫的巨幅壁畫，但他也創作了尺寸較小的畫作，其中一幅是按時間順序排列的六位托斯卡尼詩人群像，中間是但丁和佩脫拉克，薄伽丘在他們的肩膀之間窺視）。[87]瓦薩里在《藝苑名人傳》裡極力強調「復興」或「重生」，這些想法早在這些詩人的時代已經出現：因此，他暗示佩脫拉克的夢想實現了，儘管是在視覺藝術而不是在文學藝術方面。此外，瓦薩里也看到了學術界的重生：他把自己的計畫與細膩的新一代歷史學家的成就相提並論，「他們意識到歷史確實是人類生活的一面鏡子——不只是枯燥地描述事件……而是藉此指出人類的判斷、建議、決定與計劃，以及他們行動成敗的原因；這才是歷史真正的精神。」[88]

人類的行動，難以做出正確的判斷，對一切感到不確定——這些主題將持續吸引十六世紀的作家。他們不得不面對西歐的宗教分裂，並領悟到世界比古人預期的更遼闊多樣。他們其中一些人會對不確定性與複雜性有更細緻的理解；有些人還意識到，沒有什麼比一個人更為複雜或分裂了。

我們將會看到這些想法如何影響他們，不過先來談談身體吧。

第四章 神奇之網

主要是一四九二年～一五五九年

書籍與身體／吉羅拉莫·弗拉卡斯托羅和他關於一種可怕疾病的優美詩篇／尼科洛·李奧尼塞諾：差勁的文本會害死人／植物學家和解剖學家／死亡以幫助生命為樂／安德烈亞斯·維薩留斯和他的人文主義傑作／儘管他確實忽略了某些東西／一切都在變動

就像羅馬這樣一個強大的城市會遭到入侵而殘破不堪，人類也可能被疾病入侵而摧毀。讓我們以一個並不光彩的話題展開一趟詩意之旅：《梅毒或法國病》（*Syphilis, or the French Disease*）由醫生暨人文主義者吉羅拉莫．弗拉卡斯托羅（Girolamo Fracastoro）在一五三〇年出版。不過，這本書是更早之前寫的，當時整個義大利半島所遭遇的劫難也對它造成了影響。作者對義大利說：看哪，你曾經沉浸於和平與幸福之中——受到眾神眷顧，如此豐饒富裕——然而，現在你的土地遭到掠奪，你的聖地遭到褻瀆，你的聖徒遺骨被盜。這令人聯想到，如果梅毒襲擊一個英俊的年輕人的臉蛋與身體，毀了他的思想與精神，他也會走上類似的命運。[1]

弗拉卡斯托羅談論這一切的時候，他的詩卻反其道而行：把一個醜陋的主題化為維吉爾風格的優美詩句。就像薄伽丘在《十日談》的序言中提到瘟疫一樣，弗拉卡斯托羅這首詩一開始也花了許多篇幅描述各種苦難，但很快地就沉浸在講故事的樂趣中。他向我們描述了神奇的地下水銀河、金沙閃耀的海灘、飛舞著色彩鮮豔鳥兒的天空以及一個天真的牧羊人所遭受的磨難——他以這種方式介紹了所有可能治療梅毒的方法。他運用那個時代最好的醫學專業知識，研究了一系列的方法，最後找到一種他認為最有可能成功的藥物：癒創木（guaiacum）的樹皮，它是在美洲發現的一種開花灌木。

我喜歡弗拉卡斯托羅的這首詩的原因，在於它展現了那個時代的特徵，結合了關於世界的真實探索與文學本身蘊涵的雅趣。它很像班波的對話錄《論埃特納火山》——而且你瞧，這首詩也是獻給班波的。它有兩個很好的英譯本，不懂拉丁文的讀者可以透過它們來欣賞弗拉卡斯托羅的意象。我對傑弗里．伊托夫（Geoffrey Eatough）一九八四年的譯本情有獨鍾，雖然它是散文，但確實把弗拉卡斯托羅對文字的激情熱愛表現得淋漓盡致。以下是給梅毒患者的飲食建議：

避免食用柔嫩的豬大腸、五花肉，唉，也不能吃里肌肉；就算你去打獵時常常打到野豬，也別吃野豬的後腿肉。還有，不要讓難以消化的小黃瓜或松露誘惑你，也不要吃朝鮮薊或催情的洋蔥充飢。[2]

他在最後一段如此歌頌了癒創樹：

為你歡呼，由神祇之手播種的神聖種子長成的大樹，你秀髮飄逸，因為你的新療效而備受推崇：你是人類的希望，是來自異鄉的驕傲與嶄新的榮耀；最快樂的樹……我們將在蒼穹之下歌頌你，無論在哪裡，繆思都能藉由我們的歌聲，讓你的名字被人們傳頌。[3]

弗拉卡斯托羅除了恣意揮灑文才之外，也是一位執業醫生，他真心想幫助人們康

復。[4]遺憾的是，促進發汗的癒創樹對梅毒幾乎沒有什麼療效（不過，現在它確實多了另一種用途：透過與血紅素發生化學反應，它可以顯示尿液或糞便中是否帶血）。[5]當然，弗拉卡斯托羅是受限於他那個時代能夠取得的資料。他跟今天的研究人員或執業醫生一樣，研究文獻，力求在他的專業領域表現傑出，達成所有醫學共同的目標：減少痛苦並改善人類的生活，而他在寫六音步詩行（hexameters）的時候做到了。

從最廣泛的意義上來說，人文主義的目標是要減少人類的痛苦，而醫學實踐通常跨越了科學與人文研究領域。它運用量化研究（現在比弗拉卡斯托羅的時代用得更多）與病患的主訴；一個執業醫生必須善於傾聽並與他的病人交談。醫學處理的是可以觀察與感受到的現象，但它也依賴書籍：執業者之間透過教育和專業經驗的分享來傳遞知識。

醫學跟其他科學一樣，有效地運用人文學科，特別是歷史，來反思過去並改善處理方式。但與其他科學相比，它更多地借鑒了當代盛行的思維，去思考我們是誰，以及我們身為人類與生物的意義。相對地，醫學則有助於**改變**我們的處境，因為我們對自己的身體系統有了更深入的了解（但願如此），並且最終能夠對我們自己基本的化學反應與變化過程進行一些干預。

這就是為什麼艾德蒙・丹尼爾・佩萊格里諾（Edmund Daniel Pellegrino）在他一九七九年出版的《人文主義與醫生》（*Humanism and the Physician*）中寫道，醫學「集一切人文科學之大成。」[6] 十九世紀的科學家、教育家湯瑪斯・亨利・赫胥黎（Thomas Henry Huxley）（他將在後面章節再次出現）也認為，人類生理學的研究是**任何**一種教育的最佳基礎：

> 在人類的智慧當中，沒有任何地方是它沒有發揮作用的，在人類的知識當中，沒有任何一個領域，是它的根基或分支沒有觸及的；就像舊世界與新世界之間的大西洋，它的波浪沖刷著物質和心靈兩個世界的海岸。[7]

人文主義與醫學的融合：這一章要深入探討的是，人文主義者的技能如何跟早期現代對於研究真實人類的努力交織在一起。這個小插曲也是我們故事中的一個轉捩點，歐洲人文主義者漸漸地不再屈就於古人，而是更仔細地觀察真實世界，探索身體與精神生活，並詢問：我們是什麼樣的生物？擁有一具人類的軀體意味著什麼？

我剛剛說過，醫學的目的是減少痛苦，但不幸的是，在歷史上大部分的時間裡，醫學並沒有實現這個目標，甚至在無意間讓事情變得更糟。有些侵入性治療是沒有必要的，比如說認為血液裡有毒而放血排毒。攝取糞便或「木乃伊」（人體殘骸，有時候混入瀝青）之類的東西之所以被認為有益，正是因為它們令人作嘔。運氣好的病人得到的治療雖然無用，但不至於危及生命。養生的概念也不斷改變：別吃豬腸有時候可能會有幫助，但佩脫拉克的醫生建議他避免攝取蔬菜、水果和清水——現在大多數的時候則被認為對健康無益。難怪佩脫拉克只會罵醫生，儘管有幾個醫生是他最好的朋友。他特別不屑那些老愛炫耀自己人文學識的人：「所有人都博學多聞，彬彬有禮，能言善道又愛高談闊論，發表鏗鏘有力又動聽的演講，但從長遠來看，他們也很善於巧妙地殺人。」[8]

在佩脫拉克發表這些言論大約三十年後，傑弗里．喬叟（Geoffrey Chaucer）在他的《坎特伯里故事集》（*Canterbury Tales*）中提到了一位醫生，他認為黃金是治療瘟疫的萬靈丹——如果給他金幣的話。「在醫學上，黃金可以治療心臟。／因此，他特別喜歡黃金。」喬叟在這句話前面列舉了這位醫生研讀過的醫學權威著作，包括希波克拉底（Hippocrates）、迪奧斯科里德斯（Dioscorides）、蓋倫（Galen）、拉齊、阿維森納

（Avicenna）等人的作品。[9]這相當於對早期醫學經典作了一個很好的總結。其中前兩位是希臘先驅；最後兩位則是偉大的波斯學者拉齊（al- Rāzī）和伊本．西那（Ibn Sīna）。名單上最有影響力的則是中間那一位：蓋倫，西元二世紀羅馬皇帝的醫生，他的著作幾乎含括了各個醫學領域，從解剖學、病理學到飲食和心理學都有。

所有這些醫生都很聰明睿智，提出了許多好建議，但他們也有缺點。此外，他們的著作跟其他領域的作品一樣，因為反覆抄寫而嚴重損毀。由於過去幾百年來，大多數的西歐人不懂希臘文，希臘文著作往往先譯成阿拉伯文，再譯成拉丁文，導致誤譯的可能性加倍。在一四〇〇和一五〇〇年代，新一代的人文學者盡可能找到最精確的文本，運用他們的語文能力重新翻譯。他們往往用「越獄」來宣傳他們的成就：一位醫生在他的序言中欣喜地表示，多虧了自己的努力，把希波克拉底和蓋倫都「從永恆的黑暗與寂靜之夜中拯救出來。」[10]

跟其他學科相比，醫學人文主義者更迫切地意識到這樣的工作有其必要。沒有人會因為荷馬的一句話被誤讀而死；如果一份像是《君士坦丁獻土》這種偽造的法律或政治文件矇混過關，可能會產生重大的影響，但不會直接致人於死。但如果醫學文本遭到篡改，人們卻可能會因此喪命。

第一個強調這一點的是尼科洛．李奧尼塞諾（Niccolò Leoniceno），他在一四九二年首次出版《論普林尼和其他醫學作家的錯誤》（*On the Errors of Pliny and Other Medical Writers*）。老普林尼的《博物志》（*Natural History*）是西元一世紀關於草藥與健康等主題的二手資料匯編，人們常常過度依賴這本書，儘管普林尼本人也不敢為它的品質打包票。人文主義者跟他們的中世紀前輩一樣熱愛他。佩脫拉克在他收藏的普林尼手稿中寫滿了注釋，目前收藏在牛津大學博德利圖書館（Bodleian Library）的一份手稿上，也有科魯喬．薩盧塔蒂、尼科洛．尼科利，以及巴托洛米奧．普拉蒂納的注釋。[11]普林尼著作裡龐雜的資訊很對人文主義者的胃口，如果他們發現有錯，也會禮貌地歸咎於抄寫員，而不是作者。[12]然而，李奧尼塞諾卻直接了當地指責普林尼，他說，他犯的錯誤都可以寫一本書了，尤其是在識別藥用植物方面。他寫道，這不單是一個錯字而已，而是整件事都有問題，人們的健康和生命取決於是否能夠清楚理解醫學用語。[13]

李奧尼塞諾跟之前的瓦拉一樣，在他覺得真相很重要的時候，並不畏懼抨擊古代的權威。他也跟瓦拉一樣，寧可帶領讀者遠離差勁的版本，回到更早、更真實的資料來源。對他來說，這可能包括觀察實際的植物。[14]他的論著總結如下：

> 如果不是要我們自己去觀察與調查真相，大自然為什麼要賦予我們眼睛和其他的感官呢？我們不應該人云亦云，跟在別人後面亦步亦趨，自己卻什麼都不注意：如果我們

把一切都交給別人判斷，自己什麼都不做的話，就好比用別人的眼睛看、用別人的耳朵聽、用別人的鼻子聞、用別人的頭腦去理解，然後宣判我們不過是石頭罷了。[15]

即使這聽起來像是在為現代的實證研究方法辯護，李奧尼塞諾仍然是一位人文主義者。他以一貫的優雅表達他的看法；他認為，身為一個優秀的語文學家和一個真實世界中稱職的調查者，兩者並不衝突——事實上，兩者是相輔相成的。畢竟瓦拉也曾經研究過現實生活中合理性與真實性的問題，以及純粹語言學上的問題。他們兩人都不會只因為對方是權威就過度崇拜。

李奧尼塞諾自己也蒐集手稿，他的身分充滿了人文主義色彩：他是一位廷臣，為富有的贊助人工作。他在費拉拉擔任埃斯特公爵的私人醫生時，發展了自己的事業，當時以阿方索一世（Alfonso I）和他的妻子盧克雷齊亞．波吉亞（Lucrezia Borgia）為首的宮廷裡有許多活躍的知識分子。盧克雷齊亞是人文主義者們的摯友，李奧尼塞諾把他的論著《論食蝸蛇和其他各種蛇類》（*On the Dipsas and Various Other Snakes*）獻給了她，後者也許**非常**巧妙地暗示過，她對古代文獻裡記載的食蝸蛇（dipsas）分泌的毒液特別有興趣（不過現在所說的這種蛇卻一點也不毒）。[16]他還在一四九七年出版了一本關於梅毒的著作，比弗拉卡斯托羅早了三十三年，這個主題無疑跟宮廷有一定的關係。李奧尼塞諾跟今天優秀的科普作家一樣，在從事專業工作的同時，也跟非專業讀者進行良好的交流。他的編輯與科學事業在他八十六歲時達到了巔峰，他編纂了蓋倫作品選集，並附上自己的評論，由法國人文主義印刷商亨利・艾蒂安（Henri Estienne）在一五一四年出版。

當時由於義大利各地的宮廷與大學城紛紛建立植物園，透過查閱書籍來辨識植物變得越來越容易。這些植物園跟著人文主義者們一起綻放光彩。在費拉拉，宮廷醫生安東尼奧・穆薩・布拉薩沃拉（Antonio Musa Brasavola）不只是去周遭的鄉村採集植物，也在書籍中查閱這些植物不同語言的名稱。[17] 在波隆納，烏利塞・阿爾德羅萬迪（Ulisse Aldrovandi）根據他個人收藏的標本蒐集了大量的自然史資料，並對古代文獻提出評論。

當語文學家暨植物學家在比對植物與文字描述時，其他的批判性思想家也把類似的原則應用在其他地方。他們開始比較解剖學書籍與這些書籍所描述的人體。

人們很久以前就知道，如果可以的話，觀察屍體內部是一個好主意。蓋倫非常贊成。但實際上很難做到，因為早期羅馬、基督教和伊斯蘭世界的宗教與政治當局全都禁止這麼做。於是蓋倫只好使用人類以外的生物，如綿羊或巴巴里獼猴（Barbary macaque）來進行解剖。[18] 後來，奧古斯丁過去在西元五世紀初期提出的想法卻讓整件事蒙上了陰影，他認為解剖是錯的，因為那破壞了生物整體的和諧[19]——卻無視更好的解剖學知識或許有助於避免和諧的生物死去。正如十九世紀支持解剖學的活動家湯瑪斯・索斯伍德・史密斯（Thomas Southwood Smith）後來說道：「問題是，是否應該允許外科醫生透過解剖死者的身體來獲得知識，還是讓他們被迫對活人的身體進行手術來獲得知識。」[20]

到了十三世紀末期，有些人開始違抗解剖禁令，特別是在波隆納，蒙迪諾・德・盧齊（Mondino dei Liuzzi）用被處決的罪犯屍體向學生示範人體結構的時候，其他人也紛紛效仿。最後規定放寬了，允許解剖學教師每年使用少量的人體。由於機會十分有限，讓每個人都看得清楚也很重要，所以特別為此設計了劇場式的階梯教室。帕多瓦大學（University of Padua）至今仍保留了一間一五九〇年代建造的教室：這是個令人不安的小房間，六個狹窄的橢圓形走廊，環繞著中央講桌陡峭上升。學生們傾身靠著欄桿，沒有空間可以坐下來。由於用來照明的火把散發出熱氣與煙霧，被切開的屍體也隨著解剖進行而逐漸產生腐爛的氣味，所以班上的同學昏倒並不罕見。幸好有欄桿和同學們的肩膀，讓他們不致於一頭栽下去。

儘管今天的帕多瓦階梯教室漂亮、乾淨又空曠，還是會讓人想起但丁的九層地獄。但有別於但丁的地獄，這並不是一個要任何人進來的時候放棄希望的地方。恰恰相反，它的意義正是希望。帕多瓦階梯教室的入口刻了一句話：「在此，死亡以幫助生命為

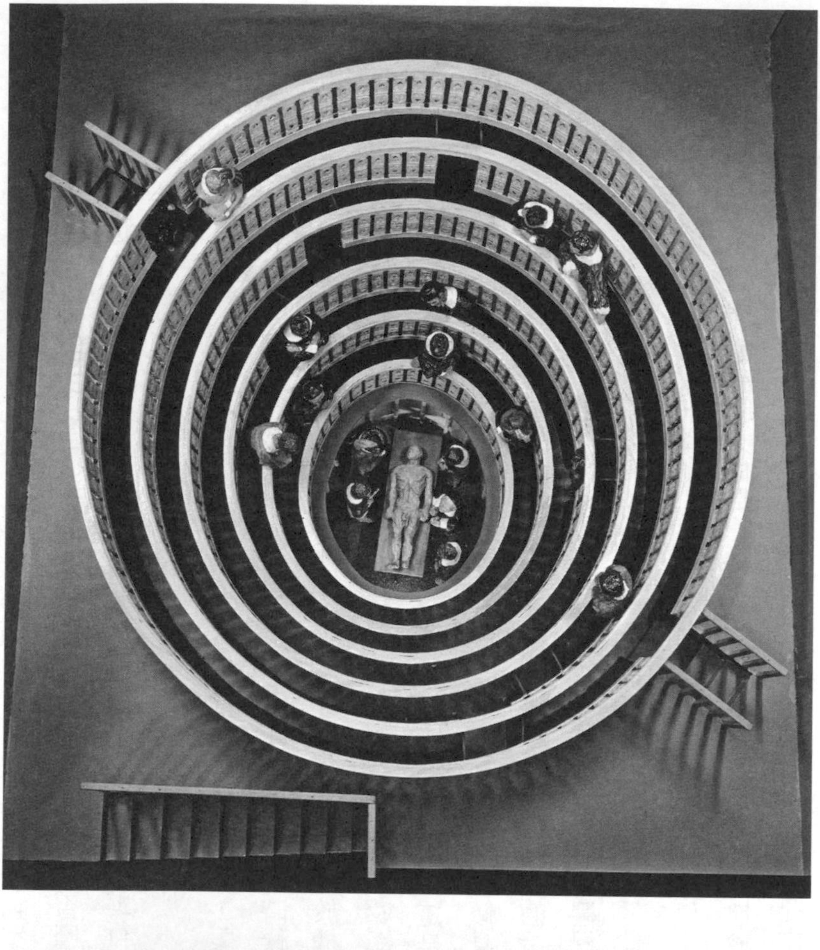

MORS VBI GAVDET SVCCVRRERE VITAE

樂」（*Mors ubi gaudet succurrere vitae*）。

剛開始實施這種新式教學法的時候，不管屍體看起來多麼真實，多麼不容置疑，還是要按照書本上的內容授課。所以會有一位低階理髮師或外科醫生負責解剖，一位「講解者」（ostensor）指出身體的各個部位，而在他們上面的某個地方，則有一位教授站在講台上朗誦（通常是）蓋倫的著作。

不過尷尬的是，身體有時候卻拒絕合作。例如，蓋倫曾經描述過一個位在大腦底部的器官，他稱之為「神奇之網」（*rete mirabile*）。在人的一生中，它會把所謂的「生命精氣」（vital spirit）注入血液，再透過神經傳導出去；這個過程會留下一種類似痰的殘留物，最後經由大腦從鼻孔排出體外（我們大概都可以認出它是什麼；這種熟悉感也許會讓這個理論聽起來比較可信）。但講解者接到指示的時候，卻無法指出「神奇之網」而窘得面紅耳赤。巴黎的雅各布斯・西爾維烏斯（Jacobus Sylvius）教授迫切地想知道這個器官是否在蓋倫的時代曾經存在，但後來退化了，在現代人的身體中不復存在。[21]

真正的原因很簡單，因為人類沒有這個器官。狗、海豚和長頸鹿都有，以保護它們在低頭喝水時不受血壓飆升的影響。[22]但人類沒有。蓋倫可能在解剖綿羊的時候看過它。一些評論家開始提到這一點，特別是波隆納的教授賈科莫・貝倫加里奧・達・卡爾皮（Giacomo Berengario da Carpi），他寫道：「我日以繼夜地尋找這個「網」和它的位置；光是為了它就解剖了一百多顆頭顱，不過直到現在我還是搞不懂。」[23]

最致命的打擊來自西爾維烏斯教過的一位傑出的學生：安德烈亞斯・維薩留斯（Andreas Vesalius）原名安德里斯・范・韋塞爾（Andries van Wesel），一五一四年生於布魯塞爾。他不僅是一位解剖學家，也是一位創新的教育家、作家、古典文本的編輯，並且創造出印刷史上最傑出的作品之一[24]——總之，他是一位完美的人文主義者，不過是會對古代權威進行審查與檢驗的那一種。

他展開調查的時候，還是一個在魯汶（Louvain）唸書的年輕學生。他跟一個朋友會在晚上溜到城牆外面，蒐集被處決的人的腐爛的屍體上容易取下的部位——這些人被棄置在路邊作為警告，他和他的朋友則利用這些東西來進行另一種教化。當維薩留斯還在魯汶的時候，他寫了一本關於拉齊的評論，修正了以前翻譯過程中出現的術語錯誤，並試圖辨識它們所指為何：這個計畫繼承了李奧尼塞諾的精神。[25]

他先後在巴黎和帕多瓦求學，他是如此地早熟，以至於他畢業隔天就被派去教外科和解剖學。他立即開始構思更好的方法，準備屍體進行教學示範，而且他跟其他人不一樣，堅持在講課時親自解剖。一位學生留下來的筆記顯示，他是如何在幾天之內完成身體各個部位的解剖，如同解剖師一樣，總是必須跟時間與腐爛的速度賽跑。[26]

為了解決這個問題，也為了提供更多有助於學生從容學習的教具，他開始製作大型的印刷插圖。一開始有六張圖表，大到可以清楚顯示身體的各個部位，裡面仍然包含了「神奇之網」；後來維薩留斯承認，他使用的資料來自一種不是人類的動物，因為他不好意思承認沒有找到它。[27]

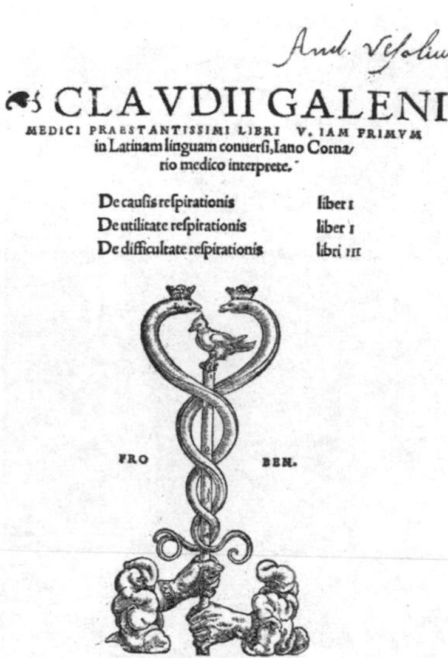

維薩留斯的藏書：蓋倫論呼吸系統的著作

隨著他越來越有自信，這種感覺也跟著改變。幾年之後，他和他的同事馬蒂奧．科爾蒂（Matteo Corti）在波隆納進行解剖。不尋常的是，維薩留斯扮演

的是謙卑的解剖者與講解者的角色，科爾蒂則負責宣讀文本。但維薩留斯對科爾蒂拿著標準資料照本宣科感到惱火，所以不停地打斷他，指出身體的不同之處，直到兩位解剖學家在圍觀者面前公開爭辯了起來[28]（我看到他們把腎臟和鎖骨扔向對方，不過這只是我自己的想像）。

最後，維薩留斯在一五四三年完成了他的傑作：《人體的構造》（*De humani corporis fabrica*〔*Of the Structure of the Human Body*〕），在這本書裡，他徹底否定了人體中有「神奇之網」。[29]他指責自己和其他解剖學家都太過依賴蓋倫：「我就不批評別人了；不過，我還是對自己的愚笨以及盲目相信蓋倫和其他解剖學家寫的東西而感到震驚。」他在該書結尾敦促學生自己小心求證，不要聽信任何人的話，包括他自己說的話在內。[30]

這是個中肯的告誡，因為維薩留斯本人也不見得每件事都是對的，比如說他沒有正確辨識出陰蒂，錯誤地把它描述成陰唇的一部分。[31]另一位帕多瓦的解剖學家里爾多·

科隆博（Realdo Colombo）糾正了他——里爾多甚至知道它的用途，這意味著他在解剖台之外的地方注意到它。他把陰蒂命名為「維納斯之愛，或歡愉之物」（*amor Veneris, vel dulcendo*），詳細介紹它在女性性經驗之中發揮了什麼樣的作用，並說：「我驚訝得說不出話來，這麼多有名的解剖學家竟然對這麼一個美妙的東西一無所知，它是如此地精巧完美，如此實用。」[32]

除了少數幾個這類的例子之外，維薩留斯的《人體的構造》以其詳細的內容，描述準備屍體的方法，以及審慎評估了古代醫學權威所犯的錯誤而聞名。[33]而且，它也是一部人文主義書籍與視覺藝術的傑出作品。該書以清晰易讀的字體印刷，附有八十三張插圖，在維薩留斯的指導之下，由讓・范・卡爾卡（Jan van Calcar）繪製，其他幾個人負責雕刻。這些版畫在義大利使用整塊梨木製作，再交由一家商行運送，翻越阿爾卑斯山，送到維薩留斯指定的巴塞爾（Basel）出版商約翰尼斯・奧珀利努斯（Joannes Oporinus）手上。作者也隨後抵達，準備參與每個階段的工作。他自己也出現在這本書裡面，包括一張他的肖像畫，他在展示一條手臂上的肌肉時一臉嚴肅，充滿挑戰性。另外，該書扉頁上的版畫描繪他在一個擁擠的階梯教室裡解剖屍體。儘管有欄桿，但圍觀的學生和知名官員——以及蓋倫、希波克拉底、亞里斯多德和一隻狗——卻因為急著觀看而差點摔倒。整部作品看起來很有格調：小天使在柱頭上飛來飛去；一具骷髏靠在墳

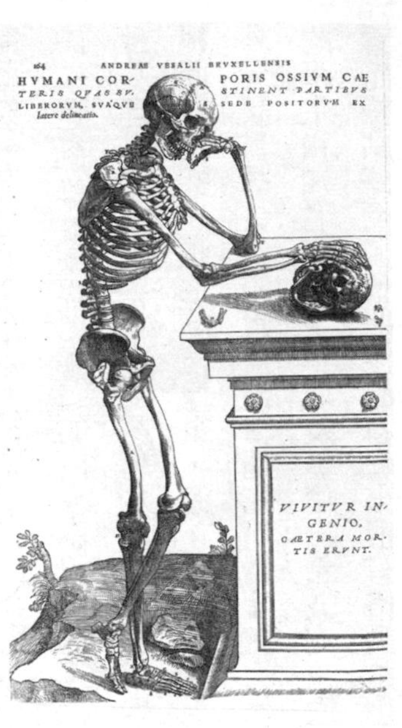

墓上凝視著頭骨；一個肌肉發達的男人痛苦地向後仰著頭。許多人物的背景是大自然或許多人文主義者喜歡的半荒廢的古典建築。他們展現出英雄的姿態，特別是在展示肌肉結構的時候。

看到畫作裡這些高貴的人物，再想到他們的模特兒很可能是被處決的罪犯，或一無所有、死於貧困的人，他們無法決定自己身體的命運——令人噓唏。幾乎可以肯定的是，他們不會選擇這樣的結局：直到十九世紀，許多人拒絕死後遭到解剖。其中一個原因是他們相信身體會在來世復活；沒有人願意在上天堂的時候變成一具空蕩蕩的軀體，或一大塊輕飄飄的，支離破碎的神經和肌肉。而幫助解剖學的學生學習的念頭——絕對不是銘刻在帕多瓦階梯教室門口的格言所說的「樂事」——而是成為用來嚇阻犯罪的利器，幾乎比處決還要有效。[34]

然而，這些不幸的無名小卒確實使其他人得以生存下去。現在，他們出現在歷史上最出色的書籍之一，充分展現了他們的尊嚴：坦誠、肌肉發達、體態優美。他們之中的許多人，看起來就像米開朗基羅雕刻出來的作品。

這種相似性是有原因的：米開朗基羅對於肌肉組織、純粹的身體重量與人性尊嚴非常著迷，為了提升自己的藝術技巧，他仔細地研究了解剖學。他和里爾多是朋友，曾經計劃一起出書，雖然後來沒有實現，但里爾多去世之後出版的解剖學書籍或許可以歸功於他們的合作。[35]

之前也有其他藝術家研究過解剖學，最傑出的例子是達文西。他是一位認真的研究者，對人體力學、美感與和諧進行了深入的研究。在職涯早期，他曾經詳細地描繪過一顆人類頭骨和一條肌肉發達的腿。後來，他研究老人和幼兒，解剖了一個兩歲的孩子和一名百歲人瑞。後者是佛羅倫斯的新聖瑪麗亞（Santa Maria Nuova）慈善醫院的一位貧民，他在臨終之際告訴達文西，即使他感到有點虛弱，但感覺很好。達文西寫道：「我解剖了他，想了解他為什麼能夠如此甜蜜地死去。」[36]

達文西把他的研究成果和許多作品都寫在筆記本上，所以很少有同時代的人意識到他是許多科學的先驅。他在古典文化方面所受的教育，也比他經常自稱「文盲」（*omo sanza lettere*）的說法要好得多：他補習拉丁文，彌補年輕時拉丁文程度欠佳的缺憾，並且擁有不少書籍（包括一本普林尼的著作）。[37] 達文西原本打算寫一本完整的解剖學論著，但只寫了一個大綱：「這部作品應該從人的受孕開始，描述子宮的形狀，以及孩子在子宮裡的狀態……。接著你可以描述嬰兒出生之後，哪些部位比其他部位長得更快，並寫出一歲孩子的尺寸。然後描述成年男女，以及他們的尺寸……」[38]以此類推，他大概會一直寫到人類一百歲為止。

這應該會是一本特別的解剖學教科書，因為它也敘述了人體一生的變化。藝術家和解剖學家都很清楚，我們的身體在一生中不會一成不變。與《維特魯威人》的形象相反，作為一個人，並沒有單一、固定的模式。就像盧克萊修所說的，我們的精神與身體都有「生日與葬禮」，[39]在經歷出生、成長、衰老的過程中，一切都在變動。心靈當然也是如此，儘管我們崇高地認為自己是有靈性的生物，我們的意識本身卻很容易被酒精迷惑或被疾病削弱。即使是最聰明的智者，當一塊石頭砸到他頭上的時候，也會在瞬間失去理智。盧克萊修，和他最重要的寫作素材來源德謨克利特，都觀察到人類的身心是如何受到感官經驗與一生際遇的影響，他們提醒我們，有一天，我們每個人都會走到盡頭，而我們的原子將會溫和地、靜悄悄地分解。十六世紀和十七世紀的作家們繼續思考這些想法，使他們形成了一種新的感性。最後，事實證明，無論書籍還是身體都不是完全可靠的。

第五章

人類之事

主要是一五〇〇年代

阿爾卑斯山另一頭的北方人文主義者／康拉德・策爾蒂斯／魯道夫・阿格里科拉／德西德里烏斯・伊拉斯謨促進了文明生活與許多人之間的友誼／米歇爾・德・蒙田使人文主義轉向／小說家

維薩留斯和他的梨木刻印版在翻越阿爾卑斯山途中，很可能會塞在路上，因為途中來往的藝術家、醫生與文學家絡繹不絕。長期以來，南北之間交流頻繁。義大利人北上是出於好奇或為了尋找可以讓他們阿諛奉承的新贊助人；北方人南下則是為了義大利那些令人嚮往的事物：藏書、最好的大學體驗、最新的學術研究方法，以及更有人文素養的舉止與談吐。他們帶著這些成就，回到自己的土地上，渴望與別人分享他們的發現，並且把這些方法應用在自己的歷史和文化上。

這方面的一個早期的例子——讓我們回到更早一點的時間——先來了解一下康拉德·策爾蒂斯（Conrad Celtis〔Celtes〕）的生平。他出生於一四五九年，本名康拉德·皮克爾（Konrad Pickel）（他跟許多人文主義者一樣，改用拉丁化的姓名）。他在巴伐利亞的家鄉小鎮維普費爾德（Wipfeld）跳上木筏，沿美因河（the Main）順流而下，前往科隆（Cologne）與海德堡（Heidelberg）大學求學，又花了兩年時間遊歷義大利。他在那裡跟威尼斯、帕多瓦、費拉拉、波隆納、佛羅倫斯和羅馬的人文主義者一起廝混——特別是後兩個城市的學院成員。然後，他再次北上，在好幾所大學從事傑出的教學工作，並且在一些地方成立了自己的學院。他試圖把他之前學到的東西傳授給他的同胞，責備喝醉酒的學生，並建議他的教授同仁學著好好說話，不要「像鵝一樣嘎嘎叫。」[1]

不過，策爾蒂斯對日耳曼文學也很感興趣並引以為豪。他在雷根斯堡（Regensburg）的聖埃梅蘭修道院（Saint Emmeram's Abbey）發現了十世紀的修女赫羅斯葳塔（Hrotswitha）的劇作手稿，並把消息傳出去。他協助哈特曼·謝德爾（Hartmann Schedel）修訂他的長篇歷史與地理調查報告《紐倫堡編年史》（*Nuremberg Chronicle*）。他還編輯出版了當時新發現的羅馬歷史學家塔西佗的作品《日耳曼尼亞志》（*Germania*），這本書對於德國人簡單、誠實而相當迷人的野蠻生活方式表示推崇。

這些都是典型的義大利人文主義活動，只是用了不同地區的材料。策爾蒂斯也提倡其他不同的研究，他力勸每個他認識的人提高他們的知識水準，不只是在文學方面，還包括我們現在看來算是科學的領域：

> 找出無形混沌的本質……以飛翔的心靈找出個別事物的原因：研究風的吹拂與波濤洶湧的潮汐……找出為什麼黑暗的地洞會產生硫磺與優質金屬礦脈，以及為什麼溫泉會使病人的身體痊癒……了解一下世界各民族及其不同的語言和習俗。[2]

無獨有偶，一位來自低地國的北方人，原名羅洛夫．懷斯曼（Roelof Huysman）的魯道夫．阿格里科拉（Rudolf〔Rodolphus〕Agricola）（他這兩個姓氏的意思都是「農夫」）提出的建議，也展現了追求各種知識的渴望。他在寫給一位教師朋友的信上，建議讓學生研究「土地、海洋、山脈與河流的地理位置與特徵；世界各國的風俗、邊界與情況；……樹木和藥草的藥用價值」等。當然，他們也應該學習文學與道德相關學科，這會讓他們生活得更好。但去了解「事實本身」就是值得的，因為它們是這麼地**有趣**。[3]

這些求知若渴的清單淪為當時的笑柄，而且毫不意外地，在一五三二年被法國諷刺作家弗朗索瓦・拉伯雷（François Rabelais）狠狠地調侃了一番。他虛構的巨人卡岡都亞（Gargantua）給了上大學的兒子龐大固埃（Pantagruel）一份類似的課綱，要他學希臘文，接著學拉丁文、希伯來文，最後學迦勒底文（Chaldean）和阿拉伯文；要他學習歷史、算術、音樂；「把整部民法優美的條文銘記在心，並且跟道德哲學進行比較」。要他研究大自然，「直到沒有任何一種海洋、河流或小溪裡的魚是你不認識的。認識天上所有的飛鳥，森林裡所有的樹木與灌木，地上所有的藥草，以及埋藏在地球深處所有的金屬。」要他攻讀醫學，「經常進行解剖，以徹底了解另一個世界，也就是人類的世界……總之，讓我看到你成為一個知識的無底洞。」他還說，「我發現連今天的強盜、劊子手、雇傭兵和馬童，都比我那個時代的教師和傳教士有教養。甚至連婦女和兒童都渴望得到這樣的讚美，以及上天賜與的健全知識。」[4]

事實上，拉伯雷本身也精通許多領域，他是一名修士，也是訓練有素的律師與執業醫生，通曉多種語言：他出版了蓋倫和希波克拉底著作的學術版本，並至少參與了一次公開解剖。阿格里科拉也有許多類似的成就，他傑出的表現與舉手投足的魅力聽起來就像另一個阿伯提。阿格里科拉旅居義大利十年，不僅在那裡教授修辭學，還彈奏教堂管風琴；大部分的時間裡，他擔任埃斯特公爵的隨從。他靈敏的聽力可能有助於他學習語言，認識他的人都說他發音很道地；他會說法文、義大利文、高地德語（High German）和低地德語（Low German）、他家鄉的菲士蘭語（Frisian），當然還有拉丁文和希臘文。到了晚年，他還學了一點希伯來文。此外，他擅長繪畫：他會在教堂裡偷偷觀察人們的臉（我想知道，是在彈管風琴的時候嗎？），然後用炭筆完美地畫下來。根據朋友們對他充滿仰慕的描述，他長得很俊俏，擁有維特魯威人的比例：「他的身材高大強壯，比大多數人高，肩膀和胸部寬闊，跟身體其他部位搭配起來，從頭到腳都很協調，所以他整個人很引人注目。」[5]每個人都喜歡他，他對別人的影響，比他那相對稀少也不怎麼有趣的作品要大多了。[6]

我們還知道他讓一位十四歲左右的男孩留下了深刻的印象，他是位於荷蘭代芬特爾（Deventer）一所學校裡的學生，阿格里科拉一四八〇年前往該校訪問，可能是去給學生們演講。[7]我們不知道他說了什麼，大概跟我前面引用那封信的內容差不多。他甚至可能繼續補充說，就像他在那封信裡提到的，學生不應該太依賴他在學校裡學到的東西，更重要的是去研讀歷史、詩歌與哲學的原始文獻與宗教文本，尤其是學會最重要的技能：如何好好生活。[8]

無論阿格里科拉那天說了什麼，那個十幾歲的男孩都聽進去了。他的名字叫德西德里烏斯．伊拉斯謨——而且，據我們所知，他確實是一出生就取了這個名字，不是後來才改的。他長大以後，成為他那個時代最傑出的北方人文主義者。他是我們這一章的兩位主角之一，另一位是法國作家米歇爾．德．蒙田（Michel de Montaigne），他也深受義大利影響。蒙田屬於比較年輕的一代，這使他形塑出不同的感性。伊拉斯謨在世時的歐洲，在十五世紀末期與十六世紀初期經歷了劇烈的社會變遷，經常把他嚇得目瞪口呆。相反地，蒙田出生在一個轉型中的世界，不穩定已經成為他的日常。撇開這個差異不談，這兩個人有著相似的氣質，他們都是心胸寬大、熱愛心靈生活的人。我相信，如果他們能夠認識的話，一定會喜歡對方的。

如果伊拉斯謨和阿格里科拉能夠以兩個平等的成年人的身分重新相遇，他們也會建立起美好的友誼。[9]不幸的是，阿格里科拉死得太早了。當時這種猝死很常見，在醫學比較發達的時代卻是可以避免的。阿格里科拉在一次從義大利返回海德堡住處的途中，出現腎臟發炎與發燒的症狀，當時沒有有效的治療方法，他因此喪命，年僅四十二歲；而伊拉斯謨當時大約十九歲，正在思考他的人生方向。

伊拉斯謨被視為最多才多藝的人文主義者之一，他的作品囊括了翻譯、對話錄、暗辯（diatribe）、神學短文、寫作手冊、學習指南、諺語集、娛樂性作品以及數量驚人的書信。他建立了一個可以跟佩脫拉克媲美的通信者與朋友圈。[10]不過，跟佩脫拉克相比，他多了將近兩百年的學術成果可資利用，還有一個聯繫越來越緊密的歐洲大陸供他探索。他沒有質疑基督教信仰，也非常虔誠——但他確實打從心底相信，在**這個**世界上明智而美好地生活是很重要的。他倡導和平與友誼，也非常重視禮儀與教養，他全心全意相信教育是有益的，文學和學習有助於人們在複雜紛擾的時代裡獲得健全的發展。

他大約在一四六六年左右出生於鹿特丹（Rotterdam），當時難以想像他會做出這一系列文化上的貢獻。他是個私生子，他的父母雖然生活在一起，卻不能結婚，因為他父親是一位神父。不過，他們很注意讓伊拉斯謨和他哥哥接受最好的學校教育。他們上了許多所修道院學校，包括最後在代芬特爾一所由共同生活弟兄會（Brethren of the Common Life）主辦的學校。

代芬特爾的修士備受尊敬，這個團體長期以來以出色的手稿抄寫聞名。但伊拉斯謨討厭這所學校和他之前的學校，原因之一是它們暴力的氣氛。那個時代認為體罰學生是正常的，甚至是必要的。伊拉斯謨在他以前的學校裡感到心靈受創，因為他被打只是為了測試他的忍耐力，而不是因為他做錯了什麼。正如他寫道：「這件事徹底摧毀了我內心對學習的熱愛，使我幼小的心靈陷入了深深的抑鬱，差點因為心碎而日漸衰弱。」[11] 代芬特爾的修士們可能沒有那麼專制，但伊拉斯謨認為他們也想挫挫男孩們的銳氣，讓他們為自己未來的修道院生活做好準備。[12]

然而，這對伊拉斯謨的影響是使他終生厭惡任何殘忍或恐嚇的行為。他可能會同意幾個世紀之後，福斯特描述自己在公立學校的痛苦經歷所說的話：「它對我最惡劣的欺騙是假裝它是世界的縮影。它阻礙了我去發現這個世界有多麼可愛、愉快與善良，以及它有多少是可以理解的。」[13]

伊拉斯謨厭惡他的學校教育還有另一個原因：修士們不諳世事，與現實生活脫節。這是人文主義者常見的抱怨，說這種機構過時、迂腐、與現實脫節。伊拉斯謨跟阿格里科拉和後來的福斯特一樣，都認為年輕的心靈需要從毫無意義、無用的知識體系中解放出來；這些知識體系由那些無知、過時的教師們所傳授，甚至連他們自己都不知道怎麼生活。

這樣的想法是慢慢發展出來的。起初，伊拉斯謨在另一個修道院裡確實循規蹈矩，唯命是從。他甚至寫了一部論著讚美修道院：《論對世界的蔑視》（*On Contempt for the World*）。但他差不多同時也寫了另一部論著，大膽地稱之為《反野蠻人》（*Anti-Barbarians*），抨擊了教育程度低落的修士，以及他們對於道德哲學、歷史、良好的拉丁文等人文學科的忽視。伊拉斯謨顯然是在嘗試不同的論點，並顯示出他多變的寫作風格。而且正是他的文才讓他有機會逃走，因為當時康布雷（Cambrai）主教聘請他擔任祕書，陪同出訪。從此伊拉斯謨再也沒有回到修道院。主教還安排他去巴黎索邦（Sorbonne）大學求學。

但他並不滿意，原因也差不多。索邦大學是另一個中世紀學術重鎮，當時其他的歐洲大學逐漸接受了人文主義的學習理念，巴黎卻不然：那裡的教授們似乎還是一群不擅交際的怪人，只關心悖論（paradoxe）和三段論（syllogism）。此外，伊拉斯謨的住處很髒，而且他很窮，缺乏文明的生活條件。這使伊拉斯謨發展出「蔑視世界」態度的另一面——現在他改觀了。他認為，教育應該訓練一個人在這個世界上**自在**地生活，與同胞和睦相處，能夠結交朋友，明智行事，分享知識的光芒，彬彬有禮地對待所有人。也就是說，教育應該要培養人文精神。

因此，他離開了巴黎，並發展出他日後的生活模式：一位四處遊歷的人文主義者。

他將以學者、作家、出版商助手、教師以及歐洲各地機構的人文主義顧問的身分謀生。這並不容易：他沒有真正安頓下來的家，而且跟許多其他的人文主義者一樣，必須取悅那些贊助他的人。不過在大多數的情況下，他的思想是自由的。

伊拉斯謨周遊列國，也去過英格蘭幾次。從一五〇九年到一五一四年，他在牛津和劍橋大學任教——當時這些大學開始改變中世紀以來的課綱，允許加入一點人文主義色彩，伊拉斯謨對此也有貢獻。他還跟英格蘭人文主義者約翰．科利特（John Colet）合作，為科利特在聖保羅大教堂（St Paul's Cathedral）新成立的學校設計課程。另一位在這段時間成為他的摯友的是湯瑪斯．摩爾，這位英格蘭律師暨政治家後來跟國王亨利八世之間發生了致命的糾葛。閱讀他們向對方致敬的兩本書，你可以感受到他跟伊拉斯謨之間熱絡的友誼。伊拉斯謨的《愚人頌》（*In Praise of Folly*）——它的拉丁文書名*Moriae encomium*與摩爾的名字諧音雙關——充滿了帶有惡作劇意味而天馬行空的幻想，以及一些大膽的想法，但它們出自「愚蠢」之口，可以安全地加以否認。摩爾的政治諷刺小說《烏托邦》（*Utopia*）則敘述前往一座想像中的島嶼旅行，當地社會對宗教採取近乎伊比鳩魯式的寬容態度，同時還有一些關於工作與房屋共享的古怪想法。伊拉斯謨對摩爾的創作與出版提供了很多協助。

伊拉斯謨根據他在英格蘭制定教育計畫的經驗，撰寫了一系列以提倡人文生活與學習技巧來培訓年輕人的論著。[14]他跟策爾蒂斯等人一樣，認為培訓學生良好的禮儀——也就是說，展現同胞情誼並且為他人著想——至關重要。他在一五三〇年的作品《論兒童的教養》（*De civilitate morum puerilium*〔*On Good Manners for Boys*〕）中總結了該做與不該做的事。不要用袖子擦鼻涕，而是用手帕擤鼻涕——不要太大聲，只有大象才會用吼的。如果你必須打噴嚏，請轉過身去；當人們祝福你時（或當你認為他們在祝福你時，因為你在打噴嚏的時候聽不到他們講話），請舉起你的帽子表示感謝。吐痰的時候要瞄準，以免噴到別人。照顧好你的牙齒，儘管沒有必要使用牙粉美白。「用尿液刷牙是西班牙人的習慣。」不要像匹嬉戲的馬一樣甩你的頭髮。至於怎麼處理腸道排出的氣體則眾說紛紜：有些人說你應該夾緊臀部忍住，不過「讓自己生病並不符合禮儀」，所以只要體貼地離別人遠一點，或者至少用咳嗽來掩蓋聲音。做以上這些事情的時候，要保持輕鬆自在——「眉毛也要保持光滑開朗，顯示自己問心無愧，心胸開闊：不要有皺紋，那是衰老的象徵；不要跟刺蝟一樣優柔寡斷，也不要像公牛一樣帶有威脅。」[15]

這麼做有點像是要展現卡斯蒂廖內理想中的隨興姿態，但主要不是為了炫耀自己很酷，而是為了讓別人的生活更美好，為了不讓自己像那些笨拙的索邦大學教師或脾氣暴躁的修士一樣，跟世界脫節。它意味著知道如何讓周遭的人感到安心，成為一個普遍令人愉快的社會中的一分子，並且展現各種意義上的人性。它甚至讓你成為人。溫徹斯特公學（Winchester College）與牛津大學新學院（New College）的座右銘依然是「禮儀成就不凡的人」（Manners maketh man）[16]——事實上，這句話可以追溯到幾個世紀以前。

當然，教育和人文精神不只是看起來放鬆跟安靜地放屁。伊拉斯謨還傳授了充實的**知性**生活需要的習慣——關鍵在於擁有一顆思想豐富的頭腦，並盡可能地擴大參考框架。這會養成更好的判斷能力，以及在表達自己的想法時展現洞見與優雅。他建議閱讀好書，並且按照當時流行的技巧：依主題分類記下筆記，以便記住你讀過的東西，有效地把它們跟其他的想法整合起來。如果手邊沒有紙，你可以把筆記寫在牆上，甚至刻劃在窗玻璃上。重點是在你的腦海裡建立一個寶庫——也就是「辭典」（thesaurus）字面上的意思——這樣它就可以成為永久的資源。[17]

他在《論豐富》（*On the Abundant Style*）中為這樣一個寶庫提供了充足的材料，原本的拉丁文書名是*De copia*，令人同時聯想到複製和豐富（英文的copious一字也有「豐富」之意）。[18]這本論著引用修辭學家昆體良提出的原則，列出擴充你的表達內容並加以變化的方法：「自然以多樣性為至樂」（Nature above all delights in variety）。例如，你可以研究某件事情的原因或後果，或增加與此相關的生動細節來進行描述。伊拉斯謨舉普魯塔克為例，說他費盡心思為了描述埃及女王克麗奧佩脫拉（Cleopatra）那艘著名的豪華遊艇而大做文章。伊拉斯謨在他的論著裡用了一系列不同的說法與變化來說明

「習慣用語」、「表示疑問」或「花言巧語的遊說」。例如，如果你的鸚鵡死了，第一百九十五條可以派上用場：

mortem obiit：他的生命走到了盡頭。
vita defunctus est：他的生命已經完結。
vixit：他的生命結束了。
in vivis esse desiit：他已經不在活人之列……
concessit in fata：他走到了命中注定的終點。
vitae peregit fabulam：他演完了人生最後一幕。[19]

伊拉斯謨確實大大豐富了自己的創作。他那不斷擴充、快速發展的技巧在《箴言集》裡表現得最為突出，針對陳腐的說法與慣用語進行評論，如「不遺餘力」（to leave no stone unturned）或「同舟共濟」（to be in the same boat）。這本書從原本的八百一十八條格言，增訂到後來一共有四千兩百五十一條。[20]其中一些評論本身的篇幅甚至長到各自獨立成書，更在旁徵博引的注釋之外，加上了更多個人的反思。《箴言集》一開始只是一些文學的寫作練習，後來成為伊拉斯謨本身浩瀚思想的寫照。這些格言充分展現了他的個性：風趣、博學、慷慨地分享他的知識，也紀錄了他多年來旅行、閱讀與友誼的點點滴滴。

這構成了他人生的三大主旋律，三者之間相輔相成。旅行帶來了無數的新朋友，朋友帶來了新的計畫、會晤與進一步研究的想法，然後這些又帶來了更多的旅行，就這樣繼續下去。他隨遇而安，有時候停留一段很長的時間，有時候只是短暫路過，如同他曾經說過：「我的藏書之處就是我家。」[21]

伊拉斯謨停留最久的地方是瑞士的巴塞爾。對人文主義者來說，這是個偉大的城市，有一所優秀的大學和眾多出版商——這就是為什麼維薩留斯在一五四三年選擇在這裡出版《人體的構造》。就在伊拉斯謨即將抵達巴塞爾之前，當地最重要的人文主義印刷商是約翰尼斯．弗羅本（Johannes Froben），他本人非常有學問，就跟威尼斯的馬努提烏斯一樣，是一個愛書人社群的領袖。伊拉斯謨搬進了弗羅本的家，他興奮地在給一位朋友的信上寫道：「他們所有人都懂拉丁文，都懂希臘文，大多數的人還會希伯來文；裡面有歷史專家，有資深的神學家；有一位精通數學，一位熱衷於古物學，還有一位法學家，我以前絕對沒有那麼幸運，可以跟這麼有天賦的人們在一起。更別說他們是多麼地心胸開闊，多麼快樂，彼此之間多麼投契！」[22]他欽佩弗羅本以獻身文學生涯為樂：「看到他手裡拿著某本新書的前幾頁，看到他推薦的某位作家，真是令人高興。他臉上閃耀著喜悅的光芒。」[23]

伊拉斯謨帶來了他自己正在進行的作品，包括最新出版的那本《箴言集》的增訂版，同時著手進行弗羅本一個重要的計畫：修訂新的《新約聖經》拉丁文譯本，以取代耶柔米在西元四世紀完成的標準版本。這項工作跟伊拉斯謨其他在知識上的貢獻有異曲同工之妙：他不僅設法改善一般歐洲人的教育水準，而且透過重讀原始文獻，提升他們的道德素養和精神生活。對基督徒來說，擁有一本根據最新研究修訂的優良聖經譯本，跟古典時期的研究者擁有古代作者的優質文本一樣重要。他認為，新的學術研究會強化人們的信仰——而不是像某些人所擔心的會破壞它。[24]

重譯聖經的計畫，有一部分受到了我們的老朋友瓦拉的啟發，他在他的《新約聖經注釋》裡挑耶柔米的毛病，暗示教會所認定的一些不可改變的真理，有可能是人為錯誤造成的結果。伊拉斯謨非常了解瓦拉的想法。他年輕時甚至寫過一本瓦拉的拉丁文文法手冊《拉丁語的優雅》的節略版，[25]這部作品沒有爭議——但也索然無味。《新約聖經注釋》比較有爭議性，但伊拉斯謨在魯汶附近的修道院找到了一份手稿，安排它在一五〇五年出版。[26]當時他受到瓦拉的影響，親自重讀聖經的希臘文譯本，重新修訂了希臘文和拉丁文雙語版聖經，並在一五一六年由弗羅本出版。[27]此後，伊拉斯謨按照慣例，定期進行修訂——因為他當然也跟其他人一樣容易出錯。他對那些反對他，認為他一開始什麼都不該做的人感到惱怒，大聲說道：「如果大家放下爭吵，每個人高高興興地盡一己之力，並友善地接受別人的付出的話，會更像個真正的基督徒！」[28]

唉，高高興興地放下爭吵，這件事卻**沒有**發生在當時的歐洲。一五一七年，路德在威登堡（Wittemberg）發表了他反對教會的《九十五條論綱》（*Ninety-five Theses*），隨後與羅馬決裂，教宗把他逐出教會，西歐從此陷入了漫長的宗教衝突。幾個世紀以來，斷斷續續爆發血腥的戰爭，因為政治鬥爭而更加複雜，造成聚落瓦解，人民受苦，其中大部分的人從來沒料到神學會為自己的生活帶來這麼大的衝擊。伊拉斯謨和他後來的崇拜者與追隨者們盡可能地發聲反對這種破壞，卻發現他們幾乎無能為力。

伊拉斯謨一開始對路德的立場多少有點同情，認為教會在它的權威遭到挑戰時，應該更明智、更謹慎地應對。他在一五一九年問道，人們急著在這個時候高喊「異端邪說」，到底有什麼好處？

凡是他們看不順眼的，他們不理解的都是異端邪說。懂希臘文是異端。談吐優雅是異端。他們自己不做的事通通都是異端……誰看不出來這些人代表了什麼，以及他們打算做什麼？一旦他們不再克制自己邪惡的激情，就會開始不分青紅皂白地怒斥每一個好人。[29]

另一方面，路德的攻擊性也令他厭惡。路德是天生的反叛者與鬥士，但伊拉斯謨不是這種人，他認為，「透過禮貌的處理，使本質上尖銳的問題得到緩解，比以牙還牙更有意義。」[30]當然，對他來說，禮貌重於一切：它不僅僅是社交場合的表面功夫，更是相互尊重與和諧的基礎。他和路德在神學觀點上也有分歧，特別是在有關人類自由意志的問題上（伊拉斯謨與教會的立場一致，相信人類可以自由選擇自己的道路，無論好壞；路德則認為我們沒有這樣的自由，只能透過上帝的恩典得到救贖）。[31]

伊拉斯謨對路德的做法越來越反感，這讓弗羅本感到為難，因為他正準備要出版一套路德的作品——在路德的反叛成為歐洲熱門話題的時候，這是個很棒的出版提案。[32]伊拉斯謨在越來越支持宗教改革的巴塞爾感到不自在，於是搬到了另一個大學城弗萊堡（Freiburg im Breisgau），當時它還是一個平靜的天主教城市。他毫不掩飾自己更喜歡寧靜的生活。「當教宗和皇帝做出正確的決定時，我就服從，這麼做是虔誠的；如果他們的決定是錯的，我就容忍他們，這麼做是安全的。」[33]伊拉斯謨確實有勇氣，但那是另一種勇氣：他寧可行事謹慎，同時安靜而堅持不懈地主張和平。

他最痛恨的是戰爭。早在宗教改革之前，他就在《愚人頌》裡描述戰爭是怪物、野獸與瘟疫。[34]在他一五一五年出版的《箴言集》裡，有一條討論維蓋提烏斯（Vegetius）說過的一句話：*Dulce bellum inexpertis* ——三個簡潔的拉丁文單字，費力地譯成英文之後的意思是「戰爭對沒有經歷過的人來說是甜蜜的」（War is sweet to those who have not experienced it.）。伊拉斯謨在這裡和他一五一七年出版的《和平之控訴》（*Complaint of Peace*）中，列出了應該避免戰爭的理由。他認為最重要的一點是，戰爭和我們**真正**的人性是矛盾的，而我們應該努力把這種人性發揚光大。[35]

他跟之前的普羅達哥拉斯和皮科一樣，以異想天開的敘事手法表達他對人性的看法。他說，想像一下，大自然女神降臨人間，看到的卻是擠滿士兵的戰場。她驚恐地大喊：「你們頭上那些嚇人的羽飾，那頂閃閃發光的頭盔，那對鐵製的角，那對帶翼的護肘，那副鑲著鱗片的盔甲，那些黃銅鋸齒，那套板甲，那些致命的飛鏢，還有比野蠻人還粗野的聲音，比野獸還兇殘的臉，是從哪裡弄來的？」這些都不是人類該有的特徵。「我把你們創造成像神一樣的生物，」大自然女神說道，而你們是怎麼了，竟然把自己變成這樣的野獸？

伊拉斯謨帶領我們檢視自己的身心，指出我們的每一個特徵顯然更適合過著友好互助的生活，而不是彼此征戰。公牛有角，鱷魚有盔甲，但我們有柔軟的皮膚，互相擁抱的手臂，以及「友善的眼睛，是我們的靈魂之窗。」我們的哭與笑，顯示我們敏銳的感受力；我們可以用語言和理性溝通；我們甚至天生熱愛學習，它是「締結友誼最大的動力」。

當然，身為一個自由的人，我們可以選擇忽視自己的這些本性。但是，只要我們順應天性而為，我們可以做得更好。伊拉斯謨描述了一個場景，令人想起洛倫澤蒂在西恩納創作的壁畫《好政府與壞政府的寓言》（*The Allegory of Good Government*）：犁得平整的田地、牧場上的羊群、工人們正在蓋新房子或翻新舊的建築，所有的藝術都在蓬勃發展，年輕人在求學、老年人在享受閒暇。他把這樣的太平盛世優美地定義成「許多人之間的友誼」。

然而，我們沒有過著這樣的

生活，而是不斷發洩戰爭的狂熱並任憑它帶來種種惡果：強姦、被洗劫的教堂、「被踐踏的莊稼、被燒毀的農場、被焚燒的村莊、被驅逐的牲畜」。這不是友誼，而是許多人之間的謀殺。

那麼，我們為什麼會這麼做呢？伊拉斯謨的解釋跟西恩納的壁畫所暗示的一樣：壞政府。愚蠢或不負責任的統治者發動戰爭，激發了人性中最醜惡的一面。律師與神學家本來應該要尋找和平的解決方案，卻反倒讓事情變得更糟。[36]情況不斷惡化，等到要阻止的時候已經來不及了。戰爭是一個錯誤：是人類的失敗。在普羅達哥拉斯的故事中，宙斯給了人類建立幸福社會的技能，但我們應該發展和改善這些技能，否則它們將毫無用處。伊拉斯謨也同意這個觀念。我們的天性中已經有了我們所需要的東西，然而我們仍然必須學會管理我們的關係、社會與政治。我們要從彼此身上學習這些東西，而我們也應該繼續把它們傳承下去。這就是為什麼在人文主義者的世界觀中，教育佔有核心地位的關鍵原因之一，尤其是公民教育與公民素養的培育。

後來的評論家悲哀地指出，伊拉斯謨似乎低估了人類深受暴力、非理性與狂熱吸引的事實——很可能因為他自己本來就是個友善的人。他本人對戰爭的刺激與激進的思想無動於衷，根本無法理解為什麼別人會受到它們左右。在解讀可能導致戰爭的心理（或政治、經濟）機制方面，他不是馬基維利。其他時期的人文主義者也有類似的盲點，因此許多人只能無助地反覆思考，為什麼他們周圍的人似乎都瘋了。[37]但是，他們並不總是錯的：有時候伊拉斯謨的精神確實會重現，至少維持一陣子，而當它重現之際，往往是為了對抗人性之惡帶來的痛苦。

同時，伊拉斯謨跟許多秉性平和的人一樣，可能會非常固執，他的朋友們會懷念他這一點。一五三六年，經歷了一生的漂泊之後，身體衰弱的他在七十歲生日前夕，準備接受荷蘭攝政王匈牙利女王瑪麗（Queen Mary of Hungary）的邀請，回到他出生地附近的布拉班特（Brabant）定居。然而，他又先去巴塞爾待了一段時間，結果同年七月，突然罹患痢疾去世。在巴塞爾友人的安排之下，他被葬在該市的大教堂裡；他們製作了一塊紀念牌匾，上面印有古羅馬邊界之神特耳米努斯（Terminus）的象徵與格言。這句格言是伊拉斯謨長期以來自己的座右銘：*Concedo nulli*，意思是「我不向任何人屈服」。

伊拉斯謨跟我們這個故事裡其他的人文主義者一樣，他的思想遺產才是他真正的紀念碑，並且在他死後影響深遠：包括教育方面（伊拉斯謨提出的建議與原則仍然有極大的影響力）、宗教方面（他的神學短文與譯本在很長一段時間裡被奉為權威之作），以及和平與國際合作運動方面的影響。

後者最令人欽佩的例子之一，是一九八七年由歐盟推動與執行的一項計劃。它讓學生前往不同的國家旅行與學習，並讓他們取得的文憑在歐盟各地都獲得承認。這個計劃醞釀了一段很長的時間，並有賴於支持者持續不懈的努力，特別是義大利教育學家蘇菲亞．科拉迪（Sofia Corradi），她在一九六九年提出了這個想法，並為此奮鬥了十八年。在我撰寫這本書的時候，已經有超過一千萬人參與了這個計畫，他們有機會在不同的國家生活、學習語言、結交朋友與發展職涯，終生獲益良多。

這個計劃正式的名稱是「歐洲地區大學生流動的行動計劃」（European Region Action Scheme for the Mobility of University Students）（現在名稱結尾多了一個加號+）。[38] 真是太巧了，它的縮寫恰好拼成ERASMUS+，向那些提倡歐洲和平、相互理解、教育創新、知識與經驗共享、自由移動，特別是「許多人之間的友誼」的偉大先驅留下的遺產致敬。

就在伊拉斯謨去世前夕，法國西南部的一個三歲男孩正在接受不同尋常的教育，他父親非常認同新的人文主義教育方式。這孩子名叫米歇爾．艾奎姆．德．蒙田（Michel Eyquem de Montaigne），他會繼續接受這種教育並有出色的表現，再加以扭轉與解構，使它朝全新的方向發展。

這一切都要從那位父親說起。雖然皮埃爾．艾奎姆．德．蒙田（Pierre Eyquem De Montaigne）自己從來沒有受過人文主義教育的薰陶，但他去過義大利；當然，身為法國入侵戰爭中的一名士兵，也許並不是以最伊拉斯謨式的方式來認識這個地方，然而，他肯定吸收了一些義大利精神——和伊拉斯謨的思想——因為當他的長子米歇爾出生時，他決定給他一個完美的拉丁文人生起點。他想讓這孩子成為千年來絕無僅有的，以拉丁文為**母語**的人。他的作法是聘請一位德國出生，精通拉丁文而不懂法文的家庭教師，同時嚴禁其他人，甚至包括僕人在內，在孩子面前使用拉丁文以外的語言。即使是最極端的西塞羅主義者也沒想過要這麼做。

這些童年教育的結果是，蒙田長大以後寫了一部博大精深、包羅萬象的人文主義長篇巨著——用法文寫。他解釋，他之所以選擇法文，是因為它是一種稍縱即逝、不斷變化的現代語言，可能會完全從世界上消失，而不是古人所謂永恆的語言。而他自己也是稍縱即逝、不斷變化的人，過幾年一定會從世界上消失，所以這樣的選擇似乎是合理的。[39]

蒙田對不穩定與不斷變動的喜好，讓他寫下了這本《隨筆集》（*Essais*）（這個字是他創造出來的，意思是「試驗」或「嘗試」）；初版於一五八〇年問世，後來再加以增訂。他的

文字行雲流水，轉折出人意表，內容互相矛盾；有時候他會離題發揮，洋洋灑灑寫上許多頁。當他有了新的想法，這些文字就勾勒出他思緒的流轉。這本書也記錄了他身體上的變化：某天陽光宜人，他感到精力充沛；隔天腳上長了雞眼，所以他脾氣很壞。在一篇文章他回想起有一天從馬背上摔下來，差點沒命，在意識模糊狀態下的瀕死經驗；其他文章則不厭其詳地描寫他的飲食、疾病、性習慣與衰老的過程。

蒙田對身體與變化的興趣，令人好奇他是不是一直在看伊比鳩魯的哲學作品。果然沒錯。他有一本盧克萊修的《物性論》被保存了下來，上面寫滿了附注和眉批，[40] 所以我們知道他仔細讀過。但是，他也會從他生活周遭的大小事當中理解到人生的短暫與不可預測。他生活在一個政治與宗教動蕩的時代——這正是伊拉斯謨在本世紀初期看到的紛擾所帶來的長期後果。蒙田成年後的生活都在這樣的情況下度過：宗教與政治派系的權力鬥爭，使法國慘遭一波波內戰的蹂躪。天主教與新教的分歧也撕裂了社群與家庭，包括他自己的家庭在內：他支持天主教，但他有兄弟姊妹成了新教徒。

如果伊拉斯謨活著看到這一切，大概會陷入絕望。好戰的路德或約翰・喀爾文（John Calvin）（這位定居日內瓦，立場更為強硬的神學家對法國新教徒很有影響力）似乎取得了優勢。當時狂熱分子的激進承諾受到推崇，主張寬容或妥協的人則遭到詆毀。蒙田跟他之前的伊拉斯謨一樣，跟狂熱分子劃清界線。他不喜歡「在所有的宗教裡，普遍以屠殺與殺戮來祭祀天地」的想法。[41]他也尊重邊界之神，凡事尋求中庸之道，並且通常採取包容與協調的方式。

蒙田不喜歡暴力。當時那些熱衷於燒死異教徒、女巫與其他被認為跟魔鬼勾結的人，令他感到憎惡。正如他說道：「只因為他們的臆測，就讓一個人被活活燒死，這是多麼高昂的代價。」[42]然而，他也不想為自己的思想付出高昂的代價。他跟伊拉斯謨一樣，寧可行事謹慎，並希望讓自己遠離政治分歧。這並不容易，因為他曾經擔任波爾多的法官，後來又擔任市長，而且他還是未來的國王亨利四世的朋友。

他在父親去世後繼承了葡萄酒莊，因此也有許多實際的事務要處理。儘管如此，在操心這些工作之餘，蒙田還是會抽空溜到莊園一角的小石塔去寫作。

事實證明，政治是難以迴避的，而宗教呢？在這方面，蒙田跟伊拉斯謨的態度截然不同。早期的人文主義者曾經致力於宗教思想與學術研究，而蒙田似乎根本沒想過這個問題，他對於精讀、編輯或重新翻譯《聖經》，或振興基督教以提高歐洲的道德水準沒有興趣。由於他生來就是天主教徒，他宣稱自己很樂意相信教會告訴他的任何事情。他解釋說，這可以確保他在戰爭期間安全無虞，不受干擾。43

如果真的是這樣的話，那麼，這本書最後一篇文章接近結尾的一句話，似乎最能貼切描述他真正的宗教信仰：

> 我熱愛生活，上帝賦予我什麼樣的生活我就怎麼耕耘它……我以感激的心情由衷接受大自然為我做的安排，我對自己感到滿意，為我的所作所為自豪。若我們拒絕這位偉大而全能的賜予者的饋贈，或廢棄它、扭曲它，都是在傷害這位偉大的賜予者。44

如果這句話總結了蒙田的神學觀，同一篇文章中的另一句話則表達出他的哲學觀：

> 最美好、最合理的事莫過於好好地做個正當的人，最難以學習的知識莫過於知道如何好好地、自然地過完這一生；而我們最凶險的疾病就是輕視我們的存在。45

這些思想，再加上《隨筆集》整體展現的懷疑、文學與文明精神，使蒙田成為歷史上偉大的人文主義者之一，但他是一位與眾不同的人文主義者。

首先，我剛才引用的那幾段話有點奇怪。它們出現在這本書的結尾，但蒙田之前已經用了幾百頁的篇幅來駁斥所有關於人類理性或優秀的主張。「難道還有比這更荒謬的事情嗎？這個連自己都掌控不了，受到萬物攻擊的渺小可憐蟲，竟然自稱是宇宙的主宰，然而，即使是宇宙最小的一部分都超越了他的理解能力，更別說去指揮它了。」蒙田甚至抨擊了普羅達哥拉斯，說他認為「人是萬物的尺度」一定是在開玩笑。他跟我們所有人一樣，連明確地衡量自己都做不到。[46]

此外，出乎我們意料之外，蒙田雖然是人文主義者，但他跟書籍的關係卻有別於佩脫拉克以降的人文主義者。蒙田確實對他的經典作品非常了解，他也深愛自己喜歡的作家。他建立了自己的藏書，擺在配合塔樓圓形內部建造的書架上，還在塔樓天花板的橫梁寫上引文，以便隨時抬頭就看得到——彷彿接受了伊拉斯謨的建議，隨手把筆記寫在家裡。其中最顯眼的是泰倫提烏斯的名言：*Homo sum, humani nihil a me alienum puto*「我是人，沒有任何人類之事與我無關。」《隨筆集》本身也點綴著許多辛辣的古典引文，就像灑滿了丁香的柑橘。它無疑是一本書卷氣重到不行，沉浸在人文主義文化中的作品。

然而，蒙田在有關閱讀的問題上，卻粉碎了所有人文主義者的信仰。他說，一旦他對一本書感到厭煩，就把它扔到一邊去。而最令他厭煩的書卻是最受尊敬的書：他直言不諱地說西塞羅「廢話連篇」。我們幾乎可以聽到，前幾章提到的人文主義者在我們背後倒抽了一口氣。蒙田說，維吉爾還可以，但他認為詩人應該把《艾尼亞斯紀》裡的某些段落再好好潤飾一番。他對修辭學和雄辯術也沒有什麼興趣。會說話是件好事，「但也沒有他們說得那麼了不起；我們忙了一輩子就為了這件事，讓我感到惱火。」[47]

相反地，他喜歡那些有助於改善**生活**，讓他更了解眾多前人的書。傳記與歷史書籍是有趣的，因為書中人物看起來「比在任何其他地方更生動、更完整——從整體與細節的描述看到他真實而多樣化的內在心理、他的複雜多變、以及對他產生威脅的各種意外。」泰倫提烏斯的戲劇也「栩栩如生地表現了心靈活動與人物的處境；我們的所作所為時時刻刻讓我想起他。」[48] 蒙田並不是唯一在書籍中尋找這種個人聯繫的人文主義者，但他的特殊之處在於，他堅持書籍**本身**對他而言沒有吸引力（他只是碰巧讀了那麼多書，為它們建造書架，信手捻來數以百計的引文，還有一些確實就在他頭頂上）。

蒙田無疑是一位人文主義者：《隨筆集》不斷回頭探討經典的人文主義課題：道德判斷、禮貌、教育、美德、政治、優雅的寫作、修辭、書籍與文本之美，以及人類究竟是優秀還是卑鄙的問題。但是，他從懷疑與質疑的視角去思考每一個主題，加以拆解，等到它們的碎片散落在他四周，再用一種比以前更有趣、更令人不安、更發人深省的精神重新把它們組合起來。

因此，他以道德家的身分寫作，但卻是一個坦承容易犯錯，跳脫道德教條的道德家。他的寫作帶有政治性，卻透過閃爍其詞、強調私人生活與拒絕服從來表達他的想法。他有一套教育理論，但這套理論反對學校或修辭練習或任何形式的強制。而談到禮儀、風格、美德或幾乎任何其他的主題時，他經常加上「但我不知道」或「話說回來」之類的補充說明，再切換到一些意想不到的新視角。

這些視角往往來自於他對多元性與多樣性的尊重。蒙田寫道：「我相信並構思了無數種相反的生活方式。」[49]他懷著這樣的信念，主張旅行是見識一些不同的生活方式最好的手段。由於自家莊園裡的工作，他不能像伊拉斯謨那樣經常旅行（而且他也不願意跟伊拉斯謨與其他許多人文主義者一樣受制於雇主和贊助人；他很幸運能夠繼承遺產而經濟獨立）。儘管如此，他還是在一五八〇年代初期到德國、瑞士與義大利進行了一次為期十八個月的重要考察：他的伊拉斯謨之旅。他利用這個機會，讓自己沉浸在每個地方的氛圍裡，並盡可能多跟人們接觸。為了了解一些異國文化，他在自己的書房裡塞滿了遊記。他甚至設法跟一些來自巴西的圖皮南巴人（Tupinambá）（他們搭乘了一艘法國船橫渡大西洋）短暫地交談。他透過翻譯問他們對法國的看法，他們在回答中提到，他們看到富人在宴會上大吃大喝，而他們比較窮的「另一半」卻在旁邊挨餓，感到很震驚。他們不以為然地說，他們自己的社會裡是不可能會發生這種事的。[50]蒙田樂於提醒人們，歐洲人的文化優越感並不是無可置疑的；我們總是可以推翻這樣的想法（但這並不代表他自己不再參加或舉辦宴會）。他是如此熱愛不同的觀點，以至於他選擇了**多樣性**（diversité）這個字作為第一版《隨筆集》的結語：「世界上從來沒有兩種看法是相同的，就像沒有兩根頭髮或兩顆穀粒是一樣的。他們最普遍的特質是多樣性。」[51]

然而，《隨筆集》的寫作也是建立在這樣的信念之上：所有人都擁有基本的、共同的人性。蒙田寫道，我們每個人都承載了「整體」的人類處境。這就是為什麼無論我們在文化觀點或背景上有多麼大的差異，都能透過別人的經歷與性格來認識自己。這是他寫了這麼多關於自己的事的理由之一：他是個普通人，又剛好是個他所熟悉的人。「你可以把所有的道德哲學跟一般的私人生活聯繫起來，如同把它跟更豐富的生活聯繫起來一樣。」[52]

正因為他寫出了他的人性本質，使這本書在人文主義創作上取得了重要的突破。它是一本充滿**人性**的書，既是傳統意義上的紳士學術作品，也是兼具哲學性與個人性的創新之作。它的人性色彩還有一個好處，蒙田在寫這類作品的時候，知道他不需要因為忽略神學問題感到內疚。他寫道：「我闡述的是人類的想法，也是我自己的想法，並且只從人類的想法本身去思考。」他接著說道，他聽說有些作家被批評太有「人性」，因為他們忽略了關於神的思考。他認為他們很棒：而且他也打算跟進。他說，就讓我們把關於神的寫作留給屬於那個圈子的人吧，如同皇室會跟平民區隔開來。這樣我們就可以自由地以人的身分寫作，寫有關人的事情。[53]這彷彿是他為自己與後來無數追隨他的散文家、小說家寫的一份宣言。

蒙田沒有創立任何正式的思想流派，他不追求哲學上的嚴謹，也不提倡任何教條。然而，他對文學產生了巨大的影響。在他之後的一個世紀，也就是十七世紀，仿效他的個人隨筆大量湧現：充滿反思、懷疑、機智與自我放縱的氣息，有時候帶有尖銳的批判性，通常致力於追求最廣泛意義上的自由思考。現代世界仍然有許多這樣的作品，每當我們愉快地在網路上或現實生活中閱讀某人作品中自然流洩的情感或思想，其中多多少少都展現了博學或深刻的見解。蒙田的影響力都在我們身上留下了痕跡。

這種隨興發揮、深入探索，突顯個人精神的風格也影響了其他的文類，產生了十九世紀批評家華特・佩特（Walter Pater）所謂的「文學中的蒙田元素」（the Montaignesque element in literature），後來被應用在非常受歡迎的文學形式——小說之上。[54]蒙田本人也可以算是小說家，儘管他只有一個主角——他自己——以及他在生活中或書本上遇到的其他小角色。他開創了意識流（stream-of-consciousness）敘事的先河，這種敘事方式在二十世紀出現有意識的現代主義實驗之前，已經成為現代小說的特色之一。十八世紀和十九世紀偉大的心理與社會小說大量使用了意識流的寫作手法，讓我們輪流走進人物的內心世界，在他們對事件進行反思或彼此互動，以及隨著不同的經歷而發生變化時，透過他們的視角觀看。這些作品中往往彰顯了蒙田豐富的精神內涵：人類生命的飽滿樣貌隨著時間流逝而顯現。一七四九年，亨利．菲爾丁（Henry Fielding）在《湯姆．瓊斯》（*Tom Jones*）的開頭向讀者承諾，提供給他們的「食物供給」（即餐廳的菜單）就是「人性」。沒錯，這只是一道菜而已——但別擔心它吃起來乏味：「這個通用名詞無所不包，一個廚師很快就會把世界上能用的動植物食材通通用完，但一個作家卻無法窮盡一個如此廣泛的主題。」[55]

後來的小說對於人物心理刻畫入微，在托爾斯泰（Leo Tolstoy）的《戰爭與和平》（*War and Peace*）、《安娜．卡列尼娜》（*Anna Karenina*）或喬治．艾略特（George Eliot）的《米德鎮的春天》（*Middlemarch*）中發揮得淋漓盡致。就各種意義上來說，最後的那本是一部人文主義小說，情節錯綜複雜，不斷地穿梭在不同的人物之間——心理學家詹姆斯認為它「充滿了人類之事，甚於之前任何一部小說」。[56]這也替蒙田的《隨筆集》下一個很好的註腳：一本完全關於**人類之事**的書。

艾略特認為，閱讀充滿想像力的小說確實能夠在道德上產生有益的影響，有助於擴大我們的同情心，或我們現在所說的「同理心」（empathy）。她在一篇文章中寫道：「無論是畫家、詩人還是小說家，藝術家對我們最大的貢獻在於他們拓展了我們的同情心……即使是淺薄自私的人，看見一幅偉大藝術家所描繪的人類生活圖像，也會感到驚訝，並開始關注自己以外的事物，這或許可以稱之為道德情感的原始材料。」[57]

最近有一些研究支持了這個論點，指出閱讀小說確實會激發我們的同理心，做出更多良善的道德抉擇。有些評論者則不同意，有些人甚至懷疑，提升同理心是不是對的，有時候行事保持理性可能比較恰當。[58]目前，這個問題猶如蒙田的書寫，依舊複雜而懸而未決。

還有一個因素。只是對別人的痛苦表示理解與同情是不夠的，如果可以完全避免這種痛苦會更好。艾略特相信這一點，而活在蒙田的時代和她的時代之間的一些作家也這麼相信：有時候他們被稱為「啟蒙」（Enlightenment）思想家，現在是他們上場的時候了。

第六章
永恆的奇蹟

一六八二年～一八一九年

啟蒙思想家／凡存在者：必合理嗎？／伏爾泰、德尼・狄德羅等人／無神論者與自然神論者／同胞情誼與道德品味／沙夫茨伯里伯爵／皮耶・貝爾／監獄與手稿的冒險／拯救書籍的審查員馬勒澤布／湯瑪斯・潘恩與理性時代／毫不留情卻和藹可親的大衛・休謨

一七五五年十一月一日上午九點半左右，人在里斯本（Lisbon）的英國商人湯瑪

斯·切斯（Thomas Chase）感到一陣天搖地動。他走到屋頂上，看看外面發生了什麼事。相鄰的兩棟建築距離很近，當他伸手要扶著鄰居家的牆壁站穩的時候，牆壁卻從他手中滑開。但是掉下去的不是鄰居的房子，而是他自己的。他跟房子一起狠狠地摔了下去，最後驚訝地發現自己躺在地上，卻還活著。[1]

其他人就沒那麼幸運了。那天早上連續發生了三次地震，最後造成里斯本大約有三到四萬人死亡，以及附近地區一萬多人罹難。港口的船隻被海嘯沖走，到處都發生了火災，遠在法國和義大利的人們都可以感受到震動；據報導，甚至連蘇格蘭和斯堪地那維亞（Scandinavia）的湖泊都波濤洶湧。

大地震對整個歐洲造成了心理上的衝擊。十八世紀的里斯本是一個繁榮而自信的國際化城市，為當時的國際貿易樞紐。就像二〇〇一年九月世界貿易中心（World Trade Center）遇襲後的紐約一樣，許多人難以相信，這麼一個受到上天眷顧的地方，竟然轉眼間就殘破不堪。

聽到這個消息的人都試著去理解這件事，包括法蘭克福的約翰・沃夫岡・馮・歌德（Johann Wolfgang von Goethe），當時他只有六歲，聽到大人對此議論紛紛，他感到害怕又困惑。根據他後來的回憶，這次大地震令他想起隔年夏天另一場當地的天災，當時下了一場冰雹，打破了他老家後面的窗戶，「所有的僕人驚慌失措地把我們拉到一個陰暗的走廊上，他們跪在那裡，淒厲地尖叫與號哭，試圖安撫憤怒的神靈。」[1]

但是為什麼那位神靈要讓人們受苦？就像十四世紀的瘟疫一樣，神學家和傳教士已經準備了一套他們對里斯本大地震的說詞。耶穌會教士加布里埃爾・馬拉格里達（Gabriel Malagrida）說，地震是對那些沉迷於音樂、上劇院和看鬥牛的人的懲罰。[2]而洛朗・艾蒂安・朗德（Laurent-Étienne Rondet），他是耶穌會的死對頭與競爭對手冉森教派（Jansenist）的支持者，卻認為這是上帝在懲罰耶穌會，因為祂不贊成他們在五十年前策劃摧毀了冉森教派的皇港修道院（Abbey of Port- Royal-des-Champs）[3]——但他們卻無視這兩件事之間隔了那麼久，還有這座修道院根本不在里斯本附近。

哲學家們則在思考另一種可能的解釋。即使這場災難不是出自上帝的旨意，仍然可以解釋成祂對宇宙進行整體規劃或維持平衡的手段。他們借鑒了「神義論」（theodicy）的傳統：試圖解釋和證明上帝的行為，特別是這些行為明顯令人不快的時候。奧古斯丁曾經力勸他的讀者超越個人情感，以便看到「整體的規劃，因為這些令人厭惡的片段組合在一起，形成了一個井然有序的美好計劃。」[4]一七一〇年，哥特佛萊德・威廉・萊布尼茲（Gottfried Wilhelm Leibniz）進一步提出了正式的論證：上帝本來可以給我們一個沒有這些東西的世界，但祂沒有這麼做，所以也許祂知道，長遠來看，其他可能的世界並沒有那麼好。如果這是目前來說最好的世界，那麼不管發生了什麼事，必定都是為了達到最好的結果，即使我們不這麼覺得。」這被視為一種樂觀主義的哲學：**一切皆善**。幾十年後，詩人亞歷山大・波普（Alexander Pope）在他的《人論》（*An Essay on Man*）一詩中簡明扼要地表達了類似的想法：「凡存在者必合理」（Whatever is, is RIGHT）。[5]

除了哲學家之外，受過創傷的人會一直堅持自己個人的觀點。喬叟曾經說過多麗根（Dorigen）的故事，這個布列塔尼女人的水手丈夫在暴風雨中出海。她凝視著波濤拍打海邊的岩石，知道學者們可能會說「一切都是上天的安排」。然而，如果她可以作主的話，她會把每塊石頭都扔進地獄去，確保她丈夫平安歸來。[6]這是一個非常人性化的反應：誰說她不能痛苦呼喊，反對所有神義論的主張？

里斯本大地震之後，另一派哲學家也支持這種抗議的權利：他是法國詩人，一位劇作家、百科全書編纂者、辯論者、歷史學家、諷刺作家以及行動家——弗朗索瓦—馬里・阿魯埃（François-Marie Arouet），也就是我們熟知的伏爾泰（Voltaire）。

當他聽到地震的消息時，他的感覺跟其他人一樣：陷入懷疑和焦慮。他試圖想像在那裡，像螞蟻一樣被壓碎，或是之後在廢墟中慢慢死去的景象。[7] 他的恐懼與理性使他無法合理化這些苦難。身為詩人，當下他直覺的反應是寫了一首〈論里斯本的災難〉（On the Disaster of Lisbon）的詩，問人們為什麼要接受或甚至為這種事情辯護，極力地排斥不是更自然嗎？[8] 這個問題後來在他的《哲學辭典》（*Philosophical Dictionary*）中再次出現，在「善，一切皆善」（Good, all is）這個條目下，他寫道，觀察一顆美麗的腎結石在我身體裡長大，驚嘆它如何抵制外科醫生移除它的嘗試，變成有害的，最後讓我痛苦地死去，這是非常好的。也就是，抽象地說，它可能是好的。但是不要叫我愛上腎結石，或把它解釋成

「一切皆善」。[9]至少讓我握緊我那微不足道的拳頭，對抗痛苦。換句話說：人的尺度和神的尺度是一樣有效的。

伏爾泰對里斯本大地震最清楚有力的回應，是在他一七五九年出版的一部哲學中篇小說：《憨第德》（*Candide, or Optimism*）。主角憨第德年輕而天真，他的導師潘格羅斯（Pangloss）灌輸他這樣一句格言：這是目前來說最好的世界，一切都是上天的安排。問題是，不只是他，還有潘格羅斯和其他人，所有可以出錯的事情都出錯了。潘格羅斯最倒霉：先被地震所困，再因異端邪說差點被絞死（還有解剖）；逃出來之後又被逮住，監禁在一艘土耳其船上當船奴。起初他還樂觀地堅持一切都是上天的安排，後來卻越來越難以為繼。

在此同時，憨第德自己也遭遇不幸，並且開始徹底懷疑這個看法。他意識到，這種「在事情進展不順利時，堅持認為一切都很好的狂熱」[10]並不像它所描述的那麼樂觀。它更像是一種絕望的哲學，因為（正如伏爾泰在他寫的一封信裡所作的解釋）它暗示了沒有改善的空間。[11]一個真正的樂觀主義者會希望事情變得更好，甚至可能自行找出讓它們變得更好的方式，我們無法阻止地震的發生，但我們可以研究它們，興建更穩固、不會那麼容易倒塌的房子。未來的世代將延續這樣的成就：地震學家現在已經能夠精準預測地震與海嘯；其他領域的專家使用震波碎石術（lithotripsy）來擊碎腎結石，研發抗生素以防止感染；或是在船上安裝聲納，追蹤天氣模式以預測風暴，並在風暴襲擊之前把船隻駛進港口。

在《憨第德》的結尾，伏爾泰讓小說中所有的人物搬來住在同一塊土地上。憨第德不再尋找冠冕堂皇的解釋，只說：「我們必須耕耘我們的花園。」[12]這聽起來好像是憨第德想遠離塵世，退隱山林，但伏爾泰的意思應該是：無論在世界上哪一個角落，讓我們每個人努力把事情變得更好。

伏爾泰之後，過了很長的一段時間，福斯特在他的小說《最長的旅程》（*The Longest Journey*）中把人們對災難的反應分成兩種——平交道號誌燈故障，造成一個孩子被火車撞死了；一群人在討論這孩子靈魂的命運時，向一位年輕的哲學家提出挑戰，要他談談這樁令人震驚的死亡有什麼意義，並發表一些深刻的看法（大家老愛對哲學家提出這樣的問題：那麼，這一切到底意味著什麼呢？）他回答：這意味著市政當局應該拆除危險的平交道，在鐵軌上方建造一座合適而結構堅固的橋樑。「至於你提到那孩子的靈魂嘛——哎呀，孩子根本就不會出事。」[13]

一言以蔽之，這就是伏爾泰和他那個知識分子圈的哲學觀——這個詞可以是「進步」、「改進」、「理性」或「啟蒙」，看你喜歡強調哪一點。最後一個詞所蘊涵的「光明」之意，後來被好幾種歐洲語言用來指涉這些思想家與他們的觀點：如法文的*les* *lumières*，德文的*Aufklärung*，義大利文的*illuminismo*，英文的the *Enlightenment*。很少有思想家把這些標籤貼在自己身上，但他們的確常常談到光明與黑暗——這讓我們想起那些在修道院的儲藏室裡、埋首搜尋書籍的早期人文主義者，他們也喜歡這樣的說法。那些人文主義者自認是拯救者，讓文學重返印刷與自由閱讀的光明世界；新的啟蒙者則認為自己帶領**人們**走向光明。他們希望透過更嚴謹的推理，更有效的科學與技術，以及更好的政治制度，使他們的人類同胞獲得解放，過著更勇敢快樂的生活。

我們也可以用「淑世主義」（meliorism）來描述他們強調務實、理性改進的哲學觀，雖然這個詞是後來才發明的。它源自拉丁文的「更好」一字，從十九世紀中期開始出現在英文中。艾略特是最早使用這個詞的人之一，她在一八七七年寫的一封信裡提到她用過這個詞，它也符合她本人的世界觀。[14]艾略特的傳記作家蘿絲瑪麗·阿什頓（Rosemary Ashton）在討論她的淑世主義時，將其定義為「相信當前的世界既不是所有的世界當中最好的，也不是最壞的，但它可以在一定的程度上獲得改善，並且透過人類的努力，至少可以減輕一些痛苦。」[15]或者，如同伏爾泰的傳記作家狄奧多·貝斯特曼（Theodore Besterman）如此描述：伏爾泰「主張人類可以活得更好，並呼籲人們為此進行努力。」

這樣的態度與更重視人的尺度而非神祕地服從命運的傾向，是啟蒙精神與人文主義的兩個共同的特徵。但並不是所有的啟蒙思想家都是人文主義者，反之亦然：兩種理念所強調的重點有所不同，而且無論如何，在這兩種人當中，彼此之間的差異很大。不過，一般來說，啟蒙與人文主義思想家有一個共同的傾向，他們關注今生甚於來世，關注人類多於神靈。兩者都認為理性與科學的運用，以及技術和政治上的進步，是改善我們生活的最佳途徑。

這些信念催生了啟蒙運動最著名的產物：一整套圖文並茂的《百科全書》（*Encyclopédie*），由德尼・狄德羅（Denis Diderot）與尚・勒隆・達朗貝爾（Jean le Rond d'Alembert）共同編輯，一七五一年問世。後期主要由不屈不撓的狄德羅單獨編輯，他寫了大約七千個條目（儘管如此，他並不是最多產的撰稿人：路易・德・若古〔Louis de Jaucourt〕寫了大約一萬七千個條目，佔全部內容的百分之二十八。他貢獻了許多醫學方面的內容，這顯然是因為他自己編了一本更詳盡的醫學詞典，但就在正要準備進行最後的潤色時，卻在海上遺失了手稿）。[16]

《百科全書》的撰稿人撰寫了有關哲學、宗教、文學等人文學科，以及各種機械、工藝、工具、工程系統與設備的文章。達朗貝爾是一位數學家暨物理學家；狄德羅則是一位刀剪匠的兒子。他們都認為實用的發明對人類生活是有益的。狄德羅從哲學觀點來看待這個計畫。他在「百科全書」的條目下闡述了該書宗旨，寫道，整體目標是要書寫世界——由現實世界構成的巨大圓圈——但始終以「人」為中心，因為我們是有意識的生命，能夠把這些知識匯集在大腦。以人類為中心，繞著我們旋轉的知識之輪，可供所有人使用——或至少是所有買得起這本書的人。[17]

有些啟蒙思想家對技術抱持更崇高的願景。尼古拉・德・孔多塞（Nicolas de Condorcet）是一位統計學家與政治理論家，他把自己的數學專長應用在他能想到的每一個改善生活的計畫，從分析民主投票、運河設計到船舶噸位的測量。他認為，知識的增長可以改善社會與政治條件，而這些條件最終會打造出一個完整而理性的幸福世界，一個性別、種族與階級平等的世界。隨著教育程度提升，社會在各方面日趨開明，迷信與神職人員會逐漸消失——直到「暴君與奴隸，神職人員和他們愚蠢或虛偽的工具」只能在歷史課本裡面找到[18]（以及在一些教育劇當中，以提醒人們擺脫了這樣的過去是多麼美好）。

伏爾泰沒有被這樣的願景所迷惑：他認為我們應該繼續耕耘我們的花園，靜觀其變。不過，他也懷抱著跟其他人文主義者同樣的希望：人類能夠更好地掌握自己的命運，為了追求福祉而更理性、寬容地安排自己的生活。簡而言之，人們可以更加幸福。而且在某些情況下，他們可以活得更久，不至於因為疾病、施工不當、地震或狂熱分子的暴力而喪命。

有些啟蒙時代的作家認為，以不同的方式來思考宗教，是邁向進步的重要途徑之一。

他們有些人在這方面發揮了很大的影響力，認為宗教信仰對宇宙運作的理解是錯誤的，對人類心理上的傷害也大於好處。霍爾巴赫男爵保羅－亨利・提利（Paul-Henri Thiry, Baron d'Holbach）是一位徹頭徹尾的唯物主義者與無神論者，也是狄德羅的密友。他在一七七〇年的作品《自然體系》（*The System of Nature*）中寫道，宗教一直讓人們籠罩在「黑暗的迷霧」之中，我們應該要鼓勵人們擺脫它——又是一個關於光明與黑暗之間的對比。他之所以這麼想，有一部分跟他的個人經歷有關。當他的妻子臨終之際，一位神父來到她的床邊，告訴她地獄有多可怕。霍爾巴赫親眼目睹了她的恐懼，這使他深信，神靈與來世的信仰令人們感到害怕與痛苦。伊比鳩魯和盧克萊修很久以前就說過同樣的話。霍爾巴赫寫道：「宗教不僅遠遠沒有為凡人帶來慰藉，沒有培養人的理性，沒有教他屈服於必然性，反倒讓死亡對他來說更加痛苦，使它的枷鎖變得更為沉重，使它充斥著可怕的幽靈，並使它的來臨變得恐怖。」此外：「它終於說服了人類，使他相信現世生活只是一段旅程，通向另一種更重要的生活。」[19]但我們可以學著更理解世界來解放自己——也就是說，學習把整個世界看成是物質構成的。

霍爾巴赫本人似乎是獲得解放的一個好例子：他狂熱地為白天的研究蒐集了大量的

自然史標本，也為晚上的沙龍準備了同樣多的美酒與美食，每週兩次，用來招待其他的啟蒙思想家。在他們這群人當中，他和狄德羅以無神論者著稱，儘管狄德羅對完全公開自己的的立場這件事更為謹慎。

其他的啟蒙思想家並不是無神論者，有些人還有正式的宗教信仰，但他們最後幾乎都跟教會與政治當局唱反調。例如，哲學家暨歷史學家皮耶．貝爾（Pierre Bayle）是一名新教徒（Protestant）——在被問及此事時，他的回答最為體現了對個人信仰的看法。據說他是這麼說的：「我是一名優秀的新教徒，而且是不折不扣的新教徒，因為我打從心底反對（protest）一切的言論與一切的行為。」[20]

有些人背離了體制內的宗教信仰，但並沒有完全成為無神論者。伏爾泰就是這樣。他反對宗教狂熱帶來的危害，特別是努力為新教徒尚．卡拉（Jean Calas）伸冤，後者被誣告謀殺兒子以阻止他皈依天主教，遭刑求後處決。伏爾泰成功地為他平反，雖然來不及拯救卡拉，卻幫助了他的家人，並使宗教寬容成為關注的焦點。[21]我們可以說，寬容曾經是伏爾泰的信仰。不過，他基本上是一位**自然神論者**。

十七世紀末期開始在歐洲知識分子中廣泛流行的自然神論（deism），主張宇宙是那麼地巨大複雜，所以必然有某個跟它一樣巨大萬能的造物主。但這並不意味著這位最高主宰（Supreme Being）對管理世界或人類事務的日常細節有什麼興趣。同樣地，一些自然神論者也對祂不感興趣。

因此，我們可以對腎結石與沉船表示不滿，因為我們這樣做是很自然的，但期望這位最高主宰來關心，甚至注意到我們的祈禱和抱怨是沒有意義的，就算我們找各種理由為災難辯護，祂也不會注意到。祂不會施展神蹟來促使我們改變信仰。祂不會——這是跟基督教正統觀念最大的分歧——派祂的獨生子來拯救我們。這純粹是人類編出來的神話。另一方面，令人感到安慰的是，即使祂有那麼一點不贊成音樂表演或耶穌會教士的行徑，祂也不會降下地震或疾病之類的災難。

如果我們仍然需要奇蹟，還有什麼比我們周遭這個井然有序、多彩多姿的世界更偉大的奇蹟呢？正如伏爾泰寫道：「奇蹟，就這個詞的完整意義來說，指的是令人讚嘆的事物。在這個意義上，一切都是奇蹟。大自然的鬼斧神工、一億個地球繞著一百萬個太陽旋轉、光線的移動，萬物的生命都是永恆的奇蹟。」[22]

在此同時，如果我們想減少人類的痛苦，改善我們的命運，我們必須自己去努力（事實上，無論人們的信仰為何，通常都會這麼做，正如十九世紀的人文主義者英格索爾曾說：「自古至今，人類都祈求幫助，然後幫助自己。」）[23]

自然神論跟無神論一樣，讓所有的教會感到相當不安。它否定了基督教關於個人救贖與犧牲的教義，對來世隻字不提，而且幾乎和《聖經》第一頁之後敘述的每個故事都產生矛盾，不然就是略過不提。當局因此加以壓制，認為它很危險。他們也壓制了其他類似的神學流派，如十七世紀哲學家巴魯赫．史賓諾沙（Baruch Spinoza）的思想。他描述上帝是如此普遍地與我們周遭的一切融合在一起，以至於我們**幾乎**可以把祂視為大自然本身。這一點確實很接近「自然就是一切」的主張。史賓諾莎甚至在發表任何作品之前，就被逐出他在阿姆斯特丹的猶太社群——這是極其嚴厲的懲罰，因為他的親友都不准跟他交談或給他任何幫助。他的作品後來也被新教與天主教當局查禁。[24]

這些思想中的人文主義意義，主要在於它們對我們的影響，而不是它們的理論內涵。如果祈禱和儀式無關緊要，如果在大自然的運作規律之外別無其他，那麼我們的生活中就只有人類關切之事。即使我們失去了神靈對個人的關注與奇蹟，我們卻因此得以對我們的世界負起責任，而且如果我們想改善某些事情，也不需要上蒼授意。

它對道德規範產生了重大的影響。如果我們想生活在一個有規範而和平的社會，就必須自己創造一個，並維持它的運作。我們必須建立一套良善、慷慨與互利的道德體系，而不是仰賴神靈指示來處理道德問題。我們可以嘗試制定自己的規則——比如說，「己所不欲，勿施於人」或「以全體人類本身為目的，而不是達到其他目的的手段」，以及「採取為最多人帶來最大幸福的行動」。這些都是思考道德問題的利器，但它們不是上帝寫在石板上的一套指示。我們的道德生活仍然是複雜的、個人化的——而且充滿了人性。

因此，人文主義者與啓蒙運動者受到一個古老的觀念所吸引：人類道德世界的最佳基礎，在於我們傾向於自發性地與別人建立同胞情誼：即「同情心」或同理心，或「仁」與「烏班圖」的概念所表達的人際連結感，也就是孔多塞所說的「大自然植入所有人心中的一種細膩而慷慨的情感，唯有在啓蒙與自由的有利影響之下才能開花結果。」[25]

早期的人文主義者曾經描述過這種道德上的同胞情誼；蒙田發現自己這種感情特別強烈，而且不僅僅是對人類而已。[26]他不忍心看到一隻雞的脖子被擰斷，變成晚餐的一道菜，他推斷，「我們不只對有著生命與感覺的動物負有一些尊重與普遍的責任感，甚至對樹木與植物也是。」他看到有人哭泣，甚至看到這樣的圖片時熱淚盈眶；有時候他不得不為了履行公務而目睹當時常見的司法酷刑與處決；他感到特別地痛苦，彷彿能夠感同身受。[27]

對了，既然人類似乎會有這樣的反應，我們很難理解為什麼有人會以別人在地獄裡受苦為樂。然而，這對早期神學家如特土良（Tertullian）來說，顯然不是個問題，他寫道，對基督徒來說，看著反基督教的迫害者被燒死，比馬戲團、競技場和賽馬加起來更有趣。[28]誠然，當時基督徒自己慘遭迫害，所以他們對復仇的渴望似乎是可以理解的。

但在十二世紀，我們還是可以看到克呂尼的貝爾納德（Bernard of Cluny）修士向我們保證：「就像你現在看到海洋中悠遊的魚兒感到愉快，你也不會因為看到自己的後代下地獄而悲嘆。」[29]充滿同情心、品德高尚的基督徒似乎必須在死後進行大量的心理建設，才能眼睜睜地看著自己的兒女受到折磨而不為所動。到了十九世紀，這成了人們放棄基督教信仰的原因之一。查爾斯．達爾文（Charles Darwin）說，他失去宗教信仰，有一部分是因為他無法想像怎麼會有人希望地獄真的存在。[30]哲學家約翰．史都華．密爾（John Stuart Mill）也說過：「我不會說神是善良的，當我對我的同胞們這麼說的時候，我指的不是祂；如果神因為我不讚美祂就把我打入地獄，那我就下地獄去吧。」[31]對他來說，人文主義主張的善是一個如此普遍的原則，甚至連上帝也應該遵守。

一六九九年，英國哲學家安東尼．阿什利．柯柏（Anthony Ashley Cooper），即第三代沙夫茨伯里伯爵（Earl of Shaftesbury），對於建立在同胞情誼與良好道德「品味」上的倫理體系的基本要素進行了整合。[32]他也是一位自然神論者，認為宇宙整體來說是善良和諧的（以至於伏爾泰在他的字典中撰寫關於「善，一切皆善」的條目時嘲笑了他）。對沙夫茨伯里來說，一切事物都息息相關，包括人類在內，這也是為什麼我們能夠互相同情，而這樣的反應也讓我們得以發展圓滿的道德生活。最重要的是，培養這種道德不需要任何特定的信仰體系，它來自我們的本性，我們只需要提高我們的道德品味，如同我們培養良好的藝術品味。這個過程主要依賴的是快樂：當我們為別人做了一些好事，他們會喜歡並肯定我們——這令我們感到快樂，所以我們就會做出更多的好事。一個人是可能會成為法國人所說的「尚禮君子」（*honnête homme*），字面上的意思是「誠實之人」，指的是有教養、有人性、心智健全、處世自在——也就是具有**人文精神**的人。

沙夫茨伯里在《德性或美德的探究》（*Inquiry Concerning Virtue and Merit*）中提出了這些論點，令法國讀者印象深刻。特別是狄德羅，他在翻譯這本書的時候是那麼隨興而有創意，彷彿在寫他自己的作品。狄德羅出版了這本書，但他必須提防法國的審查員，所以扉頁上沒有印出他跟沙夫茨伯里的名字，還假稱在阿姆斯特丹出版。[33]

這些預防措施是必要的，因為在當時信奉天主教的專制法國，談論關於人類的道德感是有風險的。以人為本的道德觀意味著，我們不需要外部權威來指導我們的道德抉擇。政治機構和宗教機構對此感到擔憂，因為它暗示人們可以有自己的想法而造成道德上的混亂。這是行不通的：一個有秩序的國家需要統一性，而不是多元性；需要一致性，而不是獨立性；需要等級制度，而不是個人主義。此外，「無神論者」仍然被認為是「沒有道德的人」的同義詞；容忍這樣的人會導致社會解體（因此，英國哲學家約翰・洛克〔John Locke〕主張對大多數宗教採取寬容的態度，但不包括無神論者，因為

承諾和誓言對他們沒有約束力；而且「即使只是在思想上否定上帝，也會毀滅一切。」）[34]

然而，反對者並不這麼認為。貝爾在一六八二年寫了一本書，名為《關於彗星事件的各種想法》（*Various Thoughts on the Occasion of a Comet*），他指的是人們在一六八〇年底初次看到的彗星，當時許多人認為這是神靈在干預人類事務。貝爾對此提出反駁，並繼續思考人類該如何在沒有這類干預的情況下，也能過得很好。他表示，就算有些人不承認宗教權威，他們仍然可能是品德高尚的——更重要的是，他說道，這群人所組成的社會也可能是品德高尚的。[35]也許，人類需要的只是依循自己的道德價值與社會關係而活的能力，在其中每個人的內心都有著受他人喜愛和讚賞的渴望。

貝爾很清楚，他不可能在法國出版這樣一本書，而且，身為一個以非正統觀點聞名的新教徒，離開法國可能會比較明智。因此他前往低地國家尋求庇護，而且為了進一步保護自己，假借科隆出版商的名義，匿名出版了這本書。他加入了一個以流亡者著稱的團體，並且在朋友們協助之下找到一份教職。[36]

但法國當局以另一種方式傳達了捍衛道德、教會與國家的信念。他們抓不到皮耶，就逮捕了他哥哥雅各（Jacob Bayle）。他被關押在惡劣的環境裡，五個月之後死去。皮耶聽說了以後，完全崩潰了。[37]

面對監禁、騷擾、流放、焚書以及其他種種無所不用其極的威脅，對法國啓蒙作家來說是家常便飯。伏爾泰年輕的時候，因為輕率地激怒了一位法國貴族而遭到暴力威脅，他在牢裡蹲了一段時間，後來流亡英格蘭。流亡對他來說是一件好事，他因此接觸了英格蘭的科學家與道德哲學家，並轉而支持接種天花疫苗——這種預防措施才剛剛開始在英格蘭流行起來，而這也是實踐淑世主義的一個很好的例子。這些經歷讓他寫下了大受歡迎的《哲學通信》（*Letters on England*）。但這本書也寫了一些犯忌的內容，包括他對法國言論審查制度的批評。關於箝制言論自由的指控引發了法國當局的不滿，並且在巴黎司法宮（Palais de Justice）的台階上燒毀了《哲學通信》。過了幾年，他的《哲學辭典》也在信奉天主教的巴黎與盛行喀爾文主義的日內瓦城邦遭到燒毀，[38]後者對言論自由的箝制並不遜於前者。伏爾泰採取了預防措施，他住在法國與日內瓦的邊界附近，以便根據當時哪個國家對他的迫害比較嚴重，從一個國家溜到另一個國家去。

狄德羅也坐過牢，一七四九年，他在文森（Vincennes）監獄服刑。他謙卑地寫信乞求讓他出獄，並承諾不再出版錯誤的書籍，但還是等了幾個月才獲釋。[39]他跟伏爾泰都下定決心要盡可能避免這種煎熬。兩人都沒有停止寫作，但他們——以及其他同一掛的作家——千方百計地轉移當局的注意力，避免惹上麻煩。他們在法國境外印刷他們的作品，由旅客藏在行李箱的夾層或其他地方，少量少量地走私到法國。他們使用假書名、匿名或化名的方式出版。[40]這些作品有時候甚至只透過手抄本流傳——那個在印刷術發明前的、抄寫與傳播手稿的技術，又重新流行起來，而遺失與損壞的風險也隨之大增。

在上一個世紀的荷蘭，史賓諾莎也透過手抄本來流傳他的作品。他有幾部作品的確在他有生之年問世，但他的大作《倫理學》（*Ethics*）卻只有手抄本在朋友之間流傳。他臨終時要求這些朋友把一大箱手稿用駁船運到阿姆斯特丹，進行更多的複製與翻譯，希望在他死後印刷出版。當時荷蘭新教與天主教當局都聽到了這樣的傳言，於是窮追不捨，天主教徒甚至招募了一名阿姆斯特丹拉比，試圖找出手稿的下落——總共有三批宗教獵犬在進行追蹤，但他們都沒有及時阻止它出版。[41]

箝制言論自由唯一的好處——相較於它帶來的痛苦與損失——在於它刺激了人們的巧思創意。霍爾巴赫男爵出版《自然體系》時，把手稿寄給了他祕書的弟弟，後者複製了一份並銷毀原稿，這樣就無法透過筆跡來追蹤。然後他把新的手抄本包好、密封寄給一位列日（Liège）的朋友，再由這位朋友轉交給阿姆斯特丹的出版商馬克·米歇爾·雷伊（Marc-Michel Rey），以另一位已故法國作家尚—巴蒂斯特·德·米拉博（Jean-Baptiste de Mirabaud）的名義出版了這本書。[42]

伏爾泰也替自己的作品披上了神祕的面紗：《憨第德》以「拉爾夫醫生」（Mr le Docteur Ralph）的化名出版，偽裝成德文譯本。然後他愉快地寫信給朋友們，問他們能不能寄給他這本他耳聞已久、臭名昭彰的書。[43]另外，他在國外印刷他的書，但有時候偷渡到法國會被攔截。他抱怨道：「這一陣子，沒有一本書可以寄來法國而不被官員查扣，他們這段時間建立起一座相當優秀的圖書館，所以他們很快就會成為貨真價實的文人了。」[44]

巧的是，這段期間負責言論審查的關鍵人物之一：紀堯姆—克雷蒂安·德·拉穆瓦尼翁·德·馬勒澤布（Guillaume-Chrétien de Lamoignon de Malesherbes）曾經是文人，

也是啟蒙思想家。他畢生的夢想是蒐集他熱愛的植物，以及思考植物學分類的問題。不過他卻發現自己身處第一線，擔任路易十五（Louis XV）的國策顧問與出版總監。他因此成為總審查長，手下有一百多人，整天都在檢查書籍和小冊子，尋找任何可疑的東西。但其中一些書籍的作者是馬勒澤布的朋友，他尊重他們寫這些書的理由。一七八八年，他在一篇關於新聞自由的論著中指出了過度審查的問題：藐視審查制度的，通常是比較極端的作者，但許多觀點比較溫和、比較有益於社會的作家卻因此不敢表態，這不利於建立詳實與平衡的公共論述。[45]

當馬勒澤布被要求審查或查禁朋友的作品時，他聽命行事，但同時也設法幫助他們。《百科全書》就是一個例子，這套書才出版了兩卷就被國王下令查禁，因為它的內容有損道德與皇家權威，還會激發獨立、反叛與不信教的精神；所有後續的工作資料都遭到扣押。馬勒澤布的任務是去查抄狄德羅的住所，這可能會導致更多敏感資料曝光，但他前一天晚上祕密會見了狄德羅，建議把這些材料藏在他家裡：一個沒有人會想到要查的地方。後來，他還談成一項新的審查安排，讓以後出版的《百科全書》各卷可以提交預審：這雖然不理想，但總比事後被禁好。甚至連國王也回心轉意了，因為他前任情婦與寵妃蓬巴杜夫人（Madame de Pompadour）支持它：她說她想查詢她衣服上的絲綢來自哪裡的資訊。在莫里斯—康坦・德・拉圖爾（Maurice-Quentin de La Tour）為她畫的一幅精美的肖像畫裡，背景出現了《百科全書》第四卷與伏爾泰等人的作品。[46]

至於狄德羅其他的手稿，由於不可能在任何預審程序中過關，他大多都沒有嘗試出版。直到他去世很久之後才問世的作品，包括了《懷疑論者的散步》（*The Sceptic's Walk*）（無神論者、自然神論者與泛神論者之間進行的一系列討論）、《修女》（*The Nun*）（揭發了強迫進入修道院的生活）與《拉摩的侄兒》（*Rameau's Nephew*）（涵蓋了音樂、道德與快樂等主題的對話）。直到一八二一年，最後一部作品才根據歌德一八〇五年的德文譯本重新譯成法文出版——這個德文譯本是根據原作的複製本進行翻譯的——而且，還要等到更久之後，直到一八九一年，才在一個二手書攤上發現原作。[47]諷刺的是，在《百科全書》中讚美印刷術與其他現代技術的狄德羅，他自己大部分的作品卻只能仰賴中世紀修士的手抄方式流傳。

他還有過另一次不愉快的經歷：當《百科全書》恢復出版時，他得知他的出版商已經開始偷偷修改所有的條目，刪除任何他認為會引起麻煩的內容——然後銷毀手稿，以致刪去的部分再也無法復原。經歷了這次打擊之後，狄德羅再也沒有完全重拾他對這個計畫的熱情。[48]

然而，至少他跟伏爾泰在個人生命沒有受到太多威脅的情況下安度餘生——馬勒澤布卻非如此。不過，殺死他的並不是教會或君主制，而是新的專制政權：法國大革命恐怖時期（the Terror）的官員。

當時馬勒澤布已經退休了——終於可以繼續研究他的植物學——但在一七九二年十二月，七十一歲的他卻突然重返他的法律工作崗位，為被捕的國王路易十六（Louis XVI）辯護與求情。這是一件很勇敢的事情，但他沒有成功，國王還是被送上了斷頭台。馬勒澤布回到他在鄉下的莊園，但拒絕逃離法國。一年後——恐怖時期全面展開——他跟他的家人幾乎全數被捕，罪名是陰謀幫助流亡者。他們被囚禁了幾個月，然後一個個被送上斷頭台。第一個死的是馬勒澤布的女婿，接著，在一七九四年四月二十二日，馬勒澤布本人被迫目睹他的女兒及其女阿琳（Aline-Thérèse Le Peletier de Rosanbo）跟她的夫婿被殺，最後自己也無法倖免。同樣的事情發生在他妹妹與他的兩個祕書身上；只有他的男僕逃過一劫。[49]

其他的啟蒙思想家也因為反對處決國王而遭遇厄運，其中包括女性主義者暨反奴隸制運動家奧蘭普・德古熱（Olympe de Gouges）。一七九一年，她對法國議會發表了

《婦女和女性公民權利宣言》（*Declaration of the Rights of Woman and of the Female Citizen*），呼籲他們把當時大肆鼓吹的新人權也賦予婦女。然而他們無視她的論點，並在一七九三年十一月三日將她斬首。其中一位主事者，理論家皮耶－加斯帕德・肖梅特（Pierre-Gaspard Chaumette）解釋她所犯下的錯：「她忘了她所屬性別的美德，使她走上了斷頭台。」（但過了幾個月，他自己也死在斷頭台上）。[50]

另一位受害者是相信更好的數學與同胞情誼可以促進人類進步的孔多塞，雖然他並沒有真的被送上斷頭台。他也主張婦女應該享有完整的公民權，但同樣一無所獲。[51] 他在倉促中寫下了他的代表作《人類精神進步史表綱要》（*Sketch for a Historical Picture of the Progress of the Human Mind*），提出他的進步理論。當時他害怕被捕或面臨更可怕的後果，於是躲在一個朋友那裡。他贊成革命，但反對不斷升級的暴力，特別是處決國王，所以他也被列入黑名單。一七九四年三月，他擔心自己會連累庇護他的女主人，於是離開了藏身處，試圖假扮成一名農夫，到鄉下避風頭；結果他被逮住並關進當地監獄，隔天被發現死在那裡，不過究竟是自殺還是他殺，一直都無法確定。今天讀到這篇遺作，看到裡面描繪了一個光輝的願景，關於一個完美理性的未來世界，沒有壓迫、不平等、暴力或任何政治上的愚蠢——再回想它的寫作背景，不免會有一種奇怪的感覺。當然，這就是問題所在。他在書中寫道，對一個受苦的哲學家來說，想到未來的人類

「沿著真理、美德與幸福的道路堅定不移地前進，是多麼令人欣慰啊！」他還說：「這樣的沉思為他提供了一處避風港，在那裡他可以把迫害他的人拋諸腦後，沉浸在思緒裡，恢復一個人的自然權利與尊嚴，並且忘了貪婪、恐懼或嫉妒是如何折磨與腐蝕了人類。」[52]

最後一位替國王求情而遭到監禁（但沒有被處決）的作家是湯瑪斯・潘恩（Thomas Paine），他是孔多塞的朋友，在美、法兩國因為支持革命的作品而聞名。雖然他是英國人，但他也有美國公民身分——這救了他。他在一七九三年十二月被捕，坐了十個月的牢，擔心自己隨時會被處決，後來才被釋放：新上任的美國駐法大使詹姆斯・門羅（James Monroe）成功讓他獲釋。[53]

潘恩被押送到監獄的那天，剛剛完成《理性時代》（*The Age of Reason*）的第一部分，他反對傳統宗教，主張開明寬容的自然神論。他被帶走的時候，設法把手稿交給一個朋友；後來他在門羅的庇護之下，繼續工作並完成該書的第二部分。

雖然這本書的第一部分寫得很匆促，卻更有說服力（第二部分主要是支持他論點的聖經參考文獻）。潘恩寫道，想到教會因為伽利略（Galileo）研究天空而迫害他，是多麼令人震驚——那些美麗而井然有序的天空，活生生地證明了造物主的力量。令人難以置信的是，「一切都應該以**宗教**的名義存在，然而這個宗教卻認為研究與思考上帝創造的宇宙結構是**反宗教**的。」潘恩的想法展現了典型的自然神論思想，他也拒絕接受耶穌被派來世界為人類提供個人救贖的觀念，尤其是描述耶穌受難的經文。潘恩認為，這些殘酷的故事「比較適合關在修道院小房間裡的陰鬱修士，不無可能是他們發揮文才創作出來的」，不適合任何「呼吸天地之間的新鮮空氣」的人。且後來為了宣傳這些故事所設立的教會機構甚至更糟糕：它們「是人類發明出來的，用來恐嚇與奴役人類，並且壟斷了權力與利潤。」[54]

潘恩寧可奉行人文主義的原則：對生命心存感激，不崇拜苦難，展現寬容，並盡可能理性地處理問題。他的啟蒙運動人文主義信條總結如下：

> 我相信人人平等，我相信宗教的責任在於伸張正義，愛好仁慈，並努力使我們的同胞幸福。[55]

《理性時代》暢談同胞情誼、平等、幸福，並且理性地歌頌了宇宙的壯麗，卻給潘恩帶來一些不太愉快的經歷。一八〇二年，一名驛馬車夫在報紙上看到詆毀這本書的報導後，拒絕讓作者登上他從華盛頓到紐約的馬車。同年聖誕節前夕，一個身分不明的人試圖在潘恩在紐約新羅謝爾（New Rochelle）的住處朝著他的頭部開槍，他險些中彈。

他曾經表示希望死後葬在貴格會（Quaker）的墓地——他本身是貴格會成員，但當他真的去世（自然死亡）時卻遭到拒絕，而無法實現他的心願。最後他被埋葬在自家的院子裡。後來，發生了一件奇怪的事：英國政治記者威廉．科貝特（William Cobbett）在一八一九年把潘恩的骨骸挖出來，帶到英國，想為他建立一塊更合適的紀念碑。但這個計劃出了問題，所以科貝特保留了骨骸直到他自己去世，但這時骨骸卻不見了，並從此下落不明。[57]

《理性時代》持續吸引英美兩國的讀者——儘管它往往被當權者忽視，但最糟糕的是，它遭到了查禁。英國認為這本書褻瀆神明，出版它跟潘恩其他的作品都是違法的。而即使某些作品沒有褻瀆神明，也被認為帶有政治煽動性。有些出版商還是沒有屈服，甚至為工人階級的讀者出版了平價版——這也是一個值得關注的問題，因為這些作品似乎真的會引發暴動，而非只是傳達比較溫和、紳士的非正統思想。

在英國，潘恩最死忠的擁護者是理查德．卡萊爾（Richard Carlile），他是社會主義者，也是自然神論者。他因為他的出版品而入獄將近十年，其中包括一套平價版的潘恩著作。一八一九年，卡萊爾因為出版他自己在彼得盧屠殺（Peterloo Massacre）（一隊騎兵對曼徹斯特（Manchester）聖彼得廣場（St Peter's Fields）上的抗議者發動致命的襲擊）的經歷與潘恩的《理性時代》而受審。為了違抗關於後者的禁令，卡萊爾運用了一項聰明的法庭技巧，他在法庭上完整地背誦了整部作品，作為辯護詞的一部分，主張它是理解本案的關鍵。他的如意算盤是，他在審判中所說的一切，事後都可以作為法庭記錄合法出版——當然也包括《理性時代》的全文。如果這個計劃成功了，它將成為有史以來抨擊審查制度最成功的事蹟之一，在人文主義歷史上留下紀錄。但遺憾的是，他沒有成功，沒有任何記錄稿出版。[58]

理查德・卡萊爾被判有罪，在多爾切斯特監獄（Dorchester Prison）服刑兩年。起初，他的妻子珍（Jane Carlile）在他不在的時候維持印刷廠的運作，後來她也因此被定罪，被送往多爾切斯特；印刷廠則交給他的妹妹瑪麗・安・卡萊爾（Mary Ann Carlile）負責——結果她也入獄了。他們三個人被關在同一間牢房。理查德利用這段時間寫了一些作品，有的偷運出去，有的留待以後使用。他在這段時間所寫的作品之一是《給科學界人士的演講》（*An Address to Men of Science*），主張教育應該以天文學、化學等科學為基礎，而不是宗教或古典文學名著，目的是讓孩子們從小認識到我們是物質存在與自然界的一部分。[59]

就這樣，雙方繼續鬥智下去：監獄牢房不斷地塞進離經叛道的思想家，而這些思想家也不斷挖空心思，想出新的方式來迴避審查，巧妙地進行誤導。特別是善用以前的人文主義者的複製技巧。

但在這種情況之下，他們被迫過著偷偷摸摸而令人不安的生活。他們不能直言不諱；因此任何一個人都很難成為「尚禮君子」或「尚禮女士」（honnêtes femme）。他們往往不得不採取一種「祕傳式」的寫作，外人看到的是表面上的意思，只有自己人才懂裡面隱藏的真正意思。他們變得難以捉摸而曲折隱晦是出於必要，而不是選擇。正如沙夫茨伯里在一七一四年觀察到，無法直言不諱的人會運用諷刺手法來表達：「是迫害的精神激發了戲謔的精神。」[60]

他們因為這麼做而失去了一些誠信，使自己和別人陷入險境。潘恩寫道，不得不假裝相信自己不相信的東西，比擺明了不相信要糟糕多了：這是「在精神上撒謊」，而這麼做是要付出代價的。[61]人們指責無神論者與自由思想家缺乏道德感——事實上，這是因為他們經常遭到迫害而失去了他們的道德觀。如果他們大多數的人在經歷這一切之後，還能多多少少保持一顆誠實之心，那麼我們可以說——這簡直是個奇蹟。

對那些認為沒有宗教信仰的人不可能是好人的人來說，有一個例子特別令人困惑：蘇格蘭啓蒙哲學家大衛．休謨（David Hume）。他就是這麼**好**。

另一件令人困惑的事是，休謨也是他那個時代最冷酷無情的思想家。他在一七三九年和一七四〇年之間出版的《人性論》（*Treatise of Human Nature*）徹底粉碎了人類在面對生活、經驗或世界時的可靠或確定感。他告訴我們，我們不能確定任何原因會帶來任何結果，或明天太陽會不會升起，或我們有沒有一致的個人身分。我們**覺得**真實、連貫的原因與身分是存在的，但這些只是感覺而已，源自習慣與聯想。二十世紀哲學家暨廣播員布萊恩．麥奇（Bryan Magee）作了一個很好的總結，他說：「當你帶著問題去找休謨，他總是會告訴你：『這比你想像的還要糟。』」[62]

接著是他對傳統信仰的抨擊。他說，我們聽了各種關於奇蹟的故事——癱瘓的人站起來走路、聖人顯靈、祈禱得到回應——但停下來想一想，哪一件事更有可能是真的？是否真的發生過一些事情，跟你之前關於自然界運作的所有經驗是互相矛盾的？還是有人犯錯、撒謊、編造、篡改敘述，或者說了一些讓聽眾誤解的事？他建議我們應該要用一個基本原則：「任何證詞都不足以證實奇蹟，除非證詞是這樣的：它的虛假會比它努力證明的事實更神奇。」[63]（後來的科學傳播者卡爾．薩根（Carl Sagan）說得更清楚：「超凡的主張，需要有超凡的證據」

（Extraordinary claims require extraordinary evidence）。[64]

休謨繼續說，想像一下，有人說他看到一個死人復活了——通常這是一件從來沒有發生過的事，所以它跟我們之前關於死屍的所有經驗是互相衝突的。如果你運用這個原則來進行測試，你必須要問，哪一種可能性比較大，是發生了這樣一件奇怪的事情，還是這個人說的話有問題。[65]在寫文章給那些主要把信仰建立在復活故事上的基督徒讀者的時候，這是一個很好的例子。

休謨首先向一名耶穌會教士提出他的論點，而這個事實顯然讓他受到打擊。休謨在寫《人性論》的時候，住在法國的拉弗萊什（La Flèche），因為那裡的生活很便宜，而且他跟學院裡的耶穌會教士相處愉快；他們讓他使用他們的圖書館。當時他們之中有人告訴他，據說他們的團體中發生了奇蹟，休謨聽了以後，腦海中閃現了他的測試原則，並且告訴這位耶穌會教士。後者想了一下之後說道，這不可能是對的，因為如果是這樣，它可以用來否定《新約聖經》裡的故事以及現在發生的奇蹟。而很明顯地，休謨已經預期到這樣的反應，所以並不介意。[66]

他原本打算在《人性論》中加入有關神蹟的論點，後來卻失去了勇氣。這些論點只出現在他後來針對《人性論》的哲學進行再創作的作品，即《人類理解研究》（*An Enquiry Concerning Human Understanding*）。他甚至對其他著作保密得更久，包括討論自殺的道德問題與靈魂不朽的論文。他寫了《宗教自然史》（*The Natural History of Religion*），但延宕了好幾年才出版，而《關於自然宗教的對話》（*Dialogues Concerning Natural Religion*）則從未發表。在這本書裡，對話者比較了他們在這個問題上所持的不同觀點，他們討論的問題之一是，無神論者能不能做出良好的行為。[67]一位發言者說（伏爾泰顯然也這麼認為），如果人們相信有來世，可能會有幫助，這會促使他們行善；另一位發言者則不同意，他問道，如果是這樣的話，為什麼歷史上還是充滿了迫害、壓迫與宗教內戰？「如果任何歷史敘事提到了宗教精神，我們一定會在後面讀到它所帶來的種種苦難。沒有哪一個時期，比那些從未重視或聽說過宗教精神的時期更幸福或更繁榮的了。」[68]

儘管休謨採取了預防措施，但他家鄉愛丁堡（Edinburgh）的每個人，以及法國的啟蒙思想家們似乎都知道，至少他是一位充滿懷疑精神的自由思想家。「無神論者」與「大異教徒」的綽號使他聲名狼藉，反對者阻止他在愛丁堡和格拉斯哥（Glasgow）大學任教，他也失去了在愛丁堡的蘇格蘭出庭律師協會（Faculty of Advocates）的圖書管理員的工作。[69]但情況原本可能會更糟：幾十年之前，一名二十歲的學生湯瑪斯・艾肯海德（Thomas Aikenhead）在這裡因褻瀆罪遭到處決。只因為他輕蔑地談論聖經故事，還說「上帝、世界與大自然，都是同一樣東西。」[70]

然而，休謨本人跟他令人震驚的名聲相反，幾乎所有見到他的人都對他的善良與和藹可親感到驚訝。他另一個綽號是*le bon David*，意思是「善良的大衛」。他的蘇格蘭同鄉詹姆斯．博斯韋爾（James Boswell）寫道：「如果不是因為他的異教徒作品，每個人都會喜歡他。」有一次，建築師羅伯特．亞當（Robert Adam）想邀請休謨到愛丁堡的家吃飯，亞當的母親拒絕了：「我樂於跟你任何一位朋友共進晚餐，但我希望你不要把無神論者帶到這裡來，打擾我的平靜。」不久之後，在另一次晚宴上，亞當還是帶休謨來了，但沒有透露他是誰。客人們離開之後，他的母親說，每個人都很棒，「但坐在我旁邊那個快樂的大塊頭，是他們所有人裡面最討人喜歡的。」亞當說：他就是無神論者！「好吧，」她說道，「你隨時可以邀請他來。」[71]休謨是個活生生而充滿笑聲的見證，印證了他藉由《關於自然宗教的對話》裡的人物之口提出的想法：「相較於妄自尊大的神學觀點，一點點天生的誠實與仁慈對人們的行為有更大的影響力。」[72]

休謨變得如此平易近人，還成了那個「快樂的大塊頭」——但他年輕的時候，曾經因為進行了太多徒勞無功的哲學論戰而接受過治療。在他用無法解決的哲學難題折磨自己的大腦之後，他陷入萎靡不振的狀態，並寫信給一位醫生徵求意見。醫生建議他放棄哲學、每天喝一品脫波爾多紅酒，再從事一些溫和的騎馬運動。休謨試了一下，很快就像他所寫的——成了「你所見過最結實、最強壯、最健康的人，臉色紅潤，表情開朗。」[73]

即使後來他重拾哲學研究，還是能夠保持強健的體魄，這主要是因為他現在以一種更有建設性的方式來思考哲學，亦即回到「人性」本身，而不是試圖在抽象的基礎上建立理論。他跟蒙田一樣從人的尺度出發：觀察自己和別人，並且對這些經驗與行為提出質疑。

休謨跟蒙田之間還有其他相似的地方，特別是他們把最嚴格的知識分子的懷疑態度與寬容的幽默感驚人地結合在一起。例如，當休謨在《人性論》第一冊結尾告訴我們，這本書的內容是這麼地奇怪，以至於他現在覺得自己像個怪物時，我們彷彿聽見了蒙田的聲音（「我在哪裡，或我是什麼？我何以存在，我又會回到什麼狀態？我應該討誰喜歡，又應該對誰的憤怒感到害怕？我周圍有什麼樣的生物？」）——後來才得出結論，根本沒什麼好擔心的。理性可能對他沒有幫助，但日常生活的樂趣自然而然地分散了他的注意力，很快就治癒了他的「憂鬱與譫妄」。「我吃飯、玩西洋雙陸棋、聊天，而且跟我的朋友們在一起很快樂。」[74]

休謨復原之後，確實又展開了他的哲學思辯，《人性論》其餘的部分探討了情感與道德議題；他認為道德建立在「同情心」或同胞情誼之上，這跟蒙田與沙夫茨伯里一樣，也跟他的朋友亞當・史密斯（Adam Smith）一樣，後者也探討過這個主題。[75]當某人感受到某種情緒，會在那個人的臉上或聲音中表現出來，而當我看到或聽到的時候，我也會出現同樣的情緒，因為我自己以前有過類似的感受。他說，我們的思想就像「彼此的鏡子」：這種說法很有蒙田的味道。休謨在這裡似乎預見了類似我們現在對於「鏡像神經元」（mirror neurons）的理解，但他所借鑒的是在道德心理學領域已經建立起來的傳統。他跟前人一樣，根據這個想法發展出一套倫理學理論，他解釋，由於我們的情感鏡像作用，當我們想到別人快樂的時候，我們通常會更快樂，這使我們傾向於贊同任何可以促進全體人類同胞繁榮的事物。

休謨跟蒙田（以及伊拉斯謨）之間的另一個共同點是，他們思想大膽，但行為謹慎。他過的生活跟瓦拉不一樣，甚至也不像伏爾泰。他喜歡友誼與知識上的追求，而不是醜聞和衝突。他曾經在給一位朋友的信上寫道：「我可以用那些批評我的書和小冊子鋪滿一個大房間的地板——我對它們不做出任何回應，並不是因為輕蔑（我尊敬其中一些作者），而是因為我想過自在清靜的生活。」[76]

因此，他不去寫那些最有可能破壞這種清靜的著作。打從他決定不把有關神蹟的論點寫進《人性論》的時候，他就承認：「這是懦弱的表現，我為此感到自責。」[77]後來，他在一七五七年出版了討論各種主題的《四篇論文》（*Four Dissertations*），但在最後一刻刪除了兩篇關於自殺與靈魂不朽的論文。它們確確實實從書上被剪掉了，以不同的文章取代。[78]用書目學的術語來說，它們被「撤掉」（cancelled）了——這個詞最近有了更廣泛的文化含義，用來描述那些被認為不被公眾情感所接受的人或作品，遭到消音或被迫退出的狀況。休謨撤掉了自己的作品，但並沒有銷毀它，也沒有停止寫作。

在其他方面，他表現得格外大膽。博斯韋爾被休謨所震撼，因為他並不期待來世進入天國，對此也不感到擔憂。博斯韋爾決定要好好盤問他，這是他對名人一貫的做法：他跟在他的朋友塞繆爾．約翰遜（Samuel Johnson）旁邊，記錄他所說的一切，包括關於宗教的言論。[79]博斯韋爾也去拜訪過伏爾泰，並向他拋出一個難題：「我要他老實地坦白自己真正的感受。」當伏爾泰說他真正的感受是對於最高主宰的愛，以及想要為了效法「善的創造者」而做一個好人的時候，博斯韋爾承認，「我被感動了；但我也因為懷疑他的誠意而感到抱歉。我激動地對他喊道：「你是真心的嗎？你真的是真心的嗎？」他說他是真心的。

有一天，博斯韋爾在教堂裡聆聽關於信仰慰藉的佈道，他心裡暗自惦記：改天一定要問問休謨，身為一個不信教的人，他如何保持這麼好的精神狀態。如果有一天博斯韋爾自己失去信仰了，了解這一點可能會有幫助。對休謨來說，提供他可能需要的任何建議，才是「人性」的表現。[80]

一七七六年，當他有機會跟休謨交談時，情況卻比博斯韋爾預期得糟糕。休謨剛剛被診斷出腹部有一個致命的腫瘤，大到可以透過皮膚感覺到，而且他知道自己會因此而死。[81]博斯韋爾比以往任何時候都更想知道，他如何接受自己餘日不多的事實。

博斯韋爾去拜訪這位哲學家，在前廳見到了他，休謨看起來瘦弱而憔悴，不再像以前那麼豐滿。但休謨很開朗，就事論事地承認死亡將近。博斯韋爾問起他的信仰，休謨說，他早就失去了信仰。「然後他直截了當地說，每一個宗教的道德觀都是不好的，而且，我真心覺得，當他說他聽到一個人有宗教信仰，就斷定他是個壞蛋的時候，並不是在開玩笑。」博斯韋爾感到驚訝，休謨面臨死亡時還能說出這樣的話。

博斯韋爾問休謨（我根據他的轉述來轉述他們的對話）：即便如此，人類難道不可能有任何來世嗎？

休謨回答，一塊放在火上的煤有可能不會燒起來。他暗指他自己關於因果關係與奇蹟的哲學論點；但這不太可能。

是的，博斯韋爾問道，但一想到毀滅，你不會同樣感到不安嗎？

休謨說，一點都不會。

休謨的這些回應一方面讓博斯韋爾感到欣慰：「休謨先生幽默的寒暄，炒熱了現場氣氛；當時死亡似乎並不令人傷感。」但另一方面，他也感到惶恐：「他給我的印象讓我不安了一段時間。」[82]如果一個生命垂危的人可以這樣說話，那麼，下面任何一個對於無神論者的普遍看法怎麼可能會是對的：說無神論者是邪惡的；說他們終究會回歸宗教，因為他們沒有宗教就活不下去；說他們不可能展現英勇或高貴的特質？

事實上，博斯韋爾後來把休謨的事告訴約翰遜，後者斷然拒絕相信。「他撒謊，」約翰遜說道。「他有一種想讓別人以為他很自在的虛榮心。他撒謊的可能性，比一個人不怕死這種相當不可能的事情要大得多。」[83]約翰遜巧妙地用休謨自己關於奇蹟的論點來反駁他。但博斯韋爾更敏銳地察覺到，約翰遜說話這麼衝的真正原因：他特別容易對死亡感到焦慮、對自己的信仰是否堅定感到焦慮，所以他不得不努力維持他的確定感。

同時，在愛丁堡，休謨的朋友史密斯在他病情惡化時一直陪在他身邊，後來發表了一份關於他人生最後幾週的簡短記錄。休謨也寫了一本簡短的回憶錄《我自己的生活》（*My Own Life*），後來由史密斯出版，並且繼續修改他其他的作品。他有許多朋友來訪，他跟他們玩他最近迷上的惠斯特紙牌遊戲（whist）。他常常看起來如此地正常，以至於朋友們幾乎不相信他真的快死了。休謨說，這是真的。「我正在快速死去，就像我的敵人期望的那樣——如果我有敵人的話——同時也輕鬆愉快地死去，就像我最好的朋友期望的那樣。」他開玩笑地說，要找藉口說服希臘神話中冥河的船夫卡戎（Charon）延後帶他過河到冥界（當然，他並不相信這個神話）。「好心的卡戎，我一直在幫我的作品修訂最新的版本。請多給我一點時間，讓我看看大家對這些更動有什麼反應。」[84]

他所修訂的作品當中，包括他長期保密的關於宗教與懷疑的文章。他盡力安排這些文章在他死後出版。首先他問史密斯是否願意承擔這項任務，但史密斯看起來很緊張，所以休謨就不麻煩他了。他修改遺囑，要求他長期合作的出版商威廉・斯特拉恩（William Strahan）在兩年內出版《關於自然宗教的對話》，並由他決定是否出版之前被撤掉的〈論自殺〉（Of Suicide）、〈論靈魂不朽〉（Of the Immortality of the Soul）這兩篇論文。[85]休謨跟許多其他的人文主義者一樣，透過現世的出版讓他的作品永垂不朽，這對讀者來說很重要。

然而，斯特拉恩從未出版這些作品。《關於自然宗教的對話》在一七七九年匿名出版，而且是休謨的侄子安排出版的，不是斯特拉恩。關於自殺與靈魂不朽的論文也以匿名和未經授權的版本問世，直到十九世紀才正式以休謨的名義出版。[86]

卡戎也沒有打算順著休謨的意思，他不能永遠等下去——休謨只會沒完沒了地修訂下去，永遠沒有完成的一天。所以來吧！卡戎說道，「請上船吧。」休謨於一七七六年八月二十五日去世，他的醫生表示，他在最後一刻表現出來的，只有「幸福的平靜」。[87]四天之後，一群人聚集在他家門口，看著靈柩在大雨中運往墓地。博斯韋爾也去了，遠遠地向他致敬。有人聽到人群中有人說：「啊，他是個無神論者。」對此，有人回答說：「不要緊，他是一位君子。」[88]

史密斯同意這樣的說法，他在描述休謨之死的紀錄結尾寫道：「我一直認為，他不論生前還是死後，都很接近一位睿智而品德高尚的完人，而這或許是人性弱點所允許的。」[89]

審慎和英勇並重；因為友善而受人愛戴，但在抨擊錯誤的推理時令人生畏；喜歡各種消遣，同時致力於改善人類思考時的知性與道德——「善良的大衛」是**啟蒙思想家**的完美典範，也是一位具有**人文精神**的人。

第七章
全體人類的領域

一四〇五年～一九七一年

塑造人文主義與被人文主義塑造的四個觀念：普遍性、多元性、批判性思考、道德連結／瑪麗·沃斯通克拉夫特、哈麗雅特·泰勒·密爾與最大、最高的領域／傑瑞米·邊沁、奧斯卡·王爾德與例外／弗雷德里克·道格拉斯與永遠的清醒／又是福斯特／把碎片拼湊起來

不過，話說回來，休謨（以及任何人）都不是完美的。

目前為止，本書中幾乎所有的人文主義者都有一個嚴重的侷限：他們幾乎只把他們的人性或人文精神應用在白人、身體健全、順性別的男性——也就是說，他們看起來多多少少像是達文西的維特魯威人。只有屬於這個子集的人才能渴望成為「通才」，任何其他類型的人都被視為有缺陷或品質低劣，也許完全低於人類水準。

人文主義思想家並不是特例，歷史上大多數的歐洲知識分子都認同這些假設。然而，有些啓蒙時代的人文主義者傾向於在談論這些問題時，帶著似是而非的科學自信。休謨就是其中之一：他在一個臭名昭彰的註腳中，斷言非白種人「天生低劣」，在文化上創造不出任何可以跟歐洲人相提並論的東西。「他們沒有精巧的製造業，沒有藝術，也沒有科學」。而在詹姆斯．比提（James Beattie）提出批評，指責他和其他哲學家認為「每一種不符合現代歐洲習慣的做法與情感都是野蠻的」之後，休謨修正，只針對非裔人士進行這樣的侮辱——但顯然完全沒有改進。[1]

同樣地，有些啓蒙運動思想家對此也缺乏洞察力，其中包括一位我們原本期待他會更好的人：孔多塞。整體來說，他強烈譴責殖民主義、種族主義與性別歧視，並提出了全體人類共享開明未來的願景。然而，他並不認為所有人類在邁向進步時的**出發點**是平等的，他想知道某些文化是否在發展上終究會遇到瓶頸，它們是否只會逐漸消失，卻不至於影響人類整體的進步。[2]

還有女性議題。尚—雅克・盧梭（Jean-Jacques Rousseau）是那個時代最激進的政治思想家之一，然而當他談到女子教育問題時，卻成了最古板的守舊派。他在教育學論著《愛彌兒》（*Émile*）中寫道，女孩子不需要學習哲學或科學，因為她們只要知道怎麼取悅老公就夠了（而且他不是在諷刺）。[3]伏爾泰確實認為女性可以成為優秀的科學家：他跟他的朋友兼情人，數學家暨翻譯家埃米莉・沙特萊（Émilie du Châtelet）分享了他對牛頓物理學與其他問題的研究。儘管如此，當她去世時，他寫道：「我失去了一位陪伴我二十五年的朋友，一位偉大的人，她唯一的缺陷是身為女人。」——還覺得這是在恭維她。[4]

整體來說，這些啓蒙思想家只是繼承了一個古老的傳統，即便在某些問題上表現出色，卻在其他問題上耍笨。例如，在古希臘，柏拉圖支持女性教育，但他也認為女人是由前世懦弱或不道德的男人轉世而來的（情況可能會更糟：更失敗的人下輩子會轉世成貝類）。[5]亞里斯多德寫出了歐洲最偉大的倫理學與政治學奠基之作，但它只適用於希臘男性自由人；至於其他人，包括女性與被他歸類成天生被奴役的人都是比較低劣的。亞里斯多德認為，辨別這種人的方式如下：「如果某人能夠成為另一個人的財產（並且因此實際上成了另一個人的財產），如果他自己缺乏理性而必須透過另一個人才能了解並進行理性思考，那麼他就是……天生的奴隸。」最後一句話主要是為了區分被奴役的人與非人類的動物，因為後者無法辨識理性。有了這個附帶條件，這裡的重點在於，你可以從那些人目前被奴役的事實，看出那些人注定要被奴役。顯然對他們來說，「奴隸制是正當而有益的」。亞里斯多德還把奴隸制與男性天生對女性的支配相提並論，進一步說明這種狀況。[6]

亞里斯多德關於「奴隸天性」的理論被拿來合理化隨後長達幾個世紀的剝削。十六世紀時，哲學家胡安・吉恩斯・德・塞普爾韋達（Juan Ginés de Sepúlveda）以此為西班牙對加勒比海與中美洲人民的虐待辯護，說他們是被獨立創造出來的產物，可以當成家畜對待。[7]美國阿拉巴馬州（Alabama）的外科醫生約西亞・克拉克・諾特（Josiah Clark Nott）在一八四四年的一場演講中，引用了關於獨立起源的理論，為北美奴隸制辯護，並錦上添花地用一句話作結——不是於亞里斯多德說的，而是波普。就是《人論》裡的那句萬用名言，排版時還加上粗體強調：「**凡存在者必合理**，這是清楚的道理。」[8]事實上，亞里斯多德大部分的論點也可以歸納成這句話——唯一的差別在於，據說諾特是以基督徒的身分寫作。

其實，在有關人性的問題上，有些基督教機構比世俗哲學家更有見識。奧古斯丁在他的《上帝之城》頗具影響力地指出，形形色色的人類都來自相同的起源——儘管他舉的例子是一些古老的故事，包括有著狗頭或只有一隻可用來遮雨的龐然大腳的人種。就算是這些人也有人類的靈魂；因此，只要向他們介紹基督教的教義，他們就可以得救。因此他指出，奴隸制是壞事，傳教活動則是好事。[9]這種神學觀在一五三七年得到認可，當時的教宗頒佈了一份詔書，裁定在美洲奴役人民是錯誤的。然而，這場辯論並沒有結束，基督徒繼續想辦法為這種行為辯護，他們通常否認不同的民族**確實**擁有同樣的起源。不過也有幾個教派陸續支持廢奴，貴格會教徒（Quakers）是這方面的先驅，接著福音派聖公會教徒（Evangelical Anglicans）等也發起廢奴運動，他們都強調了普遍共同的人性。約西亞・威治伍德（Josiah Wedgwood）於一七八七年為廢除奴隸交易協會（Society for Effecting the Abolition of the Slave Trade）製作了一枚獎章，充分體現了這個原則：獎章上有一個戴著鐐銬的黑人跪在地上，問道：「我難道不是一個人，一個兄弟？」[10]

但談到女性對人性與自由的主張時，基督教更傾向於認為「凡存在者必合理」的思路。當男人們看著他們認識的女人，特別是上流社會的優雅女性，發現她們沒有什麼學習成就或成熟的跡象：女人感興趣的東西似乎很無聊，她們的行為舉止也很謙遜順從。所以讓她們繼續維持現狀永遠是「正當而有益的」的：也就是說，讓她們在無聊的、最低限度的教育中成長，並且壓抑任何自負有主見的行為。

令人驚訝的是，相較之下，啓蒙時代的人文主義者並沒有經常跳脫這一類的窠臼。

畢竟，他們以批判性地質疑既定的觀念為榮，許多人還主張「同情心」與同胞情誼是道德的基礎。在大多數情況下，他們跟泰倫提烏斯一樣，主張「我是人，沒有任何人類之事與我無關。」然而，他們似乎常常喜歡在這句話後面加上一些例外。

不過，並不是所有人都是這樣，有些人確實擴大了他們的視野。有幾位人文主義者疾呼每個人都擁有基本的人性，而且他們提出的理由跟**現世**生活有關，而不是來世的救贖。基於人文主義者所秉持的理性與淑世主義信念，伏爾泰主張對不同的宗教表示寬容，孔多塞與德古熱主張把女性與非歐洲人納入法國大革命的人類解放思想，而跟他們同時代的啓蒙思想家傑瑞米．邊沁（Jeremy Bentham）則主張現在所謂的多元性別族群（LGBTQ+）權利。

這些先驅和他們的後繼者，主要是根據四個重要的人文主義觀念提出他們的論點。其中的第一個，是剛剛提到的：我們擁有同樣的人性，所以「沒有任何人是局外人」。

相反地，第二個觀念強調的不是普遍性而是多元性。是的，我們都是人，但我們也因為文化、政治局勢與其他因素而過著不同的生活——而這種差異應該得到尊重與讚賞。

第三個觀念是重視批判性思考與調查。不管對哪一種類型的人文主義者來說，人類生活中沒有一樣事情是不證自明的，也不能以權威與傳統為由而加以接受。凡存在者未必合理，應該受到質疑。

第四個觀念是普遍相信我們的道德生活是人性的核心，可以透過尋找我們之間的運結與溝通而獲得滿足。

普遍性、多元性、批判性思考、道德連結：今天這些觀念已經成為普遍採納的價值觀，儘管還是不能滿足人文主義者的期待。每一個觀念都汲取了我們前面提到的人文主義傳統的一部分：從普羅達哥拉斯的人類尺度到蒙田的**多元性**，再到瓦拉的批判性思維，以及沙夫茨伯里或休謨基於同理心的倫理學。

同時，這種影響力也反向發揮作用：隨著人文主義者提出這些觀念並探索一種新的、更開放的方式來思考人性，這種新思維也有助於重塑身為人文主義者的意義。人文主義者變得不那麼菁英化，更尊重文化差異；有些人試圖對他們的假設進行更多的質疑，同時他們持續應用批判性調查與雄辯術等古老的技巧來探究新的領域。

讓我們依序回顧這四個觀念——在本章透過時間上的跳躍，看看不同時代的人文主義者準備思考什麼樣的變化。

對一個人而言，要宣稱擁有那第一個觀念，也就是平等的人性，聽起來可能就是個巨大的挑戰——特別是當由錯誤的人提出這樣的主張。

AMELIA BLOOMER, ORIGINATOR OF THE NEW DRESS.—FROM A DAGUERREOTYPE BY T. W. BROWN.—(SEE PRECEDING PAGE.)

一九〇〇年，古典學者珍．哈里森（Jane Harrison）寫了一篇名為〈我是人〉（Homo sum）的文章，也就是泰倫提烏斯這句話的開頭。這是個挑釁，因為 *homo* 往往被翻譯成「男人」（儘管在拉丁文中，它確實是「人」的意思；成年男性是 *vir*）。然而一個女人卻把它用在自己身上！當然，她的觀點是，她和男人一樣有權使用這個詞，並實現生活中與此相關的一切可能性。[11] 一九三八年，但丁翻譯家與小說家多蘿西．利．塞耶斯（Dorothy Leigh Sayers）在她的演講中再次提出了這個論點，她的題目甚至更醒目：「女人是人嗎？」她舉例加以說明。人們問：女人可以穿長褲嗎？有些人認為不可以，理由是人們認為長褲比較適合男人而不是女人。但塞耶斯發現長褲穿起來更舒服。「我要享受身為一個人的樂趣，有什麼不可以呢？」（如果你覺得太強調這個例子似乎很奇怪，請想想上個世紀與艾蜜莉亞．布盧默（Amelia Bloomer）同等齊名的女用燈籠褲所受到的嘲笑，這種褲子讓女性擺脫了原本那種笨重的衣服，那讓女性幾乎不能舒舒服服地坐下來，更別說適度地活動了。）塞耶斯討論的另一個問題是：女性應該上大學嗎？有人說不應該，因為據他們所知，女性一般來說都不想研究亞里斯多德。但重點是**塞耶斯**想研究亞里斯多德。[12]

當然，要讓任何一位女性進入大學，必須進行一些集體抗爭。事實的確如此：在第一批大學接受女學生之前，歷經了許多抗爭運動。首先是在一八六八年，前瞻性的倫敦大學（University of London）錄取了九名女學生。其他大學紛紛效仿，但還要採取更多激進的行動才能說服他們頒發學位給女學生。塞耶斯本人在一九一五年完成牛津大學大學部的學業時，沒有得到學位，她不得不等到一九二〇年，才獲得牛津大學的同意，她因此同時拿到她的學士與碩士學位。在她一九三八年發表演講時，劍橋大學仍然拒絕頒發學位給女學生，並且繼續堅持了十年。

但她並不是主張女性不必費心一起抗爭。而是每個人抗爭的**原因**各自不同：每個人在他的人生中都可以做自己想做的事。男人一直在問：「女人到底想要什麼？」答案是：「親愛的先生們，身為一個人，她們想要的就是你們自己想要的：有趣的職業，合理的享樂，以及充分的情感宣洩。」[13]她們跟男人一樣，希望頭頂上有一片充滿可能性的廣闊天空，而不是女士專用的小圓頂。

早在一八五一年，女性主義者哈麗雅特．泰勒．密爾（Harriet Taylor Mill）就已經在她寫的一篇文章裡，清楚有力地表達出這種看法。她寫道，人們說女性有「適合她們的領域」，不過：

我們反對某個物種中的任何個體有權利為其他個體決定，或任何人有權利為其他人決定，究竟什麼是「適合他們的領域」，什麼不是。適合全體人類的領域，就是他們所能企及的最大、最高的領域。如果沒有做出抉擇的完整自由，就不能確定這是個什麼樣的領域。14

人們一出生就被分配到一個特定的活動範圍，特別是出於與社會階級、種姓、族裔或其他因素有關的任何原因，因此被侷限在特定的範疇裡。如果你跟柏拉圖一樣，相信輪迴與靈魂轉世，那麼，至少你可以安慰自己，盼望下輩子會更好。但是，如果你跟大多數的人文主義者一樣，認為**此生**才是最重要的，那麼，因為被定型而失去此生「最大與最高」的選擇是無法接受的。拒絕這種侷限意味著提出以下哲學主張：我們每個人都擁有普遍的人性。正如蒙田說過——我們每個人都承載了「整體」的人類處境——儘管我們說不準他願不願意把這個原則應用在女性處境上（蒙田的一切都說不準）。

提出人性的訴求之後，隨之而來的另一個訴求是：我們要追求的是人類一切的美德，而不是一套專門為女性量身打造的美德。這樣的主張對人文主義者來說非常重要，因為他們普遍都相當關注美德：他們想知道，成為一個好人意味著什麼。你可能還記得，前面提到西元前四三〇年，伯里克里斯告訴雅典的自由人，他們之所以優秀，是因為他們和諧、負責任、積極參與政治[15]——不過要補充一點，這不適用於女性，她們唯一的美德就是根本不被任何人提及。這樣的規範延續了幾千年：加諸女性的不是人類主流的卓越成就，而是一系列消極的美德：謙虛、沉默、寧靜、純真、貞潔。其中每個美德的特徵都是缺乏某種積極的特質（如自信、雄辯、積極的責任感、經驗以及——好吧，我讓你來決定貞潔的相反詞是什麼，但不管我們怎麼稱呼，它想必是更有趣的）。這些消極的態度正是德古熱被指責遺忘的「她所屬性別的美德」，導致她在法國大革命恐怖時期被送上斷頭台。[16]

英國的瑪麗．沃斯通克拉夫特（Mary Wollstonecraft）跟德古熱一樣，都是革命啟蒙運動的女性主義者，她處理了關於美德的問題。她在一七九二年發表的著作《女權辯護：關於政治和道德問題的批評》（*Vindication of the Rights of Woman*）中，開門見山地指出：「我會先從人類的宏觀視角來思考女性，她們跟男人一樣，降生到這個世界上展現她們的才能。」然後她指出，只有當女性擁有人類一切的優點，她們才能充分發揮她們的能力。誠然，有時候女性擔負起不同的職責，尤其是成為母親的時候（她很快就發現了這意味著什麼，因為不久之後，她懷了渣男吉伯特．伊姆利（Gilbert Imlay）的女兒，成了單親媽媽）。但是，她認為，即便這些職責有所不同，仍然是整體「**人類**的責任」之一。

要充分展現人類的美德，女性也必須接受完整的人性化教育。沃斯通克拉夫特對她那個時代的女性教育提出了嚴厲的批評，特別是特權階級的女性教育。她們學習美姿美儀，一些家務事，以及許多吸引丈夫的調情方式：因此，她們往往成為心胸狹隘的人。「她們像鳥一樣被關在籠子裡，除了打扮得花枝招展之外無所事事，只能裝腔作勢地在棲木之間走來走去。」反之，她希望女性所受的教育讓她們成為成年人，並且對自己的生活負起成年人的責任。正如她寫道：「我希望看到女性變得更像是道德主體。」[17]

實現這個目標的關鍵因素是自由——哈麗雅特的第二任丈夫，偉大的女性主義者密爾在一八六九年出版的《婦女的屈從地位》（*The Subjection of Women*）一書中明確地宣稱。在這本書裡，他請男性讀者回想他們生命中那個令人振奮的時刻，也就是當他們成年之後，突然有權利決定他們自己未來的道路。他問道：你不覺得「比以前更覺得自己活得像個人嗎？」[18]但這是女性一生中永遠無緣感受到的。這差不多就是說，畢竟，她們永遠不可能成為完整的人。

因此，所有的領域，以及蒙田所謂的整體人類處境，應該要對所有人開放，而不是受限於個人的特殊性。但是，對人文主義者來說，特殊性也很重要。

這聽起來可能前後矛盾。但是，第一個觀念——普遍性——與第二個觀念——多樣性或特殊性——從來沒有真的互相矛盾過。事實上，它們結合起來效果最好。沒有多樣性的普遍性將是一個空洞的抽象概念，甚至會有一點不人性。而缺乏普遍性的多樣性則會讓我們所有人都孤立無援，缺乏聯繫的管道。普遍性與多樣性是相輔相成的。而當這些原則消失在一個充滿壓迫的社會中，兩者往往會同時消失。不尊重人類差異的政權，往往也看不到人類生活中那些普遍的「鏡子」。我們透過這些鏡子，可以看到自己**和**別人。

例如，想想看，如果你是一個肢體障礙者，可能會有什麼樣的遭遇。如果你生活在一個認可普遍人性的社會裡，你可能會希望人們盡可能地支持你，讓你盡可能地享受生活，把你的人性「發展」到極致——最基本的是，確保你使用輪椅的話，仍可以輕鬆地進入建築物。這背後隱藏的是對於人類同胞經驗的鏡像認可：顯然，你希望跟其他人一樣，能夠去一些地方，做一些事情，追求你的興趣，並且充分地投入這個世界。

但是，一個尊重多元性原則的社會，也可能會擴展其對於完整人類生活的概念來回應你的經驗。丹．古德利（Dan Goodley）在二〇二一年出版的《殘疾與其他的人類問題》（*Disability and Other Human Questions*）一書中主張：一個歧視殘障人士的社會也

會傾向於提出「自我滿足而自給自足的人類」的整體理想（這讓我們想起肌肉發達的維特魯威人，孤獨地站在那裡）。但這樣的社會可能無法滿足其他生活層面不同的需求，而傾向於建立一種更嚴苛的經濟模式，要求每個人「自力更生」。反之，一個對於身心健全主義（ab-leism）有所質疑的社會，可能會更強調合作與社群，而且通常對「危險、不穩定、多樣化而不斷變動的人性本質」有更清楚的認識。[19]

此外，在性這個領域中建立單一、排他性的「自然」模式，也是弊大於利。十九世紀初期，啓蒙哲學家與政治理論家邊沁對此進行了研究。他最為人所知的是構思了一套倫理學，提供了一種替代方案，而不是把道德抉擇建立在神的律法或「違反自然」等虛假概念之上。[20] 對邊沁來說，大自然並不會覺得事物令人厭惡，而人卻會。何況，只是因為有些人不喜歡聽到某件事，或他自己不想做這件事，並不表示這件事情是錯的。

因此，邊沁提議做個測試：如果我做了一件事，它（據我所知）是否會使每個人更快樂，或是讓他們更不幸？這就是所謂的「幸福計算」（felicific calculus），它是所謂功利主義（utilitarianism）倫理系統中的運作核心。當然，它的應用過程總是很複雜的，比如說誰來作決定，如何準確地進行數學計算，以及什麼構成了痛苦或幸福。它是有缺陷的工具，但當它發揮作用時，不僅有效，也符合人文主義精神，因為它把人放在一切事物的中心，而不是法律。而且不只是人，邊沁進一步把這個原則延伸到動物福利，他寫道：「問題不在於牠們會不會**思考**，也不在於它們會不會**說話**，而是它們會不會感到**痛苦**？」[21]

在一篇名為〈關於反常性行為〉（Of Sexual Irregularities）的論著與其他簡短的作品中，他把這種計算方法應用於少數人的自願行為，如同性戀（儘管他沒有明說）。邊沁認為，在這種情況下，我們只需要問：這會不會傷害到任何人？它會不會帶來痛苦？如果沒有——如果它使參與其中的人感到快樂，也沒有傷害到其他人（除了自我「厭惡」以外）——那麼，這有什麼問題？重要的是，它增加了世界上的幸福，而不是減少它。[22]功利主義有時候被認為是冷酷的，但在我看來，這是個有益而相當美好的生活原則。

邊沁從不在意我行我素，他的穿著與思想都出了名地古怪（搞怪是另一個用來測試幸福計算的好例子：以他為例，這似乎讓他很開心，也沒有傷害到別人）。他在遺囑中表示，他要把自己的遺體一部分留作醫學解剖之用，另一部分製成人像，或所謂的「自我肖像」(auto-icon),以激勵和取悅朋友、追隨者與後人[23]——這顯然增加了幸福,但我不確定他有沒有考慮到墓地裡那些失望的蟲子。

然而,即使是他這麼頑強不屈的人,在一八一四年寫下〈關於反常性行為〉之後,也不認為可以拿去出版。因此——跟許多其他的人文主義作品一樣——他擱置了有關這個主題的手稿,直到兩百年後的二〇一四年才終於付梓。

他的謹慎是可以理解的。當時男同性戀行為仍然是違法的,這種法律對人類幸福產生的負面影響在十九世紀末期變本加厲。當時的劇作家、幽默風趣的唯美主義者奧斯卡・王爾德(Oscar Wilde)從一八九五年開始被監禁了兩年,原因正是邊沁希望加以駁斥的「違反自然」。王爾德不僅失去自由,還因為支付強制收取的法律費用,幾乎傾家蕩產。在他家門外街道上舉行的混亂拍賣會上,他的藏書、精美的瓷器、傢具與其他藝術珍品——所有薩佛納羅拉會稱之為「虛榮之物」的東西——都被賣掉了,或被洗劫一空。王爾德本人進了本頓維爾監獄(Pentonville)做苦工,被罰踩踏車(treadmill)和製作填絮:這是一項刻意折磨手指的工作,把舊的焦油繩索拆開,把纖維狀的密封劑回收利用。[24]後來,他被移送到條件稍微好一點的雷丁監獄(Reading Gaol),轉獄途中,他跟他的看守員一起在克拉珀姆轉運火車站(Clapham Junction)等待換車,被群眾認出來並遭到嘲笑,備受屈辱。他失去了這麼多——包括他的收藏、他的尊嚴、他的自由——永遠地改變了他的性格，他變得陰鬱，浮誇之氣也收斂了。

但也許並不盡然。當他終於出獄時，又回到克拉珀姆轉運火車站，這次沒有戴手銬，仍然由監獄官員陪同。他們等車的時候，王爾德看到月台附近盛開的植物，他向它們張開雙臂，大喊：「噢，美麗的世界！噢，美麗的世界！」。監獄看守說，「唉，土爾德先生，你不應該這麼口無遮攔。你是全英國唯一會在火車站這樣說話的人。」[25]

確實如此。正如他幾個月之前還在獄中的時候，在《深思錄》（*De Profundis*）裡寫道：「我是那些為例外而生，而不是為法律而生的人之一。」[26]

除了普遍性與多元性的糾結之外，我們的人文主義者也很重視第三種特質：他們盡其所能地進行批判性推理，而不是只因為情況一向如此就接受它。他們會去問這些情況是**如何**發生的，並懷疑有些時候，**凡存在者，畢竟不見得合理**。

有些人文主義者在很久以前就提出了關於女性的問題。編纂歷史或神話中著名女性人物的名單成了一種時髦的遊戲，最早的一份重要名單是薄伽丘在一三六〇年代初期寫的《論女人》（*On Famous Women*）。[27] 一五二七年，喬維奧在他的對話錄《我們這個時代著名的男女》中引用了人文主義政治家喬凡尼・安東尼奧・穆塞托拉（Giovanni Antonio Muscettola）的話說道，只要女人學習「頂尖的藝術與出色的美德」，她們可以跟男人一樣聰明。他說，她們的身體是由同樣的血液與骨髓構成的，她們「對生命擁有同樣的渴望」，那她們的心智怎麼會有所不同呢？[28]蒙田在他狀況比較好的時候，也觀察到女性的某些行為模式不是天生的，而是受到社會期待與角色設定的影響。[29]

以上這些是男性的看法，但女性自己提出這些論點也有很長一段時間了。我們前面提到的人文主義先驅皮桑，在一四〇五年的《女士之城》中提出了這些核心概念。她書中的「理性」角色問道：「你知道為什麼女人懂得比男人少嗎？」然後自己回答，「這是因為她們必須整天待在家裡照顧家庭，所以缺乏豐富的閱歷。」[30]她繼續把女性比喻成來自偏遠山區的村民：她們可能看起來很天真遲鈍，但只是因為她們看到的世界實在太有限了。

後來，這成為沃斯通克拉夫特批判女性教育的基礎，而二十世紀的女性主義者則對它進行各種思想實驗。維吉尼亞．吳爾芙（Virginia Woolf）想像威廉．莎士比亞（William Shakespeare）的妹妹過著什麼樣的生活，她生來擁有同樣的天賦，卻四處碰壁，遭到排斥。[31]西蒙．德．波娃（Simone de Beauvoir）在她一九四九年的作品《第二性》（*The Second Sex*）中，追溯一個女人歷經童年、青春期、成年到老年的生活，描述她的自信與自我意識如何在每個階段受到社會期望與壓力的影響。她簡潔地寫下這句名言：「女人並非生而為女人，而是成為女人。」[32]

所有這些都是系譜學與批判性思考的例子：尋找起源和原因。密爾在《婦女的屈從地位》中寫道，我們根本不可能知道任何一個性別「真正」的樣貌，因為從來沒有一個社會中的女性不受男性支配。這扭曲了女性，就像我們讓溫室裡的植物長成特定的形狀或大小（它也扭曲了男性）。在此同時，「男人未能認識到他們自己造成的後果，這顯示他們缺乏分析能力，所以他們懶洋洋地相信，樹是按照他們讓它生長的方式自行生長的。」[33]

但人文主義傳統的一部分是，如果不進行任何分析，就盡量不要「懶洋洋地相信」任何東西。人文主義者會跟瓦拉檢查他面前的文件一樣提出質疑：這是從哪裡來的？它所提出的證據的來自哪裡？它對誰有利？密爾稱讚他自己的導師邊沁對所有的事情都進行了這樣的調查：他稱邊沁是「既定事物的偉大質疑者」與「偉大的**顛覆性思想家**」，或用歐陸哲學家的話來說，是他那個時代與國家偉大的**批判性**思想家。」[34]在大多數情況下，這些話也可以用來描述密爾本人。例如，他在為反奴隸制辯護和為反壓迫婦女辯護的理由之間建立了連結。許多人似乎都沒有看到，兩者之間關於人類的根本共同點在於：人們受到他們的經驗與教育的影響。[35]在密爾看來，欠缺這種洞察力是社會進步最大的障礙。[36]

然而，這其實不需要太多的思考。偉大的廢奴主義者暨自傳作家弗雷德里克・道格拉斯（Frederick Douglass）在一八五二年的國慶演說中，以清晰有力而令人難忘的方式指出了這一點，他說：「天下沒有人不知道奴隸制是錯的。」[37]這句話駁斥了自亞里斯多德以降許多錯誤的論點。

在這句看似簡單的話背後，是深刻的批判性分析——以及許多個人經驗。道格拉斯親身經歷過這些謬論帶來的影響。他了解遭受奴役與非人待遇會有什麼結果，因為這些事情曾經發生在他身上。

道格拉斯在一八一七年或一八一八年出生在美國馬里蘭州（Maryland），母親哈麗雅特・貝利（Harriet Bailey）是黑奴，父親則是不知名的白人（可能是監工或母親的「主人」），他從未得到父親的承認，而且很小的時候就跟母親分離，因為她被送到了十二英里外的另一個莊園。此後，他只見過她四、五次。在少數幾個晚上，他母親悄悄在黑暗中長途跋涉，陪他幾個小時之後再走回去，以便在第二天日出時下田工作。只要她稍微遲到，就會遭到鞭打。道格拉斯自己後來也被送到一個更殘酷的家庭，孩子們打赤腳，幾乎沒有被褥或衣服；他們像豬一樣吃著食槽裡的玉米麵糊，也不能去上學。[38]

道格拉斯長大以後，好幾次試圖逃往北方，但都被抓回來，最後他成功了。獲得自由之後，他以精湛的雄辯術與說服力書寫與談論他的經歷。他寫了三部自傳性作品，其中一八四五年出版的《弗雷德里克・道格拉斯：一個美國奴隸的自述》（*Narrative of the*

Life of Frederick Douglass, an American Slave）至今仍然是美國經典之作。就好幾個意義上來說，它也是人文主義文學的經典之作。這是個關於教育的故事，關於自由思考宗教問題的故事（道格拉斯是基督徒，但他憎恨南方傳教士為奴隸制辯護的虛偽行徑），也是一個從剝奪人性的處境中走出來的故事。

在道格拉斯其他的作品中，有一封寫給他以前的主人（第二任）湯瑪斯・奧爾德（Thomas Auld）的公開信，是他在逃跑十年之後寫的。信中試圖讓奧爾德對他的所作所為進行一些基本的批判性思考：想像一下，如果他們角色對調的話會是什麼情形，並反思原因與結果。道格拉斯提醒奧爾德他受到什麼樣的虐待，特別是有一次他逃跑被抓回來的時候，在槍口下被拽着走了十五英里，如同「市場裡被販賣的牲口」，雙手被綁住——「我現在用來寫這封信的右手……和我左手緊緊綁在一起」。[39]他問道，如果奧爾德的女兒阿曼達（Amanda Auld）遭受這樣的

痛苦與羞辱——在晚上被人綁架，強行帶走，受到折磨，名字被記在帳本裡成為別人的財產，奧爾德會有什麼感覺？他還會想辦法替它辯護，認為這是理所當然的嗎？

正如道格拉斯在《我的奴役和我的自由》（*My Bondage and My Freedom*）裡提到，人類世界中沒有什麼是必然或自然的。他甚至認為這一點也適用於殘酷的奴隸主，如果他們生活在不同的環境的話，原本應該會是有人性而可敬的人。奴隸制度也摧毀了他們的道德觀與人性：「奴隸主跟奴隸一樣，都是奴隸制度的受害者。」[40]如同我們前面看到的，屠圖大主教後來對南非種族隔離制度說過類似的話；詹姆斯·鮑德溫（James Baldwin）也在一九六〇年說道：「這是個可怕而冷酷的法則，一個人不能否定另一個人的人性而同時不削弱自己的人性。」[41]一般來說，道格拉斯寫道，「一個人的性格樣貌，往往受到他周遭事物潛移默化的影響。」[42]

我們被我們的周遭環境所塑造。但另一方面，我們仍然擁有基本的自由——這意味著我們可以努力改變這些形塑我們的力量。這正是道格拉斯畢生投入的工作，他持續旅行、寫作，孜孜不倦地宣傳廢奴運動。他是一個相當有影響力的演講者，這不僅僅是因為他說的話（正如西塞羅和昆體良所知道的，演講從來不只是跟文字有關）。道格拉斯擁有充滿說服力的聲音，以及善於模仿奴隸主與其他監工聲音的天賦，觀眾會笑得滿地打滾。但他又能夠瞬間從幽默切換到煽情模式。他的外表也有加分：他身材高大，長相出眾，並且刻意透過攝影來突顯這一點。[43]這門新藝術讓他非常感興趣；他曾針對這個主題舉辦了四場講座，至少為自己拍攝了一百六十張不同的肖像，成為當時最常上鏡頭的美國人之一。[44]

除此以外，他精通修辭技巧——這主要歸功於他七、八歲的時候碰上了罕見的好運。當時他被送到巴爾的摩（Baltimore）的奧爾德家族成員那裡生活了一段時間，他認為這是他生命中重大的轉捩點。他在城市裡稍微多了一點學習的機會，女主人蘇菲亞・奧爾德（Sophia Auld）教會他基本的閱讀，直到被她的丈夫制止，說教一個被奴役的男孩閱讀只會讓他對現狀越來越不滿。果然如此，當道格拉斯聽到這句話，他豁然開朗：「我明白了從奴役到自由的途徑。」[45]課程中止了，但他繼續在當地街道上向白人男孩請教，練習閱讀與寫作。

在這個過程中，他發現了一本改變他一生的書：《哥倫比亞演說家：包含各種原創和精選作品與規則，旨在幫助年輕人和其他人增進兼具修飾與實用性的雄辯術》（*The Columbian Orator: Containing a Variety of Original and Selected Pieces; Together with Rules; Calculated to Improve Youth and Others in the Ornamental and Useful Art of Eloquence*），作者是卡勒布・賓漢（Caleb Bingham）。該書列出了各種口語表達的範例，供人學習仿效，有許多例子提出了廢除奴隸制度與整體社會正義的想法。其中有一段對話，描述的是奴隸主和一個逃跑三次之後被抓回來的奴隸之間關於奴隸制度的討論。後者生動地論證了他的主張，最後說服奴隸主自願釋放了他。這個太過樂觀的故事使年輕的道格拉斯明白了流利的口才與捍衛真理的重要性，喚醒了他的靈魂，從此「永遠清醒了」。[46]

道格拉斯成年之後，運用從許多地方學來的雄辯技巧，寫出了精彩的講稿與著作——包括《哥倫比亞演說家》書中倡導的希臘與羅馬式的作品，但不限於此。他偏愛西塞羅式的句法結構，例如把重點放在句末的「掉尾句」，以及被稱之為「交叉句」（chiasmus）的修辭手法，也就是把句子中的兩個部分互相顛倒，如：「你們看到了一個人如何成為奴隸；而你們也會看到一個奴隸如何成為人。」此外，道格拉斯在他自傳中頻繁地使用呼告法（apostrophe）的修辭手法，呼喚他在乞沙比克灣（Chesapeake Bay）看到的遠方船隻：

> 你鬆開了你的繫泊纜繩，獲得了自由；我卻被枷鎖所困，成了奴隸！你們在輕柔的風中歡快地移動，我卻在血腥的鞭子前悲哀地晃動，你們是自由的天使，在世界各地飛翔；我卻被鐵鍊禁錮！[47]

他毫無保留地透過鮮明生動的描寫，再次抨擊了美國南方的教會：「我們有販賣奴隸的牧師，鞭笞女人的傳教士，掠奪嬰兒的教徒。一整個星期揮舞著血跡斑斑的牛皮鞭的人，站在星期日的佈道台上……奴隸販子的鈴聲與上教堂的鐘聲互相應和。」[48]

正如前幾個世紀的人文主義者與來自各個文化的演說家一直以來所知道的，雄辯術對人類來說非常重要。一般來說，語言是人類特有的能力：是我們的社會與道德生活的基礎。我們藉此得以對當前的世界提出仔細的批評，應用我們最縝密的推理，並透過語言來想像如何改變現狀——然後說服別人接受這些想像與推理。

語言扮演了重要的角色，讓我們成為屠圖大主教所說的「芸芸眾生」的一分子。我們相互溝通，建立**連結**。而這就是促使人文主義者擴大關懷面向的第四個觀念。

當反人文主義者忙著宣稱「凡存在者必合理」的時候，人文主義者可以用來反擊的一句很棒的口號，就是我們在本書前面看到的，福斯特說的那句話：「只有連結！」他在一九一〇年出版的小說《霍華德莊園》中強調了這句話。小說描述了施萊格爾（Schlegel）、威爾科克斯（Wilcoxe）兩個資產階級家族以及工人階級的巴斯特（Bast）夫婦之間錯綜複雜、糾纏不清的故事。威爾科克斯家族的族長亨利（Henry Wilcoxe）是個喜歡對人評頭論足而虛偽的惡霸。從瑪格麗特·施萊格爾（Margaret Schlegel）的觀點來看，她認為亨利不**在意**周遭事物。他對「最陰鬱的對話中的光影、路標、里程碑、碰撞與無邊的視野」都視而不見。他看不到這些事物之間的連結，也看不到那些生活因此受到波及的人。因此，他沒有把自己的缺點（他跟巴斯特夫人的婚外情，以及他給她丈夫的一些糟糕透頂的經商建議）跟它們對別人造成的後果——或別人對此作出的回應——連結起來。所以，瑪格麗特思考之後作出了結論：「只有連結！……不再生活在碎片之中。」後來她當面對亨利說：「如果這件事毀了你，你就會看到這個連結！……一個男人只圖自己痛快而毀了一個女人……給人家糟糕的財務建議，還說這不關他的事。你就是這種人。」[49]

這正是道格拉斯要告訴奧爾德的，當他敦促後者去比較被奴役的黑人所遭受的痛苦與他自家養尊處優的生活；當他把星期日牧師講道的崇高理念，拿來跟他們平日加諸別人的折磨進行對比——他想說的就是這一點。道格拉斯總是設法在他倡導的廢奴運動中理解這些相似之處——這就是為什麼他有別於其他許多人，贊成廢奴主義運動並支持女性爭取投票權。[50]

福斯特也盡力在他自己的生活中實踐誠信原則。一九一五年，他在給一位朋友的信上寫道：「在任何最後的審判中，我的辯護詞都是『我試圖把我與生俱來所有的碎片連結起來，加以利用。』」[51]但這並不容易，特別是這牽涉到坦誠自己是同性戀的難題——這是他說這句話的背景——同性戀行為在英國仍然是違法的。福斯特寫了一本名為《墨利斯的情人》（*Maurice*）的小說，敘述了一個跟他自己非常相似的男同性戀者；但他面對現實，沒有冒險出版它。

兩年前，他拜訪作家愛德華・卡本特（Edward Carpenter）時候，萌生了寫這本書的想法。令人驚訝的是，他跟他的伴侶喬治・麥瑞爾（George Merrill）公開同居。他們是反主流文化的素食主義者，住在一座恬靜的森林裡，自己砍柴。卡本特也寫書。他在作品中談到女性權益、更完整的性教育，以及更接納性別多元等議題。《愛的成年》（*Love's Coming-of-Age*）在一八九六年出版（也就是在奧斯卡・王爾德還在坐牢的時候），卡本特主張對人類生活進行更豐富而不流於**片段**的理解，納入有關性的部分，而不是永遠避談它。對卡本特來說，對性的排斥使生活變得貧乏，而且「**削弱**了人性」。最好是學校能夠提供性教育，不只是傳授基本的生理知識，還能討論更重要的「愛情中的**人性**元素」。[52]

卡本特和麥瑞爾歡迎訪客來到他們的森林樂土，但有一些例外。曾經有一個挨家挨戶拜訪的傳教士問他們是不是不想上天堂，被麥瑞爾轟了出去，他說：「你沒看到**我們就在天堂裡**嗎——我們並不**想要**比這裡更好的地方，所以滾吧！」[53]

福斯特受到比較熱情的歡迎。後來他說，就在麥瑞爾跟他調情，開玩笑地拍了一下他的背時，《墨利斯的情人》的構想在他腦海驀然成形。[54] 這改變了福斯特——不是讓

他變成同性戀（他已經很清楚這一點），而是一個人可以快樂而公開地生活，承認自己生活中的一切，而不是因為羞恥而隱藏某些部分。他幾乎立刻動筆寫這部小說，敘述主角從學生時代開始逐漸意識到自己的性傾向，後來愛上一個工人階級男子艾力克・史加德（Alec Scudder）的故事（也許是麥瑞爾給了他靈感，他也來自工人階級）。

階級問題在本書中很重要。福斯特再次建立了連結，探討階級與性的關係，在那個時代，處境比較優渥的男同性戀者總是不得不提防遭到勒索。墨利斯和艾力克必須努力克服這種恐懼。在此同時，墨利斯也不再把特權視為理所當然，之前他曾經漠不關心地說窮人「不會有跟我們一樣的感受。他們不會像我們一樣，在他們的處境中感到痛苦。」[55]他開始明白別人跟他一樣，確實有他們自己的感受。他產生了連結。

福斯特也經歷過類似的覺醒。他自己沒有經歷過貧窮或階級偏見，但他確實強烈意識到它們所帶來的傷害。他在《霍華德莊園》中探討了這個問題（但有些人覺得他的手法相當笨拙）。小說中充滿抱負的李奧納德・巴斯特（Leonard Bast）發現自己被屏除在文化景觀（cultural landscape）之外，而其他人卻認為這是他們與生俱來的權利。[56]

不過，當福斯特談到女性時，他不得不努力調整他的情緒才能產生連結。他在晚期的筆記中寫道，只要他自己能夠遠離女性，他很樂意支持女性參政權。[57]毫無疑問，他之所以迴避女性，主要歸咎於他被剝奪了**他**自己想要的男性伴侶。他也厭倦了老是要寫有關異性戀情的小說，這令他感到無聊。[58]這可能是他最後完全放棄寫小說的原因之一。

儘管如此，福斯特其實也把女性角色寫得很出色，鮮活地寫出她們如何渴望哈麗雅特所描述的完整「領域」。他在一九〇八年的小說《看得見風景的房間》（*A Room with a View*）裡，描寫他的女主人公露西・霍尼徹奇（Lucy Honeychurch）渴望自由與活得像一個人，而不是像中世紀傳奇故事中的女士一樣，高傲而空虛地等待騎士到來：

> 她也迷戀狂風、廣闊的全景與綠色的大海。她標示出這個世界的國度，充滿了財富、美景與戰爭——光芒四射的地殼，中間有火焰在燃燒，朝著逐漸消逝的天際旋轉。男人們宣稱她激勵他們這麼做，愉快地在地表上移動，與高采烈地跟其他男人見面，他

們之所以快樂，不是因為他們是男人，而是因為他們活著。她想在人生落幕之前，放棄「永恆的女性」這個莊嚴的頭銜，以她短暫的自我到那裡去。[59]

福斯特從未忘記，在所有的這些連結與普遍性之中，階級、種族與性比他大多數的同輩作家所認為的更重要。一九三五年，福斯特有感於另一部（更嚴肅的）以同性戀為主題的小說——詹姆斯．漢利（James Hanley）的《男孩》（*Boy*）遭到查禁，於是在巴黎舉辦的國際作家大會發表演講時表示，對英國人來說，自由是強大又有限的。「它受到種族與階級的限制，它意味著英國人的自由，而不是大英帝國臣民的自由。」[60]在英國，它意味著富人的自由，而不是著窮人的自由。而且涉及性的時候，更是極其有限。關於性的自由是如此有限，以致福斯特坦率而真誠地寫完了《墨利斯的情人》之後，並沒有出版。它跟我們這個故事裡看到的那些手稿一樣：被藏匿起來，抄寫了不同的版本，幾乎失傳。他確實把這份手稿打了出來，但為了預防萬一，他把不同的部分交給兩個不同的打字員，（他認為）這樣他們就不能完整地理解這本書了。[61]這就是片段與缺乏連結！

這部作品在福斯特的書桌上，一放就是六十年；他偶爾把它拿出來補充或修改。直到他一九七〇年去世——也就是在英格蘭（England）和威爾斯（Wales），二十一歲以上的男同性戀行為除罪化的三年之後——《墨利斯的情人》才到了出版商手上，並在次年問世。

聯繫、溝通、各種道德與知識上的連結、對差異的承認以及對武斷規則的質疑：這一切構成了人類之網，使我們每個人不論來自哪個文化背景，都能在地球上過著充實的生活，並且盡可能相互理解。它們可望推動現世繁榮的道德觀，它跟描繪每個受挫的靈魂、滿懷希望地等待來世轉運的信仰體系，形成對比。現代人文主義者跟英格索爾一樣，總是喜歡說快樂的地方就在**這裡**、就在這個世界上，而讓自己快樂的方法就是努力使別人快樂。

許多宗教與世俗道德奉行的古老黃金法則，在這裡恰好派上用場：比如說「你想要別人怎麼對待你，你就怎麼對待別人。」或者，以更謙遜、更尊重多樣性的方式反過來說：己所不欲，**勿**施於人。

這並不完美——但人文主義有一條很好的經驗法則告訴我們，如果你不喜歡別人叫你閉嘴和隱身，不喜歡被奴役和虐待，不喜歡因為沒有人想到要設置無障礙坡道而不能進入某棟建築物，或不喜歡不被當作人看待，那麼別人很可能也不喜歡這樣。

或者，誠如孔子所言：「夫子之道，忠恕而已矣。」[62]

第八章

人性的發展

主要是一八〇〇年代

熊寶寶與幼苗／三位偉大的自由人文主義者論教育、自由與繁榮／威廉・馮・洪堡，想成為完整的人／約翰・史都華・密爾，想要自由與快樂／馬修・阿諾德，想要甜蜜與光明

當波娃寫道：「女人並非生為女人，而是成為女人」，她重新詮釋了伊拉斯謨等教育家以前提出來的想法。伊拉斯謨說，「人當然不是生而為人，而是被塑造出來的。」

他引用了普林尼提到的一則古老的傳說：熊寶寶剛出生時面目模糊，後來才被牠們的母親舔成熊該有的樣子。[1]也許人也需要被塑造成人的樣子，即使形塑的不是身體，而是心智。

這個想法值得老師們深思，因為這讓他們聽起來非常重要。他們實際上**創造**了人類呢！不過，有些人卻說，雖然人類需要良師指導與正面的影響，但如果他們開發自己內心那顆與生俱來的人性「種子」，就會有最好的表現。這兩者並不矛盾：學生還是需要一位好老師來幫助他們成長並預防有害的影響。儘管老師主要負責的是督促與指引，不是塑造人類，他們還是可以感到自豪。我們甚至可以說，老師指引了人類整體未來發展的方向。如果每一代人都能比他們的前一代得到更好的教育，那麼培訓新老師，就能達成啟蒙運動偉大的目標：進步。十八世紀末期，普魯士（Prussia）哲學家康德在一系列關於教育的演講中提倡了這個觀念：當老師協助人們把自己的能力發揮到極致，往往促使了「人性的萌芽」，所以他們的重要性無與倫比。[2]

透過教育來發展人性的想法，在十九世紀風行一時，這些（名副其實的）進步思想在普魯士等德語區興起，後來又傳入其他國家。我們可以用兩個德文字來總結這樣的想法：其中一個字是*Bildung*，意思是「教育」，但又有製作或形成圖像的意思，因為它來自*Bild*這個字根，意即「圖片」。*Bildung*暗示著創造或塑造一個人，通常是年輕人。在他成長過程中，受到生活經驗與導師的薰陶，發展人性，直到他成為一個完整的人，在成人社會裡立足。[3]

另一個字是*Humanismus*。令人驚訝的是，一直要到十九世紀，這個字才以名詞形式出現在德文裡，用來描述人類所有的活動或生活哲學。雖然早在幾個世紀之前，義大利就有許多人文主義者（*umanisti*），但他們的所作所為還沒有被歸納成人文主義（*umanesimo*）。最初，這個德文字主要指的是以古希臘羅馬作品為基礎的教育法：一八〇八年，這個字首次出現在教育家弗里德里希．伊曼努爾．尼特哈默爾（Friedrich Immanuel Niethammer）筆下，後來廣泛應用在歷史、語言、藝術、道德思想與教育領域。[4]到了十九世紀中葉，德國歷史學家開始用這個字來稱呼早期的義大利人：尤其是萊比錫（Leipzig）教授格奧爾．沃伊特（Georg Voigt）在一八五九年出版的《古典時期的復興，或人文主義的第一個世紀》（*The Revival of Classical Antiquity, or The First Century of Humanism*）。在這份龐大的調查報告中，第一章洋洋灑灑地談論佩脫拉克，說他是「人文精神的化身，體現了人類精神與靈魂的種種獨特之處」。[5]隔年，瑞士歷史學家布克哈特在他的《義大利文藝復興時期的文化》（*Civilization of the Renaissance in Italy*）裡也探討了人文主義者，不過他對藏書家和語言學家不是很感興趣，他欣賞的是達文西這樣的人物，他是那個時代多才多藝的「通才」。[6]現在，北方的教育家想知道，他們是否能透過新的教育體系來培養出這樣的人，或非常接近他們的人。這種教育方式追求的是各方面的知識或人類整體的和諧，而不是以狹隘地以灌輸技能為目標。

第一個真正有機會大規模付諸實踐的人是威廉・馮・洪堡（Wilhelm von Humboldt），一八〇九年，普魯士政府為了迎接新時代的來臨，委託他設計一套全新的教育體系。普魯士的教育以嚴謹聞名，但洪堡在許多地方卻出人意表地不拘一格，因為他個人熱愛自由與人文主義文化。他的思想——包括他在有生之年倡導的思想，以及他暫時不能發表的思想——將會激勵包括英國在內的歐洲各國教育家與思想家。這些想法也對兩位英國作家產生了很大的影響，我們在本章稍後再回來談他們。

先來談談洪堡。除了投身教育之外，他也是一位藝術收藏家、一位嚴肅的語言學家，而且顯然還有奇怪的性癖好。想知道他蒐集了哪些藝術品，研究過哪些語言嗎？繼續往下讀吧。

洪堡自己是在享有許多特權的環境下進行他早期的「發展」。一七六七年，他出生在一個擁有泰格爾城堡（Tegel Schloss）的家庭裡，這幢美麗的十六世紀豪宅座落在柏林（Berlin）邊緣湖畔，他和他弟弟亞歷山大（Alexander von Humboldt）在這裡接受私人教育。雖然亞歷山大比他小了兩歲，也很少把心思花在書本上，但往往更引人注目。

如同威廉自己承認，他是比較安靜「內向」的那一型，亞歷山大則活潑外向，後來成為一名探險家、科學家，以他在中南美洲歷時五年的無畏探險，以及他出版的許多卷科學書籍《宇宙》（*Cosmos*）聞名於世；有好幾百樣東西以他命名，從山脈、植物到企鵝都有。[7]歌德在亞歷山大造訪他之後，驚嘆地說道：「他是多麼了不起啊！……他就像一座有許多水管的噴泉，你只要拿著容器在下面接，清爽的泉水就會汩汩不絕地湧入。」[8]

威廉有他自己的魅力，但他像一條平靜的河流，而不是像噴泉一樣咕嘟咕嘟地冒泡。雖然他對科學與自然史也有興趣，但他真正喜歡的是人文科學，特別是語言、藝術和政治。在這些領域，「內向」的他跟亞歷山大一樣熱愛冒險，一樣特立獨行，決心按照自己的想法生活。他勤奮好學但不嚴肅：他女兒後來形容他總是「開朗而風趣」，充分展現他的「善良與仁慈」。[9]他的名字後來也用於命名。只不過對象是學校和大學，而不是企鵝。

兩個男孩長大以後，一起進了大學，奇怪的是，他們的家庭教師還是跟著他們。一七八九年，威廉人生中發生了兩件大事。當他跟另一位老師在法國旅行的時候，法國大革命爆發了。他們趕到巴黎去，讓威廉見證革命以從中學習。他看到的一切並沒有使他轉而支持革命，但空氣中瀰漫的自由氣氛，以及城市裡依然觸目驚心的貧困令他感到震驚。他因此寫道，「很少有人研究人類的苦難有多麼可怕，但還有什麼比這樣的研究更

有必要呢？」[10]此後他一直覺得，研究人類生活與經驗是非常重要的。

一七八九年發生的另一件事跟他自己的推論有關，而不是外在事件。他在一篇名為〈論宗教〉（On Religion）的短文中寫出了他的想法，當時他還是學生。這篇短文討論的是一個引發爭議的問題，關於國家是否有權利告訴人們去相信什麼。這一度被視為理所當然（至少當局這麼認為），但在漫長的啓蒙運動期間，包括洛克與伏爾泰在內的哲學家們對此提出了質疑，而年輕的洪堡也傾向於質疑它。發表這篇短文的兩年後，他把自己的結論寫進一部篇幅比較長的政治著作：從德語直譯過來的書名是《試圖定義政府法律限制的想法》（*Ideas for an Attempt to Define the Legal Limits of Government*），但該書有兩個不同的英譯本：《政府的範圍與職責》（*The Sphere and Duties of Government*）與《國家行動的限制》（*The Limits of State Action*）。書名怎麼取無所謂；標題不是說很聳動，內容卻相當大膽。

洪堡討論的主題是在說，國家自作主張地扮演人們生活的道德與意識形態的仲裁者。他寫道，政府當局似乎覺得他們應該在社會中強制推行特定的宗教或教條，否則一切會陷入道德淪喪與混亂狀態。洪堡站在人文主義的立場表示反對，他秉持人文主義者的道德觀：認為我們仁慈與友愛的天性中蘊含著道德傾向，儘管這種內在動力需要引導與發展，但不需要國家強制命令。在洪堡看來，愛或正義等原則恰好跟我們的人性「甜蜜而自然地」融合在一起，但必須讓它們自由運作才能發揮作用。如果國家強行施加道德準則，就會妨礙它們自然發展。因此，推動特定信仰的國家事實上剝奪了人們成為完整的人的權利。[11]

因此，洪堡建議國家至少在涉及個人人性與道德的事務上**自制**，讓人們自行探索這些問題——但有一個條件，如果他們的行為侵犯了別人的發展或福祉（例如採取暴力或破壞行動），國家就應該出手，阻止他們。因此，洪堡提出了政治自由主義（liberalism）的關鍵原則。政府的角色不是要告訴人們要跟誰結婚，要相信什麼、說些什麼或如何敬拜神明，而是確保他們的選擇不會傷害別人。我們不需要國家提供宏偉的道德願景，而是要為體面的生活與我們的自由提供基本保障。

洪堡把類似的原則應用在教育問題上。當人的性格「從靈魂深處發展出來，而不是受到某些外部力量的干預或不斷施壓」，就會得到最好的發展。[12]要達到這個目標，我們需要優秀的人文主義教師；我們不需要也不想要國家強制性的規則。

這樣的哲學思想不可能會吸引任何傳統政權（對革命者來說也沒什麼用處；他們可能更想對社會進行徹頭徹尾的改造，並且最後一定會干擾人們平靜的生活與個人選擇）。政權當局未來將會委託寫這本書的人來制定重要的國家教育計劃，似乎也很奇怪，不過，幾乎沒有人知道他寫了這本書，因為這本書不能出版。洪堡在他的朋友，劇作家弗里德里希·席勒（Friedrich Schiller）的幫助之下嘗試出版，但席勒只設法刊登了一部分在期刊上。[13]結果這部作品跟許多人文主義作品一樣：被收進作者的抽屜裡，在那裡待上幾十年。洪堡偶爾會拿出來翻一翻並進行修改，但大多數的時候，它只能等待。

在這段期間，洪堡成了一位傑出的當權派人物。他的足跡遍及歐洲，曾經旅居羅馬、維也納、布拉格、巴黎、倫敦等地，擔任政府和外交職務。一八〇九年，當普魯士政府推動教育計畫時，他豐富的歷練使他成為一位適當的人選。洪堡有計畫地投入其中——他似乎終於看到了一個機會，把他的一些自由主義思想付諸實踐。他的改革結合了他對教育的熱愛與信念，如果讓年輕人盡可能享有最大的自由，他們的「人性」就會得到最好的發展。

他認為，每個幼童一開始都要接受全方位的基礎教育（但他指的是所有的男孩，也就是說，他跟周遭的其他人一樣，沒想過讓女孩受教育）。工人階級的孩子不是馬上接受技職培訓，而是先從培養良好品格的一般教育開始。各級教育的目的主要不是為了學習技能，而是培養具有道德責任感、充實的心靈生活與樂於吸收知識的人。一旦學到了這些，人們就能按照他們自己的方式，繼續過著美好的生活。[14]

那些具備學術才能的人可以繼續深造。進了大學，他們應該能夠自主進行大部分的學習，透過研討會與獨立研究來獲取知識，而不是被動聽課。洪堡說，大學教育應該意味著「從實際接受的教導中解放出來」，[15]即使學生畢業了，也不代表教育的結束。他相信終生學習，而不是完成學業之後就把學到的東西通通忘掉。

就某方面來說，這是當時非常普遍的想法，尤其是沒有考慮讓女孩受教育這點。但另一方面來說，這聽起來幾乎像是二十世紀中期的一些激進的教育實驗——儘管他們更強調自由。洪堡的原則不是「什麼都可以」，而是設法促進人類真正均衡而全方位的發展。他對人類與自由的看法一直以來都是普魯士教育的核心，並持續影響其他地方的教育思想。他所提出來的問題，直到現在我們仍在苦思：人文主義教育的目的是什麼？如果是為了培養全面發展、有責任感的公民，如何針對這個目標進行量化評估？如何在財務上或政治上證明這麼做是合理的？在實用的技能學習與比較模糊的全面**教育**，二者之間的益處，如何權衡拿捏？學生應該享有多少自由，而老師本人在學生的生活中扮演了什麼角色？如何評估職業培訓結束以後繼續學習的價值？這些問題超越了教育理論，觸及了更深層的問題，也就是我們在人生中追求的是什麼。

洪堡自己當然樂於投入終身學習。他最快樂的時候，莫過於靜靜地作研究——而且不論他研究什麼，往往都跟難以捉摸的**人**有關。正如他在一封信中寫道：

人生最高的境界莫過於此：去感受有關人的一切，去善用命運賦予的一切，並保持安靜與溫柔，讓新的生命在心中自由成形。16

這樣的追求讓他感到如此快樂，以至於他天真地想像，這或許也會讓其他許多人感到滿足——但他很清楚他只能鼓勵，不能強迫。生命必須在我們每個人身上**自由**成形。洪堡除了把他對自由的信念實踐在教育、政府和宗教信仰上，也實踐在他的個人生活中。

他結婚了，妻子名叫卡羅琳・馮・達赫略敦（Caroline von Dacheröden）（或稱「李」〔Li〕，他總是這樣叫她）；他們有了孩子，在一起似乎很幸福。但他的想法與他們的行為都與眾不同。洪堡早在他那篇探討國家角色卻未能出版的短文中指出，自由也意味著信任人們能夠自主決定婚姻與性行為——同樣地，只要不造成傷害並取得各方同意即可。此外，我們應該要讓每段婚姻跟每個人一樣，各行其是。每段婚姻都因為雙方性格而發展出各自的特色，因此遵循外在規則沒有什麼幫助。國家的任務向來都是保護人們不受傷害，不然就讓他們做自己想做的事。[17]

因此，卡羅琳有了別的情人，有時候他們在一起的時間比跟威廉在一起還久；威廉則沉湎於他的性幻想。我前面提到他有不尋常的性癖好，我們之所以知道這件事，是因為他寫了下來——當然他沒有出版，而是在他日記裡記錄了他的性幻想。他所著迷的是，在各種不同的情況下征服健壯的工人階級女性。比如說，一個在萊茵河（the Rhine）渡船上工作的女人曾經讓他看得目不轉睛。有時候他跟妓女一起探索性事，但有時候他只是幻想。非常有意思的是，在他寫下他的性幻想的時候，他也反思了它的起源及其對自己心理上的影響。早在西格蒙德．佛洛伊德（Sigmund Freud）之前，洪堡就在他的日記裡自問，這樣的慾望是否揭露了人性的其他層面。他推測，這些生動的性幻想形塑了他整個人生：使他更加「內向」，也激發了他對人際關係與「各種研究」的興趣——這是他知識生涯所追求的核心。[18]

那麼，洪堡的性癖好是否影響了普魯士教育體系？沒錯，某種程度上來說的確如此！但更有趣的是，從他生活中的這兩個面向可以看出，他是多麼關注人性普遍的問題，以及它的複雜多變。

他跟卡羅琳之間的非典型關係還帶來了意外的收穫：由於兩人經常分離，所以他們互相寫了許多信。如果他們一個總是在客廳，另一個在書房，就不會有這些信了。他寫給她的信內容豐富，充滿了關於人性、教育與其他研究興趣的思考。整體來說，他是一位很好的通信者——是可以跟佩脫拉克、伊拉斯謨或伏爾泰媲美的多產書信作家之一。他曾經在歐洲各地生活過，到處都有認識的人，而且儘管他很內向，卻總是對他們感興趣。正如他在給卡羅琳的一封信上寫道：

一個人在人生中尋找和發現的人越多，他就越豐富、越獨立、越自給自足，也會更有人性，更容易被我們的各種天性與創造中，有關人類的一切所感動。親愛的李，這是我與生俱來追求的目標，我為此而活。對我來說，這是激發一切慾望的關鍵……誰能在死去之際對自己說道，「我已經盡我所能地理解這個世界，並把它變成我的一部分」，誰就實現了他的目標。[19]

然而，經歷了這一切之後，他還是最喜歡回到他的老家泰格爾——他跟亞歷山大已經從父母手中繼承了這座莊園。一八二〇年代初期，威廉全面翻修，把它改建成一座新古典主義風格的豪宅。他跟卡羅琳在那裡共度時光、收藏藝術品，特別是古希臘羅馬時期偉大雕塑作品的石膏複製品，這當時在德國地區十分流行。威廉享受兒孫承歡的天倫之樂，同時閱讀、寫作與從事研究。

他投入他最熱衷的語言學習。他認為這是研究人類本身的關鍵，因為我們是有文化的動物，大多數時候都生活在由符號、思想與文字組成的世界。他在給卡羅琳的信上寫道：「唯有透過語言的學習，靈魂才能從一切思想與情感的泉源中、從各式各樣的想法中，創造出人類的一切，尤其是美和藝術。」[20]

他在其他國家工作的好處之一，是有機會沉浸在外語環境裡。他在西班牙半島或附近地區學會了巴斯克語（Basque），在羅馬期間研究以伊特拉斯坎語（Etruscan）書寫的碑文。他還學了遙遠地區的語言：如冰島語、蓋爾語（Gaelic）、科普特語（Coptic）、希臘語、漢語及梵語。亞歷山大也從旅途中帶了一些資料回來，讓威廉可以學習一些美洲原住民語言。[21]

隨著時間流逝，亞歷山大逐漸成了泰格爾的常客——這裡曾經是他早期避之惟恐不及的地方。他來到這裡，向威廉的家人敘述外面發生的故事與政治新聞，逗他們開心。相反地，威廉則聲稱他從來不看報紙：「你一定會聽說發生了什麼大事，至於剩下的就不用看了。」[22]兩兄弟之間的差異還是一如既往地鮮明：一個關注外在世界，一個探索內心世界；一個追蹤時事發展，另一個則埋首於有關文化深入而長期的研究。

一八二九年，卡羅琳逝世。威廉在泰格爾的晚年生活致力於他最後的研究計畫：研究古印尼語卡維文（Kawi），一種爪哇祭司使用的詩意語言。他希望展開研究，並寫了一篇導言，結果它的篇幅跟任何一本書一樣長。他在這篇文章裡討論了關於語言的一般理論：他以他一貫的思考，認為語言傳達了每個文化整體的世界觀。[23]

但他沒有時間完成這本書。卡羅琳過世五年後，他自己的健康狀況也開始惡化。他定居英國的女兒嘉布里埃爾・馮・比洛（Gabriele von Bülow）帶著孩子趕來照顧他。洪堡身為語言學家，對這些國際化的年輕人說話時不經意地混合了德語和英語，感到印象深刻。一八三五年三月，他發燒並陷入半昏迷狀態，這段期間，他也用法語、英語、義大利語等多種語言喃喃自語。有一次，他清楚地說道：「一定有什麼要遵循——有什麼要出現——要揭露——還要……」在他最後的日子裡，家人陪在他身邊。四月八日，他要求把卡羅琳的畫像從牆上取下來。他用手指在上面按了一個吻，然後說，「再見！現在再把她掛起來！」並且在說完這句話之後就去世了。[24]

洪堡的教育模式產生了廣泛的影響，到了二十世紀，大部分德語區仍然沿用他的教育模式——直到一九三三年納粹（Nazi）上台，徹底否決它的人文主義理想為止。他們用龐大的洗腦機器取而代之，把男孩培養成戰士，把女孩培養成生育更多戰士的母親。在法西斯主義者（Fascist）的世界，不需要培養全面發展、完整、自由而有文化的人，他們不想讓任何人「有人性」，而是反其道而行。

影響後世的除了洪堡的教育思想之外，還有他充滿活力的自由政治思想。他去世以後，他的繼承人開始翻閱他書房裡的文件，發現了他寫的那篇關於限制國家行動的短文——半個世紀之後，它仍然在那裡。它終於得以出版——這要歸功於亞歷山大，他花了許多心力把威廉的作品彙編成冊，包括於一八五二年問世的《國家行動的限制》。

這本書被譯成多種語言，包括英文在內，並迅速激發了英國讀者的想像力。它的讀者包括下一代最重要的自由思想家之一，密爾，以及剛剛跟他結縭的工作夥伴與伴侶：哈麗雅特，舊姓泰勒，婚後姓密爾。

我們在上一章談到女性主義（feminism）時，認識了密爾夫婦。哈麗雅特主張女性有權追求最大、最高的「適合全體人類的領域」，帶有強烈的人文主義色彩。[25]在此同時，約翰發展出一套完整的政治自由主義理論，大大受益於他本人的女性主義思想與他跟哈麗雅特之間的討論，以及他讀過的洪堡著作。一八五九年，他發表頗具影響力的短篇作品《論自由》（*On Liberty*），在序言中引用了洪堡那本後來被發現的討論國家的書：

> 目前為止，本書中展開的每一個論證，都直接指向一個偉大的指導原則：人類最為豐富的多元發展，具有絕對而根本的重要性。[26]

密爾討論的主題是自由，但他一開始就引用這句話，把自由牢牢紮根於更廣泛的人文主義傳統。這段話所強調的兩個詞，**多元與發展**，在密爾的思想中總是跟**自由**密不可分，三者之間相輔相成。對他來說，如果我們擁有自由，而且頻繁地接觸人們多元化的生活方式——就算它們可能極其古怪——就能夠成為充分發展的人。在一個自由的社會裡，接觸多元性可以讓我們發展自己的可能性，而且這一切都是在文化豐饒的環境裡進行，不受國家干預，除非我們的所作所為傷害了別人。密爾和洪堡都認為，國家的任務應該是在人們追求自身的自由與經驗而妨害別人的時候才能進行干預。國家沒有資格告訴人們**應該**做什麼：它的功能不是提供單一而完美的生活或道德模式，而是讓我們每個人擁有我們需要的空間做自己，同時又不剝奪別人的空間。

密爾也認為正確的教育方式非常重要，他在這本書裡，再次強調了多元性。我們需要透過種種經驗來拓展自我，這意味著「體驗生活」。[27]洪堡也曾經寫過，我們在「各式各樣的情況」下可以學到最多，而不是單一的生活模式。[28]此外，接觸各種不同的情況會使我們更加寬容：正如蒙田談到旅行的好處時說道，「這麼多不同的幽默、教派、見解、意見、法律與習俗，教會我們明智地判斷自己的一切。」[29]

因此，密爾建議，一個自由的社會應該支持「在討論所有的問題時，享有表達意見與情感的絕對自由，無論我們討論的是實際還是臆測性的問題，是科學、道德或神學問題。」這包括了支持公開表達以上想法的自由，因為必須保密的自由根本算不上自由。他確實注意到，這樣的說法可能會得罪人；因為這表示人們會做一些別人認為「愚蠢、反常或錯誤」的事。[30]但這不至於造成問題，除非這些事情確實傷害了別人（當然，怎麼定義「傷害」是一件非常複雜的事，以致我們今天還在爭論不休）。

《論自由》也對性與宗教產生了影響。密爾跟洪堡一樣，認為每個人應該在不傷害別人的前提下，自由發展他們的親密關係。如同威廉與卡羅琳，他跟哈麗雅特也發展出非典型的關係，雖然（據我們所知），這跟渡船女郎無關。在他們相遇、相戀長達二十年的時間裡，兩人無法結婚，因為哈麗雅特已經嫁給別人了，而當時要離婚幾乎是不可能的。她的丈夫約翰．泰勒（John Taylor）感覺是個不錯的小伙子，但他們結婚時哈麗雅特只有十八歲，後來她才意識到他們並不合適。當她遇到密爾時，她愛上了他，主要是因為他可以花上幾個小時跟她談論哲學、政治和道德。他們從親密好友發展成戀人，最後在泰勒默許之下，兩人開始（多少算是）同居了。為了避免別人說閒話，他們在一個遠離社交圈的郊區過著平靜的日子。這樣的生活持續了大約十五年，直到一八四九年，泰勒罹癌病逝。過了一段適當的哀悼期之後，她和密爾結了婚，但他們對標準的婚禮誓言做了一些調整。當時的婚姻使丈夫幾乎掌控了妻子的一切，包括她的財產。儘管在法律上，他們無法宣布放棄這種控制權，但密爾在婚禮上宣讀了一份〈關於婚姻的聲明〉（Statement on marriage），指出他不同意這些權利，並承諾永遠不行使這些權利。[31]因此，他們跟洪堡夫婦一樣，拒絕走上國家預先規劃的道路，而按照自己的想法訂下他們的規則。

另一個棘手的問題是宗教。密爾在他的一生中有過不同的感受，他晚年時似乎思考過，在某個地方可能有一位抽象的、自然神論的上帝，對人類事務漠不關心。[32]但整體而言，他甚至沒有表現出他有這種信仰。在當時來說很不尋常的是，他是在沒有被灌輸宗教意識形態的情況下長大的：他父親詹姆斯・密爾（James Mill）是一個不可知論者（agnostic），他放棄了自己從小接受的長老會（Presbyterianism）教育，轉向他的朋友邊沁的功利主義哲學思想，所以約翰反倒被灌輸了這樣的思想。讓我們回溯一下他的童年。

自幼受到功利主義理論的薰陶，只是其中一部分而已。這無疑是自蒙田的父親試圖讓兒子以拉丁文為母語以來，最奇怪的育兒實驗之一。雖然詹姆斯沒有這麼做，但他確實也在家裡教育他的孩子，讓約翰從很小就開始接觸古典文學，早到令人驚訝——在他還是個蹣跚學步的三歲小孩的時候，就開始讀《伊索寓言》（*Aesop's Fables*）學習希臘文，接著念希羅多德、色諾芬（Xenophon）與柏拉圖的作品。他大約七歲的時候開始學拉丁文，後來還負責把他所學到的東西教給年幼的弟妹。每天早上吃早餐之前，約翰都要跟著父親，在位於倫敦北部紐英頓綠地（Newington Green）住家附近宜人的農村散步，開始一天的生活。這本來應該是一件幸福指數破表的事情，但在散步的時候，約翰必須針對他前一天讀過的東西進行口頭報告，然後聽詹姆斯就「文明、政府、道德、精神修養」這些議題發表高見。最後，約翰還得用他自己的話複述主要的論點。[33]要是能知道他母親哈麗雅特・巴羅・密爾（Harriet Barrow Mill）怎麼看待這一切就好了，奇怪的是，雖然約翰是一位女性主義者，他的自傳裡卻對她隻字未提。

起初，約翰受到父親的影響，而在年輕時便成立了自己的小型功利主義協會，有三位成員。後來他繼續發展和使用功利主義思想：《論自由》中描述了自由的利益與損害的平衡，可以看到功利主義的影響。然而，在他大約二十歲的時候，他的遭遇改變了他對這種平衡的看法：他得了憂鬱症。他跟五個世紀之前的佩脫拉克一樣，深受無感症所苦，無法在任何事情上感到快樂。他因此對幸福的計算產生了質疑，如果由於更深層的原因，你無法**感受**到這種幸福，那麼去計算幸福有多少又有什麼意義呢？

後來密爾的憂鬱症康復了，有一部分要歸功於一個意想不到的發現：詩。他父親和邊沁都沒有意識到詩的重要性；邊沁還輕率地說，詩是不著邊際的寫作。[34]當時約翰卻反其道而行，愛上了這種文學體裁，特別是威廉·華茲華斯（William Wordsworth）的作品，他的詩充滿了激情與對大自然的熱愛。[35]華茲華斯還試圖在他的《序曲》（*Prelude*）中回溯一個人從童年開始發展內在經驗的過程：頗有*Bildung*的味道。

閱讀華茲華斯的詩使密爾開始反思，人類需要這種更深層的滿足，而其他動物似乎沒有這樣的需求。我們追求意義，我們渴望美和愛，我們在「自然萬物、藝術成就、詩歌想像、歷史事件、人類行為、過去與現在，以及它們未來的前景」[36]——也就是所有的**文化**層面上——尋求滿足（這讓我們想起馬內蒂在他的論著《論人類價值與卓越》中寫道：「判斷、記憶與理解能力為我們帶來了多少樂趣！」[37]）幸福仍然是值得追求的善，但密爾現在開始明白，有些幸福比其他的幸福更有意義，包括了自由、「活著」和「身為人類」的感受（他將會在《婦女的屈從地位》裡談到它們。）[38]嚴格的功利主義無法輕易地接受這一點：我們面對的不再是可以計算的幸福單位，而是無法計算也無法測量的特質。密爾的新思維雖然不夠嚴謹，卻更為細膩。他的想法比邊沁更**人性化**。

密爾人性化的特質修正了功利主義與自由主義思想。例如，這把自由主義跟它的拙劣模仿品，現在稱之為「新自由主義」（neo-liberalism）的意識形態區分開來，後者任憑富人不受控管地追求利潤，卻讓其他人面對社會遭到嚴重破壞的後果。對密爾與洪堡來說，這不是自由。一個真正自由的社會，不僅重視還會提供更深層的滿足：包括了意義與美的追求、多元文化與個人經驗、探索知識的興奮，以及愛與友誼帶來的樂趣。

密爾總是說，哈麗雅特為《論自由》以及後來的《婦女的屈從地位》貢獻了許多想法，不過他終究沒有把她的名字放在這兩部作品的扉頁上——如果他真的有這麼做，那也是她死後的事了，因為她沒有活著看到這兩本書出版。一八五八年，她死於一種可能是肺結核的呼吸道疾病，當時他們人在亞維農，為了尋找陽光與更有益健康的空氣而南下。悲痛之餘，密爾在那裡埋葬了她，甚至在附近買下一棟房子，以便他和她女兒（與泰勒所生）可以繼續待在那裡。他為她寫了一篇墓誌銘，大肆讚美她的成就，其中有一句話：「只要幾個人有她那樣的心靈與智慧，這個世界早就成為人們憧憬的天堂了。」[39]

MILL'S LOGIC; OR, FRANCHISE FOR FEMALES.

"PRAY CLEAR THE WAY, THERE, FOR THESE—A—PERSONS."

他沒有說那會是什麼樣的天堂：跟其他的人文主義者一樣，她的行為與著作會在她死後發揮影響力，使她活在人們的記憶中。

密爾繼續從事政治與哲學工作，把他的女性主義思想付諸實踐。一八六五年，他參選英國議員，競選承諾包括將選舉權擴及婦女。他贏得了席次，但他針對一八六七年的選舉改革法案所提出的婦女選舉權修正案（他建議把「男人」一詞改成「人」）卻沒有通過。不過，針對該案展開的議會辯論卻使這個議題跨出了一大步，後來被他視為議員任期內最大的成就。[40]五年後，也就是一八七三年，他與世長辭，跟哈麗雅特一起葬在亞維農。

今天的自由社會仍然建立在洪堡和密爾的思想之上，其中不僅包含他們對於自由的思考，也包含了他們的人文主義關懷：他們的願景是建立一個令人滿足的社會，讓我們每個人能夠展開自己的人生，把我們的人性發揮到極致。沒有一個社會可以宣稱它已經完美實現了這樣的願景——遠非如此；但是，實現一個靜態、完美的理想從來就不是自由主義或功利主義的目標。事實上，這也不是人文主義的目標。這三者所追求的是在生活中多創造一些善，少一些惡。

另一位受到洪堡啓發的英國人是馬修・阿諾德（Matthew Arnold）。[41] 他是一位詩人、評論家，一位風趣而引發爭議的散文家，也是專業的教育家——他花了三十五年時間視察全國各地的學校，並就其他國家的教育體制撰寫報告——這一切都是為了提升人類的發展。

需要改進的地方當然很多。在英國，窮人就讀的學校品質參差不齊。阿諾德主張讓所有學校遵循一致的標準，並且把更好的文化教材引進課堂，大幅提升學校的水準。他在一八六九年的著作《文化與無政府狀態》（*Culture and Anarchy*）中寫道，這一類的改革旨在發展「我們人性的各個層面」。你可以看得出來，他一直在閱讀洪堡的作品。還有一點也顯示他受到洪堡的影響，他認為，這些改革要讓社會裡**所有**的階層共同發展他們的人性，沒有人應該被被排除在外：我們「都是這個偉大群體的一分子，人性中的同情心不會允許一個人對其他人漠不關心，或享有別人沒有的完整福利。」一個人不應該滿足於獨自發展，而是要「不斷盡其所能，增加到那裡去的人。」[42]阿諾德使用的「到那裡去」（thitherward）這個字吸引了我。我一直認為，我們應該重新啟用「到那裡去」和「從那裡來」（thence）這一類的字，而他顯然做得更好。

阿諾德在充滿教育氣息的環境裡長大，他父親托馬斯．阿諾德（Thomas Arnold）博士是拉格比公學（Rugby School）的校長，也是一位活力充沛而虔誠的基督徒。[43]馬修後來進入牛津大學求學，可能在那裡對宗教產生了懷疑，這個問題一直困擾著他，並經常出現在他的詩作裡（我們下一章中會回來談這一點）。他娶了一個虔誠的女人，人稱「Flu」的弗朗西斯．露西．懷特曼（Frances Lucy Wightman）。阿諾德夫婦跟洪堡、密爾夫婦不同，他們是傳統婚姻的結合——卻充滿悲傷。馬修把《文化與無政府狀態》從演講稿改寫成書的時候，他們還在為一年內失去兩個孩子的悲劇哀悼。最近的一位是他們的長子湯米（Tommy），死於從小馬上摔落的意外。

然而，不知道為什麼，《文化與無政府狀態》卻處處閃耀著機智與風趣，同時提出嚴肅的論點。整體來說，阿諾德主張，他推崇的文化可以防止他強烈反對的無政府狀態發生，但這是一段複雜的過程。他的表達方式令讀者感到新奇有趣，他也很擅長不斷激發人文主義者的熱情，即使他提出了有點荒唐或沒有根據的主張，也能打動你的心。有時候，你只能疑惑地看著他離題發揮了一兩頁，還好他之後又言歸正傳——最重要的是，他幾乎是刻意要賦予某些詞語它們通常所不具備的意思，令人感到困惑。例如他從德國猶太詩人海因里希·海涅（Heinrich Heine）那裡借用了「希伯來主義」（Hebraism）這個詞，但主要是用來指涉基督教的清教主義（Puritanism）。當他談到「野蠻人」（Barbarian）社會階層時，粗心的讀者可能會以為他在輕蔑地談論下層階級，但並非如此，他指的是貴族階級（在他筆下，工人階級是「人民」〔the Populace〕，中產階級則是「非利士人」〔Philistines〕）。

同樣引起誤解的還有他在這本書裡面經常重複的兩句話。其中一句話宣稱「文化」意味著「世界上最好的思想與言論」；[44]另一句話也跟文化的定義有關，說它是可以帶來「甜蜜與光明」的一切事物。[45]

第一句話提到「最好的」，頗帶有菁英主義的味道，暗示文化是擁有精緻品味與受過昂貴教育的人才懂的高級事物。但是，阿諾德強調，他反對中產階級與上流階級的看法，他們似乎覺得，不論他們有沒有讀過一本書或欣賞過一件藝術品，他們天生就是充滿文化素養的人。[46]對他來說，真正的文化是所有人都可以理解的，它來自「對於心靈事物的渴望」。[47]它意味著好奇心與對既定觀念的質疑，意即「把新穎而自由的想法，引進我們原有的觀念與習慣，而我們現在還在因循守舊。」[48]這就是洪堡在信中描述，**擴大**與人的接觸時，令人振奮的感受；密爾也認為，豐富的生活歷練可以拓展人生。阿諾德說道，就算你只是看報紙，只要閱讀的時候帶著自由、嶄新而具有批判性的思維，也可以提升文化素養。[49]

SWEETNESS AND LIGHT.

然而，如果你缺乏足夠的學習資源，培養這樣的思考模式是很困難的，這就是為什麼教育很重要，而且還要提供正確的教育。讓社會中最貧窮的人也可以接觸到具有原創性的優秀文學、藝術作品，不要老是餵給他們通俗的文化產品，認為他們只能消化事先簡化過的、程度不高的東西。阿諾德認為，教育者在這裡面臨了一項挑戰：要設法呈現最好的文化本身的豐富性，並使它容易理解。當務之急是「發展有人性的文化，在知書達禮之士的小圈圈以外發揮影響力」——並且讓「當時**最好**的知識與思想」流傳下去。[50]

更糟糕的是另一句話，「甜蜜與光明」給人甜膩膚淺的感覺。事實上，這句話出自強納森．史威夫特（Jonathan Swift）在〈書籍之戰〉（Battle of the Books）描寫的一幕，它的典故可以追溯到賀拉斯的拉丁文詩歌。在史威夫特的諷刺詩裡，蜘蛛與蜜蜂激烈爭論牠們誰比較優秀。蜘蛛說，是我。我是具有原創性的創造者，自己吐絲結網。蜜蜂說，是我才對，也許你比較有原創性，但你只會結網與分泌毒液，而我採集花粉，是用來生產蜂蜜（甜蜜）和製造蠟燭（光明）。[51]對阿諾德來說，儘管文化建立在許多二手經驗上，卻把它們轉化成新穎而富有啓發性的事物。他所說的「光明」不是在故弄玄虛；而是更接近佩脫拉克這些人文主義者所感受到的，被他們從修道院的禁錮中解放出來的知識之光——或許也可以說是啓蒙運動者的理性之光。

你從《文化與無政府狀態》這本書讀到怎樣的訊息，取決於你是什麼樣的人。它深受保守派賞識，因為他們跟阿諾德一樣，對「無政府狀態」感到恐懼，特別是這本書出版的時候，英國發生了許多街頭示威，造成公共秩序大亂。阿諾德本身屬於特權階級，他不懂為什麼人們要做出這麼粗魯又破壞和諧的事，卻不去閱讀賀拉斯的作品。然而，他所說的一些話卻充滿前瞻性：他反對排除異己，並且對批判性思維與好奇心保持開放態度。他還說自己是自由主義者。[52]《文化與無政府狀態》的核心思想是歷久彌新的經典人文主義思想：我們共同的人性讓我們所有人連結在一起，沒有人有權利覺得自己比別人優越或輕視別人。

就某種程度上來說，阿諾德確實這麼想，並且對英國與其他地方產生了長遠的影響，比如說，二十世紀英國廣播公司（British Broadcasting Corporation, BBC）的成立，旨在啟發、娛樂大眾並提供資訊。他的想法也催生了二十世紀早期無數的成人教育機構，如一九〇三年成立的工人教育協會（Workers' Educational Association）。

它還影響了出版業。英美兩國的出版業有一段時間受到阿諾德的影響，因為出版商不用付版稅給莎士比亞（William Shakespeare）和彌爾頓（John Milton）；出版一整套「經典名著」可以為他們帶來豐厚的收入。即使需要找譯者翻譯，譯本也很受歡迎。[53]早期的「波恩標準圖書館」（Bohn's Standard Library）系列叢書出版了許多古希臘羅馬經典作品的英譯本，儘管原作有關性的描述都被略過不提，確實令讀者感到沮喪。[54]

後來還出版了像「艾略特博士的五英尺書架」（Dr Eliot's Five-Foot Shelf of Books）這樣的傑作，這是哈佛大學（Harvard University）校長查爾斯．W．艾略特（Charles W. Eliot）在一九〇九年所編輯的五十一卷文學作品集。[55]在英國，出身工人階級的油漆工之子約瑟夫．馬拉比．登特（Joseph Malaby Dent）在一九〇六年創立了一家出版商「一般人圖書館」（Everyman's Library）。不幸的是，登特本人經常對他的員工大吼：「你這蠢驢！」[56]可想而知，他並不討人喜歡。事實上，這些員工是出版商成功的祕訣，尤其是叢書編輯歐內斯特．瑞斯（Ernest Rhys），他過去是一位煤礦工程師，轉行到出版界之前，曾經為礦工舉辦讀書會。[57]他編輯這套叢書的理念如下：這些書必須價格低廉，同時維持高水準的設計。每一本書都有迷人的木刻版畫扉頁和馬努提烏斯出版社的標誌：海豚與錨[58]——向這位印刷出清晰、精美、便於攜帶的書籍的先驅致敬。

為了指引讀者在茫茫書海中找到自己想看的書，帶有阿諾德風格的「最佳書籍」清單開始出現，如一八八六年由工人學院（Working Men's College）院長約翰・盧伯克爵士（Sir John Lubbock）選出的「百大好書」（Best Hundred Books）。除了歐洲作品，他還推薦了孔子的《論語》和節略版的《摩訶婆羅多》、《羅摩衍那》（*Rāmāyana*）等書。他坦承自己並不是每一本書都喜歡：「至於使徒教父（Apostolic Fathers），我不敢說他們寫的東西多麼有趣或有啟發性，但至少它們篇幅很短。」[59]

這份清單上還有一些書籍，是盧伯克徵求知名人士建議之後加上去的。約翰・羅斯金（John Ruskin）說他希望看到更多關於自然史的書：「前幾天吃早餐時，我忽然想多了解一些蝦子的生活史。」[60]亨利・莫頓・史坦利（Henry Morton Stanley），這位到非洲去尋找大衛・李文斯頓（David Livingstone）的冒險家，敘述他在達爾文、希羅多德、《古蘭經》（*Quran*）、《塔木德》（*Talmud*）、《一千零一夜》（*The Thousand and One Nights*）、荷馬和其他許多書籍的陪伴下，完成這趟旅程的故事。但不知道是因為他的搬運工離開他還是生病了，他只好把書扔掉。他說：「我手上只剩下《聖經》、莎士比亞、卡萊爾（Thomas Carlyle）的《衣裳哲學》（*Sartor Resartus*）、約翰・威廉・諾利（John William Norie）的《新版完整的實用航海術概要》（*A New and Complete Epitome of Practical Navigation*），以及一八七七年的〈航海年鑒〉（Nautical Almanac）。可憐的莎士比亞，後來在津加（Zinga）愚昧民眾的要求之下付之一炬。」[61]

出身工人階級的人們也認真思考了阿諾德透過閱讀與文化來充實自己的這種信念。他們反應不一，有些人擔心——正如曾經當過棉紡廠工人的激進作家艾瑟爾・卡尼（Ethel Carnie）在一九一四年寫給《棉紡廠時報》（*Coton Factory Times*）的信上寫道——太多文化素養會「麻醉」（chloroform）勞工，分散他們的注意力而疏於鼓吹群眾應該專注在為他們的生活帶來真正的改變。[62]所以，對這一類讀者來說，工人階級最好去讀卡爾・馬克思（Karl Marx），而不是孔子或有關蝦子的書，並發起革命來改變他們的生活。

但其他人並不覺得有什麼矛盾：他們認為，閱讀與學習是看清楚社會上正在發生的剝削行為，並壯大自己以進行對抗的最好方式——因此，這不是被麻醉而陷入昏睡，而是保持清醒。喬治・W・諾里斯（George W. Norris）是一名郵局工作人員暨工會幹部，在工人教育協會上了二十二年的課，他回顧這些課程對他的影響時寫道：「思考技巧的訓練，讓我看穿了現代報紙聳動的標題背後的謊言與騙局、虛情假意的政客與獨裁者滔滔不絕的演說，以及陰魂不散、在世界上到處散播仇恨的意識形態教條。」[63]

還有一個原因。學習、閱讀、欣賞藝術品、鍛鍊自己的批判能力：這些事情通通都會帶來**樂趣**。

人文主義者總是強調文化生活中享樂主義的那一面。馬內蒂曾經寫過思考與推理帶來的樂趣；西塞羅曾主張要賦予詩人阿基亞斯羅馬公民的身分，因為他給羅馬人帶來快樂並且提升了他們的道德素質。本章中的三位人文主義者都同意，從事文化活動，並且把自己的人性發揮到極致，能夠讓人們深深感到滿足。對阿諾德來說，它使人生嚐起來宛如蜂蜜般甜美；對密爾來說，體驗「詩歌的想像力」與研究「人類行為」使他恢復了感受一切的能力。洪堡是三個人當中最幸福的一個，他在一封信中寫道：「在我看來，一本重要的新書、一個新理論、一種新語言，都能讓我擺脫死亡的陰霾，感受到難以言喻的喜悅。」[64]

難以言喻的喜悅！要了解這種感受力跟一些沉悶的教育家所推崇的狹隘文化觀念有什麼不同，只要稍稍回顧一下二十世紀初期在一些美國大學中短暫興起的一種意識形態，也就是所謂的「新人文主義」（New Humanism）。

這個名詞是後來才出現的，而創造這種意識形態的人則是一位哈佛大學學者歐文・

白璧德（Irving Babbitt），他跟哈佛大學校長艾略特的心態截然不同。白璧德主張閱讀單一文化的經典作品來培養道德觀：主要是古希臘文學，也許再加上一點古羅馬文學。他對任何其他文化都不感興趣，也閉口不談自由教育。在「艾略特博士的五英尺書架」叢書出版的前一年，他公開抨擊艾略特的教育哲學，展開論戰。[65]白璧德憎惡這一類的推廣計畫。他贊成某些阿諾德的想法，對他另一些想法則無法苟同：他並不希望全體人類朝著其他地方邁進，他認為一般民眾去哪裡並不重要，人文主義者的工作只是培養菁英，應該鼓勵他們根據判斷，「選擇性」而有節制地同情別人，而不流於濫情。我們的人性並**沒有**讓我們所有人產生連結——白璧德寫道，泰倫提烏斯筆下那句台詞：「沒有任何人類之事與我無關」是錯的：它缺乏選擇性。對他來說，這句話使社會上充斥著怯懦與一廂情願的善行。他本人和追隨他的新人文主義者都認為，「最好的」的東西需要加以捍衛，以免被外來者染指。[66]

對一個真正的人文主義者來說，這樣的論調忽略了文化生活所有的價值：包括與他人經驗產生連結、自由發揮好奇心、提升鑑賞能力，何況，強制性的要求——也可以說是某種**無感**——剝奪了人們的樂趣。小說家辛克萊・路易斯（Sinclair Lewis）（他以「白璧德」來命名他的一本小說跟裡面的主角，想必是故意挖苦他）在一九三〇年獲頒諾貝爾獎，他在得獎感言中責備了新人文主義者。他說：「在嶄新而充滿活力與實驗性的美洲大陸，人們會期待文學教師不那麼因循保守，而是更有人性，更有別於籠罩在傳統陰影下的舊歐洲。」[67]反之，我們看到了什麼？還是一成不變的枯燥與消極。

後來，愛德華・薩依德（Edward Said）在另一場文化論戰中觀察到，這種「刻薄的反對」，這種「退縮與排斥」，以及切斷人文學科與任何「人性」的聯繫，令人感到無趣，不會得到伊拉斯謨或蒙田等人文主義者的認同。[68]他可能還會加上一句，洪堡、密爾或阿諾德也不會認同這樣的作法。相反地，正如蒙田談到他那個時代的學校時寫道：

> 讓他們的教室鋪滿鮮花與綠葉，要比血淋淋的樺木鞭子合適多了！我想跟哲學家斯珀西波斯（Speusippus）一樣，在教室裡掛上歡樂女神、花神與美惠女神的畫像。讓他們在哪裡學習，就在哪裡嬉戲。[69]

這看似是場很久以前的論戰，新人文主義者大多看似早已被遺忘，然而，在某些圈子中，他們倒使人文主義臭名遠播。對現在追求多元而更加開放的文化觀的人來說，**人文主義**這個詞本身就帶有狹隘的菁英主義氣息。因此，如果我們注意到，當前的學術界屏棄人文主義，斥之為反對多元包容價值的保守思想，這至少有一部分要歸咎於新人文主義者欠缺**人文精神**。

事實上，在白壁德和他的擁護者投入筆戰的時候，他們就已經輸了。閱讀、寫作與文化生活早就快速地普及到全世界。廉價而大眾化的書籍、所有人都可以借閱的新式流動圖書館、任何人都可以報名參加的課程：這一切都沒有消失。

此外，提供借閱的圖書館、廉價書籍與課程讓許多人得以接觸那個世紀最激進的思想。只要花點小錢，就可以讀到懷疑上帝的研究、馬克思主義經濟學、針對地球起源或生物物種重新進行科學評估的著作。你還可以閱讀關於**人類**起源的書籍。所有這些新的發展，都是從阿諾德所說的「把新穎而自由的想法，引進我們原有的觀念與習慣」所開始，而它們也會帶領人文主義走上一條新的道路。

第九章

一些夢想中的國度

主要是一八五九年～一九一〇年

邁向科學的人文主義／查爾斯・達爾文與湯瑪斯・亨利・赫胥黎／論身為不可知論者／萊斯利・史蒂芬在阿爾卑斯山上的五分鐘／「有問題的牧師，有疑慮的牧師」／瑪麗・沃德的《羅伯特・埃斯米爾》／關於人類問題的一些奇奇怪怪的答案／歐內斯特・勒南與奧古斯特・孔德／變動不居的時代

在密爾和阿諾德的時代，一些新發現對我們思考人類的方式產生了重大影響，使教

會當權者越來越跟不上時代。首先是地質學家來找他們，揮舞著證據，說地球比《聖經》所暗示得更古老，而且處於不斷變動與過渡的狀態，這不符合《聖經》裡上帝一次就把世界創造出來的故事。然後是古生物學家，他們帶著消失或改變的物種化石來找他們。甚至連洞穴學家也上門了，在德國尼安德河谷（Neander Valley）的洞穴裡，發現了一具已經滅絕的人種遺骸。

接下來輪到達爾文，他在一八五九年出版了《物種起源》（*On the Origin of Species by Means of Natural Selection*），提出一個關於生命多樣性的巧妙理論：當某個物種經歷了長期的自我繁殖，會發生隨機變異，長出更大的鳥喙、更長的腳趾，或一些新的、蓬鬆的耳毛。這些都會遺傳給後代。而如果這種變異能夠適應環境，牠們會成長茁壯，繼續繁衍更多的後代，反之則不會留下後裔並遭到淘汰。正如他在本書裡做出以下結論，「這麼一個簡單的開始，已經演化出無數美妙無比的生命形式，而且還在持續進行。」[1]這是一幕莊嚴的景象，也是一幕恐怖的景象，達爾文承認，一切都取決於失敗與痛苦的循環。因此，「我們所能想像最崇高的目標，即高等動物的繁殖，是自然界的競爭、饑荒與死亡直接造成的。」[2]這不僅告訴我們生命來自死亡，還說我們可能就是那些「高等動物」，因此也是這個過程的產物。當時他只透露了這些，直到一八七一年，才在《人類的由來及性選擇》（*The Descent of Man, and Selection in Relation to Sex*）這本書裡講得更白，它跟很多談到性的作品一樣，令人感到困窘。情況原本還會更糟：達爾文想在書名中使用更簡潔的「性選擇」（sexual selection），但被出版商擋了下來，他們認為「性的」（sexual）聽起來比「性」（sex）更駭人聽聞。[3]不過，即使在《物種起源》第一次出版時，也不難看出它對人類的影響。

《物種起源》擁有廣大的讀者群，特別是在英國，因為這本書被新式流通圖書館中最重要的圖書館之一，穆迪外借圖書館（Mudie's Lending Library）列入推薦書目。密爾興致勃勃地讀了這本書，他的《論自由》也在同年出版。艾略特也讀了：她跟她的伴侶喬治・亨利・劉易斯（George Henry Lewes）對達爾文很感興趣，主要是因為他們熱衷研究自然史，在一八五六年的夏天，他們曾經前往海濱地區進行勘查，寫下關於岩池（rock pool）與化石的文章。[4]馬克思則是另一類的讀者，他認為達爾文的思想和他自己的社會階級鬥爭理論之間是有關聯的。他對弗里德里希・恩格斯（Friedrich Engels）說：「雖然這本書是用粗糙的英式風格寫成的，但是它為我們的觀點提供了自然史的依據。」[5]《資本論》（*Das Kapital*）出版之後，他寄了一本給達爾文。儘管後來達爾文寫了一封熱情的感謝信給馬克思，但這本書一直擱在這位博物學家的書架上，連書頁都沒有裁剪開來。

另一位讀者一眼就看出《物種起源》會引發論戰：他就是赫胥黎。身為一位動物學家、教育家、能言善道的散文家與辯論家，當時他比誰都積極宣傳達爾文主義（Darwinism），並同時融合了十九世紀兩大趨勢：教育與自由思想的興盛，轉向以科學方式來思考自己。因此他創造了一種新型態的人文主義者：科學人文主義者（scientific humanist）。

在這一章，我們將會看到人文主義思潮的匯流，以及它對人們產生了什麼樣的影響，特別是英國人。對此作出回應的包括了牧師與詩人、小說家與自然主義者，還有那些想把人性神聖化的人，以及跟他們相反，想把神性人性化的人。我們將會認識他們當中幾位代表性的人物。但先來談談赫胥黎和他的論戰。這對達爾文的理論來說只有好處，因為戰鬥正好是赫胥黎的專長——他遠比達爾文本人擅長此道，後者討厭這一類的事。

赫胥黎與達爾文的友誼開始得比較早，當時達爾文邀請他到肯特郡（Kent）的私宅去看他蒐集的海鞘。

赫胥黎喜歡海鞘。他是一位曾經受過醫生培訓的自然學家，擔任船醫進行了為期四年的環太平洋航行之後，剛剛回到英國。在航行途中，他致力於蒐集來自海洋與其他地方的物種，後來被派去大英博物館製作海鞘標本目錄。因此，他欣然接受了達爾文的邀請，愉快地參觀他家周遭的植栽與溫室、充滿異國風情的鴿子以及不斷擴增的實驗與收藏。達爾文看起來像個無害而勤奮的研究愛好者。當時赫胥黎幾乎跟所有人一樣，不知道他正在用這些材料建構一個前所未有的生物理論。[6]

等到這本書問世，赫胥黎這才意識到達爾文一直在做些什麼，他想助他一臂之力。赫胥黎跟風度翩翩的達爾文不同，他出身比較平凡，在他職業生涯中的**每件事**都是一場戰鬥。他首先評論了這本書，使出渾身解數，誇大其詞地寫道：「死去的神學家躺在每一門科學的搖籃邊，就像赫丘利（Hercules）的搖籃邊有被掐死的蛇。」[7]接著他發表演講，用上具有新聞話題性的道具：在皇家研究院（Royal Institution），他為了展現天擇作用對繁殖過程的影響，在觀眾面前從籃子裡放出一群活生生的鴿子，彷彿是舞台上表演的魔術師。[8]

接下來是一八六〇年，不列顛科學促進會（British Association for the Advancement of Science）在牛津大學美麗的新自然史博物館（Museum of Natural History）舉行的會議。達爾文沒有出席：他以胃病反覆發作為藉口，讓自己不必面對任何人。[9]來自宗教、文化與科學界的代表們齊聚一堂，打算狠狠調侃一番。達爾文出海航行所搭乘的小獵犬號的（Beagle）前船長，羅伯特・斐茲洛伊（Robert FitzRoy）也在場；他曾經在給達爾文的信上寫道：「我親愛的老朋友，至少對我來說，就算想到自己是**最**古老的**猿人**

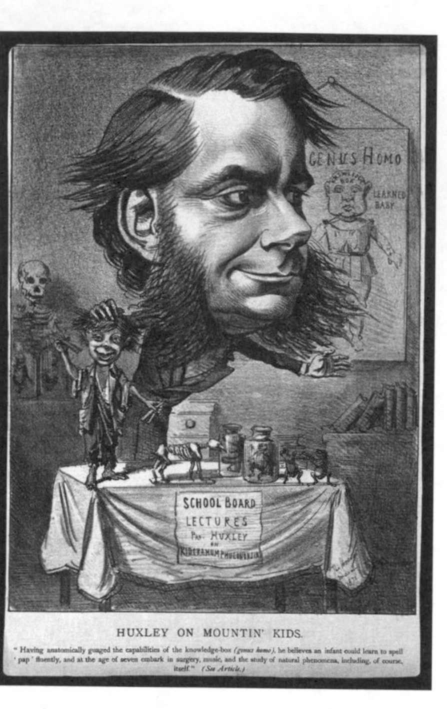

HUXLEY ON MOUNTIN' KIDS.

"Having anatomically guaged the capabilities of the knowledge-box *(genus homo)*, he believes an infant could learn to spell 'pap' fluently, and at the age of seven embark in surgery, music, and the study of natural phenomena, including, of course, itself." *(See Article.)*

的後裔，也**不會**讓我覺得自己很『高貴』。」牛津的大主教塞繆爾．韋伯佛斯（Samuel Wilberforce）也在會議上說了類似的話，他是一個直率的壯漢，以愛說俏皮話聞名，所以人們往往在他開口之前就笑了出來。可想而知，當他站起來，準備向赫胥黎提出他的問題的時候，大家一定也笑了。他問道：你是從你祖父還是祖母那裡遺傳到猴子的血統？10

赫胥黎巧妙地答道，他寧可他的祖先是猿猴，而不是一個利用自己的優點與影響力來嘲笑科學討論的人。他的話引起哄堂大笑——至少，赫胥黎是這麼說的。11一如既往，這個廣為流傳的故事也出現了不同的版本。植物學家約瑟夫．道爾頓．胡克（Joseph Dalton Hooker）說，以機智的回答「擊垮」韋伯佛斯的人是**他**，而韋伯佛斯本人則興高采烈地離開了會場，顯然覺得自己佔了上風。12達爾文對赫胥黎熱情相挺表示感謝，但也感到不安。「看在上帝分上，千萬不要寫反對達爾文的文章，」他說，「沒有人說得過你。」[13]

赫胥黎本人也因為這些表現而越來越出名。他後來成功寫出了達爾文理論的普及版，特別是一八六三年的《人在自然界位階的證據》（*Evidence as to Man's Place in Nature*），卷首插畫是一排正在行進的猿猴骷髏，最後演化成一個人的模樣。

現在人們已經不太記得，他也是一位全方位的公共知識分子，以及人文與科學思想的傳播者。他對教育很有興趣。他跟阿諾德一樣，堅信所有的社會階層都應該有機會接觸優質的學習資源；也跟洪堡一樣，認為學習是一輩子的事。他秉持這些想法，在一八六八年協助創立了南倫敦工人學院（South London Working Men's College）——他正是在這樣的工人教育機構，而不是在菁英或專業聽眾面前，發表了他最重要的一些演講。

同年，他在南倫敦工人學院發表了一場演講〈博雅教育何處尋〉（A Liberal Education and Where to Find It），闡述他對教育本身的看法。他首先批評當時的學校似乎認為只要教一些簡單的道德準則和中東史地就行了，僅因為後者跟《聖經》有關（查爾斯・狄更斯〔Charles Dickens〕也在《荒涼山莊》〔*Bleak House*〕裡諷刺地寫道，窮人似乎主要都在上有關古代亞摩利人〔Amorites〕和西臺人〔Hittites〕的歷史課）。對赫胥黎來說，這根本談不上是人文科學的良好基礎，更別說傳授其他的人類知識了。但他並不是不喜歡這種研究：他說他自己樂於學習古代文化，藉此對人類過去的遺跡展開研究。[14]他還在其他作品裡引用了泰倫提烏斯的話：對他來說，沒有任何人類之事與他無關[15]——或令他感到無趣。

不過，他採取更廣泛的視角來看待關於人的研究。他同意阿諾德和洪堡的觀點，即教育的目的在於培養完整的人，擁有豐富的精神生活，對世界有深入的了解。但他不同意他們把人文科學當成唯一的起點。反之，他建議學習科學也許可以打下更好的基礎。科學教給孩子物理世界的基本知識，也賦予他們人文主義的技能，也就是養成探究的態度。它教會他們仔細觀察現象，並透過實驗積極學習，而不是完全仰賴權威性的古代文本——或教師來學習一切。因此，這也讓他們能夠更深入地理解這些文本與教師。[16]密爾曾經說過，學習古典文學與辯證法，可以鍛鍊批判性思維。赫胥黎在另一場演講中引用了密爾說過的話——但不同之處在於，他用「科學」取代了「辯證法」（dialectic）之類的詞。[17]他們一樣都熱愛自由思想與調查，只是手段不同。

赫胥黎在一場一八八〇年的演講中，再次提出教育以科學為基礎的論點，阿諾德則發表了〈文學與科學〉（Literature and Science）一文作為回應。他說，科學確實很重要，但人文科學更重要，特別因為它是我們理解科學發現對人類**意義**的關鍵。比如說，如果我們聽到科學告訴我們，我們的祖先長得像猴子，我們會對我們自己和我們的人性妄下結論（很遺憾）。如果我們欠缺更有建設性的引導，這些結論可能是危險和消極的，例如，我們可能會想：好吧，反正我們只不過是動物——不必期待自己會有崇高的道德標準。相反地，阿諾德寫道，以道德與人文科學為基礎的良好教育，不僅有助於更細緻地處理人類與道德領域的事務，還為我們制定了可以遵循的高標準。[18]

事實上，這是一個相當好的論點。阿諾德並不反對科學，他並沒有說，用科學方式來思考我們自己是錯的。他只說，我們需要具備良好的文化理解能力，以最好的方式來回應科學。很少有人會不同意他的看法。

但赫胥黎說得也有道理。對他來說，如果我們建立良好的科學基礎，理解我們在談論的事物，我們就能更恰當地做出道德與人性的回應。一些科學訓練可以保護我們不至於因為對事實的誤解，或對證據與實驗的運作方式產生誤解而作出愚蠢的解釋。我認為這一點非常有說服力，這本書有許多內容是在新冠肺炎全球大流行期間寫的，而一波波假訊息與迷信，嚴重妨害了疫苗接種等拯救人命相關事務的進行，而更紮實的科學教育原本有助於平息這些反對聲浪。但是，阿諾德的支持者會說，新型冠狀病毒肺炎（COVID-19）全球大流行也突顯了經典人文議題的重要性，如好政府與對別人負起道德責任。事實上，我們兩者都需要。

阿諾德與赫胥黎這兩位雄辯而有教養的作家展開辯論，他們都被他們那個時代的精神所浸染（儘管方式略有不同），刻畫了人文主義思想的轉捩點。從此以後，新興的科學人文主義（scientific humanism）加入了「人文學科——人文主義」（humanities-humanism）與啓蒙運動的淑世人文主義（meliorist humanism）的行列。科學人文主義的原則——對現代科學方法與推理的興趣，以及關於人類如何融入世界的自然主義（naturalism）解釋——到了我們這個時代，仍然持續拓展人文主義的世界觀。

以人文學科為基礎，展現倫理素養的人文主義提醒我們，人類是具有精神層面、教養與道德的生物：我們是由我們的天性與後天環境塑造而成的。科學人文主義則提醒我們，我們也是動物，生活在浩瀚宇宙裡不斷變動的地球上。如果一切都維持良好的平衡，這些關於我們自己的願景就不會互相矛盾，而是相輔相成。

達爾文在《物種起源》的結尾曾經驚嘆，簡單的自然過程可以產生美妙的結果。但他也意識到，他的物競天擇與適者生存理論並沒有為人類道德提供明確的基礎。[19]它並沒有提供**直接**的依據，也就是說，他確實在《人類的由來及性選擇》一書中，間接提出了一個可能的解釋，說明道德是怎麼出現在我們的人類世界。他的理論主要受益於啓蒙時代的人文主義者，如休謨，他跟他們一樣，認為道德可能源自我們的同胞情感與「同情心」，而這些特質又源自我們身為群居動物的天性。早期人類跟所有的群居動物一樣，必須應付人際關係的挑戰，這讓我們對別人的反應很敏感。如果得到別人的肯定，我們就會感到愉快。其他動物也具有這種感受力，但是人類還會使用語言，進一步透過讚美或指責來表達感受。我們的道德世界是更加豐富的，因為我們可以回顧過去，比較我們之前做過的事和它們引發的反應。在這樣的基礎上，一些普遍的道德觀念開始形成，而別人也產生了同樣的看法。因此，一個道德體系就在「習慣、典範、教育與反思」的融合之下誕生了。

達爾文完全是從人文主義的立場來解釋道德：它源自社會情感（social feeling）與行為，而不是仰賴任何上帝賜予的東西。但如果有的話，他認為這個過程是反向運作的；他推測，在文化發展後期的某個階段，其他人普遍的道德凝視（moral gaze）會逐漸跟一位想像中的「全視之神」（all-seeing Deity）趨於一致。[20]

達爾文自己的生活也遵循人文主義的道德觀。他年輕的時候就失去了基督教信仰，主要是因為他無法接受有地獄的想法——這是個極為欠缺同理心的想法。他在他的私人筆記上提到，當他幫助別人——尤其是跟他親近的人，他們因此對他產生好感的時候，總是深深感到滿足。對他來說，這樣的感受充分彌補了失去神的空虛。即使是在他的私人筆記裡，他也沒有極端到自稱是無神論者，但他的確自稱**不可知論者**。[21]

讓這個詞普及化最重要的推手，也是赫胥黎。一八八九年，他寫了一篇名為〈不可知論〉（Agnosticism）的文章，並解釋他是在仔細研究過其他可以用來描述自己的方式之後，才替自己貼上這個標籤。他到底是「無神論者、有神論者（theist）還是泛神論者（pantheist）；是唯物主義者（materialist）還是理想主義者（idealist）；是基督徒還是自由思想家？」[22]這些詞彙沒有一個適合他，儘管最後一個感覺還不錯。而其他的詞彙似乎都很確定這是一個什麼樣的世界，但是他並不這麼想。最後他選擇了「不可知論者」，因為這個詞跟「諾斯底主義者」（gnostic）恰好相反——後者指的是那些聲稱擁有**知識**（gnosis）的人。

實際上，不可知論採取的立場比赫胥黎描述的更明確也更積極。和他同時代的理查德．比塞爾（Richard Bithell）在《一個現代不可知論者的信條》（*The Creed of a Modern Agnostic*）這本書裡強調，不可知論並不是在神祕的未知裡漂浮。對他來說，不可知論者確實認為，人類可以建立明確的道德原則。他們還相信，透過提出假設再加以求證的科學方法，可以了解這個世界，只是他們在面對結果時比一般人更謙遜。[23]近年來，另一位不可知論者，哲學家暨廣播員麥奇在他簡短的遺囑《終極問題》（*Ultimate Questions*）中寫道，這個詞對他來說意味著「對我們不知道的事情保持開放，然後以虛心接受的態度，誠實探索知識。」[24]

另一位著名的十九世紀不可知論者，萊斯利．史蒂芬爵士（Sir Leslie Stephen），輕描淡寫地解釋自己選擇這個詞的原因：他說他更喜歡**不可知論者**這個詞，因為**無神論者**

一詞仍然帶有濃濃的「今生的火刑柱與來世的地獄之火」的味道。[25]儘管，不可知論者可能也帶有一絲這樣的味道：教育改革家弗雷德里克・詹姆斯・古爾德（Frederick James Gould）回憶，有一次他跟一名和藹可親的救世軍（The Salvation Army）軍官一起享用茶和三明治的時候，聊到了來世：「我問他，虔誠的不可知論者都到哪裡去了。他戲劇性地指指地板，然後平靜地啃他的麵包、奶油和水芹。」[26]

史蒂芬爵士以編纂典型維多利亞時期風格的著作《牛津國家人物傳記大辭典》（*Dictionary of National Biography*）聞名；後來又以身為不帶一絲維多利亞時期風格、充滿實驗色彩的小說家吳爾芙的父親聞名。他也是一位著名的業餘登山家。一八七二年，他把攀登阿爾卑斯山的經歷寫成一篇有趣的文章：〈阿爾卑斯山上痛苦的五分鐘〉（A Bad Five Minutes in the Alps）。這篇文章總結了他對一切可能的信仰所進行的思考，以及他作出的結論，同時敘述了一個確確實實掛在懸崖上的故事。

他說，有一個星期天，在一處山間度假勝地，他吃午餐之前出去散個步，感到

神清氣爽。接著起風了，又下起雨來，於是史蒂芬打算抄捷徑回去。但這條小路似乎突然消失在湍急小溪上方的一段岩壁，又出現在另一側，於是他決定冒險爬過去。一開始很容易，但當他跨出一大步，伸手搆住上方那塊突出的岩石來穩住自己時，卻滑了一跤。當他滑向下面的小溪時，只有一個念頭，那就是：「這一刻終於來了！長期以來，他對死亡充滿了恐懼與疑惑，而現在死亡就在眼前。」

但他及時伸出一隻手，抓住了他原本站立的壁架，沒有繼續往下掉。然後，他設法把右腳尖放在另一塊突出的岩石上來支撐他自己，但他無法把自己向上拉，也不能往上推。他只能單手單腳掛在那裡——而且手腳已經開始痠了。看來，在他完全失去力氣之前，還有大約二十分鐘的時間。大喊大叫是沒有用的，沒有人會聽到，而且只會更快把力氣用光。他想像他的客人走進餐廳，坐下來，對他的缺席開玩笑。等到有人因為擔心而來找他的時候，他早就像「一團可怕的東西」一樣滾到河裡去了。

由於他似乎注定活不了，所以史蒂芬反而努力尋找一種適合迎接死亡的心境。但他之前對這件嚴肅的事情所學到的東西似乎都派不上用場。他的思緒飄忽不定，主要是對他自己犯下這個錯感到惱火。他提醒自己，他大概還有一刻鐘的時間來回答這些人生大哉問：宇宙是什麼？我們應該在裡面扮演什麼樣的角色？

他認識的所有宗教與教派——新教、天主教、泛神教（Pantheism）——在他腦海中一一浮現，各有不同的答案。他產生了一個可怕的想法：如果它們**全部**都是真的，他應該通通都相信，但卻意外地無法相信任何一條經文——如《亞他那修信經》（*Athanasian Creed*）上所說的話——該怎麼辦？上帝想必會告訴他：抱歉啦，雖然你人一直很好又很善良，但你忘了某條經文，所以現在下地獄去吧。

幸運的是，史蒂芬心想，現在這種強硬的規定已經過時了，就跟其他過時的觀念一樣，比如說，認為人類的生命是卑鄙可憎的。但是太樂觀似乎也不對。這真的有那麼重要嗎？難道他萊斯利．史蒂芬只不過是宇宙中的一粒塵埃，就要被冷漠地丟到一邊去了？他知道構成他肉體的原子會在水流中散開，重新組合成別的東西：但伊比鳩魯式的觀點卻很難引起他的共鳴。而當他想到他跟大家一樣，曾經是「人類」的一分子，但這個群體少了他還是會繼續存在，也沒有讓他感到安慰。儘管如此，他仍然渴望「某種類似祝福的東西——某種神聖的感覺，讓他在離別的時刻得到慰藉。」

想到這裡，他回憶自己有一次參加泰晤士河（the Thames）划船比賽，他的船落後別人一大截。當他們接近終點時，雖然他顯然不可能會贏，還是一如既往地努力划船，因為他隱約感覺到，盡力而為是他的「責任」。而現在他整個人懸掛在石頭上，也有同樣的感覺。一切即將畫上句點，但他必須堅持下去，撐到最後一刻。這勉強給了他某種道德上的支持：他不需要上帝，甚至也不需要宇宙賦予的任何意義。這是他身為人類的需求，想要履行他的責任。[27]

維多利亞時期的人對「責任」很執著，認為它幾乎是超驗（transcendental）的。艾略特也覺得它非常重要：有一天，她跟一個同伴出去散步，她說，關於「上帝、不朽、責任」這三個詞，她認為第一個詞是不可思議的，第二個詞是不能相信的，但第三個詞是「強制性而絕對的」。[28]達爾文也寫道，「對權利或責任的深刻感受」是「人類所有特質中最高尚的」（而且，他推測這種深刻的感受跟一般的道德素質一樣，也源自社會群體）。[29]史蒂芬本人似乎也在思考類似的問題，他在幾年前提到他失去了信仰：「我現在什麼都不信，但我的道德信念絲毫未減。」他還說，「我的意思是，如果可能的話，我想像個紳士一樣生活和死去。」[30]

今天，我們當中有許多人可能會對家庭或工作有強烈的責任感，但是對維多利亞時代的人來說，它本身幾乎就是一個獨立自存的實體（entity），不過它本質上帶有人文主義色彩：它不需要上帝的保證，而是來自我們自身的道德本性。這是一種以人為本的願望，不僅為彼此做正確的事，而且是以我們自己的人生——我們自己的人性做正確的事。

阿爾卑斯山的故事最終以喜劇收場（從作者活著告訴我們這個故事就可以猜得出來）。史蒂芬對責任產生頓悟之後，他注意到如果他猛然向前衝，也許伸手就搆得到另一個可以抓住的東西。這表示他必須放手一搏。不過他也不會有什麼損失，反正結果不會比現在更糟了。他伸出手——沒抓住——又開始往下滑。但幾乎立刻停了下來。原來，另一道壁架一直都在那裡，就在他下面，穩穩地支撐著他，他可以從那裡走回原木的捷徑。他看了看他的錶，發現整個過程只花了五分鐘——在阿爾卑斯山上痛苦的五分鐘——而且還能準時回去吃午餐。

史蒂芬在故事結尾暗示我們：這一切都是他編出來的。但他的敘述很可能啟發了另一本小說裡的場景：這件事發生在湯瑪斯．哈代（Thomas Hardy）的小說。哈代在一八七二年開始連載的《一雙藍眼睛》（*In A Pair of Blue Eyes*）裡，安排書中角色史蒂芬．史密斯（Stephen Smith）跟他愛慕的年輕女子埃爾弗里德．斯旺庫爾（Elfride Swancourt）在海邊懸崖上散步。史密斯失足跌落懸崖，但他抓住了一塊突出的岩石，只好一直吊掛在海灘上。埃爾弗里德轉身離開——好像是去找人幫忙，那他可有的等了，因為附近沒有別人。史蒂芬吊掛在那裡，他的手快抓不住了，然後他注意到眼前的石頭上嵌著一塊三葉蟲化石。他心想，我們兩個都在這裡，相隔幾百萬年，卻在這死亡的瞬間拉近了彼此的距離。

事實上，埃爾弗里德幾乎馬上就回來了。她不是去找救兵，而是走到灌木叢後面，脫下她的燈籠褲，把它擰成一條繩子，再把繩子尾端扔下去，成功救了他，從而也證明內衣褲不只可以用來製作手抄本。[31]

哈代是一位詩人，也是一位小說家，他有幾首詩提及上帝逐漸退出人類的精神領域。他寫的一些詩句，對古老的確定性充滿嚮往——如舒適的鄉間教堂、讚美詩；另一些則暗示了偉大的解放。〈上帝的葬禮〉（God's Funeral）與〈對人類悲嘆〉（A Plaint to Man）描寫上帝的消逝，如同切掉幻燈機的光源之後，幻燈片所投影的畫面。當然，這道光一直都來自人類。上帝在祂離開之際，告訴人們要在同胞情誼中尋求力量與慰藉：

在手足情誼中親密地結合在一起
因充分展現慈愛而蒙恩
並想像不向他處與未知尋求幫助[32]

其他詩人也描寫了某些事物逐漸消失的感受，包括阿諾德。在他一八五一年左右開始創作、一八六七年發表的〈多佛海灘〉（Dover Beach）一詩中，詩人晚上從窗外望向海灘。他聽到潮水退去時卵石滾動的聲音，想像它是信仰之海，同樣在退潮後留下了一個充滿衝突、毫無意義的世界：「而我們在這裡，就像在一個黑暗的平原上／被混亂的鬥爭與逃亡的警報席捲，／無知的軍隊在夜間發生衝突。」[33]他總結說道，如果還有一絲微弱的希望，也只存在於我們彼此的忠誠（他的靈感顯然來自他在海邊度蜜月時從臥室窗外看到的景色，令人懷疑這是不是一趟讓人心動的旅行。）[34]阿諾德在別的作品中則採取比較務實的觀點：在《文化與無政府狀態》中，他建議堅守英國國教的信仰，因為它平淡無奇，而且是官方創立的國教，所以大多數時候可以安全地忽略它，讓人們自由思考其他的事。[35]

其他作家有著更為熱切而激進的想像力。有些人認為，如果上帝死了，那麼一定是發生了謀殺案。英國詩人阿爾加儂・查爾斯・斯溫伯恩（Algernon Charles Swinburne）在一八六九到一八七〇年之間，寫了一篇〈人的讚美詩〉（Hymn of Man），描述人類創造了上帝，接著審判祂，最後殺了祂。這令人想起弗里德里希・尼采（Friedrich Nietzsche）說過一段更有名的話，直到一八八二年才發表：一個瘋子提著燈籠，在市場裡到處尋找上帝，他大喊：「我們全都是殺了祂的凶手。但我們是怎麼辦到的？我們怎麼能喝光整片大海？誰給了我們海綿，讓我們抹去整條地平線？……難道這樣的壯舉沒有超出我們的能力嗎？難道我們必須自己成為上帝，才配得上祂？」[36]犯下這一類的謀殺不會被判監禁或處決；而是接替本來屬於被害者的任務。

十九世紀描述失去信仰的其他隱喻，喚起了暈眩或迷惘的感受。小說家暨傳記作家詹姆斯・安東尼・弗勞德（James Anthony Froude）描寫他同時代的人們發現「燈光都在漂移，指南針都歪斜了，除了星星，沒有任何東西可以引導我們。」[37]他自己也曾經感到迷惘：他年輕時在牛津大學埃克塞特學院（Exeter College）擔任研究員，出版了一本有關宗教懷疑論的複雜小說《信仰的宿敵》（*The Nemesis of Faith*）。結果該學院的一位同事升起篝火，公開燒了這本書，弗勞德被迫辭職。[38]整體來說，對宗教抱持懷疑立場的人在牛津大學和劍橋大學難以現身，這樣的情形在整個十九世紀都沒有什麼改變。十九世紀初期，珀西・比希・雪萊（Percy Bysshe Shelley）因為跟別人合寫了一篇名為《無神論的必要性》（*The Necessity of Atheism*）的短文，被牛津大學大學學院（University College）開除；十九世紀末期，伯特蘭・羅素（Bertrand Russell）發現自己不能擔任劍橋大學三一學院（Trinity College）的研究員，因為他是眾所周知的的無神論者。由於某些學院是聖公會神職人員的培訓機構，失去信仰也意味著放棄職業生涯。如果你成了神職人員**以後**才承認這件事，不只會丟掉飯碗，可能還會遭到起訴。一八六〇年，六名神職人員替《論述與評論》（*Essays and Reviews*）撰稿，這是一本對宗教議題進行批判性思考的作品，結果在韋伯佛斯主教的煽動之下，兩名神職人員在教會法庭上被控異端（儘管這個判決後來撤銷了。）[39]

在學術圈之外，承認自己懷疑宗教很可能會跟家人產生痛苦的決裂。當年輕的羅伯特．路易斯．史蒂文森（Robert Louis Stevenson）告訴父親他失去了信仰，他父親無情地回答他：「你毀了我的人生。」[40]另一位作家艾德蒙．戈斯（Edmund Gosse）花了很多年才擺脫了普利茅斯弟兄會（Plymouth Brethren）的清苦生活，他的父親菲利普．亨利．戈斯（Philip Henry Gosse）是該組織的成員。在最極端的時期，埃德蒙的童年沒有訪客，沒有遊戲，也沒有《聖經》以外的任何書籍。正如他在寫作中暗示他缺乏人文素養與友誼：「我失去了人性；我受到無微不至的保護，避免遭到『感染』，彷彿它是最危險的微生物。」後來他悲傷地回想，要是沒有這種信仰的話，他跟他父親本來感情應該非常好，尤其是他們都喜歡當時流行的嗜好：探索海邊的岩池和蒐集標本。[41]事實上，老戈斯不只是這些嗜好的業餘玩家：他是一位知名的自然學家，不過他的書提出了奇怪的解釋，說明聖經中的創世故事**和**古生物學家與地質學家的發現可能都是真的。他認為上帝刻意讓祂創造的世界看起來很古老，但其實不是這麼一回事。就連虔誠的神職人員，也不覺得這樣解釋有說服力，對他把上帝當成蓄意的騙子感到惱火。這傷了他的心。[42]

事實上，在英國教會裡，許多牧師比人們所想像得更開明，對達爾文和其他新思想充滿興趣。他們都是受過教育的人，廣泛閱讀各種文學作品，也很有自己的想法。此外，他們往往喜歡蒐集蝴蝶標本或探索岩池。他們很可能是在書店或借閱圖書館前面排隊，等著讀達爾文著作的第一批人。

儘管如此，他們讀這些書的時候並不平靜，捕蝶網有時候會卡在進退兩難的窘境。正如赫胥黎的傳記作者阿德里安．德斯蒙德（Adrian Desmond）說道，「寄給赫胥黎的信如雪片般飛來，這些信件來自有問題的牧師、有疑慮的牧師、要求他負起責任的牧師。」[43]他們當中有些人因為想法改變而搖擺不定，如同蘿絲．麥考利（Rose Macaulay）的小說《痴人妄語》（*Told by an Idiot*）中，那位擔任神職人員的父親。這本書的開頭是母親向她六個孩子宣佈：「唉，親愛的，我必須告訴你們一件事。可憐的爸爸又失去了他的信仰。」

「噢，我真的覺得爸爸太差勁了，」其中一個女兒哀嘆。「媽媽，他**非要**在這個冬天失去它嗎——我是說他的信仰？他就不能等到明年嗎？」

當然，這個家庭遇到的問題是，要是這位父親承認他失去宗教信仰，他就會丟掉飯碗，然後他的家人全都得過苦日子。但另一個女兒還是抱著希望：「也許明年冬天來臨之前，爸爸就會重新找回信仰了。」[44]

十九世紀是對現實社會刻劃入微的長篇小說的偉大時代，許多作品談到宗教懷疑與達爾文的著作，自成一種文類。[45]讓我們舉個例子作為代表：瑪麗．奧古斯塔．沃德（Mary Augusta Ward）在一八八八年發表的小說《羅伯特．埃斯米爾》（*Robert*

Elsmere）。沃德是一位多產的作家，她端莊地選擇使用她婚後的全名「漢弗萊・沃德夫人」（Mrs Humphry Ward）寫作。她實際上是阿諾德家族的成員，阿諾德是她叔叔，而在她姊姊嫁給赫胥黎的兒子後，她也跟赫胥黎家族建立了關係。

說到端莊，當你看到她高大得令人生畏的維多利亞身影輕快地走過轉角，你不會想用這個字眼形容她。有一次吳爾芙（她本人身材也相當高大）看到她的時候，趕緊躲在附近的一根柱子後面。[46]她之所以躲她，有一部分是因為沃德在有關婦女投票權的問題上跟她意見相左。吳爾芙非常贊成，沃德則反對，而且還是全國婦女反選舉權聯盟（Women's National Anti-Suffrage League）的主力。然而，她發起婦女教育運動，是婦女教育協會（Association for the Education of Women）的共同創辦人，也支持女性進入牛津大學求學。她秉持阿諾德的精神，相信要為窮人提供更好的教育；今天在倫敦仍然可以看到瑪麗・沃德成人教育中心（Mary Ward Centre）。

沃德絕對不是沒有宗教信仰，但她對宗教懷疑論的發展及其對人們生活的影響非常有興趣。《羅伯特・埃斯米爾》是她二十六部小說中最歷久不衰的作品，主角羅伯特是一名神職人員，他的妻子凱瑟琳（Catherine）則是一名狂熱的信徒。他們婚姻幸福，但羅伯特在信仰上經歷了漫長而緩慢的轉變。他不熱衷於佈道，而是把時間花在替教區病人提供藥物，並試圖改善不健康的生活條件。凱瑟琳稱這項工作是他的「污垢與下水道」（dirt and drains）。

他講故事取悅他的教徒，轉述莎士比亞與大仲馬（Alexandre Dumas）作品的情節供他們欣賞，帶給他們新的文學體驗，讓他們花半小時「過別人的生活」。在他還沒有成為宗教懷疑者之前，已經逐漸成為一位人文主義者，而且他還在持續改變。埃斯米爾閱讀達爾文，他研究歷史，對基督教帶來的暴力與痛苦似乎比它阻止的還更多而感到不安。他想知道，如果基督只是凡人的話，會是什麼樣子，並想像著「一個純粹屬於人類，可以加以解釋，但始終美好的基督教。這令他心碎，但它的魅力就像一些夢想中的國度，可以透過新的關係與視角來看待生活中一切熟悉的事物。」[47]

當時許多認真思考的人就像夢遊仙境的愛麗絲一樣，都在探索這個「純粹屬於人類」的世界，這是他們夢想中的國度或另類的仙境。讀過達爾文或赫胥黎的書之後，世界看起來不一樣了。不過，每個人身為人類的需求還是一樣的：人們仍然需要藥物與下水道；仍然渴望慰藉與意義。對羅伯特的追隨者來說，人文主義價值觀或「凡人基督」似乎跟傳統神學一樣可以提供這些東西，甚至更好。

因此，羅伯特進行了「自我教義問答」（catechism）並作出結論，他相信耶穌真有其人，但只相信他是一位智者與導師，而不是奇蹟締造者或上帝的中介者。他認為，就連上帝也應該被視為「善」的同義詞：也就是當人們幫助別人，或為別人犧牲自己的時候展現的特質。這些想法在他心中不斷膨脹，直到他決定：「每一個聽得見上帝聲音的人類靈魂，都跟拿撒勒的耶穌（Jesus of Nazareth）一樣，擁有聖子的身分，而**『奇蹟是不會發生的！』**」你瞧，「它已經實現了。」[48]

他不得不離開教會，轉而為工人階級的男孩創辦了一所非神學主日學校（Suncay school）。他在課堂上向孩子們示範神奇的電學或化學現象，或跟他們介紹自然史的收藏品，同時也在工人俱樂部發表演講。簡而言之，他變得非常像赫胥黎，甚至沃德本人——只是他做得更多，建立了一個類似教會的另類組織，以淑世主義與改善窮人的生活條件為宗旨。沃德寫這本書的時候，受到一位社會改革家真實想法的啓發，他名叫湯瑪斯．希爾．格林（Thomas Hill Green），在小說裡的名字叫「格雷」（Grey）。

埃斯米爾改變信仰的過程（可以這麼說）構成了這本小說漫長而清晰的敘事線。隨著故事的發展，加入了更多人物，每個人都對同樣的問題提出不同的觀點。凱瑟琳的妹妹羅絲（Rose）是一位才華洋溢的音樂家，她選擇積極向上，**不肯**迎合凱薩琳的期待，為了宗教上的自我否定而放棄她的藝術。羅伯特的牛津老友朗翰（Langham）愛上了羅絲，他也是一位自由思想家，但是跟堅強的埃斯米爾比起來，他的懷疑論讓他感到困擾。跟他們完全相反的是紐康（Newcome）先生，他是一位拘泥於宗教儀式的神職人員，對於舉行嚴格的宗教儀式非常執著。當他得知埃斯米爾認為，所有不同的信仰都應該受到包容，他大發雷霆：當我們一直處於極端危險之中，被罪惡和撒旦這兩隻「獵犬」追趕的時候，怎麼還能漫不經心地選擇到底要相信什麼，好像這只是一場遊戲？他說道：「我總是把人生看成兩個深淵之間的一條羊腸小徑，而人們沿著這條小徑，以血流不止的手腳，朝著那唯一而狹窄的出口**爬過去**……」他一邊說，一邊比出爪子般的手勢，說明**爬過去**這個詞。「多麼殘缺不堪的人生啊！」埃斯米爾平靜地想。[49]

我認為，他的妻子凱瑟琳是其中最令人動容的人物。她從來沒有跟紐康一樣，表現出那麼醜陋的狂熱。她甚至試圖容忍羅伯特改變想法，但她發現很難做到：因為她愛他，為他死後的下場感到擔憂。達爾文的妻子艾瑪（Emma Darwin）也一樣憂心忡忡：查爾斯婚前早就警告過她，說他不信教。她感謝他坦承以告，但也感到害怕，因為這意味著她在來世再也見不到他了。[50]特土良或克呂尼的貝爾納德等人信仰的基督教已經日益壯大：想到自己最親近的人將會下地獄，畢竟還是不怎麼令人愉快。

凱瑟琳為她丈夫的未來感到悲痛，而且她還必須立刻應付他失業的問題。沃德生動地描寫了這些在精神與現實層面所面臨的危險。一個愛著她的丈夫的女人，怎麼能夠隔著爐邊地毯望著他，深知他最後會下地獄呢？然而，這樣的戲碼卻在許多維多利亞時代的家庭上演。

就算以當時的標準來看，《羅伯特・埃斯米爾》的篇幅也不算短。它引起威廉・格萊斯頓（William Gladstone）等德高望重的評論家憤慨的批評，他們認為，這本書談到宗教時令人感到不安，而且太愛說教。亨利・詹姆斯（Henry James）則把這本小說比作一艘載滿貨物而行駛緩慢的船[51]——而這句話也可以拿來形容他自己的作品！

事實上，我滿懷惶恐翻開這本書，後來卻對自己如此著迷感到驚訝。如果你之前就對那個時代的信仰危機與宗教懷疑感興趣的話，這本書也許有幫助。但我並不是唯一一個這麼想的人。《羅伯特・埃斯米爾》一出版就獲得非常好的口碑，光是第一年在英國就賣出大約四萬本，在美國則賣了二十萬本。其中還包括許多盜版書籍，因此，試圖保護作家與出版商權益的活動家拿這本書當作測試案例，爭取國際版權。他們成功了，這本書在一八九一年取得版權：[52]這件事本身就是一場人文主義的小小勝利。

最有趣的是，從人文主義者的觀點來看，羅伯特做的遠遠不只是墜入懷疑的大海，或在黑暗的平原上迷失自我。這個故事要傳達的並不是他失去了一部分的自己，而是他如何找到一套積極的、人道主義的價值觀來取代他的信仰。對他來說，這些價值觀可以說是一種新的宗教。

其他人也在追尋一種新的、人性化的宗教。而他們顯然取得了一些奇怪的成果。

如果你想重新設計基督教，以適應人類的新觀念，其中一種方法是刪掉現有的耶穌生平故事中所有超自然的情節，只保留一位古老而偉大的道德導師鼓舞人心的故事。這樣的做法已有先例，最著名的例子是美國開國元勳湯瑪斯・傑佛遜（Thomas Jefferson）。一八一九年，他確實動手裁剪了不同版本的《新約聖經》，選出一些段落重新組合，構成關於耶穌生活的單一敘述。把處女生子、神蹟與復活之類的內容拿掉以後，剩下的文本更強調耶穌的道德教義，特別是「登山寶訓」（Sermon on the Mount）。傑佛遜把新的文本命名為《耶穌的生平與道德，節錄自希臘文、拉丁文、法文和英文福音書》（*The Life and Morals of Jesus Extracted Textually from the Gospels in Greek, Latin, French & English*）。該書問世之後，為了方便起見，被稱為「傑佛遜聖經」（Jefferson Bible）。正如他在一封信上寫道，他的目的是刪除他所謂「含糊不清」的元素，包括他懷疑是不同的人加上去的段落或偽造的故事，來找出「有史以來賦予人類最崇高仁慈的道德準則」。[53]在某種程度上，他遵循了瓦拉或伊拉斯謨建立的傳統：質疑文本，並試圖使它恢復更純粹、更有益的原貌。他只是更進一步地把這個想法付諸實踐。

有些人並沒有真的去裁剪書籍，但他們確實思考要怎麼保留《聖經》中令人振奮的思想與故事，同時擺脫那些超自然的描述。阿諾德就是其中一位，他的長文《文學與教條》（*Literature and Dogma*）主張把宗教聖典當作文學作品來讀——也就是純粹源自人類文化的甜蜜與光明。他希望這樣可以吸引一些已經遠離宗教的人回來，並阻止更多的人離開。但少了超自然的內容，有什麼可以吸引他們**回來**？唯有優質文學作品的內容：包括正面的道德訊息與令人難忘的主角。[54]

有些人覺得，耶穌這個主角是這麼地迷人，人們對他的興趣甚至超越了道德目的。十九世紀中期出版了兩部很有影響力的耶穌傳記，審視他生存的歷史背景，研究他的生平事蹟及其成為神話的意義。其中比較有分量的是德國歷史學家大衛・弗里德里希・史特勞斯（David Friedrich Strauss）在一八三五年出版的《耶穌傳》（*Life of Jesus*）（由艾略特譯成英文）。可讀性更高的則是法國人歐內斯特・勒南（Ernest Renan）在一八六三年出版的《耶穌傳》（*Life of Jesus*）。

勒南正是讀了史特勞斯的書而走出自己的路：他年輕的時候，在家鄉布列塔尼接受神職人員培訓時，看到了這本書。它的影響立竿見影：他立刻決定離開神學院。[55]不過，他還是成了一位聖經學者和歷史學家，且更接近自然神論者（deist）而不是無神論者——他相信上帝創造了世界，並在退隱之前讓世界充滿「神悟」（divine afflatus）。[56]耶穌只是一介凡人，但他不是一般人，勒南把他塑造成一個看見上帝顯靈的極端人物，他漸漸不再戀棧世界，而是憧憬只有他看得到的天堂異象。最後，耶穌脫離了現實世界。勒南讓我們**感受**到為什麼人們對他如此著迷，他運用心理小說家的技

Born Feb. 27, 1823　　Died Oct. 2, 1892
THE LATE M. ERNEST RENAN

巧來表現耶穌的性格發展，如何逐漸偏離正常的人性，卻沒有徹底揚棄。然而，他也發揮了令人敬畏的淵博學識（以及大量造訪歷史原址），描繪耶穌在世的歷史與地理背景。勒南生動地傳達了耶穌可能在什麼樣的情況下，在一個距離希臘或羅馬文化世界如此遙遠的地方成長。

這本書（跟史特勞斯的著作一樣）引發軒然大波，儘管勒南聲稱他在出版之前已經盡量克制，避免得罪人。他從巴黎逃到布列塔尼去，沒想到他在當地早就惡名昭彰了。他之前的一位老師說：「我一直都覺得你太用功了。」[57]不過，勒南私底下似乎很喜歡

讓別人大驚小怪：後來有一個聽過他講課的人觀察到，每當他張開嘴巴（露出一口「細牙」），說話比平時更大膽的時候，他的眼睛就會在那張圓臉上閃閃發光。[58]美國自由思想家英格索爾認識他，而且跟他一樣眼睛會發亮，他覺得宗教偏執狂被快活而謙遜的勒南激怒的樣子很好笑：「他是這麼開朗，擁有這麼美妙的哲學思想與幽默感，這麼戲謔而褻瀆的言行，這麼健全的常識，」英格索爾寫道，「他的心智表現很出色。」[59]

英格索爾本人則屬於另一個不同的思想流派：他既不覺得耶穌令人興奮，也不覺得耶穌有什麼道德智慧。他認為，耶穌個人的缺點在於他對理解世界如何形成，或如何改善人們的生活條件都興趣缺缺。[60]福斯特也有同樣的感覺：他承認他不喜歡耶穌不食人間煙火，缺乏求知慾，而且他身上「欠缺幽默感與樂趣，令我心寒。」[61]福斯特不覺得他會喜歡耶穌這樣的人，這樣就沒戲唱了，因為個人感受對他來說非常重要。或許，問題在於不論你是否相信神性，耶穌身上畢竟**曾經**帶有某種神性。我們可以試著讓他變得有「人性，太過人性」（human, all too human），但他仍舊是那種全心全意尋求來世救贖，並且順從、愛戴天父的人。

對那些希望他們的宗教更加人性化的人來說，另一個選擇是以崇拜人類本身來取代神或耶穌。

這也有前例。在法國，一種世俗的「宗教」在大革命剛結束的時候短暫流行過，以

LA FÊTE DE LA RAISON, DANS NOTRE-DAME DE PARIS, LE 10 NOVEMBRE 1793
D'après le tableau de M. Ch. L. Muller, dix-neuvième siècle.

取代革命者想要剷除的天主教。他們從洗劫教堂開始，甚至一度考慮拆掉宏偉的大教堂，如沙特爾大教堂，直到一位建築師指出，這樣一座建築的瓦礫會阻塞整個市中心很長一段時間。但他們也意識到，人們可能需要一個替代品，所以他們建立了諸如理性、自由或仁慈這樣的人物形象，供人膜拜。巴黎聖母院（Paris's Notre-Dame）的祭壇被自由的祭壇所取代，並在一七九三年十一月十日慶祝理性節（Festival of Reason）的時候——其中包括了理性女神的遊行，由主辦者安托萬—弗朗索瓦·莫莫羅（Antoine-François Momoro）的妻子蘇菲·莫莫羅（Sophie Momoro）扮演這位女神。[62] 一年後，馬克西米連・羅伯斯比（Maximilien Robespierre）不喜歡這種崇拜人類與理性的宗教，他把莫莫羅等人送上斷頭台，然後推出他自己創立的一套更具自然神論傾向的最高主宰崇拜（Cult of the Supreme Being）。這種崇拜一直持續到一八〇一年，直到拿破崙（Napoleon Bonaparte）下令禁止，並恢復了更多傳統宗教活動。

但崇拜這一類抽象事物的想法並沒有消失。在德國，哲學家路德維希・費爾巴哈（Ludwig Feuerbach）在他一八四一年出版的《基督教的本質》（*The Essence of Christianity*）（另一部由艾略特譯成英文的作品）中，提議我們信奉崇拜人類的宗教。費爾巴哈認為，無論如何，一神教源自人類選擇了他們自己最好的特質，把這些特質命名為「上帝」加以崇拜。因此，我們不妨去掉中間的神，直接崇拜人類即可，或者至少崇拜我們道德的那一面。費爾巴哈並沒有嘗試建立這樣一種宗教，但其他人做到了，特別是法國思想家奧古斯特・孔德（Auguste Comte）。

孔德有一些很棒的想法：他創立了社會學這個學科，並創造**實證主義**（positivism）一詞來描述他的信念，也就是說，如果我們的生活建立在經驗（即「實證」）科學之上，會比較好管理。他的科學世界觀使他拒絕了傳統的宗教信仰，但他的社會學告訴他，人們似乎需要在他們的生活中用某些儀式性的東西取代宗教。因此，他設計出所謂的實證主義宗教（Positivist religion）或人道教（Religion of Humanity）——它致力於創造一個抽象的概念，不過它的宗教實踐一點也不抽象。

首先，孔德從小在天主教薰陶之下長大，他確信這個宗教需要一個理想化的女性形象來取代聖母瑪利亞（Virgin Mary）。他在一個他所迷戀的女子，克洛蒂爾德·德沃（Clotilde de Vaux）身上找到了這樣一個形象。她嫁給一個拋棄她的男人，經歷了一段不幸的婚姻之後香消玉殞，而所有這些都使她成為溫柔、痛苦的女性美德的完美象徵。在人道教之中，她似乎有時候比人類本身更重要。但對於在世的女性來說，孔德的宗教沒有什麼好處：它期待女性要全心致力於撫養孩子。

然後，他需要一些聖人來取代天主教的聖人。孔德選擇了一系列藝術家、作家、科學家，甚至還有一些展現了傑出人類特質的宗教思想家，如摩西（Moses），以他們來命名一年之中的各個月分——他從法國大革命曆法（French Revolutionary calendar）借用了這個想法。[63]當然，還要有一位教宗來領導這一切。他似乎已經準備好自己上場，但他還來不及正式宣布，就在一八五七年去世了。

後來，實證主義宗教如滾雪球般日益壯大，世界各國都有追隨者。它在巴西的發展一帆風順，因為一八八九年發生政變之後，有一些新共和國的創立者深受它強調理性主義（rationalism）的實證主義哲學，以及反對戰爭與奴隸制的立場所吸引，成為它的信徒。里約熱內盧（Rio de Janeiro）有一座精美的「人類聖殿」（Templo da Humanidade），仿照巴黎萬神殿（Panthéon）建造，裡面掛著德沃抱著孩子的巨幅畫像。不幸的是，它的屋頂在二〇〇九年的一場暴風雨中倒塌。[64]現在在巴西其他地方，仍然看得到實證主義的教堂。[65]

另一個實證主義發展得不錯的國家是英國，那裡已經有許多人對宗教充滿懷疑。一八五九年——也就是《物種起源》與密爾的《論自由》出版的同一年——孔德的英譯者理查德·康格里夫（Richard Congreve）在倫敦成立人道教分部。一開始，大部分的聚會在他自己家裡舉行，一小群信眾聆聽佈道，背誦實證主義信條，其中包括了「我相信人類統治的來臨」之類的句子。[66]康格里夫甚至在一次佈道中說道，人類是「我們在此所承認的，至高無上的偉大力量」。[67]然後播放音樂，朗誦詩歌。他們經常朗誦艾略特的〈看不見的唱詩班〉（The Choir Invisible），這首詩傳達了她寧願活在人們記憶裡，而不是來世天堂的願望。實證主義者加上了配樂，作為讚美詩吟唱：[68]

哦，願我加入看不見的唱詩班
與那些重生而不朽的死者同在
他們的降臨使人心向善：

生活在慷慨躍動的脈搏中
在果敢正確的行動中……[69]

艾略特本人對人文主義與世俗思想興趣濃厚，從她選擇翻譯的書籍就可以看得出來。但是在她遇到一些英國實證主義教會的信徒之後，她對他們敬而遠之。有一部分原因在於她個人不喜歡他們的領導人，如同福斯特不喜歡耶穌基督一樣：她和康格里夫是鄰居，但她覺得他和藹可親的面孔背後藏著一顆冷酷的心。[70]

當時其他從事宗教與科學研究的偉大知識分子對此也保持警惕。密爾寫了一篇文章，揭露並嘲笑孔德主義者（Comtist）對儀式的執著。他特別指出，孔德雖然崇拜女性，卻對女性在現實生活中的權益漠不關心。[71]赫胥黎看了一眼，認為這個宗教相當於「天主教減去基督教」。[72]

事實上，有些英國人道教的信徒也對繁文縟節有意見，結果他們走向所有宗教必然的宿命：分裂，這發生在一八八一年的一場聚會上。泰瑞．萊特（Terry Wright）在《人道教》（*The Religion of Humanity*）一書中風趣地描述：「他們坐著同一輛計程車來到教堂，卻分乘兩輛離去。」[73]

脫離康格里夫的小組成員是由弗雷德里克．哈里森（Frederic Harrison）所領導的。

他比較喜歡稍微不那麼複雜的宗教意象與儀式用品，並且認為，「在一個陰暗的角落裡咕咕噥噥的天主教儀式」讓實證主義顯得荒謬可笑。他們仍然會唱讚美詩：他的妻子艾瑟爾（Ethel Bertha Harrison）編了一本讚美詩集，包括「人類之子！向你致敬！向你致敬！」之類的短歌。他們在一個更明亮的地方舉行聚會，位於倫敦費特巷（Fetter Lane）附近的牛頓廳（Newton Hall），而且哈里森整體的行事作風比較溫馨，沒有人說他冷酷無情；他是個相當熱情而幽默的人。有一天，作家安東尼·特洛勒普（Anthony Trollope）看到他在外面騎馬，形容他看起來像個「騎著河馬的快樂屠夫」。[74]在哈里森的兒子奧斯汀（Austin Harrison）的回憶錄中，對他父親有一段精彩的描述，他回憶父親模仿他最喜歡的作家莎士比亞，在家裡搞笑演出，直到孩子們咯咯笑倒在地上為止。他還幫他們請了一位家教：手頭拮据的小說家喬治·吉辛（George Gissing），講起自己與眾不同的學生時代的慘痛經歷，讓他們聽得入迷，當他回想以前挨鞭子的時候，還繪聲繪影地加上響亮的「啪啪」聲。[75]

儘管人道教有魅力十足的人物，還可以愉快地吟唱熱情洋溢的讚美詩，但整體來說，它留下了負面的影響。即使到了今天，人們還是普遍認為，這些信徒只是想用一種宗教來取代另一種宗教，把人類塑造成偶像，瞧不起所有其他物種，認為牠們低人一等。雖然孔德的宗教思想確實有這些觀念，但現代人文主義已經加以屏棄，拒絕各種教條體系，並強調尊重人類與非人類的生命。

我覺得很遺憾，孔德關於理性與道德的美好人文主義思想，竟然伴隨著一個相當侮辱人的想法：人類**必須**有聖人和處女，不然就無所適從。密爾反對孔德的想法，他問道：「為什麼要把一切都系統化？」還有，為什麼要執著於意識形態、儀式與規則？密爾個人的哲學觀所強調的一切，如自由、多樣性與「體驗生活」，都與此相悖。令他震驚的是，這種以人類「進化」的渴望為出發點的哲學，最後卻屈服於教條。[76]

十九世紀是一個變動不居的時代，在科學和人文領域都是如此，所以出現反覆無常的反應不足為奇。人性化的耶穌與人道教只是眾多可能性之中的兩個例子。弗雷德里克的兒子奧斯汀在維多利亞時代的倫敦長大，他的回憶錄栩栩如生地描繪了當時自由奔放的知識界。他說，那裡充滿了激進主義者、進化論者、自由思想家、不可知論者與實證主義者，如果不成為他們其中一員，「就什麼都不是」。[77]「上帝之死」的戲碼、失去信仰的迷惘、瘋狂尋找替代品的嘗試、對於道德導師的渴望、科學探索的激情——這一切都交織在一起，構成人文主義的故事裡非同凡響的時刻。

跟這些主題有關的戲碼繼續在我們這個時代上演。我們還是在問類似的問題，儘管我們提問的方式有所不同：人類**如何**融入世間萬物，或融入整個物質世界？我們要如何協調科學推理的成果和我們所繼承的宗教思想之間的矛盾？我們是否需要英雄、聖人或道德領袖？人類到底是什麼樣的實體，其徹底主宰了地球，以至於已經有人開始稱呼這個時代是「人類世」（Anthropocene epoch）？當然我們還沒有答案，也許永遠也不會有。但正如任何一位不可知論者都會同意的，有時候最好不要對答案太過肯定。

進入下一個截然不同的世紀之後，哲學家羅素回顧了十九世紀這段時期——也就是他自己的童年時代——他寫道，這段時期可能看起來很幼稚，充滿了「騙人的話」，[78]然而，它最大的優點是人們大多滿懷希望，而不是恐懼。在他看來，如果人類要蓬勃發展，甚至繼續生存下去的話，就必須睿智地克服恐懼，重新燃起一些希望。

第十章
希望博士

主要是一八七〇年代之後

另一個三人組，他們是充滿希望的時代裡積極的人文主義者／路德維克·拉扎爾·柴門霍夫發明了一種語言／羅伯特·格林·英格索爾相信幸福／伯特蘭·羅素精力充沛地環顧四周

到了十九世紀，有許多方法可以令人充滿希望。有些人相信政治革命。有些人夢想全體人類在英國人的領導之下，邁向康莊大道。有些人則相信民族主義的勝利或宗教的

超越（transcendence）。還有一些人是另一種樂觀主義者：他們希望找到理性的解決方法，使人類得以在沒有偏見、沒有迷信、沒有戰爭的情況下生活，為所有人帶來更大的利益。

本章要談的是三位滿懷希望的勇者。他們都生於十九世紀，他們身上展現了許多那個世紀的精神，儘管其中兩位活到了下一個世紀——其中一位是羅素，他去世的時候，十九世紀已經過了很長的一段時間。第三位則是英格索爾，他在一八九九年逝世，不像其他兩位，沒有活到超過十九世紀。

至於另外一位，則活到足以看到他對人類的希望因為第一次世界大戰而破滅。他就是我們要認識的第一個人，路德維克・拉扎爾・柴門霍夫（Lazare Markovitch Zamenhof），他發明了一種語言，而這個語言的名稱本身就帶有樂觀色彩。

一八五九年底，柴門霍夫出生在比亞韋斯托克（Białystok）的猶太家庭。這使他親身體會到壓迫與民族偏見如何影響了人們的生活。比亞韋斯托克目前位於波蘭境內，有很長一段時間受到不同國家的統治。它原本是當時領土遼闊的立陶宛（Lithuania）的一部分，有一段時間劃歸波蘭（Poland），後來又屬於普魯士（Prussia）。在柴門霍夫青年時期，比亞韋斯托克被普遍引起反感的俄羅斯政權控制，後來又兩次遭到德國佔領。當地人口混雜，包含俄羅斯人、波蘭人、德國人和猶太人：每一個族群都不喜歡也不信任其他族群，而猶太人總是陷入最惡劣的處境。

柴門霍夫從小就注意到，他家鄉的每個族群都對自己的語言投注了強烈的情感認同，因此覺得其他人的語言和身分都是陌生而帶有威脅性的。這似乎加深了社群之間的隔閡，無論他走到哪裡，人們都在談論俄羅斯人、波蘭人、德國人和猶太人，但他從來沒有聽過他們談論「人」。[1]

比亞韋斯托克的居民通常都會學一點其他族群的語言，但這不僅是一件苦差事，還意味著侵犯了別人的領土：沒有一種語言是中立的。柴門霍夫還是個青少年的時候就在想，如果有一種新的語言，學起來易如反掌，而且不專屬任何人，會不會有幫助。他並不想讓任何人失去他們自己主要的語言或文化，而是以一種新的中介語言（bridge-language）作為溝通工具，有助於讓大家了解彼此過著類似的生活。[2]

這是一個美好的想法，帶有古代神話的痕跡。《舊約聖經》（*Old Testament*）中關於

巴別城（Babel）的故事敘述了那座大城市的居民說著同樣的語言，他們設計並建造了一座幾乎可以通到天堂本身的塔。上帝往下看，說道：「看哪，他們都是一樣的人，說著同一種語言，如今他們既然能做起這事，以後他們想要做的事就沒有不成功的了。」[3]但祂不喜歡未來發生這樣的事，就摧毀了這座塔，把建造塔的人分散到四面八方，並使他們說著各種不同的語言，讓他們從今以後很難再為了共同的利益攜手合作。從那時候開始，語言和文化上的隔膜使人類變得軟弱，無法實現福斯特所說的「連結」，或伊拉斯謨所說的「許多人之間的友誼」。

對於伊拉斯謨以及歐洲歷史上好幾個世紀以來的人來說，拉丁文扮演了這樣的角色。它如此成功，以至於一些中世紀的語言學家，特別是但丁，認為拉丁文是人類創造的語言，是羅馬人在巴別塔倒塌以後，為了克服各地自然方言的問題所創造出來的。因為拉丁文是由委員會所設計的（「在許多人一致同意之下制定」），[4]它的好處是不受個人因素影響，不會發生改變。但瓦拉隨後指出，拉丁文不斷出現變異的事實，推翻了這個理論。

然而，只有少數受過教育的人使用拉丁文，而且到了十九世紀末期，即使在受過教育的人當中，使用拉丁文的人也越來越少。學校仍然普遍開設拉丁文課程，但能夠使用拉丁文正常交流的人卻不斷減少。柴門霍夫確實考慮過用拉丁文或希臘文來達成他的目標，但他放棄了，主要的原因是這兩種語言跟俄文和波蘭文一樣，都有複雜的動詞和名詞結尾，讓學習者頭痛不已。此外，它們缺乏有關現代事物的詞彙——這也是西塞羅主義者曾經遭遇的問題。[5]

於是，他蒐集了各式各樣的筆記和語言學習手冊——他父親和祖父都是語言教師，所以他擁有豐富的教材——然後開始創造自己的語言，以方便學習為原則。柴門霍夫刪除了性別（gender）、變格詞尾（case ending）和動詞變位（verb conjugation），從不同的語系中抽取了大約九百個詞根（root word），再加上一系列前綴（prefix）與後綴（suffix）以產生更多的含義。一八七八年十二月十七日，當他完成這個語言的第一個版本的時候，舉行了一場慶祝派對；當時他剛剛過完他的十九歲生日，所以這場派對同時慶祝了他和這個語言的誕生。親朋好友圍著一張桌子，上面精心佈置了蛋糕、筆記本

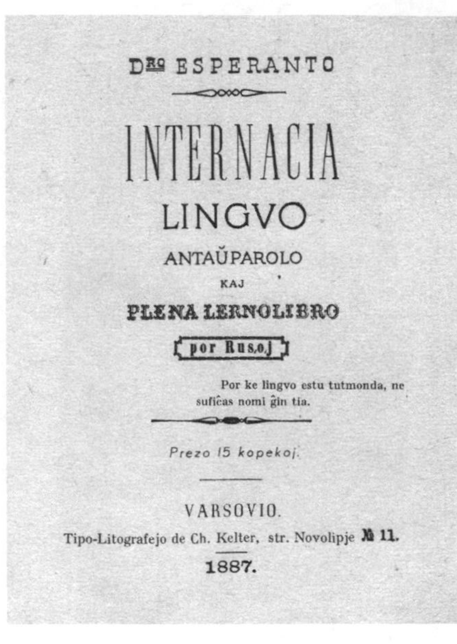
Dr^o ESPERANTO

INTERNACIA

LINGVO

ANTAŬPAROLO

KAJ

PLENA LERNOLIBRO

por Rusoj

Por ke lingvo estu tutmonda, ne sufiĉas nomi ĝin tia.

Prezo 15 kopekoj.

VARSOVIO.

Tipo-Litografejo de Ch. Kelter, str. Novolipje № 11.

1887.

和詞彙表，他們齊聲歡唱：

讓民族之間的仇恨
瓦解，瓦解吧；時候已經到了！
全體人類必須團結如一家人。[6]

但是在柴門霍夫把這套語言建構得更完善之前，他必須克服一個令人痛苦的挫折。慶祝派對結束後，他前往莫斯科學醫（後來他專攻眼科，並在華沙〔Warsaw〕的猶太人社區行醫度過餘生）。他父親擔心語言方面的工作會使他無法專心求學，所以就像佩脫拉克的父親那樣加以干預：他拿走了兒子的筆記本，把它們打包鎖在家裡的櫃子。路德維克也同意這麼做。幾年之後他回家度假，請求父親准許他把筆記拿出來，這樣他至少可以在放假的時候工作。這才發現，他父親並沒有把這些資料放在倉庫，而是把它們拿去燒了。這跟佩脫拉克的父親所做的如出一轍，不過，這一次根本沒有任何東西倖存下來。[7]

柴門霍夫別無選擇，只好憑記憶重新創造整套語言，於是他就這麼做了。一八八七年，他編寫了第一本入門書，書名就叫《第一本書》（*Unua Libro*），當時他以「希望博士」（Doktoro Esperanto）為筆名，因此，這個語言就被稱為世界語（Esperanto）——字面上的意思是充滿希望的語言。[8]

為了配合這個語言的出現，後來柴門霍夫還試圖創立一種充滿希望的宗教。康德在一七九五年指出，宗教和語言是造成人類分裂的兩個主要因素，也是引發戰爭的導火線，它們使人們的差異形成明顯的對比。[9]柴門霍夫對宗教和語言有同樣的看法，他盼望，如果人們在他們自己的文化與習俗之外，擁有一個共同的、次要的信仰，他們會發現自己更容易跨越差異的鴻溝。這個宗教背後的理念是，每個人在精神層次上都具備了基本的人性，而且某種程度上都擁有基本的價值觀。例如，人們可以在猶太神學家希列爾等人主張的「黃金法則」中發現普世通用的道德規範：「不要對別人做出你所憎惡之事。」在許多文化中都可以找到類似的行為準則，而且非常好記，所以很適合以此為基礎，在精神層次創造人類共通的語言。[10]柴門霍夫起初以「希列爾」來命名這個宗教，並在一九〇一年出版了入門指南《希列爾主義》（*Hillelism*）。他自己為此還取了一個新的筆名：「我是人」（*Homo Sum*），出自泰倫提烏斯的台詞。後來這個宗教也改名了（當然是用世界語命名），變成*Homaranismo*，即「人類主義」。[11]

但並不是每一個參與世界語運動的人都喜歡宗教的介入。柴門霍夫從善如流，淡化他的理想的宗教色彩，甚至在世界語者聚會上發言時也是如此。不過，他的理念還是一樣的：人類主義旨在促進人與人之間的溝通與理解，而不是要任何人放棄他們的宗教。[12]柴門霍夫本人在年輕時是一名猶太復國主義者（Zionist），他深耕他所服務的猶太社區，並對自己的猶太身分感到自豪。他只是多了一個想法：沒有任何人類之事與我無關。[13]

世界語者一開始就承認，他們必須充滿樂觀才能推動這個計畫。《第一本書》開門見山地承認：「讀者無疑會帶著難以置信的微笑，拿起這本小書，認為他即將讀到某個來自烏托邦的好公民不切實際的計劃。」（或像早期出版的一個迷人的英譯本寫道：「毫無疑問地，讀者會不信任地拿起這本小冊子，覺得它在談一些無法實現的烏托邦。」）[14]許多人還是對此一笑置之，認為世界語是異想天開的幻想，他們難以相信人類竟然能夠**教導**自己，締結普世友誼並互相扶持。

這個想法有那麼可笑嗎？這取決於你怎麼看待它。的確，在世界語出現一個多世紀之後，我們還是沒有實現世界和平，甚至沒有繼續朝正確的方向前進。至於「人類主義」這個詞，根本沒幾個人聽過。更慘的是，各國政府從來沒有把世界語當一回事——至少沒有重視過（稍後再細談）。沒有任何一個國際組織使用世界語，除了世界語者自己的組織以外。一九〇八年，一位名叫威廉．莫利（Wilhelm Molly）的世界語物理學家確實嘗試過在他的家鄉建立一個世界語者的微型國家：中立莫雷斯內特（Neutral Moresnet）。中立莫雷斯內特雖然屬於比利時，但經常遭德國染指（因此這個地區的情況不穩定，跟比亞韋斯托克的情況類似，只是規模更小）。莫利博士計劃把這個國家重新命名為Amikejo，即「友誼之地」。但崇尚友誼與和平的袖珍小國在二十世紀並沒有什麼機會生存，這個計劃隨著第一次世界大戰開打而夭折。[15]過了很久之後，到了一九六七年，玫瑰島共和國（Republic of Rose Island）採用世界語作為官方語言，這個國家建立在義大利里米尼（Rimini）沿岸一個海上平台上。但這個國家並不是為了追求理想而成立的，它主要的目的是要規避義大利的稅收與法律。後來它被義大利政府炸毀。[16]

然而，柴門霍夫和世界語者總是認為，追求這個關於語言的理想，以及某種程度上關於宗教的理想是值得的，主要是因為它象徵著維持希望。世界語和人類主義可能永遠不會被大眾接受，但它們確實提出了這樣的可能性。它們就像蒙田的「散文」一樣，是一些**嘗試**。即使它們並沒有怎麼改變世界，但這種嘗試還是令人感到振奮。世界語主義（Esperantism）甚至還提供了參與者共同投入與聯繫的國際網絡。

有時，世界語主義會在你最意想不到的地方出現。我在寫這本書的時候，拜訪了佩脫拉克在沃克呂茲的家，沿著他心愛的小河走了一圈，我很驚訝也很高興地看到牆上有一塊用世界語書寫的紀念牌匾，設置於一九三七年。它翻譯了附近的一塊法文牌匾，紀

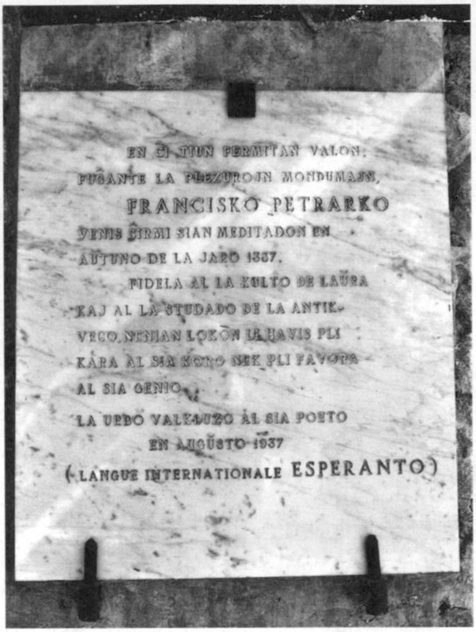

念佩脫拉克的詩歌與歷史研究，以及他決定——在整整六百年前——在這個美麗的地方安家落戶。

另一個年代稍早的人物，也懷抱著希望和可能性，在各方面上來說都不同凡響。我們已經在前面的故事裡認識他了：他是英格索爾，我在前言中引用的關於快樂的信條就是他寫的：

快樂是唯一的善。
快樂就是現在。
快樂就在這裡。
快樂之道是讓別人快樂。

多虧了當時的科技發展，我們可以聽到他用微弱嘶啞的嗓音說出這些話。一八九九年，英格索爾在湯瑪斯・愛迪生（Thomas Edison）的錄音室裡錄下了這些話，這張留聲機圓筒唱片被保存在他的出生地，紐約德勒斯登（Dresden）的博物館裡——那裡還收藏了他的另一段錄音，談的是偉大的主題：「希望」。[17]

英格索爾是一個不可知論者和理性主義者（rationalist），也是他那個時代談論這些主題的巡迴演講者的典型代表，充滿個人魅力。[18]我剛剛差點把他寫成巡迴**傳教士**，但要是他跟後者之間有任何相似之處，也並不是偶然的。他父親是一位公理會（Congregational church）牧師，老是不停地搬家——主要是因為他直言不諱，特別是他反對奴隸制的想法，一天到晚得罪別人。英格索爾跟著父親，在不斷遷徙的過程中長大。當他出生時，他的出生日期被記錄在一本家庭聖經裡：一八三三年八月十一日。但另一本家庭聖經裡寫的卻是八月十二日。「所以，」他曾經俏皮地說道，「你會發現，我在聖經裡發現的第一件事就是矛盾。」[19]

在英格索爾的成長過程中，他有機會觀察到一個人如何透過語言和純粹的實體存在，以各種方式來娛樂、誘惑、挑戰和激勵群眾。隨著他的成長，他從事的職業進一步磨練了這些能力。首先，他成為一名教師，儘管他很快就被趕出了這一行，因為他喜歡在課堂上開一些不恰當的玩笑——比如說，他說洗禮是有益健康的，只要是有用肥皂徹底洗乾淨就好。[20]

接下來，他接受了律師培訓，不過其中有一段時間他參加了美國南北戰爭（Civil War）並遭到俘虜，這段經歷讓他終生憎恨所有的戰爭。[21]在他學習法律期間，一位友善的法官讓他使用他的私人圖書館，裡面有中國和印度哲學書籍，以及盧克萊修、西塞羅、伏爾泰、潘恩、史賓諾沙、休謨、密爾、吉朋、達爾文和赫胥黎的作品[22]——用當時的話來說，這是一個剛起步的「自由思想家」的完美閱讀書單。英格索爾早期錯過了接受一般人文教育的機會，現在他靠著埋首書堆自學。當他得知過去有人因為表達了自由思想而被指控褻瀆神明時，他感到非常震驚，然後他發現類似的迫害仍然持續在美國發生，讓他感到更加震驚，於是他開始受理這類案件的審判。在法庭上，他的聲音宏亮，振奮人心；甚至有其他年輕律師也試著模仿他，但效果不彰。[23]在那些很快就放棄嘗試的人當中包括了克拉倫斯・丹諾（Clarence Darrow），他後來因為替生物教師約翰・T・斯科普斯（John T. Scopes）辯護而聞名，這位教師因為違反田納西州（Tennessee）禁止教授達爾文主義的法律，於一九二五年被起訴。丹諾在回憶英格索爾時說道：「我發現有幾個人掌握了他的表達方式，但他們缺乏了英格索爾從不缺乏的東西，那就是值得說的東西。」[24]

英格索爾確實有很多話要說，而且他不只在法庭裡面說，也越來越常在法庭外頭說。他開始寫文章，巡迴演講。一八六〇年，他從伊利諾伊州（Illinois）的北京市

（Pekin）開始，針對當時另一個重要的話題發表演講——進步。這一類的演講和寫作成為他生活中的主要活動，並持續了三十年之久。除了希望、進步和幸福之外，他演講過的其他主題還包括（他認為）傳統宗教如何妨礙與限制了人們的生活，以及嘗試透過更理性的思考來解放我們的渴望。[25]

為了發展這項志業，他用上了所有他在各種職涯中培養出來的修辭技巧。西塞羅和昆體良會對英格索爾五花八門的修辭手法感到印象深刻。他運用邏輯，指出神蹟或蒙神應允的禱告（answered prayers）故事中的矛盾之處。他運用幽默，常常聽起來像個單口喜劇（Stand-up comedy）演員，曾經有一個女人看到他離開一家雅座酒吧（saloon bar），驚愕地說道：「哎呀，英格索爾先生，我很驚訝地看到你從這樣的地方出來。」他反擊道：「哎呀，我親愛的夫人，你不會希望我一直待在裡面吧。」[26]

有些時候他則運用通俗劇的手法，比如說，當他談到主

宰歷史的宗教「幽靈」，他緩慢而嚴肅地說，他們「不遺餘力地把人類智力的雄鷹變成黑暗的蝙蝠。」但是，你瞧！現在讓這些幽靈退散吧！「讓他們用瘦骨嶙峋的手遮住沒有眼睛的眼眶，從人們的想像中永遠消失吧。」[27]

所有這些修辭元素——戲劇性、論證、幽默——在他的演講裡效果加倍，他高大的身材更使他說起話來架勢十足。昆體良自己曾建議每個人培養自己天生擁有的優勢，「比如說聲音、肺活量、優雅的儀態和動作」。[28]英格索爾擁有以上這些條件，即使他表現出來的是一頭熊的優雅。他喜歡大快朵頤：「好的烹飪是文明的基礎……發明一道好湯的人對他的同胞所作出的貢獻，大於制定任何宗教信條的人。至於徹底墮落和無盡懲罰的教條，都是因為糟糕的烹飪與消化不良產生的。」[29]他吃得實在太好了，以至於《奧克蘭論壇晚報》（*Oakland Evening Tribune*）的一位記者如此評論：如果他生活在一個不同的時代，最後被燒死在火刑柱上，他的身體會成為一個多麼「壯觀的審判（auto-da-fé）」。[30]

對英格索爾來說，人文主義思想影響了他整體的生活方式，一點也不抽象。除了美食之外，他也喜歡好的文化，他跟哈里森一樣仰慕莎士比亞。[31]他也跟阿諾德一樣，重視「世界上所有人所說、所想、所做的最好的事」。他說，這些由人類所創造出來的美好事物，以及最好的機器和最好的法律，才是人類真正的「經文」，它們都對人們的生活產生了積極的影響。

他表達了自己身在這個世界上的興奮之情：

活下去值得嗎？嗯，我只能替自己回答。我喜歡活著，呼吸空氣，看看風景、雲彩、星辰，讀讀古詩，欣賞圖片和雕像，聽聽音樂，聆聽我所愛的人的聲音。我喜歡吃飯和抽煙。我喜歡舒適的冷水。我喜歡跟我太太、我女兒和孫子們聊天。我喜歡睡覺和做夢。是的，你可以說，我覺得活下去是值得的。[32]

他在作品中常常提到他的妻子伊娃．帕克（Eva Parker）和他們的家庭。這對夫婦結褵三十八年，育有兩個女兒，大女兒伊娃．英格索爾—布朗（Eva Ingersoll-Brown）後來成為著名的女性主義運動者和自由思想家。英格索爾本人也支持女性主義運動，並捍衛兒童權益。他說，那些揍小孩的父母應該找人拍下他們施暴時面紅耳赤、憤怒而醜陋的臉孔，這樣他們就能親眼看看自己變成什麼樣子。他問道，與其找藉口施暴，為什麼我們不把兒童「當作人來對待」呢？[33]

為了補充關於快樂的信條，他在另一則信條中寫道：

我確實相信人性是高尚的。我相信愛與家、仁慈與人性。我相信美好的友誼與歡樂，我相信我會讓妻子和孩子們幸福。我相信人性本善……我相信自由的思想、理性、觀察與經驗。我相信獨立自主，相信表達自己真實的想法。我對全體人類充滿了希望。[34]

這樣的想法自然會引起敵意和懷疑。他的反對者用諧音譏諷他是「靈魂損毀的羅伯特」（Robert Injuresoul）。有人他在演講時丟擲水果和蔬菜。但不管是侮辱、綽號、甘藍菜還是番茄，全都傷不了他。[35]他甚至拿水果當作比喻。他說，為天堂積蓄財富等於浪費他在人世的時間。反之，他說道：「我要吸乾柳橙，等到死亡降臨的時候，就只剩下果皮了。所以，我說啊：『讓我長命百歲吧！』」[36]

不過他自己並沒有活得特別久：一八九九年，英格索爾在六十五歲時死於心臟衰竭。他有許多崇拜者、追隨者和模仿者，還有許許多多的通信者——形成了一個可以媲美佩脫拉克、伊拉斯謨或洪堡的通訊網絡。由於他公開露面經常上報，這個網絡逐漸擴大，引起了更多好奇、憤怒或痛苦的人來信。在他的回信中，令我印象最深刻的是他在一八九〇年寫給一位有自殺傾向的人的回信。英格索爾建議他：「只要他能對任何人有一點用處，就不應該自殺。如果你找不到你願意為他付出的人，就找一條好狗，照顧牠吧。你無法想像你會感覺有多棒。」[37]但願那個人接受了他的建議。

人文主義組織一直都很推崇英格索爾關於快樂的信條。雖然它表面上提供了一系列的答案，但它也促使我們向自己提問：為什麼我們不應該比現在更幸福？為什麼要接受宗教施加的恐懼、父權體制（patriarchy）的殘酷，或不理性所帶來的痛苦，而不是自己去尋找一種更好的生活方式？這正是柴門霍夫發明世界語所懷抱的希望——正如羅素寫道：「人的責任並不是逃離世界，躲避上帝的怒火。這個世界是**我們的**世界，它取決於我們要創造的是天堂還是地獄。」[38]

羅素正是我在本章要談的第三位充滿希望的人文主義者。他也深受十九世紀的世界與各種新思潮的影響。他生於一八七二年，當時還是貨真價實的維多利亞時代，但後來他一直活到一九七〇年，而那已經是個充斥著嬉皮、搖滾樂與電腦的世界。

羅素的母親表示，羅素幾乎一出生就開始「精力充沛地」環顧四周，[39]這正是這位哲學家、邏輯學家、數學家、辯論家、政治活動分子、性解放主義者、女性主義者、理性主義者、無神論者、禁止炸彈運動人士，在他長達九十七年（將近九十八年）的生涯中鍥而不捨地做的事。

他顯然是帶著好兆頭出生的，不過就算人們相信這種事情，他也會嗤之以鼻。他的母親，安伯利子爵夫人凱薩琳．羅素（Katharine Russell, Viscountess Amberley）致力於提升婦女受教育的機會。一八七〇年，她因為在斯特勞德（Stroud）發表一場演講之

後，被維多利亞女王說要「賞她一頓鞭子」而出名。[40]凱瑟琳的丈夫安伯利子爵約翰．羅素（John Russell, Viscount Amberley）是前首相約翰．羅素勳爵（Lord John Russell）的兒子，他本人也是一名致力於推動社會進步的國會議員。他在一八六八年的國會選舉敗選，有一部分原因在於他支持節育措施的普及。[41]這一對貴族出身，無所畏懼的自由思想家夫婦也維持著開放式關係：子爵夫人在她丈夫的知情同意之下找了一個情人。

小名「柏提」（Bertie）的羅素出生時，是由女醫生的先驅伊莉莎白．加勒特．安德森（Elizabeth Garrett Anderson）負責接生的，她是羅素家族的朋友。被選中擔任他教父的則是另一個家族朋友：約翰．史都華．密爾。這是個深思熟慮的選擇。如果教父的使命是在思想上引導這個男孩的話，那他就不可能引導他走向傳統宗教。

不幸的是，密爾在羅素滿週歲之前就去世了，所以他本人根本不可能對他有什麼直接的影響。不過，密爾的著作對羅素影響相當大。羅素說，他十八歲的時候讀了密爾的自傳以後，徹底擺脫了童年時代最後一點的基督教信仰。[42]

而密爾之死並不是羅素早年生活中最嚴重的打擊，他母親在他年僅兩歲時就過世了，接著，他父親也在一年半之後撒手人寰。羅素和他的兄姊由他們的祖母撫養長大，她過著傳統而清心寡慾的生活——羅素記得特別清楚，她只有在吃過茶點之後才肯在舒服的椅子上坐下來。這一定是當時根深蒂固的一種觀念：安東尼．特洛勒普（Anthony Trollope）在他的小說《你能原諒她嗎》（*Can You Forgive Her?*）裡，如此描述了麥克勞德夫人（Lady Macleod）這個角色：「她在那個時代所受的教育，以及周遭的人們都認為，安樂椅和所有輕鬆的姿勢都是有害的；所以到了她七十六歲的時候，仍然可以誇口，說她從來沒有把背靠在椅子上。」[43]

不過，羅素也從他嚴厲的祖母那裡學到了一些重要的東西。「她給了我一本《聖經》，襯頁上寫著她最喜歡的經文。其中有一句話是：『你不可隨眾行惡。』」[44]他說，這句話成了他一生的座右銘。他確實做到了這一點，不論理智告訴他某個論點是對的還是錯的，他總是會這樣說，即使這可能會給他帶來很大的麻煩。他恰如其分地把自己挑釁意味最濃厚的作品命名為《不受歡迎的論文集》（*Unpopular Essays*）。

這項原則跟隨著他的另一項原則：羅素認為，「當我們沒有任何根據而去認定一個命題是真實的時候，去相信它便是不可取的」。[45]他在一九五二年為此提供了一個很好的比喻，儘管當時並沒有正式發表。在回答一個記者的提問：「上帝存在嗎？」的時候，他請讀者去思考一把繞著太陽公轉的茶壺：

如果我說，在地球和火星之間，有一把瓷茶壺在橢圓形軌道上繞著太陽公轉，只要我小心翼翼地補充，說這把茶壺實在太小了，就算我們用最強大的望遠鏡也看不到，就沒有人能夠反駁我的主張。但是，如果我繼續說，既然我的聲明無法被推翻，所以我無法容忍人類理性的懷疑，那我就是在胡說八道。然而，如果古代書籍可以證明這樣一把茶壺的存在，每個星期日都把它當作神聖的真理傳授給大家，並且在學校灌輸到孩子們的腦袋裡，那麼懷疑它的存在就會被視為反常行為，而這在啟蒙時代會引起精神科醫生的關注，更早之前則會遭到宗教裁判所的審判。46

在這裡，我們看到了羅素最堅定的信念之一：完全根據權威來接受某個主張，永遠是有所不足的。我們還感受得到他說話的語氣，這是個很棒的例子。正如潘恩曾經如此描述伏爾泰，羅素也很擅長發現愚蠢的想法，而且還「無法克制地想要揭發它」。47正如伏爾泰和英格索爾一樣，他可以娛樂別人，也可以激怒別人，取決於你的心情如何，也取決於你是否就是他所揭露的那個愚蠢的人。

在羅素調皮的外表之下，他的思考其實建立在嚴謹的形式邏輯（formal logic）推理之上——邏輯和數學是他的最愛（而且兩者息息相關）。當他十一歲的時候，哥哥送了他一本歐幾里德（Euclid）的幾何學（geometry）書籍，數學從此進入了他的生活。羅素欣喜若狂：「我從來沒想過，世界上竟然有這麼有趣的東西。」[48]他後來負責教授這兩門學科，並且跟阿爾弗雷德·諾思·懷德海（Alfred North Whitehead）合寫了巨著《數學原理》（*Principia Mathematica*），該書研究了數學邏輯發展的基礎。他還研究了許多其他事物的邏輯基礎——包括民族主義（nationalism）、戰爭的正當性、反對節育、否定婦女權利、教會權力的正當性——結果發現它們都缺乏邏輯性。

正是在邏輯研究與家庭傳統的影響之下，他很早就參與了爭取婦女選舉權的運動。一九〇七年，他主打這個議題，參加了溫布頓（Wimbledon）的下議院議員競選，他知道自己會輸，但想藉此進行宣傳，[49]就像密爾在一八六七年的議會辯論中一樣。但令羅素震驚的不是競選失利本身，而是反對勢力的醜惡行徑。有組織的暴徒突襲他的演講現場扔臭雞蛋，另一次則在聽眾當中放出活老鼠，後來還把一隻死老鼠丟進競選辦公室。羅素跟柴門霍夫和英格索爾一樣，對於人們

為什麼不能更理智地處理事情感到困惑；儘管一切都如此合乎**邏輯**，**為什麼**人們就是看不到通往幸福和快樂的道路呢？

然而，羅素自己的生活並沒有完全遵循理性或邏輯。他有時候飽受憂鬱症折磨。在他年輕時，有一次發病，看著夕陽卻想自殺——但他說，因為他還想多學一點數學，所以後來打消了這個念頭。[50]強烈的情緒席捲了他，有人描述他是「充滿仇恨的人」，但他也同樣容易突然陷入愛或迷戀。[51]在一個奇怪的時刻，看到他的同事懷德海的妻子因病所苦，他忽然明白了：

> 人類靈魂的孤獨是無法忍受的；除了宗教導師所鼓吹的那種最強烈的愛之外，沒有任何東西可以穿透那種孤獨；一切不是源自那種愛的東西都是有害的，或者充其量是無用的；因此，戰爭是錯誤的，公立學校的教育是可憎的，使用武力是應該受到抨擊的。在人際關係中，應該直指每個人的孤獨的核心，與之對話……多年來，我只關心精確性和分析，現在我發現自己對美有了些神祕的感覺，對孩子有著濃厚的興趣，並且幾乎像佛陀一樣深深地渴望找到某種哲學，讓人類能夠繼續生活下去。[52]

這不是邏輯，而是頓悟。這段經歷也讓他意識到，他不愛他的妻子阿麗絲（Alys

Pearsall Smith）了，不久之後他們離婚。他後來還有三段婚姻，以及許多外遇。在他一生中大部分的時間裡，他都非常好色，可能還是個性成癮者。他有一種傾向，幾乎對他遇到的每個女人都要碰碰運氣；據我們所知，他還沒有到達強迫症的程度，但他的行為可能會讓他周遭的女人感到厭煩，也讓他自己覺得有些疲憊。從羅素在追求邏輯和數學真理中投入強烈的個人情感，可以明顯看出他過於人性化。他喜歡這兩個主題，因為它們具有超越人類生命的有效性，但它們也為他提供了情感意義，就像詩歌對年輕密爾的意義。羅素對此開了個玩笑：一九二九年，當芝加哥文學雜誌《小評論》（*Little Review*）問他最喜歡什麼東西的時候，他回答：海、邏輯、神學和紋章學（heraldry）。「前兩者是因為它們與人類無關，後兩者是因為它們荒謬。」[53]

他一向妙語如珠，但他對神學傳統的厭惡，比這種深情的嘲弄所暗示的更深。羅素跟很久以前的伊比鳩魯主義者、啟蒙時代的霍爾巴赫男爵或近代的英格索爾一樣，認為如果人類要感到快樂，就必須擺脫宗教引發的焦慮，特別是關於來世的焦慮。恐懼是快樂的最大的敵人，而宗教又是恐懼最主要的來源之一。他對於正面地使用「敬畏上帝」（God-fearing）這樣的說法十分反感。[54]當然，有時候擔心害怕有助於我們逃離身體上的威脅，但他認為，在現代生活大部分的情況下，我們更需要的是勇氣而不是驚恐。「我們應該站起來，坦然面對這個世界。」[55]整體來說，羅素跟英格索爾一樣，希望人類的生活更大膽、更自由、更有建設性、更快樂——並認為這在很大的程度上，取決於我們要不要過這樣的生活。

另一種毀了許多人的恐懼，是對於陌生人的恐懼，或對於任何與自己不同的人的恐懼：民族主義者和種族主義者煽動了這樣的情緒。一九一四年，也就是《數學原理》最後一卷出版後的第二年，隨著第一次世界大戰的爆發，羅素自己最害怕的事情在世界上發生了。最初幾天，羅素寫信給他的情人奧特林・莫瑞爾（Ottoline Morrell），傾訴他的恐懼：「我似乎感受到整個歐洲壓倒性的狂熱，彷彿身處一塊熾熱玻璃的焦點——所有的吶喊、憤怒的人群、在陽台上向上帝祈求的皇帝、冠冕堂皇的責任與犧牲的話語，掩蓋了血淋淋的謀殺與暴力。」[56]甚至他自己的一些思想開明的朋友似乎也捲入了這種狂熱，一夕之間成了德國的仇敵。[57]

全歐洲愛好和平的人和理性主義者也受到類似的衝擊。奧地利作家史蒂芬・褚威格（Stefan Zweig）回憶，他和他的朋友們一直都自得其樂地活在充滿理性與科技、電燈與老式汽車（horseless carriages）、健康與社會福利的世界，現在卻突然陷入「野蠻狀態」而嚇得目瞪口呆。[58]在匈牙利，當年輕藝術家貝拉・宗保利－莫爾多萬（Béla Zombory-Moldován）看到一張宣佈戰爭開打的海報——這意味著他過幾天就得去服兵役——他簡直不敢相信。「現在都已經是二十世紀了！」是「啓蒙與民主的人文主義」

的時代，這怎麼可能是真的？「他們會對我開槍或拿刀捅我，而我則要對著一個不折不扣的陌生人開槍，但我跟他之間沒有發生爭執，我甚至不認識他。」[59]這毫無意義。第一次世界大戰對歐洲的衝擊，就像里斯本地震對十八世紀「樂觀」哲學家的衝擊一樣大，但這次要歸咎於人類而非地質結構不穩定。這正是伊拉斯謨曾經警告過的那種因愚昧而意外爆發的戰爭。

羅素認為，至少英國應該置身事外。他自己並沒有不得不在戰壕裡戰鬥的危險：因為一九一六年初期開始實施徵兵制的時候，他已經四十三歲了，超過了四十歲的年齡上限。我一度對此感到難以置信。羅素此後還過了幾十年備受矚目的公共生活，參與各種抗議活動，目睹了許多社會變遷（其中許多要歸功於他個人的政治行動）。令我印象深刻的是，羅素在二十世紀初期就進入了人生的成熟期。他四十幾歲時挺身反對第一次世界大戰，後來又活得夠久，到了九十幾歲時還出面反對越南戰爭（Vietnam War）。

雖然羅素沒有必要宣稱自己是良心拒服兵役者（conscientious objector）而不上戰場，但他還是努力為那些拒服兵役者辯護。一九一六年，他承認自己寫了一本支持拒服兵役者的小冊子，被罰款一百英鎊，還因為被定罪而失去劍橋大學三一學院的教職（幸虧在同事的支持之下，他在戰後得以復職）。[60]但這並沒有讓他的公民不服從（civil disobedience）運動劃下句點。一九一八年，警察在他洗澡的時候逮捕了他，因為他寫了一篇文章，主張盡快達成和平協議。具體罪行是他文章裡的一句題外話，他質疑目前派駐在英法兩國的美國軍隊是否會跟他們在母國一樣，被派去恐嚇正在進行罷工的工人。羅素被指控發表「可能損害國王陛下與美利堅合眾國關係的言論」。[61]他被判有罪，判處六個月徒刑，並入獄服刑五個月。

羅素後來回憶起這段獄中生活，表現出一貫的輕鬆態度。當他抵達了監獄大門，他不得不向看守提供自己的詳細資料。「他詢問我的宗教信仰，我回答：『不可知論者。』他問我這個字怎麼寫，然後嘆了口氣說：『嗯，宗教有很多種，不過我想大家信的都是同一個上帝吧。』」[62]

一進了監獄，羅素就對他的獄友們產生了興趣——「儘管整體上來說，他們的智力比一般人遜色，這一點從他們被逮到就可以看得出來。」獄方允許他繼續閱讀與寫作，但條件是他不能寫任何顛覆性的東西。他在讀利頓．斯特雷奇（Lytton Strachey）的《維多利亞女王時代四名人傳》（*Eminent Victorians*）的時候大笑出聲，因為這部作品一針見血地揭露了維多利亞全盛時期的古板道德觀，看守只好跑來提醒他說，監獄是用來懲罰人的地方。[63]我們不禁想問，囚犯和看守怎麼受得了他。

他還在獄中服刑時，徵兵年齡的門檻提高到了四十歲以上，所以他接到命令要去報到作體檢。但是，他寫道，「政府竭盡全力也找不到我的下落，因為它忘了它已經把我關進監獄了。」[64]到了九月他出獄的時候，戰爭已經接近尾聲。

儘管羅素愛開玩笑，但他在這段時間裡經歷的一切讓他感到震驚。他後來表示，戰爭改變了他的一切。[65]從那時候開始，他選擇寫一本不同類型的書。他並沒有放棄正規的哲學或邏輯學，但正如他在〈從邏輯到政治〉（From Logic to Politics）這篇文章中指出，他萌生了新的渴望，他想探討的是和平與社會的議題，以及為什麼暴力和殘酷對人類心理有這麼大的吸引力。[66]這並不是說他對人性感到絕望，相反地，他「愛上了活生生的事物」，並且比以往任何時候都更加意識到苦難無所不在。他承認人類具有毀滅性，但他希望在人類身上找到同樣強烈的追求「快樂」的慾望。[67]

早在戰爭結束之前，他就迫切地思考，如何讓那些使人類陷入恐懼與好戰狂熱的力量**轉向**。他不太認同柴門霍夫的期待，他不認為人們可以透過像是共同的語言或信仰體系這樣簡單的東西——或伊拉斯謨所想像的那種友誼——團結在一起。而光是靠理性也是不夠的。一九一六年初期，羅素在戰爭期間發表了一系列關於〈社會改造原理〉（Principles of Social Reconstruction）的演講，他在講稿中寫道，我們不能只是用**意志力**讓戰爭從我們的生活中消失。戰爭源自人類的情感驅力，但科學、藝術、愛與合作精神也是，它們以不同的形式展現了人類的創造性能量。我們要學習的不是如何消除我們的激情，而是引導它們去達成比戰爭或狂熱更有建設性的目標。「我們要的不是降低衝動，而是將衝動導向生命與成長，而非死亡與衰退。」[68]或許，我們也可以說，導向希望而不是絕望。

但要怎麼做呢？羅素就像他之前和之後的許多人文主義者一樣，採取了一個重要的行動——試圖改變我們養育孩子的方式，並且在人的一生當中全面給予支持。**教育**必須改變。

羅素在他後來關於這個問題的著作中，有時候會引用洪堡的話：教育應該鼓勵年輕人自由地展現他們的人性，發揮好奇心，而不是消極地坐在那裡，接受填鴨式教育。在洪堡之後，其他教育家也想出了激進的教育方式——例如詩人羅賓德拉納特．泰戈爾（Rabindranath Tagore）在印度寂鄉（Santiniketan）建立了一所學校，在露天的樹下上課，邀請藝術家和學者來跟孩子們分享他們的作品。泰戈爾相信，印度兒童所受的教育是建立在自由和他們自己所認識的世界之上的，而不是外來的英國式教育。他寫道，大體上來說，教育應該要促進「精神的滋養、良知的拓展與堅強的性格。」[69]

羅素贊成這種透過教育來促進自由發展的想法。他也跟赫胥黎一樣認為，科學研究對於培養探索世界的精神極其重要。科學素養有助於擺脫非理性的想法，激發想像力，使人們思考「世界可能會是什麼樣子」，而不是關注既有的世界。以研讀經典為基礎的教育認為古典時期的作家永遠是完美的，沒有什麼需要改進，但是對科學家來說，任何一個想法都可以持續發展與改變。[70]

羅素與洪堡的不同之處在於，他對於學習者的自由有著更激進的想法。一九二七年，他和第二任妻子朵拉（Dora Russell）將這個願景付諸實踐，在漢普郡（Hampshire）的燈塔山（Beacon Hill）建立了一所實驗學校，旨在給予兒童他們所能掌握的所有自由——甚至更多。他們一開始大約有二十名學生，加上他們自己的兩個孩子，他們讓孩子們在「自由的精神生活」中學習他們感興趣的東西，發揮好奇心，探索他們自己的問題。羅素認為，那些被教導要探索新事物，而不是墨守成規並視之為理所當然的孩子，在成年以後比較不會被「以奴役換取安全」的意識形態所蒙蔽。[71]

這是一場冒險的實驗，而燈塔山本身也有問題。缺乏紀律使霸凌行為不受控制；最糟糕的一次是，有些孩子試圖燒死一個孩子送給另一個孩子的一對兔子，並因此引發一場大火，幾乎把房子燒掉。羅素夫婦急忙加強了管理。[72]

這一類的事件引發了醜聞，但更引起公憤的是羅素整體的價值觀。他們不教授信仰，但也許更糟糕的是，他們拒絕傳授關於民族與帝國的空話，而這些東西仍然充斥在傳統學校的教室裡。羅素還認為，當孩子們詢問有關性的問題時，應該要告訴他們真相——這也引起了爭議。[73]他明確地指出，在跟兒童談論性行為的時候，必須強調在任何時候都要尊重別人的自由和意願，而這跟基督教的教義背道而馳，他說，因為當時教會認為，「只要雙方已婚，而且男方想再生一個孩子，那麼不論妻子有多麼不想，性交都是合理的。」[74]

事情還不只這樣。天氣炎熱的時候，他們讓孩子們不穿衣服出門。據說有一次，一名記者按了學校門鈴，看到一個光溜溜的孩子來應門。記者驚叫：「哦，上帝啊！」這孩子回答他：「祂不存在」，就把門關上了。後來，羅素的女兒凱薩琳·泰特（Katharine Tait）在她的回憶錄中寫道：「我們對這項傳聞嗤之以鼻，因為我們很清楚我們的前門根本沒裝門鈴。」[75]

這一類聳動的傳聞後來不斷困擾著羅素。一九四〇年，當他跟朵拉分手（她繼續經營了學校一段時間）並到加州（California）教書的時候，他以為紐約市立學院（City University of New York）要給他一份教職。於是他辭去加州的工作，幾乎一文不名地前往紐約，最後卻發現這份工作泡湯了：他的名聲害他丟了這份差事。學院以他不是美國公民為藉口，撤銷了聘任。[76]這件事鬧上法庭，律師約瑟夫·戈爾茨坦（Joseph Goldstein）描述羅素的著作「淫蕩好色，刺激性慾，充斥著情愛妄想與宗教褻瀆，而且心胸狹隘，虛假不實，沒有一點道德感。」[77]他說，羅素的家人在英國裸奔，而且，「羅素縱容同性戀，我甚至敢說他支持同性戀。」[78]

羅素輸掉了這場官司，因為嚴格來說，他確實不是美國公民，因此沒有權利擔任這份教職。他陷入了窘境，當時他已經六十七歲，身無分文，還要養家活口，而且在大西洋彼岸，第二次世界大戰正在如火如荼地進行。

但羅素再次受到幸運之神的眷顧，一位富有的化學家阿爾伯特・庫姆斯・巴恩斯（Albert Coombs Barnes）向他伸出了援手。巴恩斯跟別人合作發明了一種治療眼疾的抗菌劑，後來以弱蛋白銀（Argyrol）之名上市銷售，他利用這筆財富成立了一個基金會，推動教育、藝術與植物學研究（目前巴恩斯基金會〔Barnes Foundation〕仍在運作，是位於費城〔Philadelphia〕的一家畫廊）。巴恩斯重金禮聘羅素以歷代哲學為題，發表了一系列演講。[79] 這些講稿後來編纂成《西方哲學史》（*The History of Western Philosophy*），成為一本歷久不衰的暢銷書。它所帶來的收入使羅素餘生經濟獨立，生活無虞——並資助了他未來大部分的政治行動。

當然，羅素已經超過了參加第二次世界大戰的年齡，就跟他在第一次世界大戰期間一樣，不過這次他不再是一位和平主義者（pacifist）。在他看來，第一次世界大戰是可以避免的，但納粹主義（Nazism）帶來的危害遠大於為了阻止納粹而戰的危害。[80] 希特勒（Adolf Hitler）的意識形態代表了羅素所痛恨的一切——諸如種族主義（racism）、軍國主義（militarism）、民族主義、暴行、愚昧——都發展到了極致。這就是彌爾頓所說的（在一個截然不同的背景之下！）「混沌之神與古老的黑夜女神」（Chaos and Old Night）。羅素說，為了對抗這兩者而戰，乃是「一項真正展現我們人性的活動」。[81]

柴門霍夫也把他畢生的精力奉獻給這場人類的奮戰，但他沒有活著看到第二次世界大戰，甚至來不及看到第一次世界大戰落幕。他在華沙的猶太社區擔任眼科醫生直到人生最後一刻，於一九一七年逝世。世界語得以倖存，但也只是倖存而已；而他的一些家人也在經歷了可怕的迫害之後亦得以倖存。

先來談談世界語。一九三三年，納粹政權在德國建立之後，該國的世界語組織就分道揚鑣了。德國工人世界語協會（German Workers' Esperanto Association）一開始就站在反納粹的立場，所以無論如何都會因為它是社會主義運動而立刻遭到取締。主要的德國世界語協會（German Esperanto Association）則因應納粹思想進行調整，繼續運作了幾年。它根據新的法律規定，驅逐了所有被認定是猶太人的成員。[82]一個由猶太人所創立，旨在全面對抗偏見與種族主義的組織竟然這麼做，令人感到匪夷所思。

如果它打算透過這些手段來安撫納粹政權的話，這是行不通的：納粹絕對不會容忍一個以推動國際性的語言來追求世界和平的運動。對希特勒與他的追隨者來說，世界語是猶太人策劃的詭計，目的是要統治全世界。[83]一九三五年，學校全面停授世界語，一九三六年，世界語組織全面被禁。[84]然而在接下來的幾年，即使在最艱困的情況下，有幾位世界語教師還是想盡辦法以某種方式繼續傳授世界語：一位在達豪（Dachau）集中營開課，另一位則在荷蘭的阿默斯福特（Amersfoort）集中營開課，佯稱世界語就是義大利語，因為當時義大利是德國的盟友，所以准許開設義大利語課程。

一九三〇年代，柴門霍夫的小女兒莉迪亞（Lidia Zamenhof）大部分的時間都待在法國，寫文章警告人們，她看到危機即將降臨。[85]她嘗試取得簽證留在美國，因為她曾經在那裡短暫任教，但遭到拒絕，並於一九三八年十一月返回波蘭。一九三九年，德國入侵之後，莉迪亞被捕入獄；她的哥哥亞當（Adam Zamenhof）和姊姊佐菲亞（Zofia Zamenhof）也雙雙被捕。亞當在第二年遭到槍決，作為對於其他抵抗運動者的報復。兩姊妹獲釋後住在華沙的猶太區（ghetto），直到一九四二年，她們被分別被送往特雷布林卡（Treblinka）並遭到殺害。[86]

不過，亞當的遺孀和兒子卻奇蹟似地逃過一劫。他們大約同時被送往特雷布林卡，但在上火車之前設法逃走，然後在戰爭剩下的時間裡躲藏起來。兒子路易—克里斯托夫·扎勒斯基—柴門霍夫（Louis-Christophe Zaleski-Zamenhof）一直活到二〇一九年，在法國去世。而他的兩個女兒漢娜·扎魯斯基—柴門霍夫（Hanna Zaruski-Zamenhof）和瑪格麗特·扎勒斯基—柴門霍夫（Margaret Zaleski-Zamenhof）目前分別定居美國與法國——而且兩個人都是世界語者。[87]

世界語並沒有實現它最大的願望。雖然它設計得很簡單，但仍然需要花一點力氣去學（哪一種語言不需要呢？），而那些傾向以種族、語言或其他分類來排斥或屠殺別人的人，也不太可能會為了實現和平與啓蒙的目標而費心去上課。

然而，這種語言依然存在，而且依然充滿希望。正如英格索爾在一八九五年的留聲機錄音談到希望時，說道：「希望建造了房子，種植了花朵，使空氣中洋溢著歌聲。」88

第十一章
人類的臉孔

主要是一九一九年～一九七九年

反人文主義的崛起／人類靈魂的工程師／喬凡尼・詹提勒與貝內德托・克羅齊／但一個人文主義者能做什麼？／曼氏家族／流亡者／阿比・沃伯格的圖書館與其他救援行動／更多的恐懼與絕望／國際組織與務實的重建／羅素又燃起了希望

如果你在找一篇關於「混沌之神與古老的黑夜女神」的宣言，你可以參考一九三二年發表的義大利法西斯主義意識形態摘要。這本書分成兩部分，由墨索里尼的哲學死黨喬凡尼．詹提勒（Giovanni Gentile）共同撰寫。

詹提勒撰寫了主要的理論部分，他解釋，法西斯國家的目標不是要增進人類的幸福或快樂，也不是要追求進步。如果生活總是逐漸改善，怎麼會有人為了一個偉大而光榮的目標奮戰或犧牲呢？和平並不值得嚮往——像伊拉斯謨、康德或羅素主張的那樣——跟其他國家進行妥協以維持平衡，並沒有什麼好處，密爾或洪堡所追求的個人發展或自由也一樣。有別於自由主義者所認為的，國家主要是為了避免個人互相殘害才進行干預，法西斯國家有時候**確實**會傷害人民，以增進國家利益。它所提供的是某種比幸福或快樂更偉大的東西：自我犧牲。國家扮演類似上帝的角色，主宰了每個人的價值觀：法西斯主義公開宣稱它是「一種宗教概念」。國家跟大部分一神教的神祇一樣，要求「紀律與權威不受阻撓地滲透與支配內在精神」。個人透過屈服獲得了真正的自由，這才是「唯一重要的自由」。[1]

你通常可以肯定的是，每當鼓吹特定意識形態的人談到真正或重要的自由，它將會犧牲實際而普通的自由。而且伴隨著浮誇的修辭而來的，往往是悲慘的現實。

事實上，義大利法西斯主義本身就是在苦難中趁機坐大的。國家法西斯黨（National Fascist Party）成立於一九一九年，最初吸引了一批參加過第一次世界大戰而感到迷惘的年輕人；他們復原之後，發現自己再次遭到忽視並陷入貧困，於是他們在這個政黨中重新找到了歸屬感與意義。Fascism這個字本身就喚起了歸屬感：它來自羅馬的象徵*fasces*，在義大利文中指的是一捆棍子，代表人們因團結而強大。

一開始，法西斯主義分子並不重視什麼哲學或古典意象：他們一天到晚跟敵對的社會主義與共產主義團體進行激烈的街頭鬥毆，這些人同樣也因為參戰而變得激進。然而，國家法西斯黨在一九二二年取得政權，由墨索里尼出任總理——這至少有一部分要歸功於天真的自由派政治家，他們以為讓墨索里尼籌組聯合政府，就可以安撫與制衡他（德國政治家很快也會犯下類似的錯誤）。而墨索里尼為了能夠獲得學術光環的加持，任命了哲學教授詹提勒擔任教育部長和非官方的理論家。

教育是重要的，因為在法西斯主義者的想像中，我們所熟知的普通人必須加以**改造**，以符合國家的需要。正如詹提勒寫道，法西斯主義對人類進行了全面改造：它的目標是重建「人、性格、信仰」。[2]反人文主義的政權經常以改造人性為目標，俄羅斯革命家列夫・托洛斯基（Leon Trotsky）在一九二四年寫道，他要提升人類的層次，從社會上甚至生物學上改造人類。他預言，在即將來臨的時代，人類「將會再次發生徹底的改變，而且……將會接受最複雜的人工篩選與心智暨體能訓練……人類將以掌控自己的感覺為目標，把自己的本能轉化成意識，使它們一目瞭然，把自己的意志延伸到意識深處，進而把自己提升到全新的境界，創造更高等的社會生物，或者，如果你願意的話，也可以稱之為一個超人。」[3]約瑟夫．史達林（Joseph Stalin）後來也稱呼作家是「人類靈魂的工程師」（engineers of the human soul），因為作家的任務是在精神上改造人民，打造所謂的「新蘇聯人」（New Soviet）。在雕塑和攝影作品中，這種人被描繪成意氣風發的維特魯威人，充滿陽剛氣概的下巴抬得高高的，肩膀肌肉隆起（這還只是女性而已）。

伊拉斯謨等人老早就注意到，如果你想要像母熊舔拭小熊一樣，把人類塑造成特定的樣子，你必須從早期的家庭與學校教育著手。因此，詹提勒在義大利全國各地成立了新的小學——從某方面來說，這是件好事，因為基本教育程度提升了。不過新的教學大綱帶有濃厚的意識形態色彩，使年幼的心靈對羅馬帝國的豐功偉業，以及義大利獨特的命運留下深刻的印象。[4]一九三三年，希特勒掌權之後，德國也實施了類似的教育計劃。如同艾莉卡．曼（Erika Mann）在她關於納粹教育的專著《野蠻人的學校：納粹時期的教育》（*School for Barbarians: Education under the Nazis*）中指出，這種教育連知識的傳授都談不上，更別說鼓勵學生探索了。它主要的目的是培養出腦袋裡只有國家與種族，對其他事情都欠缺想像力的孩子，並且讓他們早在真正的戰爭開打之前，就習慣了戰爭的景象。她寫道，在美術課上，他們畫了防毒面具與炸彈爆炸，還經常模仿士兵列隊行進。[5]哲學家漢娜．鄂蘭（Hannah Arendt）在她戰後關於極權主義（totalitarianism）生活的研究中簡潔地指出：「極權主義教育的目的從來不是灌輸信念，而是摧毀形成任何信念的能力。」[6]

以前在德國非常重要的洪堡教育模式，以及它所談論的自由教育，硬生生地中斷了。如果洪堡教育模式的宗旨是創造一個人性化的人，如同它的創始人所說的，「被我們的各種天性中，有關人類的一切所感動」，那麼法西斯式的教育則是要創造一個去人性化的人。教育體制被德國藝術史學家歐文・潘諾夫斯基（Erwin Panofsky）所謂的「昆蟲社會崇拜者」（insectolatrists）改變了：這些人認為，以種族、階級或民族為中心，如同螞蟻般的蜂巢思維（hive-mind），比獨立思考者帶來的混亂多元要好多了。[7]

有一些教育家勇敢地公開反對這樣的計劃。在義大利，詹提勒出任教育部長之前，這個職位由他的一位同事和朋友貝內德托・克羅齊（Benedetto Croce）擔任。他和詹提勒在哲學上有許多共同的興趣，並且長期合作出版文化批評期刊《批評》（*La Critica*）。然而，在法西斯統治時期，他們形成了強烈的對比：這裡要探討的是，這兩位廣義上的人文主義知識分子，在反人文主義的政治運動興起時，如何以不同的方式應對。

從好幾個層面來看，克羅齊都是人文主義者：他不僅是一位人文學者（跟詹提勒一樣），一位跟洪堡與密爾一樣的自由思想家，也是一位沒有宗教信仰的人。

克羅齊揚棄傳統信仰，不再相信上帝，可能跟他十七歲時遭遇的一場災難有關。—

八八三年七月，當他的家人在伊斯基亞島度假時，一場地震導致他們的旅館倒塌，把他們都埋在瓦礫堆下面。克羅齊骨折受困，他一整晚聽著父親遙遠的呼救聲越來越微弱，直到完全消失。[8]他的母親跟姊姊也罹難了，他成了全家唯一的倖存者：他心理受創，但一夕之間成為有錢人。正因為如此，他在一兩年後發現自己心理上無法適應大學生活時，才能負擔長期聘請私人家教的費用。非正規的教育沒有阻礙他的發展，他後來成為一名傑出的歷史學家與哲學家，並步入政壇。[9]

克羅齊在法西斯政府執政之前的自由派政府擔任教育部長。他跟其他自由派人士一樣，誤以為讓墨索里尼進入權力核心，就能以某種方式安撫他。一九二四年六月，法西斯分子刺殺了直言不諱的社會主義者吉亞科莫·馬泰奧蒂（Giacomo Matteotti），漸漸暴露出它真正的威脅性。克羅齊低調行事了一陣子——當時反對派無疑身陷危機——但他最後還是表明立場，宣佈跟詹提勒劃清界線。[10]他在同年稍晚寫的一封信裡提到，他不想再袖手旁觀，看著哲學的「白袍」淪為「法西斯主義廚房的拖把」。[11]

次年四月，詹提勒發表〈法西斯知識分子宣言〉（Manifesto of Fascist Intellectuals），以偽宗教的口吻歌頌法西斯主義和國家。克羅齊則起草了後來著名的〈反法西斯知識分子宣言〉（Manifesto of Anti-Fascist Intellectuals）作為回應。他抨擊詹提勒的文章是「一知半解的學校作業」，充滿了差勁的論點與思考上的謬誤。克羅齊寫道，詹提勒談到「宗教」，但實際上卻是侵略與迷信的低劣組合。義大利應該放棄它**真正**的信仰嗎？克羅齊在這裡指的不是天主教，而是義大利在十九世紀邁向統一時懷抱的理想：即「對真理的熱愛，對正義的盼望，慷慨的人文與公民意識，對知性與道德教育的熱情，以及對自由的渴望。」[12]

抗議結束之後，克羅齊退居那不勒斯，繼續從事研究、寫作，甚至相當公開地在那裡主持反法西斯的集會。當權者基本上沒有干涉這些活動，除了一九二六年的一個深夜，一個幫派闖進他家，破壞了牆上的藝術品，並對著走出臥室的克羅齊和他的妻子大聲叫囂。後來，克羅齊為了避免自己遭到這種隨機攻擊，讓兩名警察在自宅外長期駐守，監視來往行人。[13]但克羅齊持續工作不輟，他在整個法西斯統治時期都沒有受到傷害。

在此期間，克羅齊呼籲讀者保持人性和對未來的希望。他認為，長期來看，歷史仍然朝著更大的自由與進步邁進，即使有時候要多繞一些遠路。他在一九三七年的一篇文章中寫道，重要的是，我們要明白繞遠路是無可避免的，因此不要陷入絕望。在此同時，我們也不能以此為由，坐等好日子自動回來。我們必須始終為自由與生命本身奮戰，即使這場戰鬥永遠不會結束，即使我們偶爾會想放棄希望。[14]

到了一九三〇年代中期，歐洲各地許多人文主義者很難繼續保持樂觀。當希特勒在墨索里尼執政十多年之後掌權，他們感到驚愕與迷惘。如同褚威格在他的自傳《昨日的世界》（*The World of Yesterday*）中所述，一開始，他跟他在維也納那些有教養的朋友們不相信危險真的會發生。他寫道：「你很難在短短幾週之內，改變三四十年以來深信世界是美好的想法。」彷彿這種「野蠻行徑」遇上「人類的行為準則」，一定沒多久就會自行毀滅。[15]然而，事實卻不是這樣。奧地利已經有許多納粹支持者；褚威格是猶太人，又以支持人文主義與和平主義聞名，所以很明顯地，他可能早就成了下手的目標。當他的著作被公開燒毀，他的住所遭警方搜查，就代表他該離開這個國家了。

同年，即一九三四年，褚威格出版了一本伊拉斯謨的簡短傳記，裡面充滿了他對這位偉大人文主義者的仰慕，但他最後也提出了一個問題：為什麼伊拉斯謨式的和平與理性價值觀這麼難以維持？它們在伊拉斯謨的時代早已崩解，它們現在也在崩解，為什麼人文主義會有這種致命的「弱點」？人文主義者似乎犯了一個「美麗的錯誤」：他們讓自己相信，更好的學習、閱讀與推理就能創造一個更好的世界。世界卻不斷地證明他們錯了。[16]

但一個人文主義者**要**做些什麼呢？現在許多人對這個問題感到疑惑。要不要親自參與政府決策，希望在體制內把傷害降到最低？義大利人已經很清楚這麼做的風險：試圖安撫法西斯分子只會讓你跟他們同流合污。要不要走上街頭，準備來一場肉搏戰？這不像人文主義者的作風。那麼，要不要寫一些優雅的散文來譴責野蠻行為，透過演講和寫文章來喚醒讀者的人性？但大多數聽你演講和讀你文章的人可能早就同意你的看法了。

如果你身陷險境，又想活下去的話，也許你會跟褚威格一樣，先移民國外。不過，這麼做會對情緒造成很大的衝擊，以致當他和妻子洛特．阿爾特曼（Lotte Altmann）抵達第三個庇護國巴西的時候，兩人都身心俱疲。褚威格失去了他的藏書和筆記，儘管如此，他還是繼續在巴西寫作；在他最後的作品中，有一篇關於蒙田生平的文章，他把他寫得非常像伊拉斯謨：他們都是生在多災多難的時代的反英雄，以某種方式延續了人文主義的精神，沒有絕望。[17]但褚威格確實絕望了。一九四二年，他和洛特一起在巴西結束了他們的生命。[18]福斯特曾在廣播談話中向他致敬，他說，褚威格本人也是他的作品經常描寫的反英雄之一。「他是希望文明得以延續的人文主義者，而當前的文明一點都不令人振奮。」[19]巧的是，在一九三〇年代早期，福斯特的朋友克里斯多福・伊薛伍德（Christopher Isherwood）也用幾乎一模一樣的字眼來描述福斯特：「這位反英雄，有著稻草般凌亂的八字鬍，一雙明亮、愉快、如嬰兒般湛藍的眼睛，以及老人般的駝背。」[20]羅傑—坡爾・德瓦（Roger-Pol Droit）在戰後成立的聯合國教育、科學與文化組織（United Nations Educational, Scientific and Cultural Organization, UNESCO）的歷史中寫道：

> 一九三〇年代的一些辯論與見證確實令人動容。參與其中的知識分子已經找出了引發人文主義與現代社會危機的關鍵因素，並開始提出解決方案。然而，他們卻發現自己是無助的旁觀者，無法阻止一連串事件發生……這裡的悲劇，如同古代與古典戲劇中的悲劇，在清醒無力之際發生。[21]

其中一位旁觀者，也是褚威格寫的那本伊拉斯謨的書問世時的讀者之一，是非常成功的德國小說家湯瑪斯・曼（Thomas Mann）（他也是前幾頁提到的，撰寫納粹教育問題的艾莉卡・曼的父親）。湯瑪斯把他閱讀褚威格的書所作的筆記寫在日記裡，他認為伊拉斯謨顯然不明白的事情是一件奇怪的事實，不只是人文主義的立場不夠堅定，而且事實上，有許多人似乎**渴望**一個充滿了暴力與不理性的世界，[22]當然，這也跟人文主義者的軟弱有關：他在一九三五年四月發表的演講中說道，「在所有的人文主義當中，有一個弱點……這可能會毀了它。」[23]他歸咎於人文主義思想太有彈性，而且人文主義者太容易讓步。「他們嚇到了，驚呆了，對正在發生的事情一無所知，他們露出侷促不安的笑容，一次又一次地退讓，似乎想承認他們『不再理解這個世界』。」他們甚至配合敵人的風格進行調整——「以適應對方惡毒愚蠢的衝動與宣傳公式」。最糟糕的是，他們總是試圖去理解任何問題的另一面。但在面對凶殘的狂熱分子時，這未必有幫助。

曼氏自己意識到極端思想的吸引力已經有一段時間了，並且在他的小說中進行探討，最直接處理這個問題的是他一九二九年的短篇小說〈馬里歐與魔術師〉（Mario and the Magician），裡面描述了一個陰險的舞台魔術師西波拉（Cipolla）不可思議地操縱了來看表演的群眾，就跟墨索里尼和希特勒一樣。[24]在此之前，曼氏在他的傑作《魔山》（*The Magic Mountain*）裡也談到二十世紀的非理性主義（irrationalism）和反人文主義思想。他在一九一二年動筆寫這部中篇小說，但後來中斷了五年左右。他在一個動盪不安的局勢下重新提筆：當時第一次世界大戰開打又結束了，而法西斯主義正在日益壯大，這些變動都被寫進小說裡。這部長篇巨著在一九二四年問世，也就是希特勒嘗試在慕尼黑（Munich）——當時曼氏家族住在那裡——發動政變失敗後的一年。

在《魔山》裡，年輕的主角漢斯．卡斯托普（Hans Castorp）前往瑞士阿爾卑斯山度假勝地達佛斯（Davos）的一家結核病療養院，探望生病的表哥約阿希姆（Joachim）。他本來打算待上三週，沒想到三週變成了七年，因為他自己也被診斷出罹患了輕微（也許是想像出來）的疾病。在此同時，他愛上了一位迷人的俄羅斯女子，克拉芙迪婭．肖夏（Clavdia Chauchat），並且跟兩位健談而針鋒相對的人進行了哲學對話，他們代表了當時歐洲盛行的兩種文化潮流。其中一位是路德維科．沙坦布里尼（Ludovico Settembrini），一位精力充沛、幽默風趣、誨人不倦的帕多瓦人文主義者——他有點像帕多瓦版的羅素，但要扣掉有關數學的部分。另一位則是具有威脅性的原始極權主義者（proto-totalitarian）李奧．納夫塔（Leo Naphta），他是一名猶太裔耶穌會教士，代表了揮之不去的中世紀陰影，以及即將席捲歐洲的反人文主義非理性思潮。

這兩個人爭相對天真的卡斯托普施展影響力，而卡斯托普則吸收了他們所說的一切。沙坦布里尼是個非常有教養的人，但他對理性與人性本善的信念似乎注定要被淘汰。而納夫塔則對人性沒有信心，他甚至在他住處放了一本英諾森三世的《論人類之苦難》，並借給卡斯托普看。納夫塔跟沙坦布里尼一樣關心這個年輕人的教育，但他卻不相信教育的整體理念，至少他不相信洪堡的教育理念。納普塔說，年輕人對爭取自由沒興趣，他們只想乖乖聽話。此外，學校裡的人文主義教育很快就會被透過講座、展覽與電影進行的公共教育取代。[25]沙坦布里尼對此感到驚恐：那大多數人不就淪為文盲了嗎？納普塔卻說，這是毫無疑問的，但有什麼不對呢？

納普塔認為*Bildung*是行不通的，但《魔山》本身卻是一部成長小說（*Bildungsroman*）：這種文類描述年輕的主角在一連串的生命經歷中學到不同的東西，直到他準備好在世界上扮演成年人的角色。卡斯托普跟著他的導師們一起走過了這些階段，他確實培養出高超的洞察力。有一天，他在山上的暴風雪中迷路，以為自己會沒命——就跟之前史蒂芬吊掛在懸崖邊緣一樣——但他決定要「活下去」，這是一個有別於沙坦布里尼和納普塔的第三種選擇。結果他跟史蒂芬一樣，發現自己只不過在雪地裡睡了十分鐘，根本沒死。後來他找到路，安全地回到旅館，還有豐盛的午餐等著他。[26]七年之後，他終於康復，永遠離開了達佛斯。他看似註定跟他住在「低地區」（lowland）其他的家人一樣，成為典型資產階級的一分子，但實際上他卻參加了第一次世界大戰。我們遠遠地看著他上了前線，前途未卜。他很可能不會生還：這正好顛覆了「成長小說」的概念。

曼氏本人也參加過第一次世界大戰。他的思想帶有右翼傾向，認為作家應該要「去政治化」，也因此跟他的哥哥，小說家亨利希・曼（Heinrich Mann）格格不入，後者是一位忠誠的社會主義者，認為作家有道德義務為更美好的世界發聲。[27]亨利希和湯瑪斯就跟納普塔和沙坦布里尼一樣，老是吵個不停。亨利希並沒有說服他的弟弟轉向激進的社會主義，但到了一九三〇年代，湯瑪斯確實對他之前認為作家不需要參與政治的看法感到後悔。他目睹了德國接踵而來的災難，開始發表反納粹的演說，但儘管他比亨利希更為謹慎，仍然被納粹盯上。一九三〇年，在他發表以〈訴諸理性〉（An Appeal to Reason）為題的演講時，喬裝成平民的納粹衝鋒隊隊員當場對他叫囂。[28]一九三二年，他打開一個包裹，發現他自己的第一部小說《布登勃洛克家族》（*Buddenbrooks*）被燒了一半，是一個年輕的希特勒支持者寄來的，還寫了一張紙條叫他自己燒掉另一半。曼氏留下這些被燒焦的書頁，告訴他的朋友赫曼・赫塞（Hermann Hesse），總有一天，這些書頁可以用來證明一九三二年德國人民的心理狀態。[29]這些話意味著，他認為這種瘋狂也許很快就會結束，而不是變本加厲。結果跟他想的相反，納粹隔年全面掌權。亨利希馬上意識到危險的嚴重性，逃離德國。湯瑪斯則不太確定該怎麼辦。

不過，這個問題有一部分得到了解決，因為納粹上台的時候，他正好跟家人在瑞士度假。在女兒艾莉卡不斷勸說之下，他決定不回去了。艾莉卡自己也身陷險境，她是一個戲劇表演者與十分招搖的變裝女同志，還是有名的冠軍賽車手。她弟弟克勞斯（Klaus Mann）也是同志，經常出入戲劇界的半上流社會（demi-monde）。至於湯瑪斯本人，他並不像他表面上假裝的那麼異性戀。顯然，這家人最好不要跟納粹德國有什麼瓜葛——儘管有一段時間，湯瑪斯確實繼續在那裡出版他的作品。另一方面，他也相信

自己最好離開德國，以寫作和演講來對抗這個政權。

但有一件事困擾著他：他把寫了一半的手稿留在慕尼黑家裡，包括由好幾部分組成的《舊約聖經》史詩《約瑟夫和他的兄弟們》（*Joseph and His Brothers*）最新的一卷。於是艾莉卡跳上她的車，獨自執行了一次英勇的夜間任務，穿越邊境去拿她父親的作品。由於這輛車在鎮上很出名，她把車停在郊外，步行走完剩下的路，並且戴上墨鏡，她認為這樣可以避免人家認出她，即使這可能會讓她更引人注目。她趕到家裡，但房子似乎受到了監視，所以她一直等到太陽下山——她偷偷溜進去，把手稿裝進袋子，坐在她自己以前的臥室裡，在黑暗中等到凌晨一點，夜深人靜之際，才躡手躡腳地走出來，匆匆跑過街道，跟一群在慶祝活動上喝得醉醺醺的納粹分子擦肩而過。她沒有戴上墨鏡，而是把帽子拉下來遮住眼睛。等到安全回到車上以後，她把文件包起來，跟一些沾滿油漬的工具一起塞到座位下面，然後開往瑞士邊境。當時越過邊境並不難：守衛甚至對她說，「他們完全可以理解任何人想去山區旅行的想法。」[30]

一個多月之後，湯瑪斯的另一個兒子戈洛（Golo Mann）設法幫他帶回更多的資料。這麼一來，湯瑪斯手上至少有了一些文件。他在瑞士待了好幾年，寫下了像〈歐洲，當心！〉（Achtung, Europa!）等文章。[31] 一九三八年，他到美國巡迴演講，發表了他最有說服力的演說之一〈民主的勝利即將來臨〉（The Coming Victory of Democracy），並決定在那裡永久定居。克勞斯和艾莉卡也去了美國。湯瑪斯最初在普林斯頓（Princeton）找到一份教職，後來全家搬到洛杉磯（Los Angeles）。湯瑪斯的弟弟亨利希和戈洛在穿越庇里牛斯山（Pyrenees）與西班牙的艱苦旅程之後，也在美國和他們重逢。亨利希一直覺得在美國生活大不易，他靠著湯瑪斯的資助，以及替好萊塢撰寫電影劇本勉強糊口——這是藝術移民維持生計常見的方式，但對這位英語程度有限，立場堅定的社會主義者來說相當吃力。湯瑪斯的流亡生涯倒是一帆風順，他繼續寫小說，並在美國國會圖書館（Library of Congress）館長阿奇博爾德・麥克利什（Archibald Mac-

Leish）的協助之下，受聘擔任該圖書館的德國文學顧問。麥克利什本人也是一位詩人，他堅信圖書館有責任在這樣的時代支持作家。[32]

艾莉卡和克勞斯合寫了一本書《逃向生活》（*Escape to Life*），敘述他們自己和許多其他流亡國外的藝術與戲劇圈朋友的故事。艾莉卡除了有關納粹教育的專著之外，還出版了《燈火闌珊》（*The Lights Go Down*），這是一本引人入勝的半虛構短篇故事集，描寫她所認識的十個現實生活中的人物，各自以不同的方式面對納粹的來臨。有些人成了該政權的受害者；有些人昧著良心嘗試配合。一位製造商並沒有惡意，但他為了自保，最後還是解雇了一位有一半猶太血統的助手；他始終不明白自己到底做了什麼。其他人則遠走高飛，包括與書名同名故事中的記者，他一開始支持納粹，但後來意識到自己也陷入險境——在被他的編輯逮到他拿著一支紅鉛筆，漫不經心地更正一篇希特勒的演講稿中三十三個文法錯誤之後。[33]他花了好幾年策劃，終於設法跟家人一起逃到美國——但他失去了他打算用來應付新生活開銷的珍貴藝術收藏，還差點淹死在一艘被魚雷擊中的船上。這家人不得不從頭開始，但至少他們活著。

現在，在美國的這一類流亡者社群中，有許多著名的歐洲人文主義學者、作家和藝術家。保羅．奧斯卡．克里斯特勒（Paul Oskar Kristeller）是研究文藝復興時期人文主義最傑出的專家之一，而協助他逃亡的不是別人，正是詹提勒。一九三三年，當時克里斯特勒在義大利進行研究，期間德國通過了種族法，他因此遭到德國大學免職。詹提勒於是安排他先後在佛羅倫斯和比薩（Pisa）的高等師範學院（Scuola Normale Superiore）任教——當時義大利還沒有制定這種極端歧視性的法律。克里斯特勒的教職讓他享有在義大利免費搭火車的福利：他可以在放假期間到全國各地的圖書館去，翻出沒有被以前的文學與人文主義學者發現的手稿。他儼然成了握有火車通行證的現代佩脫拉克或波吉歐。他所做的筆記讓他寫下了不朽之作《義大利之旅：義大利和其他圖書館中未編目或未完全編目的文藝復興時期人文主義手稿的查找清單》（*Iter Italicum: A Finding List of Uncatalogued or Incompletely Catalogued Humanistic Manuscripts of the Renaissance in Italian and Other Libraries*）。[34]

但墨索里尼在一九三八年也頒布了反猶太法律，克里斯特勒失去了他在義大利的工作。詹提勒親自跟墨索里尼聯絡，為他爭取到一些補償金，但他沒有告訴克里斯特勒。因此，當克里斯特勒收到向羅馬警察總部報到的傳票時，他認為自己即將被捕（但不去的話可能更危險，所以他去了）——但令他意外的是，他收到了一個裝滿現金的信封袋。當時他覺得他受夠了法西斯政權下的生活，所以他收下足夠支付他前往美國的旅費，請詹提勒把剩下的錢交給高等師範學院。一九三九年二月，他乘船前往紐約，在耶魯和哥倫比亞大學成為文藝復興時期人文主義歷史研究的先驅。

其他移居美國的人，包括了哲學家恩斯特・卡西勒（Ernst Cassirer），他後來跟克里斯特勒和小約翰・赫爾曼・藍道爾（John Herman Randall Jr）合著《文藝復興時期的人類哲學》（*The Renaissance Philosophy of Man*），這是本一九五六年出版的人文主義文選，過去幾十年來一直是大學部課程的必讀教材。另一位流亡的哲學家鄂蘭，繼續撰寫有關極權主義與政治承諾（political commitment）的研究。來自柏林的歷史學家漢斯・巴倫（Hans Baron）也在著作中探討政治承諾，認為它是確立十五世紀人文主義者人生觀的關鍵。他定居於芝加哥，成為該市獨立的人文學科圖書館——紐貝瑞圖書館（Newberry Library）的書目管理員兼圖書館員。還有那位談到「昆蟲社會崇拜者」的藝術史學家潘諾夫斯基，他曾經在漢堡大學（University of Hamburg）任教。一九三三年，納粹通過新法，而就在漢堡校方因此向他發了一通解雇電報時候，他正好在紐約教授一門關於阿爾布雷希特・杜勒（Albrecht Dürer）的課程。後來他繼續留在那兒，長期在普林斯頓大學工作。[35]

潘諾夫斯基在漢堡任教期間，加入了一個由學者組成的網絡，他們認為藝術史是更廣泛的文化研究的一部分，它關注所謂的「象徵」，也就是所有透過世世代代保存與傳承下來的語言、視覺圖像、文學與信仰（卡西勒也寫道，人類是一種獨特的「象徵性」動物）。在納粹上台之前，這個藝術史研究社群在漢堡一座獨特的圖書館暨研究所裡如魚得水，它以其創立者命名：阿比．沃伯格（Aby Warburg）。

沃伯格出身漢堡著名的銀行家族。身為長子，他原本應該繼承家業，但他從小就討厭跟銀行有關的一切；他喜歡欣賞畫作和閱讀。因此，在他十三歲的時候，他跟他弟弟麥克斯（Max Warburg）達成一項協議，麥克斯可以擁有阿比得到的所有遺產，只要他答應一輩子幫阿比買任何他想要的書。[36]

麥克斯不知道他給自己找了多大的麻煩。到了第一次世界大戰期間，阿比的藏書已經增加到一萬五千多冊，還有大量的原版圖像、雕刻與攝影作品。藝術史是他最初也是最喜歡的嗜好，但他對神話、哲學、宗教、古代語言、文學——也就是任何跟人類象徵符號有關的活動全都感到興趣。他也收藏歐洲以外不同文化的藝術品，尤其是對北美洲原住民霍皮族（Hopi）和祖尼族（Zuni）的藝術特別著迷。到了晚年，他為他的收藏品製作大型圖像，裝裱展示，並按照主題排列，從偉大藝術品的複製品到現代廣告都有，打算作為舉辦講座時的視覺輔助工具。他稱之為《記憶女神圖集》（*Mnemosyne Atlas*）——以希臘記憶女神謨涅摩敘涅命名。然而，沃伯格還沒有完成這個計畫，就在一九二九年去世了。他完成的六十五塊圖板保存了下來——它們本身就是藝術品；[37]他的圖書館也相當於一件藝術品，展現了他的個人願景——它雇用了知識淵博的員工，而且在沃伯格去世之後不斷擴大編制。一九二〇年，卡西勒在圖書館員弗里茨．撒克爾

（Fritz Saxl）的導覽之後說道：「這座圖書館太危險了。我要麼別踏進這裡一步，要麼就在這裡關上好幾年。」[38]

這座圖書館持續蓬勃發展，由員工和許多駐館學者管理——但之後納粹上台了。很明顯地，他們對圖書館和它的工作人員造成了威脅，特別是因為人員當中有許多猶太人。於是他們想出了一個雄心勃勃而令人驚奇的計劃：圖書館全體員工與檔案將會——跟許多人一樣——移民國外。

以館長撒克爾和格特魯德·賓（Gertrud Bing）為首的圖書館工作小組井然有序地打包了書籍、圖像與記憶女神圖板，甚至連鐵架、書桌、攝影和裝訂設備也一併打包。這些東西通通被運到倫敦，許多工作人員也跟著去了。不過現在挑戰才剛剛開始，正如撒克爾後來回憶時說道：「帶著將近六萬本書出現在倫敦市中心，然後人家告訴你：『去找朋友，並且告訴他們你遇到了什麼困難』，是一場奇妙的冒險。」[39]

沒錯，這是一場冒險，但他們在城裡認識的一些朋友向他們伸出了援手，如科陶德學院（Courtauld Institute）的塞繆爾．科陶德（Samuel Courtauld）。他先幫他們在米爾班克（Millbank）的泰晤士宮（Thames House）找到落腳處，後來又協助他們在布盧姆茨伯里（Bloomsbury）的倫敦大學校舍裡安頓下來。一九三七年，這兩個研究機構共同創辦了一份期刊，目的是以跨學科的整體視角，彙整一切有關「象徵性」的研究，並以從事「最廣義的人文主義研究為己任」。工作人員也設法引起倫敦人的興趣；一九三四年的一份備忘錄，可能是撒克爾寫的，指出研究所可能要改變一下風格，因為英國人似乎不喜歡太抽象或理論的東西。[40]事實上，許多在沃伯格研究所（Warburg Institute）汲取知識的人本身就來自其他國家。它成了一個國際化的人文主義之家，對所有人開放。

直到今天依然如此。雖然沃伯格原本在漢堡的住所已經再次成為研究所暨檔案館，舉辦各種活動與課程，但遷移到倫敦的沃伯格研究所仍然是一個偉大的人文主義之家。就在我寫這本書的時候，這座建築正在進行現代化的改建，使它更適合公眾使用，繼續努力吸引更多倫敦人走進來。它仍然秉持著建立連結的精神，在學者、思想、歷史與圖像之間建立聯繫。我在寫這本書的時候，參考了許多研究人文主義歷史的著作，都是在那裡研究和工作過的人寫的。我自己也在那裡寫了很多東西。

人們也持續向這座「流亡圖書館」致敬。二〇二〇年，陶瓷藝術家暨雕塑家艾德蒙・德・瓦爾（Edmund de Waal）以此為題創作了他的藝術品《流亡圖書館》（*Library of Exile*），圖書室的牆上記錄了世界各地已經消失了的圖書館的名字。[41]它一開始還收藏了大約兩千本流亡作家的作品，但這些書現在已經運往伊拉克，協助重建摩蘇爾大學中央圖書館（University of Mosul Central Library），該館在二〇一五年遭到嚴重破壞。

當然了，沃伯格的藏書中也有許多流亡作家的作品和有關他們的作品：從佩脫拉克（他本身就出生在流亡家庭）到許多在義大利各地輾轉逃亡的十五世紀人文主義者，以及前往荷蘭或英國尋求庇護的法國啟蒙運動者，還有逃離法西斯主義和其他專制政權的二十世紀學者的著作。我們可以發現，沃伯格研究所對抗的是失去、遺忘以及事物的崩解——正是佩脫拉克和薄伽丘滔滔不絕地悲嘆的那些損失。

歐洲各地的其他圖書館與文化遺址也在一九三〇年代努力工作，避免他們的館藏遭到破壞。當納粹開始焚燒書籍時，流亡在巴黎的德國人（特別是作家阿爾弗雷德・坎托羅維茨（Alfred Kantorowicz）成立了德國自由圖書館（Deutsche Freiheitsbibliothek），蒐集納粹打算摧毀的作品，同時保存了納粹政權自己印製的海報、小冊子和其他出版品，以供未來歷史研究之用。圖書館其中一位董事是羅素，而主席則是亨利希・曼。戰爭結束之後，大家一直以為該圖書館的館藏在納粹佔領期間全數遭到摧毀，但在一九九〇年發現還有一些書籍倖存，現藏於法國國家圖書館（Bibliothèque nationale de France）。[42]

至於在其他地方，縮微膠捲攝影師和檔案保管員們四處奔波，盡可能地拍下更多無可取代的文件與手抄本——最近凱西．派絲（Kathy Peiss）在她二〇二〇年出版的《資訊獵人》（*Information Hunters*）一書中敘述了這個故事。[43]一些勇敢的人甚至在開戰之後繼續工作：美國中世紀語言學家阿黛爾．基布雷（Adele Kibre）盡她所能地留在羅馬，拍攝梵蒂岡圖書館（Vatican Library）與其他地方的作品。一九四一年，她帶著裝在十七個行李箱裡的膠捲返回美國，而且為了多裝一些膠片，毅然放棄了她其他的個人物品。然後她去了瑞典，在戰爭剩下的時間裡，主持一個製作縮微膠卷的工作小組。

在此同時，人們用沙袋保護建築物；藝術品則被存放在遠離人口聚集的隱蔽處。在佛羅倫斯，烏菲茲美術館的傑作被撤離到鄉下；在沙特爾，大教堂精緻的十二世紀與十三世紀彩繪玻璃窗被一塊一塊卸下來，埋在教堂地下墓室裡。

接著，戰爭真的爆發了，隨之而來的是混亂、死亡與損失。人類所創造的美與文化藏身在它們的庇護所裡，等待戰爭的結束。

而少數得到庇護的幸運兒也在等待——與工作。湯瑪斯．曼繼續在他加州住所寫小說，特別是另一部在一九四七年出版，關於人文主義衰退的《浮士德博士》（*Doctor*

Faustus）。他也寫紀實作品，在他戰爭時期寫的論戰作品中，有一些短篇作品是特地寫給被納粹宣傳蒙蔽的德國同胞看的；儘管他很傑出，但德國許多人一開始並不確定他對政權有什麼樣的看法，所以他有意讓他們讀到他寫的一些反納粹的文章。第一篇短文是他寫給波恩大學的公開信，這是在一九三七年波昂大學（University of Bonn）撤銷他的榮譽博士學位之後寫的；這篇短文的手稿就跟幾個世紀以來很多其他作品一樣，靠著手抄本流傳。文學評論家馬塞爾・萊希－拉尼基（Marcel Reich-Ranicki）回憶，在他跟他信任的朋友們的一次祕密聚會中，有人拿出這篇文章高聲朗讀，「在一小疊非常薄的紙張上，兩面都寫得滿滿的。」萊希－拉尼基聽完之後，找了個藉口提早回家，私下感到欣慰：這位德國文學界的巨擘畢竟是站在他們這一邊的。[44]

不僅如此，一九四〇年十月開始，湯瑪斯・曼開始每個月透過BBC進行德語廣播。但要直接把他的聲音從美國發送到德國是行不通的，因為他們只能進行短波廣播，而德國及其佔領區禁用短波收音機。因此，前幾期節目由其他人在倫敦代為宣讀，後來他們費盡心思才把曼氏本人的聲音傳送到德國。首先，曼氏在好萊塢的國家廣播公司（National Broadcasting Company, NBC）錄音室裡，把每一集內容錄製到一張黑膠唱片上，接著把這張黑膠唱片空運到紐約，透過電話線在倫敦播放，再錄製到第二張黑膠唱片上，然後就可以跟BBC其他節目一樣，播放並傳送到歐洲大陸。[45]

有時候，他會在這些錄音中談到特定的新聞，報導德國聽眾無從得知的暴行——例如，一九四二年初期，傳來荷蘭有一些猶太人被捕，並在「實驗」中被毒氣殺害的消息。[46]他也不斷反覆提醒他的聽眾，第三帝國（Reich）不能代表德國，更不能代表全體人類，所以它是不可能長久的。他在一九四一年五月的廣播中說道：

人類不能接受邪惡、謊言與暴力取得最終的勝利——人類根本無法與之共存。希特勒勝利之後的世界不僅是一個集體奴役的世界，也是一個絕對憤世嫉俗的世界，一個完全不可能再相信人類可以變得更崇高、更美好的世界，一個完全屬於邪惡、受制於邪惡的世界。這種事不可能發生，我們也不會容忍這樣的事情發生。希特勒的世界對精神與善絕望到了極點，而人類會反抗到底——這種反抗是千真萬確，無庸置疑的。[47]

我們必須不惜一切代價，懷抱希望。

戰爭終於結束了。納粹的殺人機器也跟著停擺。接下來要計算人命與文化上的損失。正如美國藝術史學家弗雷德里克．哈特（Frederick Hartt）環顧佛羅倫斯殘破的街道時說道：「從有形到無形，從美麗到恐怖，從歷史到愚蠢，一切都在一次眩目的撞擊中發生。」[48]這麼多東西消失了。其中大部分再也無法恢復了。戰爭的終結，並沒有讓人們順利回到人文主義者渴望的文明教化與「許多人之間的友誼」的世界——儘管有些人竭盡全力實現這個理想。我們將在本章進一步了解。

這場戰爭的結束，也沒有阻止人類繼續施展暴行。而且還得應付新的威脅：在廣島和長崎投下的原子彈，顯然不可能當作沒發明過。美國和蘇聯（Union of Soviet Socialist Republics, USSR）兩大強權進入長期冷戰，影響了美國的文化氛圍。當冷戰進入麥卡錫主義（McCarthyism）高峰期，湯瑪斯・曼看到跡象顯示自己可能成為目標，便對這一切深感厭惡，決定離開曾經庇護過他的新大陸，回到瑞士。

至於蘇聯及其衛星國，對於人性尊嚴與自由的戕害有增無減。馬克思著手進行他的研究時，想像革命會使人們恢復完整的、尚未被異化的人性，[49]但相反的是，以他的名義所建立的國家卻成了巨大的異化機器，人們往往被迫過著逃避與矛盾的生活，勉強度日。

在「仁」的思想的發源地中國，毛澤東政權竭盡所能地抹殺了主張「盡最大努力實現自己的人性，並在對待他人時意識到他們也是有人性的」的哲學觀。一九六〇年代的文化大革命期間，他鼓勵學校裡的學生打倒他們的老師，揭發他們的意識形態錯誤。任何看起來有知識或有文化的人都會遭到迫害，流放到偏遠的鄉村。美麗值錢的東西——包括藝術品、書籍、古董、珍貴的瓷器——被蒐集起來焚燒，就跟薩佛納羅拉焚燒虛榮之物的篝火一樣，不然就是被收進巨大的倉庫，任憑害蟲與水慢慢地將紙張分解。[50]儒家思想本身遭到打壓：在孔子的故鄉山東曲阜，他的墳墓遭到褻瀆。該市圖書館大約有十萬冊書籍被拿去燒掉（當我們想起毛澤東本人曾經在北京大學擔任圖書館書記時，似乎更令人震驚）。[51]幾乎所有增添生活樂趣的元素，如美食、家庭關係、社交愉悅和幽默都受到質疑，而讓英格索爾這樣的人如此熱愛生活的正是這些東西。反之，大行其道的則是一種可怕的清教徒主義。歷史學家馮客（Frank Dikötter）寫道，「理髮店仍然繼續營業，但是只幫人剪無產階級的髮型（後面和兩側削短）。」「餐廳只供應廉價而無味的餐點。」[52]許多人在這段期間喪生：文化大革命造成大約一百五十萬人死亡，不過這個數字跟稍早死於大饑荒的三千六百萬人比起來，可以說是相形見絀。[53]還有更多的人間接死去。一九六六年，頗受歡迎的幽默小說家老舍在接受國外訪客採訪時，輕率地說他不是馬克思主義者。他說：「我們這些老一輩的不能為我們自己道歉。」[54]因此被一群紅衛兵痛打一頓。他們搜查了他的房子——當他回到家時，看到他的手稿被撕毀，他收藏的繪畫和雕塑遭到破壞，散落在院子裡。不久之後，他被發現淹死在湖裡，顯然是自殺身亡。

另一個走向極端虛無主義（nihilism）的政權是波布（Pol Pot）的紅色高棉（Khmer Rouge）——一九七五年至一九七九年在柬埔寨執政期間，造成二百萬人死亡（各方估計數字不一），當時該國總人口只有七百萬。[55]有些人遭到處決，但更多人死於強迫勞動。該政權有系統地進行去人性化（dehumanisation）的改造，他們把革命那年訂為「零年」（Year Zero），徹底抹去先前的歷史，新政府上台後採取的行動之一是把首都金邊（Phnom Penh）所有的公民疏散到鄉下，加入生產隊。從那時候開始，沒有報紙，沒有郵件，沒有傳統音樂或樂器，沒有書籍，沒有法院，沒有金錢，沒有私人財產，沒有宗教儀式或通過儀禮（rite of passage），沒有自主婚姻，也沒有正常的人際關係。除此之外，也沒有藥物或治療方法。為人類帶來莫大的苦難。食物更是少得可憐。作家與電影製片人潘禮德（Rithy Panh）回憶，「我童年時代曾經有過各式各樣的米——如『茉莉花』、『薑花』、『蒼白的少女』——幾個月之內就消失了。我們只剩下一種白色的、無以名狀的米。後來我們只能挨餓。」[56]

潘禮德在二〇一三年拍攝的電影《遺失的映像》（*The Missing Picture*）透過自己的童年與家庭回憶，完美傳達了紅色高棉如何徹底毀滅了真實的人類生活。革命之前，他們在金邊過著充實的文化生活：他的父親是一名教師，哥哥在搖滾樂隊裡演奏，妹妹則是國家博物館的副館長。然後，他們跟其他人一起遭到流放，被安排到田裡工作。過去曾經美滿的生活，現在「被空虛征服」。他們一個個死去：先是他的父親，然後是他的弟弟妹妹，最後是他的母親。電影創作者需要圖像——但他沒有圖像來敘述這個故事，因為當時沒有攝影機，而且只拍攝了一些官方宣傳影片。潘禮德替《遺失的映像》裡的每個家人製作了小泥人，以靜止畫面（still tableaux）拍攝，並用自己的聲音敘述這個故事。「革命是純粹的，」他曾說道，「沒有人類的容身之地。」[57]

有些作家回顧二十世紀中期，認為這些事件、兩次世界大戰與納粹大屠殺（Holocaust），無疑是對整體人文主義世界觀的駁斥，並不令人意外。小說家威廉·高汀（William Golding）談到第二次世界大戰時說道：「任何經歷過那些年代的人，如果還不了解人類製造罪惡就像蜜蜂製造蜂蜜一樣自然，那他一定是眼睛瞎了或腦袋有問題。」他充滿虛無主義色彩的怪誕寓言《蒼蠅王》（*Lord of the Flies*），所描述的一群被困在偏遠島嶼上的男孩陷入道德淪喪的狀態，正是這種思想的體現。他解釋，以前他沒有這種負面的想法，但這就是那個時代的精神。[58]

在當時的文化氛圍之下，開始出現人類會以某種方式釋出惡意的想法。任何看似文明或有教養的行為——幾個世紀以來，人文主義者感到欣喜或自豪的一切事物——現在看起來都是虛偽的表象。偶爾，人文主義者繼續扮演著茨威格在他關於伊拉斯謨和蒙田的書中為他們創造的角色：脆弱的反英雄，在黑暗的時代持續點燃人性的光芒。但他們也可能被當成傻瓜或偽君子，而他們美好的理想只不過是要掩飾殘酷的現實。

比如說，當我們想到許多納粹親衛隊（Schutzstaffel, SS）和其他納粹組織的軍官都是出身洪堡教育體系的優秀人才——而這個體系旨在培養有道德與多才多藝的人——人性確實顯得脆弱。我們震驚地讀到，一位年輕士兵在一九四一年殺氣騰騰的東部戰線寫道，他自認是「為了真正的人類與個人價值而戰」，因此做出這樣的暴行。[59]一些納粹高級官員對他們搶來的藝術品情有獨鍾，表面上似乎很有人文素養，事實上卻泯滅人性。正如湯瑪斯・曼在一九四五年九月問道：納粹德國的人們在聽《費德里奧》（*Fidelio*）的時候——這部貝多芬的歌劇描述了被非法關押在地牢並遭到虐待的囚犯——到底是有多麼無感，才「沒有掩面衝出大廳」？[60]

這就是為什麼哲學家狄奧多・阿多諾（Theodor Adorno）在一九五一年的一篇文章中寫道：「在奧斯威辛之後寫詩是野蠻的。」[61]這句經常被引用的話；以及他和麥克斯・霍克海默（Max Horkheimer）在戰爭結束時合著的《啓蒙辯證法》（*Dialectic of Enlightenment*）篇幅較長的論證——背後的用意並不是要貶低文化本身，而是呼籲對自我滿足的西方思想進行激進的批判性評估：[62]也就是「重新挖掘」啓蒙思想，瓦拉可能會這麼說。

不過，這樣的作法雖然有用，卻可能會反過來完全摒棄自由主義、人文主義與啓蒙運動的價值觀，彷彿這些價值觀應該要為它們自己遭到否定負起責任。這樣的發展匪夷所思，因為德國和義大利的法西斯分子都明確地主張他們拒絕理性、國際主義、個人主義、人道主義與淑世主義的原則，並崇尚本能、暴力、民族主義和戰爭。儘管這些意識形態是反人文主義的，但在某種程度上，卻把它們歸咎於人文主義——這聽在人文主義者的耳朵裡，就像在說儘管有紅綠燈，但還是發生了車禍，所以紅綠燈要負責。

然而，這種扭曲的想法反映了知識分子在面對極端事件時，難以做出適切的反應。他們眼睜睜地看著文明的價值觀崩解，找不到出路，卻似乎認為，除了某種更極端的價值觀的崩解之外，沒有其他更好的答案。

因此，有一些作家認為，這種情況需要回歸宗教或模糊的、非理性的靈性。誠然，二十世紀主要的極權主義國家往往主張無神論，再次證明質疑宗教與思想開放或人文主義之間，沒有必然的聯繫（極權主義國家之所以對宗教有意見，在於他們無法容忍一個比他們自己和他們的意識形態更偉大的上帝）。此刻，在經歷了種種恐怖之後，有一些人認為，人類不應該再相信他們可以靠自己創造一個更美好的世界，應該謙卑地回到古老的神學（事實上，自從一九三〇年代以來，雅克・馬里頓〔Jacques Maritain〕、加布里埃爾・馬塞爾〔Gabriel Marcel〕等宗教人文主義者就一直在強調這一點：馬里頓表示，除非人們接受「上帝是人類的主宰」，否則不會有什麼好下場）。[63]一九五〇年，《黨派評論》（*Partisan Review*）刊登了一系列關於「宗教與知識分子」的文章，並在前言中指出，重新「回歸宗教」的跡象隨處可見。[64]一九五二年，非宗教運動人士在阿姆斯特丹召開會議，成立今天的「人文主義國際」（Humanists International）；《愛思唯爾週刊》（*Elsevier Weekblad*）卻警告他們：在社會如此明顯地「渴望品德、根基與對上帝的信任」之際，任何人都不應該試圖破壞信仰。[65]

另一些人則轉而追求籠統、蒙昧的神祕主義思想，它有別於傳統意義上的宗教，但一樣反對啓蒙理性與淑世主義。諷刺的是，它背後有一位有影響力的人物：馬丁・海德格（Martin Heidegger），這位德國哲學家在一九三〇年代支持納粹主義而留下污點。他在一九四六年底完成、一九四七年發表的《論人文主義書簡》（*Letter on Humanism*）中，闡述了戰後反人文主義的立場。海德格和馬里頓一樣，把人類個體去中心化，但出於不同的原因，取代人類的不是上帝，而是「存有」（Being），他把「存有」和所有特定的個體區分開來。人類所扮演的角色是傾聽「存有」並回應它的「召喚」。海德格說他並不打算讓「存有」取代上帝，但很難不注意到兩者之間有某種相似性。[66]不論如何，人類只不過是這個巨大而不可言喻的「某種東西」的僕人。我們的任務不是管好我們自己的事，也不是提升我們的道德素養，而是為那些無以名狀的東西服務。

海德格的《論人文主義書簡》旨在回應法國哲學家尚－保羅・沙特（Jean-Paul Sartre）。一九四五年，沙特在巴黎一個座無虛席的大廳裡舉辦有關人文主義的講座。沙特自己對這個問題的看法隨著時間而改變——戰前，他嘲笑老派人文主義者是多愁善感的偽君子，沉迷於抽象的「人性」；他後來的著作也不時看到這樣的譴責（受到馬克思主義的影響）。而當戰爭告一段落，他則提倡「存在主義」（existentialism）的人文主義思想，建立在我們每個人都是完全自由的，並對我們的行為負責的基礎之上。[67]沙特為一九四〇年代量身訂做了一套硬漢版人文主義，它的確跟宗教無關，並且認為人類的本性並不是按照一套既有的——無論是上帝還是其他的——藍圖設計出來的。我們要怎麼塑造自己取決於我們；我們必須在做出抉擇的每一刻「創造自己」。

下一代法國思想家則受到海德格的影響，並且醉心於馬克思主義理論，因此對存在主義的人文主義（existentialist humanism）不屑一顧，它不再是知識界最夯的話題。他們談論的不再是創造人類，而是終結人類。一九六六年，米歇爾·傅柯（Michel Foucault）在他的著作《詞與物》（*The Order of Things*）的結尾寫道，「『人』即將被『抹去，就像畫在海邊沙灘上的一張臉孔。』」如同尼采（和斯溫伯恩）認為的那樣，人類創造了上帝又殺了祂，傅柯認為，啓蒙運動創造了一個人，而現在可以消滅他了，以便更有批判性地去理解我們是怎麼被社會與歷史建構出來的。[68]宗教思想家們以上帝為中心；海德格主義者以存在為中心；而當前的重心則放在結構與過程——在某種意義上，它們仍然跟人類有關，卻彷彿比與之共存的實際人類本身更重要。

儘管這些新一代的批判作家不再把重心放在人文主義思想上，但也對它進行了徹底的改造。他們強調了歐洲人文主義者一向很少思考的問題，特別是跟種族主義、社會排斥、殖民主義與文化差異有關的議題。後殖民主義思想家法蘭茲．法農（**Frantz Fanon**）在他一九六一年的作品《大地上的受苦者》（*The Wretched of the Earth*）中寫道：「在同一個歐洲，他們從未停止談論人類，也從未停止宣稱他們只是要為人類爭取福利：如今我們明白了，他們每一次的思想勝利，都讓人類付出了多少痛苦的代價。」[69]

不過，法農也認為，哲學與生活中的人文主義傳統需要徹底更新，而不是全盤否決。他呼籲建立一種**更完整**的全新人文主義哲學：「讓我們嘗試創造完整的人，歐洲一直沒有能力讓這樣的人順利誕生，」他寫道：「讓我們重新思考……全體人類的大腦容量，必須增加連結，必須建立多樣化的路徑，必須重新傳遞人性化的訊息。」還有什麼比這更有人文主義精神呢？他還寫道，「不，我們不想趕上任何人。我們要做的是，無論白天還是黑夜，在人的陪伴之下，在所有人的陪伴之下，不斷前進。」[70]

中國文學家張隆溪在評價這些思潮時寫道：「從一個極端到另一個極端，有時候人類宛如天使般善良而神聖，有時候卻又像是畫在沙灘上的一張逐漸消失的臉孔」，這些思想家通常會設法跳脫非黑即白的二元思考模式（這彷彿重演了英諾森三世與馬內蒂之間的對立），卻在面對危機時作出奇怪而「絕對」的反應。對此，張教授提議，借鑒更細緻的傳統思想，發展人文主義的思維模式：「我們在東方與西方的哲學智慧中學到，有所節制的中庸之道才是人類真正的美德。」71

潘禮德也在描述他柬埔寨經歷的《消滅》（*The Elimination*）一書作出以下總結：

我之所以進行這個計畫，是因為我認為人類並非本性邪惡。惡不是什麼新鮮事，善也不是什麼新鮮事，如同我在前面提到，有平凡的善，也有日常的善。

至於以前那個世界的美好——我的童年、我姐妹們的笑聲、我父親的沉默、我的小侄子小姪女樂此不疲的玩耍、我母親的勇氣與善良，這個有著許多石像的國家，正義、自由、平等的觀念，對知識與教育的熱愛——是無法抹去的。這不是已經消逝的日子，而是正在進行的努力與工作；這是人類的世界。72

克羅齊也強調了這是一個「正在進行的工作」。他在一九四七年寫道，對自己感到絕望是不對的，我們之所以犯了這個錯誤，是因為我們期望這個世界確實是良善的，每個人都過著文明而愉快的生活。當這種幻想破滅時，我們會想放棄，然而事實上，歷史和人類的世界既不是穩定美好的，也不是毫無希望的悲劇。它們是**我們自己的工作**，如果我們希望它順利運作，就必須自己努力實現這個願望。73

第二次世界大戰結束後，哲學家們試圖調整他們對人性的看法，而更務實的人則致力於城市重建，或振興文化與政治，一切都是為了盡可能恢復人類的繁榮。最急迫的挑戰之一，是單單在歐洲就要管理大約四千萬名流離失所的人。還有讓德國「去納粹化」的計畫，加上其他地方的教育計劃，旨在進行整體的道德重建——在教育與道德操守之間建立起古老的人文主義連結。

為了達成這個目標，在一九四三年英國政府贊助的一份報告中，明文規定將品格塑造、大量的運動與人文研究納入教育，這一切都是要「使（兒童）充分發揮身體、精神與智力上的各種潛能，具備成為一個人與社會成員的能力」。[74]在美國，一九四五年哈佛大學委員會的一份報告《自由社會中的通識教育》（*General Education in a Free Society*），也跟歷史上每一位人文主義教育家一樣，指出「完整的人必須是一個好人。」[75]

然後是建立新的國際組織與機構的計劃。其中最大型的組織是一九四五年成立的聯合國：英國人文主義者哈羅德．約翰．布萊克漢（Harold John Blackham）描述它是「真正共同利益的起點，即是人類利益本身」。[76]

同年稍晚，聯合國的分支機構之一，聯合國教育、科學與文化組織，簡稱聯合國教科文組織應運而生。在該機構充滿伊拉斯謨精神的成立文件中指出，由於戰爭源自人類的思想，和平也必須源自於此。它透過一項雄心勃勃的計劃來實現後面這個目標，包括資助與支持圖書館、博物館、動物園、植物園、科學研究院所、大學等機構。[77]它的理念帶有強烈的人文主義色彩，這主要是因為它第一任祕書長是動物學家朱利安·赫胥黎（Julian Huxley），他是湯瑪斯·亨利·赫胥黎的孫子，本人也是「科學人文主義」的倡導者。事實上，他在上任之前，以（非宗教）人文主義者的口吻撰寫了一本介紹性的小冊子《聯合國教科文組織：它的目的與它的哲學》（*UNESCO: Its Purpose and Its Philosophy*），引發了其他一些成員的反對，因此他不得不在最後一刻，在每本小冊子裡加上一份聲明，澄清他所表達的是他個人的觀點。[78]但廣義來說，他對教科文組織所提出的願景還是充滿了人文主義精神。正如他在回憶錄中寫道：「我確信，我們所有活動背後的關鍵概念應該是**實現**——更充分地實現個人、城市、國家與整體人類的能力。」[79]這仍然是聯合國教科文組織一切工作的重心。

遺憾的是，國際組織造成的影響並不像原本期待的那麼「全面」，因為蘇聯及其衛星國冷淡以對，它們有理由懷疑這一類的組織別有居心：企圖顛覆它們在世界上的影響力與意識形態。[80]但幾年之後，蘇聯集團倒是勉為其難地加入了聯合國提出的另一項計畫：起草《世界人權宣言》（*Universal Declaration of Human Rights*）。這份宣言歷經一九四七年一整年的討論，於次年完成。

以愛蓮娜·羅斯福（Eleanor Roosevelt）為首的起草委員會認真進行討論，他們諮詢了全球各地的哲學家與不同政治觀點的代表。他們必須制定讓所有人都滿意的原則，這表示在重要的哲學問題上採取明確的立場：包括權利與義務何者為重、如何在個人主義與社群認同之間取得平衡、如何展現包容，以及我們到底能不能說人類具有任何「普世共通性」。這些問題至今仍然是一般文化辯論時的話題。

接下來還有措辭的問題。起草委員會從宣言的第一條開始討論：蘇聯代表弗拉基米爾・科列茨基（Vladimir Koretsky）（根據共產黨關於性別平等的官方政策）指出，「所有男人都是兄弟」（All men are brothers）這句話把女性排除在外。羅斯福卻相當奇怪地解釋，這句話說得很好，因為它也可以理解成「所有人都是兄弟」（All human beings are brothers）！因此暫時維持原案，但是後來在起草過程中，確實把「男人」改成了「人」，因為印度代表漢莎・梅塔（Hansa Mehta）提醒大家，它確實在某些地方會被理解成僅指男性。「兄弟情誼」（brotherhood）一詞則被保留下來。因此，宣言的開頭變成了：「全體人類生而自由，在尊嚴和權利上一律平等。他們被賦予了理性與良知，並應本著兄弟情誼的精神彼此相處。」[81]

起草委員會也考慮是否在這份聲明中使用「良知」（conscience）一詞。初稿原本只提到「理性」，但起草委員會副主席，中華民國外交家、哲學家張彭春特別推崇孟子的儒家思想，建議加上「仁」這個詞。如此一來，這份聲明就有了更廣泛的同理心與人類

互惠的涵義，而不是只關注理性。[82]委員會採納了他的想法，因此這份文件展現出強烈的「仁」的精神，儘管英譯成「良知」（conscience）無法完整表達「仁」的意涵。

經歷這些談判之後所發表的宣言，比當時大多數的文件更具包容性與文化敏感度。它並沒有跟赫胥黎一樣提到非宗教人文主義，但無論從哪方面來看，它都是一份人文主義的宣言，也是一份實用的宣言，可以在發生侵犯人權的情況下提供法律支援。幾乎每個成員國都對這份宣言投下贊成票，但表決時棄權的國家也點出了問題所在。其中包括六個共產主義國家以及南非，因為該宣言與種族隔離制度相互抵觸；還有沙烏地阿拉伯，因為宣言中有一條規定男女在婚姻中享有平等的權利。[83]

人們似乎很容易把《世界人權宣言》裡闡述的原則視為理所當然——直到它們遭到踐踏。然後，就像一般的人文主義價值觀一樣，這些原則突然看起來更值得努力捍衛。正如湯瑪斯．曼在一次BBC對德國的廣播中說道，納粹災難真正的開端要追溯到一九三三年二月，約瑟夫．戈培爾（Joseph Goebbels）在該黨於柏林舉行的勝利集會上宣佈：「人權被廢除了。」曼氏說，這些話表示納粹打算摧毀「人類幾千年來所有的道德成就。」[84]而《世界人權宣言》的意圖恰好相反：不允許人類的成就再次遭到毀滅。

當這些討論在全世界的會議室裡進行之際，藝術史學者、「護碑人」（Monuments Men），以及其他的志工與專家正在實地從事文化復興工作。他們在歐洲各地奔波，搜尋與妥善保護那些在戰爭中保存完好的建築物和藝術品。其中包括了哈特，他生動地描繪了佛羅倫斯從「有形到無形」，從「歷史到愚蠢」的改變，並且精彩地敘述了他從德國撤退的最後階段開始，在托斯卡尼等地的冒險經歷。他經常跟毫無所懼而精力充沛的切薩雷．法蘇拉（Cesare Fasola）同行，後者是烏菲茲美術館的工作人員，也是抵抗運動的游擊隊員，該地區的村民稱尊稱他「教授」（il professore）。甚至連德國人還在那裡的時候，他也毫不在乎地獨自騎著單車在鄉間尋找藝術品——他們給了他一張特別通行證。[85]他和哈特是第一批抵達蒙特哥福尼城堡（Castle of Montegufoni）（為英國文學世家西特維爾〔Sitwells〕家族所有）的人，這裡存放了許多烏菲茲美術館的館藏。但眼前的景象令人感到不安：原本駐紮在這裡的德軍已經離開了，但他們讓波提切利的《春》（*Primavera*）隨隨便便地靠在牆上，多明尼克．吉爾蘭戴歐（Domenico Ghirlandaio）的圓形畫作《三王來朝》（*Adoration of the Magi*）則被拿去當酒桌[86]——後來，卡利古拉皇帝巨船上的馬賽克也慘遭同樣的羞辱。盟軍的訪客之一，小說家艾瑞克．林克萊特（Eric Linklater）還深情地吻遍了《春》所有女性的嘴唇，使畫作更加岌岌可危。他在四下無人時這麼做——卻在回憶錄裡公開寫出這件事。[87]

一些英勇的德國人也拯救了藝術珍品。儘管發生了大規模的搶劫，但有些軍官把脆弱的藝術品藏起來，避免它們受到損害。至少位於卡西諾山的本篤會修道院就是如此[88]——大約六百年前，薄伽丘曾經興高采烈地探索過這座偉大修道院的圖書館。由於它位於那不勒斯通往羅馬途中的制高點，顯然對雙方來說都具有戰略意義。兩位德國軍官馬克西米利安．貝克爾（Maximilian Becker）和朱利烏斯．施萊格爾（Julius Schlegel）（分別）意識到，它可能因此成為盟軍轟炸的目標。因此，在一九四三年底，他們把修道院裡最寶貴的收藏裝進大約一百輛卡車，送到羅馬聖天使城堡這個更安全的據點。他們這麼做是對的：美國人在次年二月確實轟炸了這座修道院，六週之後又進行了更大規模的轟炸。參與第二次轟炸的一名工作人員小沃爾特・邁克爾・米勒（Walter Michael Miller Jr.）對他看到的一切感到震驚，他後來皈依了天主教，還寫了一本小說《萊博維茨的頌歌》（*A Canticle for Leibowitz*）。故事發生在一個大多數的文化知識已經失傳的未來世界，敘述人們發現了二十世紀文明留下的一些零星遺跡並進行調查，希望藉此獲得新生——這很像是十四和十五世紀義大利人文主義者的計畫。然而，當時他們找到的第一樣東西是一張紙條，上面寫著：「一磅燻牛肉，一罐德國泡菜，六個貝果——帶回家給艾瑪。」[89]

沙特爾差一點就慘遭類似的破壞，但這次是一個美國人救了它。一九四四年八月十六日，當時德軍尚未離開，美軍即將進駐，並奉命猛烈砲轟大教堂，以免德軍把它當作瞭望塔。這是可以理解的：沙特爾大教堂跟卡西諾山的修道院一樣，可以俯瞰周遭地景。但是有一位軍官，小韋爾伯恩・巴頓・格里菲斯（Welborn Barton Griffith Jr）上校不願意在缺乏確鑿證據的情況下，大肆破壞一座擁有七百五十年歷史的建築。於是他和他的司機（很遺憾，我不知道他叫什麼名字）勇敢地溜進小鎮，單槍匹馬進入大教堂，爬上鐘樓頂端，發現裡面並沒有德國人。格里菲斯解除了警報，炮轟大教堂的命令也撤銷了。這幾乎是他有生之年的最後一次行動，因為同一天稍晚，他在附近的萊沃鎮（Lèves）死於敵人炮火。經歷了種種波折之後，沙特爾大教堂的玻璃窗仍然安全地藏匿在教堂的地下墓室裡：等到和平到來，工人和志工再小心翼翼地把它們取出來，重新安裝到原本的位置上，跟他們之前把它們卸下來的時候一樣謹慎。90

幾年前，我在沙特爾及其附近地區待了兩天，探索這座大教堂並了解它漫長歷史中的一些故事。除了這位勇敢的上校與司機的事蹟之外，前面也提過，在法國大革命期間，有一位建築師曾經勸阻破壞者不要下令拆除大教堂。

除了欣賞大教堂本身的建築之美，它展現人類時間的方式也深深打動了我。所有建築物都可以看到歲月雕琢的痕跡，但沙特爾大教堂比大多數建築物更明顯。它最初建立在古老的地下墓室與地基之上，主要空間裡的雕刻作品、扶壁與窗戶建於十二世紀與十三世紀——從扶壁結構到彩繪玻璃，一切都採用當時最先進的技術，大部分彩繪玻璃使用了獨特的「沙特爾藍」（Chartres blue）。接著繼續往上爬，到了屋頂，我們會出乎意料地發現十九世紀的鑄鐵屋頂支架，從外面看不到，它建於一八三六年，仿照當時建造火車站的美麗鐵製結構，同步展現了現代性的極致與對歷史盡可能地尊重。我們想起了鑄造它的工人和一開始建造大教堂的中世紀工匠；我們也想起後來在一九三〇年代，耐心地把彩繪玻璃一一編號、打包，並在戰後取出來重新安裝的人，還有今天持續努力修復與保護它們的人。這座建築承載了一切：包括人類的技藝與奉獻精神，每個時代的政治情況，原初的建築構想和好幾個世紀以來的維護工作。它也讓我們想起大教堂在「十二世紀的文藝復興」時期主持的學術研究，以及——沒錯——基督教信仰，這似乎值得人們一開始就花費這麼多工夫去創造這樣的美。

我自己不是基督徒，但我發現，走在沙特爾大教堂周圍，不可能不（有點不安地）對人類萌生信心。的確，人們好幾次差點毀了它，但還有其他人不斷更加努力讓它屹立不搖。

第二次世界大戰之後，人類需要團結起來的原因，有一部分顯然跟核武有關。正如沙特在一九四五年十月說道，廣島和長崎帶給我們的教訓是，從今以後將永遠由人類來**決定**他們要不要活下去[91]——這是一個極端存在主義式的決定。

另一位參與公共事務的人文主義者羅素也談論了這個問題，同樣令人難忘。他在一九五四年的廣播節目〈人類的危險〉（Man's Peril）結尾，呼籲大家做出抉擇：

當我們可以選擇眼前不斷增長的幸福、知識與智慧，難道我們要對我們的爭執耿耿於懷而選擇死亡嗎？身為一個人，我呼籲其他人：記住你的人性，把其他的都忘掉。如果你們做得到，通往新天堂的道路將會暢通無阻；如果你們做不到，等待你們的只有全世界的毀滅。[92]

「記住你的人性，把其他的都忘掉」——「其他的」指的是國家利益、虛榮心、驕傲、偏見、絕望和任何妨礙我們選擇活下去的東西——這句話經常被引用，尤其是被羅素自己引用。他在另一場國際會議上重複了這句話，這場會議在一九五五年舉行，會後起草了一份由與會科學家共同連署的宣言，其中包含阿爾伯特・愛因斯坦（Albert Einstein）去世前幾天的簽名。自一九五七年七月開始，與會者每年在加拿大新斯科捨省（Nova Scotia）的帕格沃什（Pugwash）召開會議，因此他們的宣言和會議都以「帕格沃什」命名。[93]這個會議至今還在舉行，秉持同樣的目標：把武器擴散降到最低，推動政治協調機制，試圖避免慘絕人寰的戰爭。

羅素是反核運動的中堅力量，在他的餘生中持續寫作並參加示威活動。一九六一年，他在倫敦海德公園（Hyde Park）對群眾發表演說後，因「煽動公眾不服從」遭到起訴，被判在布里克斯頓監獄（Brixton Prison）服刑一週。當時他已經高齡八十九歲了。地方法官要他保證從此「奉公守法」就放他一馬，但羅素拒絕做出這樣的承諾。[94]他跟伏爾泰一樣，隨著人生經歷變得**更加**無畏與挑釁。

羅素也致力於推動許多其他的社會議題，包括環境在內：他預見了拯救地球自然資源的重要性，早在一九四八到一九四九年，他在BBC節目「里斯講座」（Reith Lectures）中就強調解決這個問題刻不容緩[95]（大約在同一個時間，聯合國教科文組織在朱利安・赫胥黎的倡議之下，創建了國際自然保護聯盟〔International Union for the Conservation of Nature〕，該聯盟至今持續與各國政府和企業合作。）[96]

一九四八年，羅素幾乎被大自然所吞噬，當時他還沒有開始主持「里斯講座」。那年秋天，他在前往挪威特隆赫姆（Trondheim）旅行途中，搭乘了名為布肯・布魯斯（Bukken Bruse）的「飛行船」——這種水上飛機直接以船身降落水面，而不是使用腳狀浮筒。當時天候不佳，就在飛機即將降落水面之際，遭到一陣狂風襲擊而傾斜翻覆。其中一側機翼脫落，海水湧入機艙。船上四十五人中有十九人罹難，包括坐在前排禁煙區所有的乘客。而大多數吸煙者因為坐在後側，想盡辦法游了出來並幸運獲救——包括羅素在內，他是多年的老菸槍。當時羅素渾身濕透，沒有衣服可以換，直到一位好心的牧師借給他一套神職人員的衣服穿——對那些了解羅素對宗教有什麼看法的人來說，這一幕相當有趣。一位記者從哥本哈根打電話來，問他在水裡想些什麼。他是不是想到了神祕主義和邏輯？沒有，他說道，「我只覺得水很冷。」[97]

羅素所從事的運動，本質上往往都在**反對**某些東西：核武、掠奪大自然、戰爭——尤其是在一九六〇年代末期，他反對美國參與越戰，當時他已經九十多歲了。但整體來說，他面對世界時並不消極。一九五五年，他在一場關於自己生平的演說〈希望：實現與失望〉（Hopes: Realized and Disappointed）中，回顧了他在戰前抱持的樂觀自由主義，他承認，這種自由主義已經難以為繼。然而，他不會放棄：「我不會根據一連串短暫事件的隨機偶然性來判斷什麼是好的，什麼是壞的。」當然，我們必須適應世界的變化，但「以為當前的趨勢一定是正確的，這也不對。」[98]無論如何，他總是強調，應該由我們自己決定，我們的世界是否變得比以前更幸福。

他也在自傳裡寫下了這些想法。自傳的最後一卷在他一九七〇年二月去世前幾個月出版，是他最後的作品之一。他在該書結尾總結了將近一個世紀的人生經歷：

我可能把通往自由幸福的人類世界的道路，想得比實際上短，但我認為這樣一個世界是可能實現的，而且為了使我們更接近這樣的世界而活，是值得的，這並沒有錯。我一直為了追求個人與社會的願景而活。關於個人的願景：喜歡一切高尚、美麗、溫柔的事物；在我們較為平凡的時刻，讓洞察力賦予我們智慧。至於社會的願景：在想像中看到未來要創造的社會，每個人在這樣社會裡自由成長，而憎恨、貪婪與嫉妒則將得不到滋養而凋亡。我相信這一切，而且這個世界雖然發生了種種可怕的事，卻不曾使我動搖。[99]

第十一章　人類的臉孔

第十二章
快樂就在這裡

一九三三年至今

人文主義組織、宣言與運動／由瑪麗所生／法院、議會與學校／放輕鬆！／「足以使我感到榮耀」／敵人／建築與城市規劃／瓦西里．格羅斯曼／機器與意識／後人類與超人類／亞瑟．克拉克與主宰／人文主義的吠聲／何時、何地與如何快樂

在整個二十世紀和二十一世紀，尋找羅素所謂「自由幸福的人類世界」的人，都以人文主義者的名義組織結社。其中有些團體可以追溯到上個世紀成立的世俗、理性或倫

理協會。有些團體是強烈的無神論者，有些則跟一位論派（Unitarians）之類的準宗教組織有關。有些主要提倡科學和理性思想；有些更強調道德生活。有些與激進的社會主義結盟；有些則避免跟政治扯上關係。

在一九三〇年代經濟大蕭條期間，美國有少數人，主要是一位論派信徒，認為起草一份關於「某種人文主義風潮」的文件，有助於在各團體之間建立連結。這份文件成為世界上第一份人文主義宣言，在一九三三年發表。它把人文主義描述成一種「宗教」，有一部分是因為這是一位論派的思考方式，另一部分則是因為它便於談論一種無法歸類的運動。但並不是所有的人文主義者都想參與，有一部分是因為他們不喜歡接受任何教條。其中一位獲邀連署的哈羅德．布什曼（Harold Buschman）在回信中警告：「這樣會造成『異端』與誤解，而不是彼此之間自由的經驗交流。」另一位斐迪南．坎寧．斯科特．席勒（Ferdinand Canning Scott Schiller）則諷刺地說道：「我發現你的宣言有十五條，比十誡（Ten Commandments）還多了一半。」[1]

三十四個人確實在宣言上簽了名。這表示他們贊成這項聲明，它關注公民自由與社會正義，並傾向於以理性來管理公共事務。儘管這份宣言稱人文主義為宗教，但它也表示，人文主義者認為宇宙是「自存（self-existing）而不是被創造出來的」，他們並不期待「超自然力量或宇宙對人類的價值觀做出保證」。一個人文主義者可能懷有「宗教情感」，但這些情感主要表現在「高度關注個人生活，以及共同努力以促進社會福祉的信念」。他們認為，人文主義者關注的範疇「包括勞動、藝術、科學、哲學、愛情、友誼、娛樂——而這一切，在某種程度上展現了獲得知性滿足的人類生活。」簡單來說，人文主義者重視「生活的樂趣」，對他來說，「沒有任何人類之事與他無關」（引用泰倫提烏斯的名言）。[2]

這份聲明引起宗教立場截然不同的人強烈反彈。康乃狄克州（Connecticut）的《布里斯托報》（*The Bristol Press*）引用了一則趣聞：一個學生對另一個學生說道：「湯瑪斯，你敢再說一次沒有上帝，我就把你打得滿地找牙。」該報還說：「非得下一劑猛藥才能讓這些教授們搞清楚狀況，以我們的拙見，他們會痊癒的。」[3]在這悲慘的一九三三年，這是人文主義者、「教授們」和其他所有人面臨的威脅中，最輕微的。

二次世界大戰結束後，世界各地出現了新的人文主義組織，而舊的人文主義組織也恢復運作。[4]其中包括了幾個印度知名團體——印度古老的自由思想傳統可以追溯到加爾瓦卡學派。最引人注目的印度活動家是馬納本德．納特．羅易（Manabendra Nath Roy），他是印度激進人文主義運動（Radical Humanist Movement）的創始人。在本世紀初期，他曾是一名馬克思主義者，在墨西哥待了一段時間，協助建立共產黨。然後他在蘇聯待了八年，有一次還幫史達林煮了一鍋美味的湯（他在回憶錄裡這麼說）。[5]但他對共產主義感到幻滅，特別是史達林式的共產主義，因為它不尊重個人生命或個人自由。後來羅伊回到印度，參加獨立運動，因此入獄六年[6]（正如羅素批評當時的英國人，說他們跟法西斯主義者一樣，相信「只有把最優秀的人關進監獄才能進行統治」）。[7]羅易認識莫罕達斯・卡拉姆昌德・甘地（Mohandas Karamchand Gandhi），但對他的作法有一些異議，後來脫離後者成立激進民主黨（Radical Democratic Party）。他們不論在性情還是政治原則上都有很大的分歧：甘地以簡樸的生活聞名，但羅伊更欣賞的是英格索爾熱情奔放的生活方式。對他來說，人文主義的生活方式意味著，盡情享受活在這個世界上的樂趣：除了一道美味的湯之外，他還喜歡美食、美酒、旅行、社交、自由、友誼和「生活的喜悅」。為了推廣這些美好的事物以及他對國際主義（Internationalism）與道德生活的政治承諾，他發起了所謂的「新人文主義」（New Humanism）——千萬不要把這跟白璧德和他的夥伴那種充滿菁英色彩的新人文主義搞混了；羅易在他的宣言中特別引用了普羅達哥拉斯的名言：「人必須再次成為萬物的尺度」。[8]

其他的印度人文主義者也在戰後致力於推動一個新計畫：嘗試成立單一機構來支援與協調眾多世界各地的團體。該計劃的一位重要的推手來自荷蘭：雅普・范・普拉赫（Jaap van Praag），一九四六年荷蘭人文主義聯盟（Dutch Humanist League）的共同創始人。他是猶太人，在納粹佔領期間東躲西藏，在戰爭中倖存下來。對他來說，推廣人文主義價值觀可以避免這一類的災難重演。一九五二年，他和一些人在阿姆斯特丹召開了一次大會，吸引來自各國兩百多名代表參加，目的在於建立一個永久性的組織，當然也要寫一份新的宣言來配合它的成立。

一如往常，當人們為了達成某個重要的目標而聚在一起的時候，大會立刻陷入了意識形態與用詞的激烈爭論。根據漢斯・范・德克倫（Hans van Deukeren）有趣的描述，爭論從這個組織的命名開始：有些代表想稱之為國際道德協會，對他們來說，「道德」是這類團體公認的通用辭彙，而「人文主義者」令人想起孔德的「人道教」；其他代表則贊成「人文主義者」，覺得「道德」聽起來太枯燥乏味。經過長達十四個小時的討論，終於有人提議稱之為「國際人文主義**與**道德聯盟」（International Humanist and Ethical Union）。於是這個組織誕生了——簡稱 IHEU——儘管它現在已經改名為「人文主義國際」。[9] 它繼續蓬勃發展，克服了更多意識形態上的分歧，目前它仍然是全球人文主義者的中心，面對來自各國不同的挑戰並發動抗爭。

至於一九五二年發表的宣言，也就是《阿姆斯特丹宣言》（*Amsterdam Declaration*），影響深遠，但形式卻不斷改變；它的內容更動了好幾次，加入新思維或對原本的重點進行調整。人文主義國際在二〇二二年公布了最新版本，其中有許多內容沿襲了一九五二年的原版宣言，特別是強調了人文主義對於道德的關注。這兩個版本都談到個人成就與發展，以及社會責任與連結的重要性。兩者都支持以人為本的自由科學研究，成為我們解決問題最大的希望。新版宣言跟原版一樣，提到人文主義者「致力於做個理性的人」，但藝術活動以及「兼具創意與道德的生活」也很重要。此外，這兩份文件都提醒我們，現代人文主義背後擁有歷史悠久而振奮人心的傳統，並且對未來抱持審慎樂觀的態度。對此，二〇二二年的新版宣言總結如下：「我們相信，人類能夠透過自由探索、科學、同理心與想像力來解決我們面臨的問題，促進和平與人類的繁榮。」

不過，新版宣言也以此為基礎進行擴充，加入了一九五二年版所沒有的新元素。它更強調**各式各樣**的傳統人文主義思想，是如何滋養了現代人文主義：「人文主義的信仰與價值觀和人類文明一樣古老，在世界上大多數的社會都有跡可循。」它提到人文主義者希望「促進人類繁榮與情誼，同時維持多元性與獨特性」，因此「我們反對所有的種族歧視與偏見，以及因此產生的不公義。」二〇二二年版的宣言沿用了原版宣言，提倡藝術、文學和音樂以增加生活情趣，並加上體育活動以增進「同志情誼與成就感」。它也對人類與地球上的其他生命——包括一切「有情眾生」與後世子孫——的連結與責任有了更多的認識。最後，它在結尾以前所未有的謙虛口吻寫道：「人文主義者承認，沒有人是無懈可擊或無所不知的，唯有持續的觀察、學習與重新思考，才能了解世界與人類。有鑑於此，我們不會逃避審查，也不會把我們的看法強加於全體人類。相反地，我們承諾自由的意見表達與交流，並設法跟信仰不同但擁有共同價值觀的人合作，這一切都是為了建立一個更美好的世界。」[10]（二〇二二年版的宣言全文，參見第五〇三頁的附錄）。

不斷修訂的宣言，反映出人文主義者看待自己方式的轉變，以及整個世界的轉變：它表現出更多對於差異的細膩與尊重；當它談到人類時，並沒有自命不凡。加入這些複雜的新內容也增加了篇幅。但我喜歡新版宣言的口吻，我喜歡在原本的元素之外，展現謙遜與包容。二〇二二年版的宣言跟之前的版本一樣，繼續將人文主義建立在道德與價值觀，以及我們都負有關懷彼此與世間萬物的責任之上。所有的版本都強調了這一點，而不是信念、無宗教（irreligion）甚至理性——儘管這些問題很重要。他們關注的重心不是懷疑宗教，而是自由、責任、創造力、滿足感等各式各樣與人類有關的議題。他們清楚地表示，人文主義不是要嘲弄教徒——這只會讓許多人對它而遠之，而且這也不是在世界上消磨時光最愉快的方式（不過，我倒是覺得，嘲弄那些堅持把信仰強加於別人的當權者，是消磨時光的絕佳方式）。這份宣言的用意更深：它提出了一套快樂而積極的人類價值觀。

二〇〇三年由美國人文主義者協會（American Humanist Association）（成立於一九

四一年，簡稱AHA）發表的宣言也是如此。它談到秉持著同情心與理性，過著「良好而充實的」生活：

> 我們的目標是盡可能充分地發展，並以一種深刻的使命感使我們的生活充滿活力，在人類生命中的喜悅與美好、挑戰與悲劇中，甚至在最終無可避免的死亡中發現奇蹟與敬畏。[11]

由於人文主義組織變得比較樂觀與平易近人，他們也嘗試跟越來越多的社群建立更緊密的聯繫——包括一些可能非常不信任或不欣賞人文主義的人。在這些社群中，宗教機構與信仰是生活的重心，並經常賦予人們社會認同與共同的價值觀。如果大部分人文主義者被視為反宗教者，那麼別人可能會認為，他們不僅否定特定的信仰，而且還徹底否定了它所代表的認同與價值理念。美國黑人人文主義者黛比·戈達德（Debbie Goddard）描述她在大學時期公開宣稱自己是無神論者的時候，就遇上了這樣的問題。她說道：「跟我交情最好的黑人朋友告訴我，人文主義和無神論是有害的歐洲中心主義意識形態，他們還暗示，如果我是無神論者，我就背棄了我的族人。」[12]無神論被認為是對「黑人身分與黑人歷史」的威脅。於是戈達德決定朝兩個目標努力：「把更多的人文主義思想引介到黑人社群，同時讓更多的有色人種進入人文主義社群。」[13]

現代人文主義組織——例如戈達德目前所擔任主席的非裔美國人人文主義組織（African Americans for Humanism，簡稱AAH）——努力在做的其中一件事，是強調黑人與其他不同的觀點如何充實、豐富了人文主義思維，並讓它變得更好；而不是把它跟人文主義區分開來，當作補充或藉此轉移焦點。正如AAH在二〇〇一年發表的宣言中指出，人文主義者可以針對美國黑人社群推廣所謂的eupraxophy——即「生活中良好的行為與智慧」。[14] AAH並不是美國唯一的有色人種人文主義組織，其他的還有黑人人文主義者聯盟（Black Humanist Alliance）、拉丁裔人文主義者聯盟（Latinx Humanist Alliance），兩者都隸屬美國人文主義者協會。在英國，黑人人文主義者協會（Association of Black Humanists）也隸屬英國人文主義者協會。[15]

LGBTQ+人文主義組織也是大型人文主義團體的一分子。英國多元性別族群人文主義者（LGBT Humanists）的成立，歸功於一九七七年一宗特殊的訴訟案。當時基督教基本教義派人士（fundamentalist）援引了過去的褻瀆法（blasphemy law），控告《同志新聞》（*Gay News*）雜誌刊登詹姆斯·柯卡普（James Kirkup）的一首詩〈敢於說出口的愛〉（The Love That Dares to Speak Its Name）。

這首詩當然會讓一些基督徒感到震驚。它描寫一位古羅馬時期的百夫長（centurion）親吻與愛撫耶穌被釘在十字架上的身體，寫得既性感又溫柔。[16]它引起了好鬥的瑪麗・懷特豪斯（Mary Whitehouse）的注意，她是一位保守派人士，一天到晚四處找碴——她以前的戰績包括試圖讓BBC禁播查克・貝里（Chuck Berry）的歌曲〈我的小鈴鐺〉（My Ding-a-Ling），但沒有成功。懷特豪斯看了柯卡普的詩（大概是在她天真無邪地翻閱她自己那本《同志新聞》的時候吧），就著手提出褻瀆性誹謗（blasphemous libel）的刑事告訴，她控告的不是詩人，而是該雜誌和它的編輯德尼・勒蒙（Denis Lemon）。

這個案子於七月四日在老貝利（Old Bailey）的中央刑事法院開庭，引起很大的關注；它也許不像一九六〇年《查泰萊夫人的情人》（*Lady Chatterley's Lover*）的審判那麼備受矚目，但也不相上下。這是五十六年來英國首次針對褻瀆罪進行審判。前一次是在一九二一年，對來自布拉福（Bradford）的褲子銷售員暨自由思想家約翰・威廉・戈特（John William Gott）提告，當時他出版了一本名為《上帝與戈特》（*God and Gott*）的書；儘管他身體孱弱，還是被判處九個月苦役。[17]後來這條法律再也沒有執行過，但仍然有效。

勒蒙和《同志新聞》分別由兩位高知名度的自由派大律師約翰・莫蒂默（John Mortimer）、傑弗里・羅伯遜（Geoffrey Robertson）為他們辯護。控方律師則是約翰・

史密斯（John Smyth），他在開庭時誇張地描述這首詩是如何冒犯了基督徒。此案結束後，他很少在媒體上曝光，直到二〇一七年，他被控嚴重虐待參加基督教夏令營的男孩之後，被迫離開英國。[18]

審判中要考量的一個明顯因素，應該是這首詩的文學價值。柯卡普是英國皇家文學協會（Royal Society of Literature）的會員，也是大學講師，他的資歷看起來很像樣，而且有幾位知名作家願意替這首詩的品質背書（詩人本人則避免捲入這個案子，後來表示他不贊成把藝術政治化）。[19]但審判中沒有聽到任何有關文學的證詞，因為法官艾倫．金—漢密爾頓（Alan King-Hamilton）裁定這無關緊要。他最後向陪審團進行案件總結時，作出了以下評論：「有些人認為我們已經夠放任了，而另一些人卻認為不應該對出版品進行任何限制。如果他們是對的，人們可能會想，接下來還會出現什麼樣粗鄙褻瀆的言論。」[20]後來他回憶自己進行結案陳詞時，說他「多多少少意識到自己受到某種神奇的啟示所影響。」[21]七月十一日，陪審團以十比二正式作出有罪判決。兩名被告都遭到罰款，勒蒙另外被判處九個月緩刑。正如莫蒂默事後寫道，這項判決意味著，讓聖公會教徒臉紅是一項刑事罪行，而且**當時**只限聖公會教徒：其他宗教並不受英國褻瀆法保護。[22]英國穆斯林行動陣線（British Muslim Action Front）在一九八八年才發現這件事，當時它曾經想利用這些法條來對付薩爾曼．魯西迪（Salman Rushdie）《撒旦詩篇》（*The*

Satanic Verses）的出版商。

在此同時，由於《同志新聞》案的高知名度，加上BBC根據法庭記錄製作了一部優秀的紀錄片，[23]大幅提升了對於LGBTQ+權益與人文主義議題的關注。懷特豪斯曾經大肆怒罵「人文主義同性戀遊說團體」，但原本實際上並沒有這種東西——所以，同志人文主義者決定來創造一個。一九七九年，同志人文主義團體（Gay Humanist Group）誕生了——也就是後來的多元性別族群人文主義者。[24]為了紀念它的起源，他們的格言是「由瑪麗所生」（Born of Mary）。[25]

對抗褻瀆法一直都是人文主義組織的重要工作。在某些地方，這場仗似乎已經打贏了，或者幾乎打贏了：在英國，從二〇〇八年開始，褻瀆在英格蘭和威爾斯不再構成犯罪，二〇二一年，蘇格蘭也廢除了褻瀆罪，不過在我寫這本書的時候，褻瀆在北愛爾蘭（Northern Ireland）仍然是違法的。在美國，幸虧憲法第一修正案（First Amendment）保障言論與宗教自由，聯邦政府從來沒有出現這樣的立法，但某些州卻有。[26]最後一次定罪是在將近一個世紀之前：一九二八年，在阿肯色州（Arkansas）的小石城（Little Rock），查爾斯·李·史密斯（Charles Lee Smith）因為秀出一塊寫著「進化論是真實的。聖經是謊言。上帝是幽靈。」的牌子鋃鐺入獄，在兩次審判中的第一次，他甚至不能為自己的辯護作證，因為他是一位知名的無神論者，所以不准他手按《聖經》宣誓說實話。

還有許多其他的國家實施褻瀆法（有些繼承了英國殖民時期的法律），目前有七個國家甚至允許判處死刑。二〇一五年，有人發起「立刻廢除褻瀆法」（End Blasphemy Laws Now）國際運動，美國調查中心（Center for Inquiry）也推出「世俗救援」（Secular Rescue）計畫，對受到宗教與政權高壓統治的人提供幫助，包括庇護申請、移民、法律支援和獎學金。它被描述成「拯救無神論者的地下鐵路」。[27]在我寫這本書的期間，美國人文主義者在自家也面臨了新的挑戰，特別是基於保守的宗教觀點，撤銷墮胎相關權利——而這些權利似乎一度是不可動搖的。

以上談到的這些是最引人注目的行動，但有組織的人文主義者也致力於在各自的國家裡實現比較溫和的目標：要求學校處理宗教議題時展現更多包容性與人文關懷，平等承認人文主義式的婚禮與葬禮儀式，為絕症患者提供有尊嚴的輔助死亡（assisted dying）等。[28]

在英國，英國人文主義者協會發起一些特殊的抗爭，主要是反對政治體系仍然賦予英國聖公會教徒一些奇怪的特權[29]——對於一個擁有授予君主「信仰捍衛者」（Defender of the Faith）悠久傳統的國家來說，也許並不令人意外。上議院有二十六名英國國教會主教的席次，這意味著，英國跟少數一些神權國家一樣，自動為神職人員保留了在政府中的發言權。無論是上議院還是下議院，每天都從晨禱開始，通常由一位高級主教（上議院）和一位特別任命的議長牧師（下議院）主持。議員自由決定是否參加，但他們如果想在公務繁忙的日子裡確保有位置可坐，最好在晨禱的時候先來卡位，不然可能只能站著。[30]

不過，至少國會議員就職的時候不必再進行宗教宣誓了。一八八八年，國家世俗協會（National Secular Society）創辦人暨國會議員查爾斯．布拉德洛（Charles Bradlaugh）為他們爭取了選擇世俗誓詞的權利。他在一八八〇年當選議員，起初因為拒絕宣誓而無法就職。一如往常，理論上他們認為，不能相信不信教的人會在政治上說實話，或為國家做正確的事情，就像不能相信他們在法庭上會說實話一樣。矛盾的結果是，那些沒有正統信仰的人只能以撒謊來證明自己是可靠的——布拉德洛主動提議這麼做，無論如何都要進行宗教宣誓，但現在人家反而不准他這麼做，因為他已經承認他不相信宗教。每次他試圖進入國會，都被趕出來。有一次，他被關在大笨鐘下面的牢房裡過夜，還有一次，他被警衛強行攆出大樓——這並不容易，因為布拉德洛（跟英格索爾一樣）身材魁梧。他的朋友喬治．威廉．富特（George William Foote）如此描述他被趕出來之後在街上的模樣：「他矗立在那裡，看起來氣喘吁吁，英姿勃發，他的五官彷彿是花崗岩雕出

來的，雙眼直盯著他前面的大門。在那一刻，我從來沒有這麼佩服他，他真棒，太了不起了。」後來布拉德洛的席次正式被撤銷，進行補選，但他參選到底並再度勝選。一八八六年，他進行了標準的宗教宣誓，終於得以就職——進入國會後不久，他就提出了一項法案，讓非宗教性的宣誓獲得承認。最終該法案通過並正式生效。[31]

在美國，政治生活也跟宗教信仰密不可分，但有一些差異。有別於英國，美國在名義上是世俗國家，但有一條不成文的規定，就是沒有一個（公開宣稱）沒有宗教信仰的候選人，可以擔任高階官職。美國建國時有著完全不同的政治基礎：它建立在政教分離的原則之上，並且是由那些本身抱持懷疑論、自然神論或擁有多元信仰的人建立的。比如說，傑佛遜編出他那本刪去含糊不清內容的《聖經》之前，在他的《維吉尼亞州筆記》（*Notes on the State of Virginia*）裡就寫道：「不管我的鄰居說有二十個上帝，還是沒有上帝，我都無所謂。我的錢不會被偷，也不會因此而斷腿。」[32]直到一九五〇年代，美國公共領域才出現一些明顯的宗教元素——一九五四年，「效忠宣誓」（Pledge of Allegiance）的誓詞加進了「上帝之下」（under God）這句話。[33]至於「我們信仰上帝」（In God We Trust），之前已用在鑄造錢幣等其他地方，但一九五六年經法律批准之後，一九五七年開始出現在紙鈔上。同樣在一九五六年，它取代了「合眾為一」（*E pluribus unum*），成為美國國會的格言。[34]

即使在戰後那段信仰虔誠的歲月裡，美國的世俗原則也意味著，理論上來說，不應該強迫兒童上宗教課程。但實際上這一點往往被忽視。一位行事低調但意志堅定的活動家瓦什蒂・麥考倫（Vashti McCollum）在一九四八年對她兒子的學校提告，因為她兒子在該校不得不上這種課。經歷多次敗訴之後，最高法院終於判她勝訴，但在通往勝利的道路上，她和她的家人招來許多謾罵。人們把垃圾扔到他們家門口，包括一整顆連根帶泥的甘藍菜；房子和車窗被塗鴉ATHIST字樣；寄來的信上寫著「願你那腐爛的靈魂在地獄裡焚燒」之類的內容。麥考倫把這些信拿給一個上門勸她悔改的女人看，後者聲稱沒有一個基督徒會寫出這種東西。麥考倫回答：「嗯，想必也不會是無神論者寫的。」[35]

在英國，教育心理學家瑪格麗特．奈特（Margaret Knight）在一九五五年的BBC廣播節目中，對那些想在不受基督教影響下教導孩子道德原則的家長，發表的兩次談話，也掀起強烈的抗議。她起先不得不對抗BBC內部的反對聲浪，後來媒體也紛紛譴責她，《星期日畫報》（*Sunday Graphic*）刊登了她的照片並寫道：「她看起來——沒錯——就像個典型的家庭主婦：心平氣和，令人感到舒服，沒有惡意。但瑪格麗特．奈特夫人是個危險人物。」她在一本回憶錄中提到，她自己年輕時曾經試著壓抑她對宗教的懷疑，直到她看了羅素寫的東西，才明白這種事情是可以感受得到，並且拿出來談的。她說，她也想透過這些廣播節目，讓家長和孩子們意識到，他們可以公開談論關於信仰與懷疑的問題。[36]

時至今日，提升這種意識仍然是人文主義組織的工作之一。即使一個人生活在非宗教觀點相當普及的社會

裡，通常也很難承認會對於伴隨著他成長的宗教產生懷疑。人文主義組織希望提升人們對這種想法的接受度，甚至提供慰藉，這些組織提醒人們，如果他們確實對他們的宗教感到懷疑的話，他們並不孤單，而且秉持純粹的人文主義道德觀是一個合理的選擇。

這就是為什麼英美兩國的人文主義組織在二〇〇八年和二〇〇九年都進行了廣告宣傳，在廣告看板和公車兩側張貼海報。美國人文主義協會傳達的訊息是：「不相信上帝嗎？你並不孤單」以及「為什麼要相信上帝？看在善良的分上，做個好人就行了」。由謝琳在英國發起的活動所傳達的訊息，就是我們在前言中看到的「上帝或許並不存在，所以別煩惱了，盡情享受人生吧！」[37]不是每個人都喜歡這個想法。英國人文主義者協會除了從宗教人士那裡收到預期中的抗議信之外，死硬派的無神論者也寄信來抗議，他們認為「**或許**」這一個詞是在逃避，而激進的不可知論者則認為，宣稱上帝**或許**不存在太過明確。這證明了我們不可能總是討好所有的人——而這本身就是一個很好的人文主義原則。

一如往常，這些運動的當務之急是對人們樂觀喊話。放輕鬆！只要當個好人——你有很多夥伴——並享受你的生活。這些廣告的目的不是要抨擊，而是試圖與那些在某種程度上可能已經是人文主義者卻不自知的人建立連結。

在此同時，宗教活動與社群確實仍為許多人帶來喜悅、友誼與滿足。那為什麼人文主義者不希望人們在生活中感受這種（帶有強烈人文主義色彩的）滿足感？的確，大多數人文主義者並不希望如此。他們是致力於幫助那些苦於宗教所帶來的困境或恐懼的人；讓人們對他們的潛能有更多的認識，並努力改善法律與政治結構，以滿足非宗教人士的需求。

人文主義絕對不是要從豐富的人類生活中剝奪任何東西，而是要使人類的生活更豐富。我同意赫斯特的看法，我們在前言中曾經提到，她傳達了德謨克利特對於物質存在的看法。在同一個段落中，她還說：

> 我不會嘗試以言語或行動去剝奪別人的安慰。這根本不適合我。讓別人因為瞥見大

天使而欣喜若狂吧。當金黃色的晨曦從縹緲的黎明深處乍然湧現，已足以使我感到榮耀。38

我個人的狂喜與榮耀，主要來自想像宏偉而複雜的宇宙——我們對它越來越了解。我們在科學中所學到的東西，只能用崇高來形容：據估計，我們生活在一個包含大約一千兩百五十億個星系的宇宙裡，其中光是我們的星系就包含了大約一千億顆恆星，其中有一顆特定的恆星照耀著我們的星球，使它充滿了大約八百七十萬個不同的物種，而其中還有一個物種能夠研究它們並對此驚嘆不已。這也讓**我們**成了一項奇蹟：我們那個僅一點三公斤左右的大腦物質，竟然能夠包含這麼多的知識並加以拓展，創造出一個包含意識、情感與自我反思的完整小宇宙。

儘管如此，無神論者可能會感到困惑的是，還是有這麼多人執著於某些神祇的想法，祂們似乎主要關心的是蒐集貢品和觀察我們是否有正確的性行為。這些無神論者提出的問題是：為什麼人類的心靈地景不該像一面清晰、毫不扭曲的鏡子一樣，反映我們迄今為止所認識的宇宙，以及它的美與生命力？

但是，其實人類的心靈地景很少像一幅清晰、毫不扭曲的鏡中倒影。朱利安・赫胥黎寫道，人類是一座不斷轉化的磨坊，「把粗糙的現實世界赤裸裸地倒進去，產生了……一個有意義的世界。」[39]我們可以嘗試讓自己盡可能理性地思考，並盡可能具備宏觀的科學視野；我們這樣做的話，會是一件好事。但我們**也**一直都生活在一個充滿符號、情感、道德、文字與關係的世界。這往往意味著，以宗教和非宗教的方式來理解世界，兩者之間的分界並不明顯。

十九世紀俄羅斯短篇小說家、劇作家暨醫生安東・契訶夫（Anton Chekhov）在一八八九年寫給一位朋友的信上，提到米哈伊爾・格林卡（Mikhail Glinka）的一首歌，由亞歷山大・普希金（Alexander Pushkin）作詞：

> 如果一個人懂循環系統理論的話，他是富有的。如果他還熟悉宗教史和〈我記得一個奇妙的時刻〉（I remember a Marvelous Moment）這首歌的話，他會更富有，而不是更貧窮。所以，我們完全是在進行加法運算。[40]

進行加法運算：這已足以使我感到榮耀。

但這並不代表一切順利。更嚴重的問題不是主張超自然信仰，而是更深層的人文主義價值觀遭到威脅，包括這整本書裡提到的各種狀況：殘酷對待人類與其他生物、拒絕尊重某種類型的人、鼓吹不寬容、以燒毀或其他方式破壞「虛榮之物」以及箝制思想、寫作與出版自由。一九六八年，英國老牌人文主義者哈羅德・約翰・布萊克姆（Harold John Blackham）提供了一份當時他認為是「敵人」的清單——他承認，一個愛好和平的人通常不願意使用「敵人」這個詞。儘管如此，他認為**現在**有必要認清敵人是誰。他們包括了：

偏執狂、宗派主義者、教條主義者、狂熱分子、偽君子，無論他們是基督徒還是人文主義者，以及所有那些不論貼上了什麼標籤，不論為了什麼目的而欺騙、奴役、操縱、洗腦或以其他方式剝奪人類獨立與責任的人，特別是那些使年輕與沒有經驗的人受到傷害的人。以最廣泛而模糊的用詞來說，人文主義運動主張的是「生命與自由」，而站在敵人陣線的則是所有那些對生命或自由懷有敵意的學說、機構、行為和人。[41]

我們這個時代還可以加上更多的敵人：包括一大批專制獨裁、捍衛基本教義、反自由、高壓統治、好戰、厭女、種族歧視、恐同、鼓吹民族主義與民粹主義的操縱者，其中一些人還會聲稱他們虔誠地獻身於傳統宗教，無論這是不是他們的真心話。他們對人類實際的生活不屑一顧，但卻承諾——他們老是這樣！——提供更崇高、更美好的東西。我們必須嚴肅看待這些人文主義與人類福祉的敵人。

另一方面，這些敵人也可以幫助我們回答「什麼是人文主義？」的問題。我們可以觀察，當人們任意忽視人文主義的情況日益嚴重時，到底少了些什麼。而人文主義就是應該要有的東西。

除了廣泛的政治領域之外，人們也可以在生活中特定的領域觀察到這一點。例如：什麼是人文主義建築，或人文主義城市規劃？這種設計不會妨礙人們過著體面而滿足的生活。人文主義城市設計師會關注人們如何使用一個空間，以及什麼能讓人們感到舒服，而非試圖建造龐大到令人喘不過氣的建築，或一堆讓人們感到震撼的氣派障礙物。而人文主義建築師最好以「人的尺度」為起點。一九一四年，傑弗里・史考特（Geoffrey Scott）出版了影響深遠的專著《人文主義建築》（*The Architecture of Humanism*），他提醒我們，人們傾向根據自己的身體經驗來談論建築，說它們頭重腳輕、昂然聳立或完美均衡——這些描述源於我們自己的身體在世界上的感受。一位人文主義建築師會去注意「與我們切身相關的物質條件、我們喜歡的移動方式、可以用來支撐我們的力量，以及不會讓我們感到迷失或挫折的環境。」[42]

偉大的美國人文主義城市設計倡導者珍・雅各（Jane Jacobs）便致力於達成這些目標。一九五八年，她成功地反對羅伯特・摩斯（Robert Moses）的計劃，他原先打算拆除華盛頓廣場公園（Washington Square Park），在曼哈頓下城中心修建一條快速道路。接著，她撰寫了人們在城市中實際生活與工作的研究報告——例如，根據她的觀察，在市中心邊緣設置大型公園似乎是個好主意，但人們更感興趣的是，能夠在他們平日上班或購物時**經過**一些愉快的地方，而不是專程跑一趟。她還指出，住宅區裡有一條熙熙攘攘的街道——儘管到處都是叛逆的青少年經常光顧的酒吧，可能看似混亂嘈雜，但也比乾淨的開放空間更安全——當然也更有利於建立人際關係。[43]雅各的著作影響了其他人，例如丹麥的城市規劃師揚．蓋爾（Jan Gehl），他花了好幾個小時在義大利街道上徘徊，紀錄居民如何走過廣場，或停下來靠在護柱上閒聊。一份地方報紙刊登了他鬼鬼祟祟窺探的照片，附上文字說明：「他看起來像個披頭族（beatnik），但他不是」。後來蓋爾把他的發現應用在世界各地的城市規劃，並跟當地市民合作。其中有一個案子，他跟丹麥的赫耶．格拉德薩克斯（Høje Gladsaxe）住宅計畫的居民共同設計了一處兒童遊樂區之後，原本的建築師聲稱這是「對建築的破壞」。但對蓋爾來說，這比用建築來破壞人們的生活有意義多了。[44]

人文主義思維不僅應用在城市設計，也適用於許多其他領域——除了政治之外，還包括醫療行為與藝術。我們在前幾頁看到契訶夫對加法運算的看法，他在從事醫療工作與寫作時都秉持以人為本的思維。尤其是他的短篇小說，密切關注人們日常生活中發生的事件（或平淡無奇的事件）：愛與心碎的時刻、旅行、死亡、無聊的日子，展現了人文關懷。他也站在人文主義的立場來看待宗教與道德問題：他不喜歡教條，對超自然信仰抱持懷疑。一位二十世紀的契訶夫仰慕者寫道：

> 他說——以前從來沒有人這樣說過，甚至連托爾斯泰也沒說過——首先我們都是人。你明白嗎？人！他說了一句在俄羅斯從來沒有人說過的話。他說，首先我們是人，其次才是主教、俄羅斯人、店主、韃靼人、工人……。契訶夫說：讓我們把上帝——以及所有這些偉大的進步思想——放在一邊。讓我們從人開始；讓我們善待與關注每一個人。[45]

事實上，這些話出自於一個虛構人物之口，是烏克蘭猶太作家瓦西里・格羅斯曼（Vasily Grossman）的小說《生活與命運》（*Life and Fate*）中的一個場景，他也是一位偉大的人文主義作家。格羅斯曼跟契訶夫一樣，是科學家也是創作者：他本來是一位化學工程師，後來開始寫小說，其中大部分是輕鬆滑稽的作品。他在第二次世界大戰期間從事新聞工作，特別是在史達林格勒（Stalingrad）戰役前線進行報導。一九五〇年代，他開始撰寫《生活與命運》，他的戰時經歷對這本書有很大的影響，特別是他的母親葉

卡捷琳娜・薩維利耶夫娜（Yekaterina Savelievna）遭到納粹殺害。《生活與命運》讓我們沉浸在二十世紀最悲慘的苦難之中：戰爭、大屠殺、寒冷、飢餓、背叛、納粹佔領區與蘇聯的種族迫害——總之，人類承受了莫大的悲哀與痛苦。它把我們帶到難以忍受的地方，包括進入納粹毒氣室，直接面對死亡的那一刻。但格羅斯曼透過這些描述，在故事裡注入了他的人文主義情懷，以個人為中心，而不是思想或理想。

他在其他方面也展現了人文主義者的思維。他不喜歡宗教機構，他認為宗教機構往往會阻撓而不是鼓勵人們展現本性中的善良與友愛。對格羅斯曼來說，這兩種美德才是真正重要的，如同《生活與命運》裡的另一個角色說道，「這種善良，這種愚昧的善良，才是人類最真實的人性。它使人類與眾不同，是人類靈魂的最高成就。不，它說，生命並不邪惡！」[46]

在共產主義政權統治之下，可以批評傳統的宗教意識形態，但不能批評國家的意識形態。格羅斯曼特別引起反感的原因，在於他揭露了蘇聯本身的反猶太主義（anti-semitism）傾向，而官方並不承認。當他開始寫《生活與命運》的時候，史達林還在世，所以這樣一本書似乎不太可能出版。但到了一九五三年，史達林去世，由承諾讓文化「解凍」（Khrushchev Thaw）的尼基塔・赫魯雪夫（Nikita Khrushchev）繼任。因此，當格羅斯曼在一九六〇年完成這部小說時，他認為可以寄給出版商碰碰運氣。朋友警告他，他太樂觀了——他們是對的。在他寄出小說之後不久，國家安全委員會（Komitet gosudarstvennoy bezopasnosti，簡稱KGB）到他家進行搜查，沒收了打字稿的副本，以及他所有的草稿與筆記本。他們還拿走複寫紙和打字機色帶，打算徹底抹去那些微弱的文字印跡。這本書似乎已經從地球上徹底消失了。

但他們不知道的是，格羅斯曼已經事先把另外兩份書稿寄給了兩位不同的朋友，他們把書稿藏起來，屏息以待。格羅斯曼還寫了其他作品，包括一部未完成的小說，描述一個男人在古拉格（Gulag）監禁了三十年出獄之後感受到的混亂，以及描述他本人在亞美尼亞（Armenia）旅行與邂逅的優美遊記。當時他已經罹患了胃癌。他在一九六四年去世，而《生活與命運》仍然出版無望。

十幾年之後，一九七五年，其中一個朋友找人幫忙把書稿的縮微膠捲偷偷運出國，底片難以閱讀，但還是製作了其他的副本。一九八〇年，瑞士一家出版商出版了這本小說的刪節版。五年後，一個更完整的英譯本問世。[47]它立刻被譽為二十世紀的傑作，媲美托爾斯泰的《戰爭與和平》或契訶夫創作的一系列短篇小說。[48]它的魅力有一部分來自它本身的故事：一個在逆境中求生存的故事。就像早期人文主義者所寫的許多作品一樣，它被巧妙地保存下來，隱藏起來，獲得拯救並進行複製。而且，正如佩脫拉克、薄伽丘和早期的人文主義印刷商所知道的，拯救一本書最好的方式莫過於大量複製它。

當然，現在到處都可以買到《生活與命運》。如果有人問你「什麼是人文主義？」而你又想不出更直接的答案的話，不如帶他去書店買一本。

格羅斯曼在《生活與命運》中寫道，每當一個人死去時，在他意識中建立起來的整個世界也隨之死去：「星辰從夜空中消失了；銀河消失了；太陽的光芒熄滅了……花朵失去了色彩和芬芳；麵包消失了；水也消失了。」他還寫道，有一天我們可能會設計出一種足以擁有人類經驗的機器；但如果我們這麼做的話，它必然會是個龐然大物——因為即使是最「平凡、最毫不起眼的人」，他的意識空間也遼闊無比。

他還加上了一句話：「法西斯主義消滅了數千萬人。」[49]

試圖把這兩種想法放在一起思考幾乎是不可思議的壯舉——即便我們擁有龐大的意識。但是，機器能夠跟我們一樣進行嚴肅而深刻的思考嗎？是否能夠對事件進行道德反思？是否擁有跟我們不相上下的藝術才能與想像力？有些人認為，這些問題轉移了我們的注意力，我們應該要問的是另一個更迫切的問題：我們跟機器之間密切的關係對**我們**有什麼影響。杰倫・拉尼爾（Jaron Lanier）本人是電腦科技的先驅，他在《別讓科技統治你：一個矽谷鬼才的告白》（*You Are Not a Gadget*）一書中警告，我們正在讓自己成為電腦演算法與量化計算的一部分，因為這讓我們更容易被電腦處理。例如，教育不再重視發展人性，因為這無法以單位衡量，而是更在乎打勾檢核。密爾談到一個人成年之後，充分感受到自己「活得像個人」；阿諾德的甜蜜與光明；洪堡探索知識時「難以言喻的喜悅」——這些都成了記錄消費者滿意度的星級評等系統。拉尼爾說：「我們一再證明，人類可以無底限地下修標準去美化資訊科技。」[50]

要了解這種貶抑人類的想法如何得出合理的結論，出乎意料的是，我們可以回顧一下活在一個多世紀之前的艾略特。一般來說，她並不是以身為科幻作家（或確切來說，悲觀主義者）聞名，但她在一八七九年出版的最後一本書《泰奧弗拉斯托斯・薩奇的印象》(*Impressions of Theophrastus Such*)裡，描繪了一個悲觀得令人毛骨悚然的科幻前景。出現在該書其中一章〈未來物種帶來的陰影〉(Shadows of the Coming Race)裡的某個角色推測，未來的機器可能學會自我複製，接下來，它們可能會意識到它們根本不需要人類的頭腦在旁邊指揮，他們可以變得越來越強大，「因為它們不用背負一無是處的意識，它就像一隻家禽，頭朝下被綁在正在飛奔的騎士馬鞍上，毫無意義地尖叫著。」[51]這就是我們的下場。

唉，真慘。現在有些人認為，如果人類因為受到人工智慧的奴役，因為環境崩壞或犯下其他的錯而慘遭毀滅，那麼，世界反倒沒有我們會更好。我們幾乎沒有給世界帶來什麼好處：我們正在破壞地球的氣候與生態系統，我們的莊稼與家畜消滅了其他物種，我們還分配了更多的資源以繁殖更多的人。甚至連我們的衛星也像起疹子似地在夜空中擴散。我們擁有這麼大的影響力，以至於地質學家正在討論，是否要將我們的時代正式命名為「人類世」(Anthropocene)，這個時期可以透過我們馴養的雞隻遺留在地層裡的骨頭來辨識。[52]這讓我們以新的觀點來看待艾略特筆下如家禽般尖叫的意識。但是，如果我們真的任憑人類文明支配一切，我們最終會毀了我們自己的生活，再次使一切失去人性。

因此，有些人會抱著這樣的希望來尋求矛盾的安慰。有時候他們被稱之為「後人類主義者」（posthumanist），期待著一個人類生活範圍急遽縮小或根本不存在的時代來臨。有些人建議我們自己進行自我毀滅，這就是所謂的人類自願滅絕運動（Voluntary Human Extinction Movement，簡稱VHEMT）要傳達的訊息。一九九一年，環保主義者暨教師樂斯．奈特（Les U. Knight）發起這項運動，提出既嚴肅又帶有超現實意味的主張，倡導人類放棄生育，漸漸走向滅絕來拯救地球。[53]

後人類主義（posthumanism）帶有一種溫和的謙遜氣息，但它也是一種反人文主義思想。我認為，它源自一種古老的罪惡感，渴望著地球回到伊甸園狀態——人類不僅被逐出伊甸園，甚至從來沒有被實際創造出來。[54]這跟少數極端基督徒的想法不乏雷同之處，也就是主張我們要接受地球上發生的環境危機（甚至加速它的惡化），因為這會讓審判日加速來臨。[55]二〇一六年的一項調查顯示，百分之十一的美國人贊成這樣的看法：反正世界末日就要到了，所以我們不需要費心去處理氣候變遷的問題。更令人費解的是，在那些自稱「不可知論者或無神論者」之中，也有百分之二的人同意這樣的看法。[56]

另一些人則衷心希望走向另一個不同的結局。「超人類主義者」（transhumanist）有別於後人類主義者，他們熱切期待各種新科技的出現，大幅延長人類的壽命，然後把我們的心靈上傳到其他資料庫，這樣我們就不再需要人類的身體了。有些人談到了所謂的科技奇點（singularity）時刻，也就是科技發展加速到讓我們自己跟機器合而為一的時刻。接下來，就會如雷．庫茲威爾（Ray Kurzweil）在《奇點臨近》（*The Singularity Is Near*）裡寫的那樣，「大規模擴張（主要是非生物性的）人類智慧遍佈整個宇宙。」[57]

後人類主義和超人類主義（transhumanism）互相對立：一個消滅人類的意識，另一個則把人類的意識滲透到一切事物之中。不過，這種對立發展到極致時卻有共通之處。兩者都認為，我們目前的人性是過渡性或錯誤的，應該要被揚棄——兩者都不去處理我們的現狀，而是想像我們產生某種戲劇性的轉變：不是在新的伊甸園中變得更加謙卑善良或徹底滅亡，就是自我膨脹到聽起來像個神一樣。

我是個人文主義者，所以我不會考慮以上任何一個替代方案。然而，身為一個科幻小說迷，我曾經沉溺於超人類主義。多年前，我看了一本令人震撼的經典的科幻小說：亞瑟．克拉克（Arthur C. Clarke）一九五三年出版的《童年末日》（*Childhood's End*）。

跟許多科幻小說一樣，這個故事從外星人抵達地球開始說起。他們很快地給我們送上許多禮物，包括好幾個小時的娛樂節目。小說裡的一個角色問道：「你知道**每天**大約有五百個小時的廣播和電視節目在各式各樣的頻道上播出嗎？」[58]這表現了一九五三年對於豐富多樣的想法。不過外星人慷慨的餽贈是有條件的：人類必須留在地球上，放棄探索太空。

少數人不想被關進鍍金的籠子，拒絕收看娛樂節目，並大膽宣稱他們為人類的成就感到驕傲。但隨著時間過去，上了年紀的少數人被遺忘了，年輕的一代誕生了。他們有了新的心智天賦，開始發展出進入「主宰」（Overmind）的能力——這是一種神祕的宇宙智慧共同體，使他們不再屈服於「物質的暴政」。[59]

接下來，老一輩交棒給年輕人，而後者幾乎稱不上是人類。他們不需要吃東西，沒有語言，長年在森林和草地上跳舞。最後，他們停了下來，靜靜佇立著，然後緩緩昇華，進入了「主宰」。地球本身則變得像玻璃一樣半透明，閃爍著消失無蹤。人類與地球已不復存在，或更確切來說，它們已經被轉化並融入了更高的境界。

克拉克寫道，對人類來說，這樣的結局既不樂觀也不悲觀；它只不過是最後的結局。在某種程度上，他的小說也是如此，它把小說推向了極限。[60]更早的科幻小說家也曾經想像過人類滅亡的未來，特別是奧拉夫・斯塔普雷頓（Olaf Stapledon）一九三〇年的作品《最後與最初者》（*Last and First Men*）。但克拉克更進一步，到最後完全沒有故事了，物種消失了，甚至物質也消失了，至少是從地球上消失了。他去了但丁在《神曲・天堂篇》（*Paradiso*）裡去過的地方——但丁在這部作品的第一個詩章裡抱怨，這必然會讓任何一位作家感到挫敗，因為描寫天堂「超越了人類的能力」（*transumanar*），但丁還說，這也超越了語言本身所能表達的範疇。[61]

我第一次看《童年末日》時，很喜歡它的結局。但現在，我感受到更多的是這種前景背後的憂傷。我為我們身為有缺陷的、可供識別的人感到悲哀，為我們的星球與許多文化細節感到悲哀，所有的一切都隱沒在無所不在的平淡裡。每一個特色都消失不見了：德謨克利特的原子、泰倫提烏斯愛管閒事的鄰居、佩脫拉克的不耐煩與薄伽丘的淫穢故事；內米湖巨船和像魚一樣敏捷的熱那亞潛水員、熱情洋溢的馬努提烏斯（「阿爾杜斯來了！」）、搭船沿河而下的學生、普拉蒂納的香橙烤鰻魚食譜、伊拉斯謨禮貌的放屁、《百科全書》（總計七萬一千八百一十八個條目）、休謨的西洋雙陸棋與惠斯特紙牌遊戲、塞耶斯舒適的褲子、道格拉斯拍起來很上相的臉孔和他的口才、祭司專用的詩意語言卡維文、海鞘、女用燈籠褲、佩脫拉克心愛的小河邊的世界語牌匾、羅易美味的湯、荒謬的紋章學、泰戈爾樹下的課堂、沙特爾大教堂的窗戶、縮微膠捲、宣言、會議、帕格沃什、繁忙的紐約街道、金黃色的晨曦——他們最終都在虛榮之物的篝火中消失了。我感受到的不再是崇高，而是「多麼令人失望。」

在這一切充滿了神性與神祕主義的描述中，豐富的現實生活到哪裡去了？還有，我們身在地球上應有的責任感呢？（這並不是說克拉克本人要我們放棄這些責任——恰好相反。）以及我們跟其他人和其他生物之間的關係呢？人文主義的道德、認同與意義都建立在這個偉大的基礎之上。

這些昇華的夢想也許源自小時候，那個被巨大的手臂從搖籃裡舉起來的記憶。但地球不是搖籃，我們在這裡並不孤單，因為我們和這麼多其他的生物一起共享著，我們不需要等著被悄悄帶走。我不需要「主宰」，也不需要任何宗教的崇高願景，我要的是鮑德溫寫下的這些更有人性智慧的話：

一個人要對生命負責。它是那可怕的黑暗中的一盞明燈，我們從黑暗裡來，也將回到黑暗裡去。但為了我們的後世子孫，我們必須盡量設法勇敢地走過。[62]

不論是罪惡感或超越的夢想，對這趟旅程都沒有任何幫助。但丁說得對：我們確實無法「超越人類的能力」，但如果我們在嘗試中自得其樂的話——嗯，就可以創作出優美的文學作品，但它仍然是人類的文學作品。

我更偏好結合了自由思考、探索與希望的人文主義。而且，正如已故的人文主義暨倫理學學者茨維坦・托多洛夫（Tzvetan Todorov）在一次訪談中說道：

選擇人文主義，確實就像選擇了一艘脆弱的船，航行到全世界去！這艘脆弱的船，只會讓我們駛向脆弱的幸福。但是，我覺得其他的解決方案似乎是為超級英雄所設計的，而我們並不是……不然就是充斥著滿滿的幻想，以及永遠無法兌現的承諾。而我更相信人文主義的吠聲。[63]

最後，一如既往，我再次引用英格索爾的信條：

快樂是唯一的善。
快樂就是現在。
快樂就在這裡。
快樂之道是讓別人快樂。[64]

這聽起來很簡單，很容易。但是，我們要發揮所有的聰明才智才辦得到。

謝辭

我要感謝那些聰明睿智的人，尤其是哈姆扎．賓．瓦萊耶、安德魯．考普森（Andrew Copson）、彼得．梅克（Peter Mack）、史考特．紐斯托克（Scott Newstok）、吉姆．沃爾什（Jim Walsh）與奈傑爾．沃伯頓（Nigel Warburton）給予我的協助，他們跟我討論，提供建議與閱讀書目，並且大方分享各式各樣的知識。感謝佛羅倫斯的恩里卡．菲凱—韋爾特尼（Enrica Ficai-Veltroni）、喬凡娜．朱斯蒂（Giovanna Giusti）和瑪拉．米尼亞蒂（Mara Miniati）慷慨貢獻他們的專長與時間。我也要感謝斯蒂法諾．古達里尼（Stefano Guidarini）跟我談論阿伯提，感謝彼得．摩爾（Peter Moore）常常告訴我他的想法與靈感，以及許許多多的新發現。

本書大部分是在奇蹟之地——倫敦沃伯格研究所圖書館與大英圖書館（The British Library）撰寫的。我很感謝這兩座圖書館的館員，尤其是沃伯格圖書館的理查德．加特納（Richard Gartner）和我所造訪的其他圖書館、檔案館的優秀工作人員，如主教門學院圖書館（Bishopsgate Institute Library）、康威廳圖書館（Conway Hall Library）、威納大屠殺圖書館（Wiener Holocaust Library）以及倫敦圖書館（London Library），我對後者一如往常地致上謝意。

感謝人文主義國際與英國人文主義者協會一切的協助，包括讓本書全文引用二〇二二年版的《現代人文主義宣言》（*Declaration of Modern Humanism*），特別感謝卡特麗娜・麥克萊倫（Catriona McLellan）提供英國人文主義者協會的標誌。

我非常感謝查特與溫達斯（Chatto & Windus）出版社的貝琪・哈迪（Becky Hardie）、克拉拉・法默（Clara Farmer）與全體編輯團隊，還有安・戈多夫（Ann Godoff）與美國企鵝（Penguin US）出版社的編輯團隊，特別是凱西・丹尼斯（Casey Denis）、維多利亞・洛佩茲（Victoria Lopez），以及我博學而英明的文字編輯大衛・考拉（David Koral）。我很幸運能夠從我摯愛的版權經紀人那裡得到許多專業與暖心的支持：包括佐伊・瓦爾德（Zoë Waldie）和羅傑斯、柯爾里奇與懷特（Rogers, Coleridge & White）版權代理公司的所有人，以及美國的梅蘭妮・傑克遜（Melanie Jackson）。

我要特別向茱蒂絲・格里維奇（Judith Gurewich）致謝，她跟我談論佩脫拉克和我們共同的偶像瓦拉。

我也要感謝所有參與溫德姆・坎貝爾獎（Windham-Campbell Prizes）的工作人員；

在開始撰寫本書的時候獲得這項意外的榮譽，對我來說意義非凡。

最重要的是，感謝我的妻子西蒙內塔・菲凱－韋爾特羅尼（Simonetta Ficai-Veltroni），感謝她多年來的愛與鼓勵，感謝她出色的洞察力和直覺，感謝她閱讀了無數正在撰寫中的書稿，還有很多很多，盡在不言中。

本書獻給幾個世紀以來默默（或大聲地）捍衛他們的人文主義信仰的人，這麼做往往需要非比尋常的勇氣，而今天仍然有許多這樣的人。

附錄

人文主義國際《現代人文主義宣言》

二〇二二年在英國格拉斯哥舉行的大會上批准

人文主義的信仰與價值觀和人類文明一樣古老，在世界上大多數的社會都有跡可循。這些思考道德與意義的悠久傳統，後來發展成現代人文主義，是世界上許多偉大的思想家、藝術家與人道主義者的靈感來源，也和現代科學的興起密不可分。

我們推動的是一個國際性的人文主義運動，試圖讓所有人都知道人文主義者的世界觀具有這些基本特徵：

一、人文主義者致力於做個有道德的人

我們相信人類的道德觀是與生俱來的，奠基於生物能夠感受痛苦與蓬勃發展的能

力，著眼於幫助而不是傷害別人所帶來的好處，受到理性與同情心的驅使，而且完全出自於人性。

我們肯定人類的價值和尊嚴，每個人都有權利盡可能享有最大的自由，盡可能獲得充分的發展，同時不抵觸別人的權利。為了達成這些目標，我們支持和平、民主、法治與普世共通的法定人權。

我們反對所有的種族歧視與偏見，以及因此產生的不公義。另外，我們追求的是促進人類繁榮與情誼，同時維持多元性與獨特性。

我們認為，個人自由必須與社會責任結合在一起。一個自由的人對別人負有責任，我們不僅感到有責任關懷全體人類，包含後世子孫，也有責任關懷一切有情眾生。

我們承認自己是大自然的一分子，並相信我們對大自然其他物種所帶來的影響負有責任。

二、人文主義者致力於做個理性的人

我們深信，人類的理性與行動能夠解決世界上的問題。我們主張透過科學與自由探索來解決這些問題，同時切記，儘管科學提供了手段，但我們必須以人類的價值觀來界定目標。我們設法利用科技來增進人類的福祉，但絕不冷酷無情或帶來破壞。

三、人文主義者致力於追求充實的人生

我們重視一切讓人們感到快樂而充實的事物，只要它們不會對別人造成傷害。我們也相信，過著兼具創意與道德的生活追求個人發展是一項終生事業。

因此，我們重視藝術創造力與想像力，承認文學、音樂、視覺與表演藝術具有帶來變革的力量。我們珍惜大自然的美，以及它令人感到驚奇、敬畏與平靜的潛力。我們欣賞個人與團體在體育活動中的努力，它增進了同志情誼與成就感。我們尊重知識的探索，以及它所展現的謙遜、智慧和洞察力。

四、人文主義滿足了人們探索意義與目的根源的普遍需求，提供有別於教條式的宗教、威權民族主義、部落宗派主義、自我虛無主義的另類選項

雖然我們相信，關於人類福祉的承諾是永恆不變的，但是我們並不是根據一成不變的神啟提出這樣的看法。人文主義者承認，沒有人是無懈可擊或無所不知的，唯有持續的觀察、學習與重新思考，才能了解世界與人類。

有鑑於此，我們不會逃避審查，也不會把我們的看法強加於全體人類。相反地，我們承諾自由的意見表達與交流，並設法跟我們信仰不同但擁有共同價值觀的人合作，這一切都是為了建立一個更美好的世界。

我們相信，人類能夠透過自由探索、科學、同理心與想像力來解決我們面臨的問題，促進和平與人類的繁榮。

我們呼籲所有抱持這些信念的人加入我們的行列，投入這場激勵人心的奮鬥。

注釋

前言：只有連結！

1. David Nobbs, *Second from Last in the Sack Race* (1983), in *The Complete Pratt* (London: Arrow, 2007), 289–91。
2. Kurt Vonnegut, *God Bless You, Dr. Kevorkian* (New York: Washington Square Press/Pocket Books, 1999), 9。
3. 包括了這些意涵的定義：https://en.wiktionary.org/wiki/humanitas。
4. 引自Diogenes Laertius, *Lives of Eminent Philosophers*, trans. R. D. Hicks (London: W. Heinemann; New York: G. P. Putnam's Sons, 1925), vol. 2, 463-65。柏拉圖在《泰鄂提得斯》（*Theaetetus*）中也提到蘇格拉底說過類似的話，160c-d。
5. 摘自福斯特一九五五年寫給《二十世紀》（*The Twentieth Century*）的信，引自*Humanist Anthology*, ed. M. Knight (London: Rationalist Press Association/ Barrie & Rockliff, 1961), 155–56。福斯特在一九五〇年代擔任道德聯盟（Ethical Union）副主席，從一九五九年開始擔任劍橋人文主義協會（Cambridge Humanists Society）主席直到去世，自一九六三年起，他也是英國人文主義者協會諮詢委員會的成員。
6. 馬沙勒・汗：https://humanists.international/2017/04/humanist-murdered-fellow-university-students-alleged-

blasphemy/。截至二〇二二年，世界上還有十三個國家對褻瀆或叛教行為處以死刑。

7. 人文主義國際的鮑伯・邱吉爾（Bob Churchill）寫了一封信，指出選擇柏拉圖和亞里斯多德並不恰當：http://iheu.org/uk-rejects-asylum-application-humanist-fails-name-ancient-greek-philosophers/。另見：https://www.theguardian.com/world/2018/jan/26/you-dont-need-to-know-plato-and-aristotle-to-be-a-humanist，以及https://www.theguardian.com/uk-news/2018/jan/26/philosophers-urge-rethink-of-pakistani-humanist-hamza-bin-walayat-asylum。

8. 關於該事件的經過以及和瓦萊耶之間的聯繫：https://humanists.international/2018/01/uk-rejects-asylum-application-humanist-fails-name-ancient-greek-philosophers/，以及https://www.theguardian.com/uk-news/2018/jan/17/pakistani-humanist-denied-uk-asylum-after-failing-to-identify-plato。

9. 新的內政部培訓課程：https://humanists.uk/2019/05/17/success-humanists-uk-begins-delivering-training-to-home-office-staff-on-asylum-claims/。

10. Jeane Fowler, 'The Materialists of Classical India', in *The Wiley Blackwell Handbook of Humanism*, ed. A. Copson and A. C Grayling.A. Copson and A. C. Grayling (Chichester, UK: John Wiley, 2015), 98-101, https://en.wikipedia.org/wiki/Charvaka。

11. 引自莫里斯・沃爾什（Maurice Walsh），《佛陀的長篇論述》（*The Long Discourses of the Buddha*）(Boston: Wisdom, 1995), 96 (division I, chap. 2)關於《長部》（*Dīgha Nikāya*）的譯文。參見Peter Adamson and Jonardon Ganeri, *Classical Indian Philosophy* (Oxford, UK: Oxford University Press, 2020), 39。

12. Epicurus, 'Letter to Menoeceus', in *The Art of Happiness*, trans. George K. Strodach (London: Penguin, 2012), 159–60。

13. 摘自普羅達哥拉斯失傳的作品《論神》（*On the Gods*），引自 Diogenes Laertius, *Lives of Eminent Philosophers*, vol. 2, 465。

14. Diogenes Laertius, *Lives of Eminent Philosophers*, vol. 2, 465。普魯塔克還提到普羅達哥拉斯遭到放

逐，並解釋這是因為那個時代無法容忍任何人將事件歸因於自然因素而非神力：Plutarch, 'Life of Nicias', in *Lives*, trans. John Dryden, rev. A. H. Clough (London: J. M. Dent; New York: E. P. Dutton, 1910), vol. 2, 266。

15. Zora Neale Hurston, *Dust Tracks on a Road*, reprinted in Folklore, Memoirs, and Other Writings (New York: Library of America, 1995), 764。

16. https://en.wikipedia.org/wiki/Ariane_Sherine. Bishopsgate Institute Library, London, BHA papers. BHA 1/17/148，關於無神論的公車宣傳活動，包含一份英國人文主義者協會的報告〈無神論公車宣傳活動：為什麼會成功〉（Atheist Bus Campaign: Why Did It Work?），參見https:// humanism.org.uk/campaigns/successful-campaigns/atheist-bus-campaign/。

17. 英格索爾關於快樂的信條以不同的形式發表，收錄於《關於眾神的演說》（*An Oration on the Gods*）(29 January, 1872) (Cairo, IL: Daily Bulletin Steam Book & Job Print, 1873)，48。他也在一八九九年一月二十二日用留聲機唱片朗誦了這段話。這張唱片在紐約德勒斯登的羅伯特・格林・英格索爾出生地博物館（Robert Green Ingersoll Birthplace Museum）展出，也可以線上收聽：https://youtu.be/rLLapwIoEVI。

18. Terence, *Heauton tomorumenos* (*The Self-Tormenter*), act 1, scene 1, line 77。貝蒂・雷迪斯（Betty Radice）在泰倫提烏斯，《福爾彌昂與其他戲劇》（*Phormio and Other Plays*）(Harmondsworth, UK: Penguin, 1967)，頁86的翻譯是「我是人，所以任何人關心的事也是我所關心的。」

19. 'Ubuntu (philosophy)'，*New World Encyclopedia*, http://www.newworldencyclopedia.org/entry/Ubuntu_(philosophy)。關於把它當作一種人文主義哲學的現代探討，參見Stanlake J. W. T. Samkange, Hunhuism or Ubuntuism: A Zimbabwe Indigenous Political Philosophy (Salisbury, UK: Graham, 1990)。

20. Desmond Tutu, *No Future without Forgiveness* (London: Rider, 1999), 35。

21. Ethical wisdom是賴蘊慧（Karyn L. Lai）的翻譯，引自*An Introduction to Chinese Philosophy* (Cam-

bridge, UK: Cambridge University Press, 2008), 24。參見Jiyuan Yu, ‘Humanism: Chinese Conception of ’, from the *New Dictionary of the History of Ideas* (2005)，可查閱http://www.encyclopedia.com/history/dictionaries-thesauruses-pictures-and-press-releases/humanism-chinese-conception。

22. 孔子，《論語》，12:2（淑與仁的關係）和15:24（作為生活準則）。參見金安平（Annping Chin）在她的《論語》譯本中對後者的評論：*The Analects* (New York: Penguin, 2014), 259。
23. Babylonian Talmud, Shabbat 31a, https://en.wikipedia.org/wiki/Hillel_the_Elder。
24. 「擁有智慧和潔淨靈魂的人，應該始終按照他們期望別人對待自己的行為方式來對待其他生物。」*Mahābhārata* XIII: 5571, ed. Pratāpa Chandra Rāy (Calcutta: Bhārata Press, 1893), vol. 9, 562。第十三冊關於教誨，上下文涉及素食主義。「所以，無論何事，你們願意人怎樣待你們，你們也要怎樣待人，因為這就是律法和先知的道理。」Matthew 7:12. Bernard Shaw, *Maxims for Revolutionists*, in *Man and Superman* (Westminster, UK: Constable, 1903), 227。
25. *Mengzi: With Selections from Traditional Commentaries*, trans. Bryan W. Van Norden (Indianapolis and Cambridge, MA: Hackett, 2008), 46–47 (2A6: 孩子), 149–50 (6A6: 種子)。布萊恩・W・范・諾爾登（Bryan W. Van Norden）評論說，孟子確實考慮到童年時期罕見的傷害，會使種子太早受損而無法存活；參見頁150-52（6A7-8）。
26. 孔子，《論語》，2:20。
27. Plato, *Protagoras*, 328b. In *Protagoras and Meno*, trans. W. K. C. Guthrie (Harmondsworth, UK: Penguin, 1956), 60。
28. 柏拉圖在《普羅達哥拉斯》（*Protagoras*）裡敘述了此神話故事，*Protagoras*, 320d–325d。
29. Cicero, *On the Nature of the Gods* (*De natura deorum*)，第二冊論證了人類的卓越。
30. Giannozzo Manetti, *On Human Worth and Excellence* (*De dignitate et excellentia hominis*), ed. and trans. Brian Copenhaver (Cambridge, MA, and London: I Tatti/Harvard University Press, 2018), 105–11 (book II)。

31. Manetti, *On Human Worth and Excellence*, 205 (book IV)。馬內蒂的作品將安東尼奧・達・巴爾加（Antonio da Barga）和巴托洛梅奧・法西奧比較早期而簡短的作品加以擴充；參見布萊恩・科恩哈弗（Brian Copenhaver）對該譯本的介紹（vii-xvii）。另見馬內蒂作品的第四冊，伯納德・馬克蘭德（Bernard Murchland）譯，引自*Two Views of Man: Pope Innocent III, On the Misery of Man; Giannozzo Manetti, On the Dignity of Man* (New York: Ungar, [1966]), 61–103。

32. 關於荀子，參見Bryan W. Van Norden, *Introduction to Classical Chinese Philosophy* (Indianapolis: Hackett, 2011), 163–84。關於把「惡」譯成detestable，參見https://plato.stanford.edu/entries/xunzi/。

33. Nemesius, *On the Nature of Man*, trans. R. W. Sharples and P. J. Van der Eijk (Liverpool: Liverpool University Press, 2008), 50。

34. Saint Augustine, *Concerning the City of God against the Pagans*, book XIV, chap. 11。

35. Innocent III, *De miseria humanae conditionis*, trans. Bernard Murchland in *Two Views of Man: Pope Innocent III, On the Misery of Man; Giannozzo Manetti, On the Dignity of Man* (New York: Ungar, [1966]), 4–10（人生各階段的苦難）, 13（book I, §13: 虛榮心）, 4（book I, §1: 蛆蟲）, 9（book I, §8: 卑賤）。

36. Blaise Pascal, *Pensées*, 182, in *Pensées, and Other Writings*, trans. Honor Levi, ed. Anthony Levi (Oxford, UK: Oxford University Press, 1995), 54。

37. William James, *The Varieties of Religious Experience*, in *Writings 1902–1910* (New York: Library of America, 1988), 454。

38. 順帶一提，這就是為什麼不適合把柏拉圖當成人文主義哲學家的原因之一。他的《理想國》（*Republic*）主張建立一個全體公民必須遵循他們分配到的種姓角色的社會。某些種姓的一切藝術與文學都受到審查，這樣他們就不會接觸到跟更重要的國家目標不一致的思想。他在《法律》（*The Laws*）中進一步呼籲建立審查制度與僵化的社會結構——人們不僅要服從國家，還要服從神的法則。哲學家卡爾・波普爾（Karl Popper）本人是一位堅定的人文主義者，他在《開放社會及其敵人》（*The Open Society and Its Enemies*）（1945）中指出，這兩部作品預示了在他這個時代興起的極權主義。

第一章：生者的國度

1. 佩脫拉克早期生活的故事摘自他的信件：Petrarch, *Letters on Familiar Matters / Rerum familiarum, libri I–XXIV*, trans. Aldo S. Bernardo (Albany: SUNY Press, 1975; Baltimore and London: Johns Hopkins University Press, 1982–85), vol. 3, 203 (*Fam.* XXI, 15: 流亡); vol. 1, 8 (*Fam.* I, 1: 差點淹死); vol. 2, 59 (*Fam.* X, 3: 髮型)。本章後續關於佩脫拉克《熟悉之事信札》的引用資料都來自這個版本。
2. 佩脫拉克在《老年信札》中敘述了這個故事，*Letters of Old Age* [Rerum senilium, books I–XVIII], trans. Aldo S. Bernardo, Saul Levin, and Reta A. Bernardo (Baltimore and London: Johns Hopkins University Press, 1992), vol. 2, 601 (Sen. XVI, 1)。本章後續關於佩脫拉克《老年信札》的引用資料都來自這個版本。
3. 佩脫拉克的維吉爾手稿，加上他的筆記與他的朋友西蒙尼・馬蒂尼（Simone Martini）繪製的微型畫，現藏於米蘭盎博羅削圖書館（Ambrosian Library）：S.P. 10/27 olim。線上瀏覽圖像：https://www.ambrosiana.it/en/opere/the-ambrosian-virgil-of-francesco-petrarca/。注釋譯文摘自Ernest Hatch Wilkins, *Life of Petrarch* (Chicago: Phoenix/University of Chicago Press, 1961), 77。
4. Petrarch, *Letters on Familiar Matters*, vol. 3, 22–23 (Fam. XVII, 5)。
5. Ronald G. Witt, *'In the Footsteps of the Ancients': The Origins of Humanism from Lovato to Bruni* (Leiden, Netherlands: Brill, 2000), 118–20。
6. Giannozzo Manetti, *Biographical Writings*, ed. and trans. Stefano U. Baldassari and Rolf Bagemihl (Cambridge, MA, and London: I Tatti/Harvard University Press, 2003), 75。

7. Petrarch, *Letters of Old Age*, vol. 2, 28 (*Sen.* I, 6)。
8. Petrarch, *Letters on Familiar Matters*, vol. 1, 160 (*Fam.* III, 18)。
9. Petrarch, *Letters of Old Age*, vol. 2, 603 (*Sen.* XVI, 1)。
10. Petrarch, *Letters on Familiar Matters*, vol. 3, 64 (*Fam.* XVIII, 12)。
11. 關於「痛苦不堪，無精打采」和「干預」的故事：G. Billanovich, *La tradizione del testo di Livio e le origini dell'umanesimo*, vol. 2: *Il Livio del Petrarca e del Valla: British Library, Harleian 2493* (Padua: Antenore, 1981)。
12. 李維的手稿現藏於大英圖書館：Harley 2493。複製本：G. Billanovich, *La tradizione del testo di Livio e le origini dell'umanesimo*, vol. 2: *Il Livio del Petrarca e del Valla: British Library, Harleian 2493* (Padua: Antenore, 1981)。
13. Cicero, *Pro Archia* (62 CE), para. 16, in Cicero, *The Speeches*, trans. N. H. Watts (London: W. Heinemann; Cambridge, MA: Harvard University Press, 1965), 25。
14. Petrarch, *Letters of Old Age*, vol. 2, 603–4 (*Sen.* XVI, 1)。關於這個故事跟其他這一類的故事，另見L. D. Reynolds and N. G. Wilson, *Scribes and Scholars*, 3rd ed. (Oxford, UK: Clarendon Press, 1991), 131–32。
15. 他發現了西塞羅寫給阿提庫斯，昆圖斯（Quintus）與布魯圖斯（Brutus）的信。Giuseppe F. Mazzotta, 'Petrarch's Epistolary Epic: *Letters on Familiar Matters* (*Rerum familiarum libri*)', in *Petrarch: A Critical Guide to the Complete Works*, ed. Victoria Kirkham and Armando Maggi (Chicago and London: University of Chicago Press, 2009), 309–20，這一點見頁309。
16. Petrarch, *Letters on Familiar Matters*, vol. 1, 172–80 (*Fam.* IV, 1, to Dionigi da Borgo, 26 April [1336])。
17. Petrarch, *Letters on Familiar Matters*, vol. 3, 207 (*Fam.* XXI, 15: 款待); vol. 1, 8 (*Fam.* I, 1: 米塔巴斯和卡蜜拉。這個故事摘自Virgil, *Aeneid*, book XI, lines 532–56)。
18. Petrarch, *Letters of Old Age*, vol. 2, 672–79 (*Sen.* XVIII, 1,「致後人」)。

19. Petrarch, *Letters on Familiar Matters*, vol. 1, 158 (*Fam.* III, 18:「交談」); vol. 2, 256–57 (*Fam.* XV, 3:「冰冷的空氣」); vol. 3, 187 (*Fam.* XXI, 10:「絆倒與西塞羅」); vol. 3, 317 (*Fam.* XXIV, 3:「你何必」)。
20. Marco Santagata, *Boccaccio: Fragilità di un genio* (Milan: Mondadori, 2019), 13。
21. Giovanni Boccaccio, *Boccaccio on Poetry*（序言與《異教諸神的系譜》〔*Genealogia deorum gentilium*〕第十四冊和第十五冊), trans. Charles G. Osgood (Princeton, NJ: Princeton University Press, 1930), 131–32 (XV, 10)。
22. Boccaccio, *Boccaccio on Poetry*, 131 (XV, 10)。
23. 薄伽丘晚年舉辦了一系列的講座。早期他曾經在《但丁頌》（*Trattatello in laude di Dante*）裡討論過但丁的生活和工作，並且在自己的手稿上為《喜劇》（*Commedia*）的每一個詩章寫了簡短的介紹。Sandro Bertelli, introduction to *Dantesque Images in the Laurentian Manuscripts of the* Commedia *(14th–16th Centuries)*, ed. Ida G. Rao (Florence: Mandragora, 2015), 15。
24. Boccaccio, *Boccaccio on Poetry*, 115–16 (XV, 6)。
25. Boccaccio, *Boccaccio on Poetry*, 132 (XV, 10)。
26. Giovanni Boccaccio, *The Decameron*, day 9, story 2。
27. Boccaccio, *The Decameron*, day 1, story 3。
28. James Hankins, *Virtue Politics: Soulcraft and Statecraft in Renaissance Italy* (Cambridge, MA, and London: Belknap Press of Harvard University Press, 2019), 193–94，談到蘿拉·雷格尼科利（Laura Regnicoli）為二〇一三年在佛羅倫斯老楞佐圖書館（Biblioteca Medicea Laurenziana）舉辦的「作家暨抄寫員薄伽丘」（Boccaccio autore e copista）特展進行的研究。
29. Mazzotta, 'Petrarch's Epistolary Epic: *Letters on Familiar Matters* (*Rerum familiarium libri*)', 309–20。
30. Petrarch, *Letters on Familiar Matters*, vol. 3, 224–25 (*Fam.* XXII, 7)。
31. 他發現的作品是瓦羅（Varro）的《論拉丁文》（*De lingua latina*）與西塞羅的《為克倫提烏辯護》

（*Pro Cluentio*）：參見Santagata, *Boccaccio: Fragilità di un genio*, 159。

32. Petrarch, *Letters of Old Age*, vol. 1, 22–25 (*Sen.* I, 5, to Boccaccio, 28 May [1362]). On this difficult period for Boccaccio, see Santagata, *Boccaccio: Fragilità di un genio*, 221–33。關於佩脫拉克（謹慎地）談論閱讀非基督教古典文學作品的好處，參見'On His Own Ignorance and That of Others', in *Invectives*, ed. and trans. David Marsh (Cambridge, MA, and London: I Tatti/Harvard University Press, 2003), 333–35。

33. Boccaccio, *Boccaccio on Poetry*, 123 (XV, 9)。

34. Boccaccio, *Boccaccio on Poetry*, 135 (XV, 12)。

35. Petrarch, *Letters on Familiar Matters*, vol. 1, 291 (*Fam.* VI, 2)。

36. 佩脫拉克可能在塞米那拉的巴蘭（Barlaam of Seminara）那裡上過一些初學者的課程。參見佩脫拉克寫給尼古拉斯・西格羅斯（Nicholas Sygeros）的信，收錄於Petrarch, *Letters on Familiar Matters*, vol. 3, 44–46 (*Fam.* XVIII, 2)。關於巴蘭（死於一三四八年），參見https:// en.wikipedia.org/wiki/Barlaam_of_Seminara。感謝彼得・梅克（Peter Mack）提醒我注意這一點。

37. William Shakespeare, *Julius Caesar*, act I, scene 2, line 295, https://en.wikipedia.org/wiki/Greek_to_me.

38. Petrarch, *Letters on Familiar Matters*, vol. 3, 44–46 (*Fam.* XVIII, 2)。這位希臘朋友是尼古拉斯・西格羅斯。

39. 關於他所作的努力：Boccaccio, *Boccaccio on Poetry*, 120 (XV, 7)。

40. Boccaccio, *Boccaccio on Poetry*, 114–15 (XV, 6)。

41. Boccaccio, *Boccaccio on Poetry*, 114–15 (XV, 6)。

42. Boccaccio, *Boccaccio on Poetry*, 114–15 (XV, 6)。關於倖存下來的雙語譯本，以及整個故事的經過，參見Agostino Pertusi, *Leonzio Pilato fra Petrarca e Boccaccio* (Venice and Rome: Istituto per la Collaborazione Culturale, 1964)，特別是頁25。佩脫拉克的雙語譯本現藏於巴黎法國國家圖書館：Lat. 7880. I（《伊利亞德》）和Lat. 7880. II（《奧德賽》）。

43. Petrarch, *Letters of Old Age*, vol. 1, 156 (*Sen*. V, 1)。
44. Petrarch, *Letters of Old Age*, vol. 1, 100 (*Sen*. III, 6)。
45. Petrarch, *Letters of Old Age*, vol. 1, 100 (*Sen*. III, 6: 更長更亂), 176 (*Sen*. V, 3: 他傲慢地)。
46. Petrarch, *Letters of Old Age*, vol. 1, 189 (*Sen*. VI, 1)。
47. Petrarch, *Letters of Old Age*, vol. 1, 189–90 (*Sen*. VI, 1)。
48. Nicola Davis, '5,000-Year-Old Hunter-Gatherer Is Earliest Person to Die with the Plague', *Guardian*, 29 June, 2021, https://www.theguardian.com/science/2021/jun/29/5000-year-old-hunter-gatherer-is-earliest-person-to-die-with-the-plague。
49. Rosemary Horrox, trans. and ed., *The Black Death* (Manchester and New York: Manchester University Press, 1994), 24–25，引自Gabriele de' Mussi, *Historia de morbo*，現藏於弗羅茨瓦夫大學圖書館（University of Wrocław Library）的手抄本 (Ms. R 262, ff. 74–77v.)。
50. Horrox, *The Black Death*, 22。
51. Giovanni Boccaccio, *The Decameron*, trans. G. H. McWilliam, 2nd ed. (Harmondsworth, UK: Penguin, 1995), 7 (序)。
52. Horrox, *The Black Death*, 105–6。
53. Horrox, *The Black Death*, 41–45，引用路易斯・海利根（Louis Heyligen）的描述。另參見Edwin Mullins, *Avignon of the Popes* (Oxford, UK: Signal, 2007), 124。
54. G・H・麥奎廉（G. H. McWilliam）為他翻譯的薄伽丘《十日談》撰寫的譯者序，xliii。
55. Boccaccio, *The Decameron*, 5（序）。前述有關瘟疫對農村和城市造成的影響的細節，也摘自薄伽丘的序言。
56. Thucydides, *The Peloponnesian War*, trans. Rex Warner (Harmondsworth, UK: Penguin, 1952), 155 (book II, para. 53)。
57. Boccaccio, *The Decameron*, 8 (序)。

58. McWilliam, 'Translator's Introduction', xliii–xliv。
59. 舉例來說，在英格蘭，記錄顯示屍體被埋在墓地而不是坑裡，公務照常進行——這表示社會機構的力量令人驚訝。Christopher Dyer, *Making a Living in the Middle Ages* (New Haven and London: Yale University Press, 2009), 273。
60. Alessandro Manzoni, *The Betrothed*, trans. Bruce Penman (Harmondsworth, UK: Penguin, 1972), 596。
61. Christopher S. Celenza, *Petrarch: Everywhere a Wanderer* (London: Reaktion, 2017), 100。塞倫扎引用的消息來源顯示，介於百分之三十到六十之間。
62. E. H. Wilkins, *Life of Petrarch* (Chicago: Phoenix/ University of Chicago Press, 1963), 74–76。
63. Mullins, *Avignon of the Popes*, 141。
64. Petrarch, 'Ad se ipsum', quoted and trans. in Wilkins, *Life of Petrarch*, 80。
65. Petrarch, *Letters on Familiar Matters*, vol. 1, 415–20, these quotations on 415, 419 (*Fam*. VIII, 7)。
66. Petrarch, *Letters of Old Age*, vol. 1, 8 (*Sen*. I, 2, to Francesco [Nelli], 8 June [Padua, 1361–62])。同一封信也提及了「他的蘇格拉底」之死。
67. Petrarch, *Letters of Old Age*, vol. 1, 76 (*Sen*. III, 1:「麻木」), 92 (*Sen*. III, 2:「憂心如焚」)。
68. Petrarch, *My Secret Book*, ed. and trans. Nicholas Mann (Cambridge, MA: I Tatti/Harvard University Press, 2016), 117。他從一三四七年開始動筆寫這本書，一直寫到一三四九年，並在一三五三年進一步修訂。
69. Petrarch, *Letters on Familiar Matters*, vol. 1, 415 (*Fam*. VIII, 7)。
70. Edward Gibbon, *Memoirs of My Life*, ed. Betty Radice (London: Penguin, 1990), 82。
71. Martin Luther King Jr, 'Letter from Birmingham Jail', in *Why We Can't Wait* (London: Penguin, 2008), 91–92。我以斜體字強調「然後」。
72. Cicero, *On the Orator* [*De oratore*], 3:55, in *Ancient Rhetoric from Aristotle to Philostratus*, trans. and ed. Thomas Habinek (London: Penguin, 2017), 181（如果我們讓那些不道德的人擁有好口才，就像

給瘋子武器，而不是創造演說家）。

73. Quintilian, *Institutio oratoria*, trans. H. E. Butler (London: W. Heinemann; New York: G. P. Putnam's Sons, 1922), vol. 4, 355–57, 359 (XII.i.1: 天賦), (XII.i.7: 武器)。在佩脫拉克那個時代，無論是這本書還是西塞羅的《論演說家》都沒有完整版。

74. *Letters of Old Age*, vol. 2, 380–91 (*Sen*. X, 4, to Donato Apenninigena [Albanzani], Padua, 1368)。

75. Petrarch, *Remedies for Fortune Fair and Foul*, ed. and trans. Conrad H. Rawski (Bloomington and Indianapolis: Indiana University Press, 1991), vol. 1, 17 (身體), 177 (大象) (都在第一冊)。佩脫拉克從一三五四年開始寫這部作品，在一三六〇年完成。

76. Petrarch, *Remedies for Fortune Fair and Foul*, vol. 3, 153(流亡), 222 (瘟疫) (都在第三冊)。

77. Petrarch, *Remedies for Fortune Fair and Foul*, vol. 3, 10–11 (海), 227 (義肢), 228 (閃耀的額頭) (都在第三冊)。

78. Petrarch, *Letters of Old Age*, vol. 2, 641, 633n (*Sen*. XVI, 9, to Dom Jean Birel Limousin, prior of the charterhouse north of Milan, [1354–57])。

79. Petrarch, *Remedies for Fortune Fair and Foul*, vol. 3, 37 (book II)。

80. 根據兩位研究早期現代人文主義的著名歷史學家最近的評論，失去可能「總是困擾著人文主義者」，而義大利文藝復興時期的人文主義「誕生於一種深刻的失落感和渴望」。參見Anthony Grafton, *Inky Fingers* (Cambridge, MA: Harvard University Press, 2020), 9；以及James Hankins, *Virtue Politics* (Cambridge, MA: Harvard University Press, 2019), 1。

81. Boccaccio, *Boccaccio on Poetry*, 8–9 (薄伽丘的序言)。

82. Petrarch, *Africa*, IX, 451–57。 引 述T. E. Mommsen, 'Petrarch's Conception of the "Dark Ages"', *Speculum* 17 (1942), 226–42，這段話見頁240。蒙森還引用並翻譯了佩脫拉克提到黑暗時代的其他典故，尤其是描述最近幾個世紀是「黑暗與濃重的陰霾」的時代，只有少數目光敏銳的天才才看得見東西（Petrarch, *Apologia contra cuiusdam anonymi Galli calumnias*, quoted by Mommsen, 227）。

關於「鴻溝」，參見 Alexander Lee, Pit Péporté, and Harry Schnitker, eds., *Renaissance Perceptions of Continuity and Discontinuity in Europe, c.1300–c.1550* (Leiden, Netherlands, and Boston: Brill, 2010)。

第二章：打撈沉船

1. 例如，義大利北部的博比奧修道院（Monastery of Bobbio）「輕輕洗掉西塞羅《論共和國》（*De republica*）的墨水」，騰出空間給奧古斯丁關於聖經《詩篇》（*Psalms*）的研究(Vat. Lat. 5757): https://spotlight.vatlib.it/palimpsests/about/vat-lat-5757-inf。關於早期基督教徒造成的破壞，參見 Catherine Nixey, *The Darkening Age* (London: Macmillan, 2017)。
2. Pope Gregory I, *The Life of Saint Benedict*, trans. Terrence Kardong (Collegeville, MN: Liturgical Press, 2019), 49。
3. *The Letters of S. Ambrose, Bishop of Milan*, anonymous trans., rev. H. Walford (Oxford, UK: James Parker, 1881), 109–10 (letter XVIII, Ambrose to Emperor Valentinian II, 384 CE)。
4. 它是在二〇一八年被發現的。Valeria Piano, 'A "Historic(al)" Find from the Library of Herculaneum', in *Seneca the Elder and His Rediscovered Historiae ab initio bellorum civilium* [P. Herc.1067] (Berlin: De Gruyter, 2020), https://www.degruyter.com/document/doi/10.1515/9783110688665-003/html。
5. 參見 Peter Adamson, *Al-Kindi* (New York: Oxford University Press, 2007), and https://en.wikipedia.org/wiki/Al-Kindi。
6. 'From the General Letter of Charlemagne, before 800', in *Carolingian Civilization: A Reader*, ed. P. E. Dutton, 2nd ed. (Toronto: University of Toronto Press, 2009), 91。
7. Einhard and Notker the Stammerer, *Two Lives of Charlemagne*, trans. Lewis Thorpe (Harmondsworth, UK: Penguin, 1969), 79 (Einhard, s. 25)。
8. Einhard and Notker the Stammerer, *Two Lives of Charlemagne*, 74 (Einhard, s. 19)。
9. 'A Letter of Charles on the Cultivation of Learning, 780–800', 90。

10. *The Rule of Benedict*, trans. Carolinne White (London: Penguin, 2008), 61（第三十八條：不提問），21（第六條：不開玩笑），63（第四十條：不抱怨葡萄酒），84（第五十七條：不以技能自豪）。關於每年發一本書給修士，參見Charles Homer Haskins, *The Renaissance of the Twelfth Century* (Cambridge, MA: Harvard University Press, 1927), 34。

11. Anna A. Grotans, *Reading in Medieval St Gall* (Cambridge, UK: Cambridge University Press, 2011), 49。

12. Notably Haskins, in *The Renaissance of the Twelfth Century*。

13. 這個理論是烏特勒支大學（Utrecht University）的馬可・莫斯特提出來的：參見Ross King, *The Bookseller of Florence* (London: Chatto & Windus, 2020), 154，以及Martin Wainwright, 'How Discarded Pants Helped to Boost Literacy', *Guardian*, 12 July, 2007, https://www.theguardian.com/uk/2007/jul/12/martinwainwright.uknews4。

14. Haskins, *The Renaissance of the Twelfth Century*, 67。

15. Cary J. Nederman, *John of Salisbury* (Tempe: Arizona Center for Medieval and Renaissance Studies, 2005), 53–64。關於他的信件，參見John of Salisbury, *Letters*, ed. W. J. Millor and S. J. and H. E. Butler; vol. 1, rev. C. N. L. Brooke (Oxford, UK: Clarendon Press, 1979–86)。

16. Petrarch, 'Testament', in *Petrarch's Testament*, ed. and trans. Theodor Mommsen (Ithaca, NY: Cornell University Press, 1957), 68–93，這一點見頁83。關於他的遺囑與財產的背景資料，參見蒙森的導讀，45–50。

17. Mommsen, introduction, *Petrarch's Testament*, 44; Marco Santagata, *Boccaccio: Fragilità di un genio* (Milan: Mondadori, 2019), 289（關於公眾使用的但書）。

18. David Thompson and Alan F. Nagel, eds. and trans., *The Three Crowns of Florence: Humanist Assessments of Dante, Petrarca and Boccaccio* (New York: Harper & Row, 1972), 6, citing Coluccio's letter to Roberto Guidi, count of Battifolle, 16 August, 1374。關於科魯喬，另見Berthold L. Ullman,

The Humanism of Coluccio Salutati (Padua: Antenore, 1963), and Ronald G. Witt, *Hercules at the Crossroads: The Life, Works, and Thought of Coluccio Salutati* (Durham, NC: Duke University Press, 1983)，特別是關於他的聯絡人（184–189）與私人圖書館（183, 421）。

19. Giannozzo Manetti, *Biographical Writings*, ed. and trans. Stefano U. Baldassari and Rolf Bagemihl (Cambridge, MA, and London: I Tatti/ Harvard University Press, 2003), 101。

20. Vespasiano da Bisticci, *The Vespasiano Memoirs* [*Vite di uomini illustri del secolo XV*], trans. William George and Emily Waters (Toronto: University of Toronto Press/Renaissance Society of America, 1997), 401–2。維斯帕西亞諾也提到尼科洛提供他的藏書給任何想要使用它們的人，並邀請學生來閱讀與討論書籍。

21. Manetti, *Biographical Writings*, 127。

22. Vespasiano, *The Vespasiano Memoirs*, 353 ('strong invective')。跟他打架的是希臘學者特拉布宗的喬治（George of Trebizond）。參見Henry Field, *The Intellectual Struggle for Florence* (Oxford, UK: Oxford University Press, 2017), 284。

23. 關於維特魯威，參見Carol Herselle Krinsky, 'Seventy-Eight Vitruvian Manuscripts', *Journal of the Courtauld and Warburg Institutes* 30 (1967), 36–70。關於昆體良和西塞羅，參見L. D. Reynolds and N. G. Wilson, *Scribes and Scholars*, 3rd ed. (Oxford, UK: Clarendon Press, 1991), 137–38。他們找的西塞羅講稿是《為羅斯基烏斯辯護》（*Pro Roscio*）和《為穆瑞納辯護》（*Pro Murena*）。

24. Poggio Bracciolini, *Two Renaissance Book-Hunters: The Letters of Poggius Bracciolini to Nicolaus de Niccolis*, trans. Phyllis Walter Goodhart Gordan (New York and London: Columbia University Press, 1974), 88 (Poggio to Niccolò, 14 April [1425])。關於盧克萊修的作品，另見Ada Palmer, *Reading Lucretius in the Renaissance* (Cambridge, MA, and London: Harvard University Press, 2014)，特別是頁4，她提到了珍藏。另見Alison Brown, *The Return of Lucretius to Renaissance Florence* (Cambridge, MA, and London: Harvard University Press, 2010)。

25. Poggio Bracciolini, *Two Renaissance Book-Hunters*, 84 (Poggio to Niccolò, Rome, November 6, 1423)。
26. Barbara C. Bowen, ed., *One Hundred Renaissance Jokes: An Anthology* (Birmingham, UK: Summa, 1988), 5–9，這個笑話見頁9。
27. L. D. Reynolds and N. G. Wilson, *Scribes and Scholars*, 3rd ed. (Oxford, UK: Clarendon Press, 1991), 139; A. C. de la Mare, *The Handwriting of the Italian Humanists*, vol. 1, fascicule 1 (Oxford, UK: Oxford University Press, for the Association Internationale de Bibliophilie, 1973)。後者列舉了佩脫拉克、薄伽丘、科魯喬・薩盧塔蒂、尼科洛・尼科利、波吉歐・布拉喬利尼等人的筆跡為例。
28. 顯然是羅倫佐・瓦拉在他的《優雅的拉丁文》（*Elegances of the Latin Language*〔*Elegan tiae linguae Latinae, libri sex*〕）序言中第一次使用該詞來描述這種手寫體。參見E. P. Goldschmidt, *The Printed Book of the Renaissance: Three Lectures on Type, Illustration, Ornament* (Cambridge, UK: Cambridge University Press, 1950), 2。
29. Petrarch, *Letters on Familiar Matters / Rerum familiarum, libri I–XXIV*, trans. Aldo S. Bernardo (Albany: SUNY Press, 1975; Baltimore and London: Johns Hopkins University Press, 1982–85), vol. 1, 292（這裡和那裡）, 294（知識）(*Fam*. VI, 2, to Giovanni Colonna)。關於格雷戈里的《羅馬的奇蹟》（*De mirabilibus urbis Romae*），參見Roberto Weiss, *The Renaissance Discovery of Classical Antiquity*, 2nd ed. (Oxford, UK: Basil Blackwell, 1988), 33–34。
30. Matthew Kneale, *Rome: A History in Seven Sackings* (London: Atlantic, 2018), 189。
31. Poggio Bracciolini, 'The Ruins of Rome', trans. Mary Martin McLaughlin, in *The Portable Renaissance Reader*, ed. James Bruce Ross and Mary Martin McLaughlin, rev. ed. (London: Penguin, 1977), 379–84；這是一段波吉歐和安東尼奧・洛斯基（Antonio Loschi）關於廢墟的對話，引自他在一四三一年至一四四八年撰寫的《論命運的無常》（*De varietate fortunae, or On the Inconstancy of Fortune*）第一冊。關於他其他的探索，如爬上費倫蒂諾的血腥之門（Porta Sanguinaria）閱讀碑文，參見Poggio Bracciolini, *Two Renaissance Book-Hunters*, 129–30 (Poggio to Niccolò, 15 September [1428])。

32. Ross King, *Brunelleschi's Dome* (London: Vintage, 2008), 25。
33. 參見 Cyriac of Ancona, *Life and Early Travels* and *Later Travels*, ed. and trans. Charles Mitchell, Edward W. Bonar and Clive Foss (Cambridge, MA: Harvard University Press, 2003 (*Later*), 2015 (*Early*)。
34. 感謝彼得・梅克指出這一點。
35. Leon Battista Alberti, *Delineation of the City of Rome* [*Descriptio urbis Romae*], ed. Mario Carpo and Francesco Furlan, trans. Peter Hicks (Tempe: Arizona Center for Medieval and Renaissance Studies, 2007). See also Joan Gadol, *Leon Battista Alberti* (Chicago and London: University of Chicago Press, 1969), 167; Anthony Grafton, *Leon Battista Alberti* (London: Allen Lane/Penguin, 2001), 241–43。
36. Flavio Biondo, *Italy Illuminated*, ed. and trans. Jeffrey A. White (Cambridge, MA, and London: I Tatti/Harvard University Press, 2005–16)，這段描述見 vol. 1, 189–93，包括有關魚的描述，191 (book II, §47–49)。關於這些船，另見 Anthony Grafton, *Leon Battista Alberti* (London: Allen Lane/Penguin, 2001), 248–49。
37. Elisabetta Povoledo, 'Long-Lost Mosaic from a "Floating Palace" of Caligula Returns Home', *New York Times*, 14 March, 2021, https://www.nytimes.com/2021/03/14/world/europe/caligula-mosaic-ship-italy.html。關於更多它如何來到紐約的資訊，另見 https://www.theguardian.com/artanddesign/2021/nov/22/priceless-roman-mosaic-coffee-table-new-york-apartment。
38. 關於內米湖巨船的資訊：https://en.wikipedia.org/wiki/Nemi_ships。
39. https://comunedinemi.rm.it/contenuti/11827/museo-navi。
40. Flavio Biondo, *Italy Illuminated*，這句話見 vol. 1, 5。安東尼・格拉夫頓（Anthony Grafton）指出這句話與內米湖巨船有關：Anthony Grafton, 'The Universal Language: Splendors and Sorrows of Latin in the Modern World', in *Worlds Made by Words* (Cambridge, MA, and London: Harvard University Press, 2009), 138。
41. Poggio Bracciolini, *Two Renaissance Book-Hunters*, 194–95 (Poggio to Guarino Guarini, 15 December,

1416)。

42. Vespasiano, *The Vespasiano Memoirs*, 352。

43. Poggio Bracciolini, *Two Renaissance Book-Hunters*, 189 (Cinzio to Franciscus de Fiana, undated but apparently summer 1416)。

44. Vespasiano da Bisticci, 'Proemio della vita dell'Alessandra de' Bardi', in *Vite di uomini illustri del secolo XV*, ed. Paolo d'Ancona and Erhard Aeschlimann (Milano: Ulrico Hoepli, 1951), 543。節略後的英譯版沒有提到這一點。義大利文版：'In grande oscurità sono gli ignoranti in questa vita'：他描述作家：'Hanno gli scrittori alluminato il mondo, a cavatolo di tanta oscurità in quanta si trovava'。無知是罪惡根源的評論也摘自這篇序言。

45. Poggio Bracciolini, *Two Renaissance Book-Hunters*, 196–203，這些話見頁196, 198 (Franciscus Barbarus to Poggio, 6 July, 1417)。

46. Poggio Bracciolini, *Two Renaissance Book-Hunters*, 118 (Poggio to Niccolò Niccoli, Rome, 21 October [1427])。

47. Poggio Bracciolini, *On Avarice* [*De Avaritia*, Basel 1538], trans. Benjamin G. Kohl and Elizabeth B. Welles, in *The Earthly Republic: Italian Humanists on Government and Society*, ed. B. G. Kohl, R. G. Witt and E. B. Welles (Manchester, UK: Manchester University Press, 1978), 241–89，特別是頁257，談到貪婪是有益的。

48. Lorenzo Bonoldi, *Isabella d'Este: A Renaissance Woman*, trans. Clark Anthony Lawrence ([Rimini]: Guaraldi/Engramma, 2015), vol. 1, 11; Weiss, *The Renaissance Discovery of Classical Antiquity*, 196–99. See also Julia Cartwright, *Isabella d'Este, Marchioness of Mantua 1474–1539* (London: John Murray, 1903)。

49. Joan Kelly-Gadol, 'Did Women Have a Renaissance?', in *Women, History, and Theory* (Chicago: University of Chicago Press, 1984), 12–50, https://nguyenshs.weebly.com/uploads/9/3/7/3/93734528/

kelly_did_women_have_a_renaissanace.pdf。

50. 赫羅斯葳塔：在這個人文主義者發現手稿的經典故事裡，康拉德・策爾蒂斯（Conrad Celtis）一四九三年在雷根斯堡（Regensburg）的聖埃梅拉姆修道院（Cloister of St Emmeram）發現了她的六部劇作，以《赫羅斯葳塔的歌劇》（*Opera Hrosvite*）(Nuremberg, 1501)為名出版，附有阿爾布雷希特・杜勒（Albrecht Dürer）創作的插圖。原稿現藏於巴伐利亞邦立圖書館（Bavarian State Library）。參見Lewis W. Spitz, *Conrad Celtis: The German Arch-Humanist* (Cambridge, MA: Harvard University Press, 1957), 42; E. H. Zeydel, 'The Reception of Hrotsvitha by the German Humanists after 1493', *Journal of English and Germanic Philology* 44 (1945), 239–49; Leonard Forster, introduction to *Selections from Conrad Celtis*, ed. and trans. Leonard Forster (Cambridge, UK: Cambridge University Press, 1948), 11。另見https://en.wiki pedia.org/wiki/Hrotsvitha。更多赫羅斯葳塔相關研究，參見如Fiona Maddocks, *Hildegard of Bingen* (London: Headline, 2001)。
51. 關於克里斯蒂娜・德・皮桑的早期生活與著作，參見Sarah Lawson's introduction to her translation of *The Treasure of the City of Ladies*, rev. ed. (London: Penguin, 2003), xv–xvii。
52. Christine de Pizan, *The Book of the City of Ladies*, trans. Rosalind Brown-Grant (London: Penguin, 1999), 9 (part 1, s. 2)。
53. Margaret L. King and Albert Rabil Jr, eds., *Her Immaculate Hand: Selected Works by and about the Women Humanists of Quattrocento Italy* (Asheville: Pegasus/University of North Carolina at Asheville, 2000), 81–84。
54. Angelo Poliziano, *Letters*, ed. and trans. Shane Butler (Cambridge, MA, and London: I Tatti/Harvard University Press, 2006), vol. 1, 189–91。
55. 譯文摘自 King and Rabil, *Her Immaculate Hand*, 77。前引書也描述了她的晚期生活（48–50）。
56. Ramie Targoff, *Renaissance Woman: The Life of Vittoria Colonna* (New York: Farrar, Straus & Giroux, 2019), 16。

57. 參見如安東尼・格拉夫頓和麗莎・渣甸（Lisa Jardine）的討論：Anthony Grafton and Lisa Jardine, *From Humanism to the Humanities: Education and the Liberal Arts in Fifteenth-and Sixteenth-Century Europe* (London: Duckworth, 1986), 23–24。關於這個時代的人文主義教育，另見Paul F. Grendler, *Schooling in Renaissance Italy: Literacy and Learning, 1300–1600* (Baltimore and London: Johns Hopkins University Press, 1989)。

58. 這個例子摘自Michel de Montaigne, *Essays*, in *The Complete Works*, trans. Donald Frame (London: Everyman, 2003), 154 (book I, chap. 26)。

59. Juan Luis Vives, *In Pseudodialecticos*, trans. and ed. Charles Fantazzi (Leiden, Netherlands: Brill, 1979), 84（道德哲學）, 88（真正的學科）。

60. 瓜里尼的信件與對話（摘自Angelo Decembrio, *De politia litteraria*, 1462）皆引自Anthony Grafton, *Commerce with the Classics: Ancient Books and Renaissance Readers* (Ann Arbor: University of Michigan Press, 1997), 46（信）, 30（對話）。

61. Julia Cartwright, *Baldassare Castiglione: His Life and Letters* (London: John Murray, 1908), vol. 1, 60–61（寶藏）, 62（抄寫員）。

62. Baldassare Castiglione, *The Book of the Courtier*, trans. George Bull, rev. ed. (Harmondsworth, UK: Penguin, 1976), 47（以及頁63，網球和走鋼絲）。

63. 關於*sprezzatura*及其翻譯，參見Peter Burke, *The Fortunes of the* Courtier (Cambridge, UK: Polity, 1995), 69–72。

64. Castiglione, 'Dedication', *Book of the Courtier*, 31 。關於事實，參見Peter Burke, *The Fortunes of the* Courtier, 22–23。

65. Ezio Raimondi, *Codro e l'umanesimo a Bologna* (Bologna: C. Zuffi, 1987), 11–14; Carlo Malagola, *Della vita e delle opere di Antonio Urceo detto Codro: Studi e ricerche* (Bologna: Fava e Garagnani, 1878), 164。

66. Endymion Wilkinson, 'Woodblock Printing', in *Chinese History: A New Manual* (Cambridge, MA: Harvard University Asia Center for the Harvard-Yenching Institute, 2012), 910。

67. Ross King, *The Bookseller of Florence* (London: Chatto & Windus, 2020), 142。數量引自Janet Ing, 'The Mainz Indulgences of 1454/5: A Review of Recent Scholarship', *British Library Journal* 1 (Spring 1983), 19。贖罪券是要給那些為了保衛塞普勒斯（Cyprus）不受土耳其人侵略而捐款的人。

68. Johannes Trithemius, *In Praise of Scribes* [*De laude scriptorium*], trans. Roland Behrendt, ed. Klaus Arnold (Lawrence, KS: Coronado, 1974)，特別是53-63（精神鍛煉）和35（羊皮紙更耐用）。他在前言提及把書印出來的原因（15）。

69. Edward Gibbon, *The History of the Decline and Fall of the Roman Empire*, abridged, ed. David Womersley (London: Penguin, 2000), 727 (chap. 68)。

70. Martin Lowry, *The World of Aldus Manutius* (Oxford, UK: Blackwell, 1979), 119。

71. Ingrid D. Rowland, *The Culture of the High Renaissance* (Cambridge, UK: Cambridge University Press, 1998), 62。

72. E. P. Goldschmidt, *The Printed Book of the Renaissance* (Cambridge, UK: Cambridge University Press, 1950), 51。

73. Martin Lowry, *The World of Aldus Manutius* (Oxford, UK: Blackwell, 1979), 122。

74. Martial, *Epigrams*, ed. and trans. D. R. Shackleton Bailey (Cambridge, MA, and London: Harvard University Press, 1993), vol. 1, 43 (i, ii)。

75. Pietro Bembo, *Lyric Poetry; Etna*, ed. and trans. Mary P. Chatfield (Cambridge, MA, and London: I Tatti/Harvard University Press, 2005), 194–249，這一點見頁243。關於他攀登埃特納火山，以及阿爾杜斯印刷這本書，參見Williams, *Pietro Bembo on Etna*。

76. Gareth D. Williams, *Pietro Bembo on Etna: The Ascent of a Venetian Humanist* (Oxford, UK: Oxford University Press, 2017), 202n。更多關於分號的資訊，參見Cecelia Watson, *Semicolon* (London:

Fourth Estate, 2020）。手抄本時代也使用過類似的符號，但僅用於表示常用拉丁詞彙的縮寫。

77. Ernst Robert Curtius, *European Literature and the Latin Middle Ages*, trans. Willard R. Trask (Princeton, NJ: Princeton University Press, 2013), 315。

78. Erasmus, *Apologia adversus rapsodias calumniosarum querimoniarum Alberti Pii* (1531)，瑪格麗特・曼・菲利普斯（Margaret Mann Phillips）譯，引自她的著作*The 'Adages' of Erasmus: A Study with Translations* (Cambridge, UK: Cambridge University Press, 1964), 68。關於伊拉斯謨跟阿爾杜斯一起住，另 見Erasmus, 'Penny-Pinching' [Opulentia sordida] (1531), in *The Colloquies*, trans. Craig R. Thompson (Chicago and London: University of Chicago Press, 1965), 488–99。

79. Aldus Manutius, *The Greek Classics*, ed. and trans. N. G. Wilson (Cambridge, MA, and London: I Tatti/Harvard University Press, 2016), 289–91。

80. Phillips, *The 'Adages' of Erasmus*, 181。

81. Thomas More, *Utopia*, trans. Clarence H. Miller (New Haven and London: Yale University Press, 2001), 95。

82. Aldus Manutius, *The Greek Classics*, ed. and trans. N. G. Wilson, 205–7 ('Nun o, nunc, iuvenes, ubique in urbe / flores spargite: vere nanque primo / Aldus venit en, Aldus ecce venit!')。

83. Aldus Manutius, *The Greek Classics*, 99。

84. R. J. Schoeck, *Erasmus of Europe* (Edinburgh: Edinburgh University Press, 1990–93), vol. 2, 158, citing a letter from Erasmus to Thomas Ruthall, March 7, 1515。

第三章：挑釁者和異教徒

1. 關於《君士坦丁獻土》文件，參見Lorenzo Valla, *On the Donation of Constantine*, trans. G. W. Bowersock (Cambridge, MA: I Tatti/Harvard University Press, 2007), 162–83。關於它的歷史脈絡與運用方式，參見Johannes Fried, *'Donation of Constantine' and 'Constitutum Constantini': The Misin-*

terpretation of a Fiction and Its Original Meaning (Berlin: De Gruyter, 2007)。

2. Peter Burke, *The Renaissance Sense of the Past* (London: Edward Arnold, 1969), 55. Doubt was cast especially by Nicholas of Cusa in 1432– 1433。

3. Maffeo Vegio to Lorenzo Valla, Pavia, 26 August [1434]: Lorenzo Valla, *Correspondence*, ed. and trans. Brendan Cook (Cambridge, MA, and London: I Tatti/Harvard University Press, 2013), 35–37。他指的作品是《辯證法與哲學的再鑽研》（*Repastinatio dialecticae et philosophiae*）。

4. 法西奧的第一本《辱罵》（*Invective*）引自Maristella Lorch, introduction to Lorenzo Valla, *On Pleasure: De Voluptate*, trans. A. Kent Hieatt and Maristella Lorch (New York: Abaris, 1977), 8。瓦拉在那不勒斯學術圈的另一個死對頭是安東尼奧．貝卡德利（Antonio Beccadelli），人稱帕諾爾米塔（Panormita）。

5. Lorenzo Valla to Cardinal Trevisan (1443), translated in Salvatore I. Camporeale, 'Lorenzo Valla's *Oratio* on the Pseudo-Donation of Constantine: Dissent and Innovation in Early Renaissance Humanism', in 'Lorenzo Valla: A Symposium', *Journal of the History of Ideas* 57 (1996), 9–26，這句話見頁 9。

6. Valla, *On the Donation of Constantine*, 67。

7. Valla, *On the Donation of Constantine*, 11–15 (可信?), 43 (證明文件?)。

8. Valla, *On the Donation of Constantine*, 67 (總督), 97 (毛氈襪等)。

9. N. G. Wilson, *From Byzantium to Italy: Greek Studies in the Italian Renaissance* (Baltimore: Johns Hopkins University Press, 1992), 69–72。這些作品是羅馬教宗尼閣五世委託創作的，當時瓦拉重新獲得教宗賞識。

10. Rudolph Langen of Munster, writing to Antony Vrye (or Liber) of Soest, 27 February, 1469, quoted in P. S. Allen, *The Age of Erasmus* (Oxford, UK: Clarendon Press, 1914), 23。

11. Lorenzo Valla, *Dialectical Disputations*, ed. and trans. Brian Copenhaver and Lodi Nauta (Cambridge, MA: I Tatti/Harvard University Press, 2012)。不幸的是，一位十六世紀的編輯以沉悶的《辯證法爭

論》（*Dialecticae disputationes [Dialectical Disputations*]）取代了原本的書名，從此沿用下去。參見編者前言，X-XI。

12. BL Harley 2493. Facsimile: Giuseppe Billanovich, *La tradizione dal testo di Livio e le origini dell'umanesimo*, vol. 2: *Il Livio del Petrarca e del Valla: British Library, Harleian 2493* (Padua: Antenore, 1981)。瓦拉的校訂本：《李維六卷校正》（*Emendationes sex librorum Titi Livi*），寫於一四四六至一四四七年。

13. Lorenzo Valla, *In Latinam Novi Testamenti interpretationem ex collatione Graecorum exemplarium adnotationes*，在1440年代撰寫與修訂。參見Wilson, *From Byzantium to Italy*, 73, and L. D. Reynolds and N. G. Wilson, *Scribes and Scholars*, 3rd ed. (Oxford, UK: Clarendon Press, 1991), 144。關於瓦拉對《新約聖經》文本的批評，另見Jerry H. Bentley, *Humanists and Holy Writ* (Princeton, NJ: Princeton University Press, 1983), 32–69。

14. William J. Connell, introduction to 'Lorenzo Valla: A Symposium', *Journal of the History of Ideas* 57 (1996), 1–7，這一點見頁2。參見Valla's *On Free Will*, trans. Charles Edward Trinkaus Jr, in *The Renaissance Philosophy of Man*, ed. Ernst Cassirer, P. O. Kristeller and John Herman Randall Jr (Chicago: University of Chicago Press, 1948), 155–82，譯者前言，147–54。另見Christopher S. Celenza, *The Intellectual World of the Italian Renaissance* (New York: Cambridge University Press, 2018), 216–27。

15. Valla, *On Pleasure: De Voluptate*, 69 (斯多葛主義者：動物), 101, 109, 131 (伊比鳩魯主義者：快樂), 285–87 (基督徒：天堂的快樂比較好), 91 (羅倫佐：我的靈魂默默支持你)。

16. Lorenzo Valla to Eugenius IV, 27 November [1434], in Valla, *Correspondence*, 43。另見Lorch, introduction to Valla, *On Pleasure: De Voluptate*, 27。

17. Camporeale, 'Lorenzo Valla's *Oratio* on the Pseudo-Donation of Constantine: Dissent and Innovation in Early Renaissance Humanism', 9–26，這一點見頁9。

18. Reynolds and Wilson, *Scribes and Scholars*, 143；G・W・鮑爾斯克（G. W. Bowersock）為他翻譯的瓦拉，《君士坦丁獻土辨偽》（*On the Donation of Constantine*）撰寫的前言，ix。

19. Jill Kraye, 'Lorenzo Valla and Changing Perceptions of Renaissance Humanism', *Comparative Criticism* 23 (2001), 37–55，這一點見頁37–38（附有墳墓的圖片）。一八二八年至一八二九年，尼布爾在波昂大學（University of Bonn）舉辦的一場羅馬史講座上，告訴學生他找到鋪路石板。歷史學家弗朗切斯科・坎塞列里（Francesco Canclieri）不久之後就把它搶救回來。

20. R. J. Schoeck, *Erasmus of Europe* (Edinburgh: Edinburgh University Press, 1990–93), vol. 2, 44–45。

21. Camporeale, 'Lorenzo Valla's *Oratio* on the Pseudo-Donation of Constantine', 9–26，這一點見頁25。

22. 一個值得注意的例子是伊薩克・卡索邦（Isaac Casaubon），他在一六一四年的作品《關於神聖和教會事務的練習 XVI》（*De rebus sacris et ecclesiasticis exercitationes XVI*）中表示，文藝復興時期的新柏拉圖主義者（Neoplatonist）所鍾愛的「赫密士」（hermetic）文本並非如他們所認為的來自古埃及，而是後來的基督徒撰寫的，這解釋了為什麼其中的思想似乎非常不可思議地預示了基督教的出現。參見Anthony Grafton, 'Protestant versus Prophet: Isaac Casaubon on Hermes Trismegistus', *Journal of the Warburg and Courtauld Institutes* 46 (1983), 78–93。

23. 「讓其他人恢復理智」與前述引文摘自Lorenzo Valla to Joan Serra, Gaeta, 13 August [1440], in Valla, *Correspondence*, 75–97。

24. Poggio Bracciolini to Bartolomeo Ghiselardi, 1454，譯文摘自Anthony Grafton and Lisa Jardine, *From Humanism to the Humanities: Education and the Liberal Arts in Fifteenth- and Sixteenth-Century Europe* (London: Duckworth, 1986), 80。更完整的拉丁文原文：'Itaque opus esset non verbis, sed fustibus, et clava Herculis ad hoc monstrum perdomandum, et discipulos suos.' 參見See Salvatore I. Camporeale, *Lorenzo Valla: Umanesimo e teologia* (Florence: Istituto Nazionale di Studi sul Rinascimento, 1972), 137。瓦拉這段期間在羅馬任教。另見弗朗切斯科・菲爾福（Francesco Filelfo）稍早在一四五三年三月七日同時寫給波吉歐與瓦拉的信，請求雙方和解，參見Valla, *Correspondence*, 273。

25. 關於這一切，參見 *Ciceronian Controversies*, ed. JoAnn DellaNeva, trans. Brian Duvick (Cambridge, MA: I Tatti/Harvard University Press, 2007)，包括安傑洛．波利齊亞諾（Angelo Poliziano）寫給保羅．科爾特西（Paolo Cortesi）的信，發誓不得使用西塞羅沒用過的字，3–5。

26. Petrarch, *Letters on Familiar Matters / Rerum familiarum, libri I–XXIV*, trans. Aldo S. Bernardo (Albany: SUNY Press, 1975; Baltimore and London: Johns Hopkins University Press, 1982–85), vol. 3, 314–16 (*Fam*. XXIV, 2，致詩人普利斯．達維琴察〔Pulice da Vicenza〕，當時他也在場)。

27. 「你是西塞羅主義者，不是基督徒」（'Ciceronianus es, non Christianus'）。西元三八四年，耶柔米在寫給他的學生寶拉（Paula）之女，尤斯托基姆夫人（lady Eustochium）的信上敘述了這個故事。譯文摘自Eugene F. Rice Jr, *Saint Jerome in the Renaissance* (Baltimore and London: Johns Hopkins University Press, 1985), 3。 另 見Saint Jerome, *Selected Letters*, trans. F. A. Wright (London: W. Heinemann; New York: G. P. Putnam's Sons, 1933), 53–158, 關於夢境，見頁127–29。

28. 摘自瓦拉，《拉丁語的優雅》第四冊的序言：Lorenzo Valla, 'In quartum librum elegantiarum praefatio: Prefazione al quarto libro delle Eleganze', in *Prosatori latini del Quattrocento*, ed. Eugenio Garin (Turin: Einaudi, 1976–77), vol. 5, 612–23，這一點見頁 614–15。另見Rice, *Saint Jerome in the Renaissance*, 86。

29. Erasmus, 'The Ciceronian', trans. Betty I. Knott, ed. A. H. T. Levi, in *Collected Works*, vol. 28 (Toronto: University of Toronto Press, 1986), 430–35。

30. 關於山德羅．波提切利（Sandro Botticelli）創作《維納斯的誕生》（*Birth of Venus*）與《春》（*Primavera*）的背景，藝術家諮詢了他的私人人文主義顧問波利齊亞諾：Frank Zöllner, *Sandro Botticelli* (Munich: Prestel, 2009), 135, 140–41。

31. Petrarch, 'On His Own Ignorance and That of Others', in *Invectives*, ed. and trans. David Marsh (Cambridge, MA, and London: I Tatti/ Harvard University Press, 2003), 333。

32. Virgil, *Eclogues*, IV。

33. 收錄於《維吉爾對基督的讚美》（*Cento Vergilianus de laudibus Christi*），參見E. Clark and D. Hatch, *The Golden Bough, the Oaken Cross: The Virgilian Cento of Faltonia Betitia Proba* (Chico, CA: Scholars Press, 1981)。另見https://en.wikipedia.org/wiki/Cento_Vergilianus_de_laudibus_Christi. 十二世紀的學者，尤其是沙特爾學派（School of Chartres）的學者，使用*integumentum*（外殼）這個字來描述這種古典文本，意指表面上只是一件披肩或斗篷，隱藏著更深的含義：Peter Adamson, *Medieval Philosophy* (Oxford, UK: Oxford University Press, 2019), 96–97。

34. Dante, *Inferno*, canto 4, line 39（維吉爾）; canto 10, lines 13–15（伊比鳩魯）。

35. Erasmus, 'The Ciceronian', 388（戴安娜女神）, 396（博物館）, 383（古羅馬祭司與維斯塔貞女）。

36. Ingrid D. Rowland, *The Culture of the High Renaissance* (Cambridge, UK: Cambridge University Press, 1998), 13; Anthony F. D'Elia, *A Sudden Terror: The Plot to Murder the Pope in Renaissance Rome* (Cambridge, MA, and London: Harvard University Press, 2009), 95–97（他們的詩歌片段）；Grafton and Jardine, *From Humanism to the Humanities*, 89–90（戲劇）。

37. 譯文摘自D'Elia, *A Sudden Terror*, 88。

38. Ronald G. Musto, *Apocalypse in Rome: Cola di Rienzo and the Politics of the New Age* (Berkeley: University of California Press, 2003), 341–43。

39. D'Elia, *A Sudden Terror*, 82。除非另有說明，大部分關於羅馬學院（Roman Academy）及其遭到迫害的描述，都引自德伊利亞的著作。

40. J. F. D'Amico, *Renaissance Humanism in Papal Rome: Humanists and Churchmen on the Eve of the Reformation* (Baltimore: Johns Hopkins University Press, 1983), 93。

41. 譯文摘自D'Elia, *A Sudden Terror*, 181。關於羅德里戈對他們的能言善道感到驚訝，另見頁170。

42. B. Platina, *De honesta voluptate et valetudine*，撰寫於一四六〇年代中期，但後來才出版。John Verriano, 'At Supper with Leonardo', *Gastronomica* 8, no. 1 (2008), 75–79。

43. Platina, *Liber de vita Christi ac omnium pontificum aa. 1–1474* (Venice: J. Manthen and J. de Colonia,

1479)。

44. Rowland, *The Culture of the High Renaissance*, 16; D'Elia, *A Sudden Terror*, 184。在一四八四年後的某個時候，一名學生的筆記在為外國遊客舉辦的羅馬廢墟之旅中倖存下來：Roberto Weiss, *The Renaissance Discovery of Classical Antiquity*, 2nd ed. (Oxford, UK: Blackwell, 1988), 76–77。

45. Leonardo Bruni, *Laudatio florentinae urbis*, trans. Hans Baron, in *The Humanism of Leonardo Bruni: Selected Texts*, trans. and ed. G. Griffiths, J. Hankins and D. Thompson (Binghamton, NY: Medieval and Renaissance Texts and Studies, 1987), 116–17 (沒有一樣東西是失序的), 121 (勤奮與溫文爾雅)。

46. Leonardo Bruni, 'Oration for the Funeral of Nanni Strozzi' (1428), trans. Gordon Griffiths, in *The Humanism of Leonardo Bruni*, trans. and ed. G. Griffiths, J. Hankins and D. Thompson (Binghamton, NY: Medieval and Renaissance Texts and Studies, 1987), 121–27，這一點見頁126。南尼．斯特羅齊（Nanni Strozzi）在一四二七年為佛羅倫斯戰死。

47. Thucydides, *The Peloponnesian War*, book 2, § 35–46。

48. 歷史學家對於使用「公民人文主義」（civic humanism）來描述這個時期的佛羅倫斯思想是否最為適切存在分歧。歷史學家漢斯．巴倫（Hans Baron）特別使用這個詞來強調，他們對政治與公民承諾的關注高於個人的文學或哲學問題：Hans Baron, *The Crisis of the Early Italian Renaissance: Civic Humanism and Republican Liberty in an Age of Classicism and Tyranny*, rev. ed. (Princeton, NJ: Princeton University Press, 1966)。關於這一點，另見James Hankins, ed., *Renaissance Civic Humanism: Reappraisals and Reflections* (Cambridge, UK: Cambridge University Press, 2000)。

49. J. Thiem, introduction to his edition of Lorenzo de' Medici, *Selected Poems and Prose*, trans. J. Thiem et al. (University Park: Pennsylvania State University Press, 1991), 5–6。

50. Marsilio Ficino, *Platonic Theology*, book 3, chap. 3, trans. J. L. Burroughs, *Journal of the History of Ideas* 5, no. 2 (April 1944), 227–42，這一點見頁235。

51. 布萊恩．P．科本哈佛（Brian P. Copenhaver）詳細說明了為什麼「人的尊嚴」並不是真正的書名，參見*Magic and the Dignity of Man: Pico della Mirandola and his* Oration *in Modern Memory (Cambridge, MA, and London: Belknap Press of Harvard University Press, 2019), 28–29*。關於皮科和他的作品引發的整體迴響，參見Brian P. Copenhaver and William G. Craven, *Giovanni Pico della Mirandola: 'Symbol of His Age': Modern Interpretations of a Renaissance Philosopher* (Geneva: Droz, 1981)。

52. Pico della Mirandola, *Oration on the Dignity of Man: A New Translation and Commentary*, ed. Francesco Borghesi, Michael Papio and Massimo Riva (Cambridge, UK: Cambridge University Press, 2012), 121, para. 29 (自己的塑造者), 123, paras. 31–32 (變色龍)。

53. Jacob Burckhardt, *The Civilization of the Renaissance in Italy* (1860), trans. S. G. C. Middlemore (Harmondsworth, UK: Penguin, 1990)，特別是頁102–4，關於李奧納多和阿伯提。

54. Leon Battista Alberti, *The Life*, in R. Watkins, 'L. B. Alberti in the Mirror: An Interpretation of the *Vita* with a New Translation', *Italian Quarterly* 30, no. 117 (Summer 1989), 5–30。這段描述是在一四三七或一四三八年撰寫的，里卡多・富比尼（Riccardo Fubini）在一九七二年證實作者是阿伯提本人。參見Anthony Grafton, *Leon Battista Alberti* (London: Allen Lane/Penguin, 2001), 17–18。

55. 萊昂・巴蒂斯塔・阿伯提，《論繪畫》（*Della pittura* [*De pictura*]）在一四三五至一四三六年以托斯卡尼語撰寫，一四三九至一四四一年以拉丁文撰寫；《論建築》（*De re aedificatoria*）撰寫於一四四三年至一四五二年；《論雕塑》（*De statua*）在一四五〇年左右開始撰寫，一四六〇年出版。

56. Leon Battista Alberti, *Delineation of the City of Rome* [*Descriptio urbis Romae*], ed. Mario Carpo and Francesco Furlan, trans. Peter Hicks (Tempe: Arizona Center for Medieval and Renaissance Studies, 2007)。另見 Grafton, *Leon Battista Alberti*, 241–43。感謝斯蒂法諾・古達里尼（Stefano Guidarini）跟我談論阿伯提與羅馬建築。

57. Leon Battista Alberti, *Ludi matematici* [*Ludi rerum mathematicarum*] (written 1450–1452), ed. R. Rinaldi (Milan: Guanda, 1980)。參見Joan Gadol, *Leon Battista Alberti* (Chicago and London: Uni-

versity of Chicago Press, 1969), 167。

58. 所有的引文都摘自Alberti, *The Life*, 7–15。

59. Vitruvius, *De architectura* [*On Architecture*] (Como: G. da Ponte, 1521), book 3, §1，內有切薩雷·切薩里亞諾（Cesare Cesariano）的木刻版畫。

60. 參見傑弗里·托里（Geoffroy Tory）在一五二九年為讓·格羅里耶（Jean Grolier）設計的字體：Geoffroy Tory, *Champ fleury*, trans. George B. Ives (New York: Grolier Club, 1927)。

61. 草圖與木製模型仍收藏在佛羅倫斯的博納羅蒂之家博物館（Casa Buonarroti），參見William E. Wallace, *Michelangelo at San Lorenzo* (Cambridge, UK: Cambridge University Press, 1994), 21, 31。

62. 關於「快樂的人」這個符號的設計，丹尼斯·巴林頓（Dennis Barrington）一九六三年的原稿與安德魯·科普森（Andrew Copson）在二〇〇一年左右寫的筆記，參見倫敦主教門學院圖書館（Bishopsgate Institute Library）收藏的英國人文主義者協會文件：BHA 1/8/11。

63. https://humanists.uk。感謝科普森解釋新符號的含義。

64. Vitruvius, *De architectura*。

65. Immanuel Kant, *Idea for a Universal History with a Cosmopolitan Aim*, trans. Allen W. Wood, in Kant, *Anthropology, History and Education*, ed. Günter Zöller and Robert B. Louden (Cambridge, UK: Cambridge University Press, 2007), 107–20，這一點見頁113。

66. 他在一四九五年的一場佈道中，提及撕毀了他關於柏拉圖的作品；引自Donald Weinstein, *Savonarola: The Rise and Fall of a Renaissance Prophet* (New Haven and London: Yale University Press, 2011), 8。關於薩佛納羅拉，另見Lauro Martines, *Scourge and Fire: Savonarola and Renaissance Florence* (London: Jonathan Cape, 2006)。

67. Girolamo Savonarola, All Souls' Day sermon of 2 November, 1496, in *Selected Writings: Religion and Politics, 1490–1498*, trans. and ed. Anne Borelli and Maria Pastore Passaro (New Haven and London: Yale University Press, 2006), 46。

68. Weinstein, *Savonarola*, 12–13。這篇短文後來被傳記作家命名為《論輕蔑世界》（*On Contempt for the World* [*De contemptu mundi*]），總結了它所傳達的資訊。

69. Weinstein, *Savonarola*, 22–23。

70. 波利齊亞諾在一四九二年五月十八日寫的一封信上，生動地描述了羅倫佐的死：Angelo Poliziano, *Letters*, ed. and trans. Shane Butler (Cambridge, MA, and London: I Tatti/Harvard University Press, 2006), vol. 1, 239。羅倫佐可能是在皮科的建議之下，與薩佛納羅拉接洽。

71. Weinstein, *Savonarola*, 119，關於費奇諾大約在這個時期不再熱衷，見頁144。皮科仍然支持薩佛納羅拉，但這對他沒有什麼好處：一四九四年，他去世之後，薩佛納羅拉在講道壇上宣佈，根據可靠消息來源，皮科沒有上天堂，而是去了煉獄，參見薩沃納羅拉在一四九四年十一月二十三日星期日的佈道，引自Copenhaver, *Magic and the Dignity of Man*, 167, 184。

72. 演說家保羅．索門齊（Paolo Somenzi）在寫給米蘭公爵盧多維科．斯福爾扎（Lodovico Sforza）的信上描述了一四九六年二月十六日的狂歡節，譯文摘自Savonarola, *Selected Writings*, 219。

73. 關於一四九七年篝火的描述，摘自Savonarola, *Selected Writings*, 244–58。

74. 摘自《薩沃納羅拉的一生》（*A Life of Savonarola*）（作者不詳，雖然以前被認為是弗拉．帕西菲科．布拉馬奇〔Fra Pacifico Burlamacchi〕的作品），收錄於Savonarola, *Selected Writings*, 257。

75. 引自Weinstein, *Savonarola*, 72。

76. Savonarola, *Selected Writings*, 346。

77. 薩沃納羅拉的陳述主要摘自一四九四年十二月十四日的佈道，譯文摘自Weinstein, *Savonarola*, 155–56。

78. Weinstein, *Savonarola*, 295–96（引用盧卡．蘭杜奇〔Luca Landucci〕對處決的描述), 298（鐘）。大鐘原本應該被流放五十年，但實際上它在一五〇九年就被運回來；現藏於佛羅倫斯的聖馬可博物館（Museum of San Marco）。關於大鐘的審判、懲罰與修復的說明，參見Daniel M. Zolli and Christopher Brown, 'Bell on Trial', *Renaissance Quarterly* 72, no. 1 (Spring 2019), 54–96。

79. 馬基維利在好幾個地方提及薩沃納羅拉，包括《君王論》（*The Prince*）第六章，他提出了這個論點。*The Prince*, trans. George Bull (Harmondsworth, UK: Penguin, 1961), 52。

80. Thomas Paine, *The Age of Reason* (London: Watts, 1938), 23。

81. André Chastel, *The Sack of Rome, 1527*, trans. Beth Archer (Princeton, NJ: Princeton University Press, 1983), 131。該書在頁124提及其他損失的細節（包括喬維奧的圖書館），頁92–93提及「路德」的塗鴉（在簽字廳〔Stanza della Segnatura〕的拉斐爾壁畫《聖禮辯論》〔*Disputation of the Holy Sacrament*〕下方）。

82. K・古文斯（K. Gouwens）為他翻譯的保羅・喬維奧（Paolo Giovio）《我們這個時代著名的男女》（*Notable Men and Women of Our Time*）(Cambridge, MA, and London: I Tatti/Harvard University Press, 2013) 撰寫的前言，ix。

83. T. C. Price Zimmermann, *Paolo Giovio: The Historian and the Crisis of Sixteenth-Century Italy* (Princeton, NJ: Princeton University Press, 1995), 86–88。

84. Pliny the Younger to Voconius Romanus, epistle 9.7, in *Letters*, trans. Betty Radice (Harmondsworth, UK: Penguin, 1969), 237。

85. Paolo Giovio, *Elogia veris clarorum virorum imaginibus apposita* (Venice: M. Tramezinus, 1546)。

86. 茱莉亞・康納維・邦達內拉（Julia Conaway Bondanella）和彼得・邦達內拉（Peter Bondanella）為他們翻譯的喬爾喬・瓦薩里（Giorgio Vasari）《藝苑名人傳》（*The Lives of the Artists*）(Oxford, UK, and New York: Oxford University Press, 1991) 撰寫的前言，vii–viii。另參見Zimmermann, *Paolo Giovio*, 214。

87. 喬治・瓦薩里的《六位托斯卡尼詩人》（*Six Tuscan Poets*）（1544），收藏於明尼阿波利斯美術館（Minneapolis Institute of Art）。其他三位詩人是齊諾・達・皮斯托亞（Cino da Pistoia）、阿雷佐的圭托內（Guittone d'Arezzo）和吉多・卡瓦爾康蒂（Guido Cavalcanti）——他是但丁的朋友之一，也是一位被（薄伽丘）謠傳是無神論者的有趣人物。

88. Vasari, *The Lives of the Artists*, 48–49（重生）, 47（歷史學家）。

第四章：神奇之網

1. Girolamo Fracastoro, *Latin Poetry*, trans. James Gardner (Cambridge, MA, and London: I Tatti/Harvard University Press, 2013), 29 (book 1, lines 437–51)。
2. Girolamo Fracastoro, *Fracastoro's* Syphilis, ed. and trans. Geoffrey Eatough (Liverpool: Francis Cairns, 1984), 69 (book 2, lines 133–37)。Chitterlings由豬大腸製成，chine則是帶有脊骨的肉。拉丁文原文：'Tu teneros lactes, tu pandae abdomina porcae, / Porcae heu terga fuge, et lumbis ne vescere aprinis, / Venatu quamvis toties confeceris apros. / Quin neque te crudus cucumis, non tubera captent, / Neve famem cinara, bulbisve salacibus expe.'。
3. Fracastoro, *Fracastoro's* Syphilis, 107 (book 2, lines 405–12)。拉丁文原文：'Salve magna Deum minibus sata semine sacro, / Pulchra comis, spectata novis virtutibus arbos: / Spes hominum, externi decus, et nova Gloria mundi: Fortunata nimis . . . / Ipsa tamen, si qua nostro te carmine Musae / Ferre per ora virum poterunt, hac tu quotue parte / Nosceris, coeloque etiam cantabere nostro.'。
4. 比較近期的譯者詹姆斯・加德納（James Gardner）為他翻譯的弗拉卡斯托羅，《拉丁詩歌》（*Latin Poetry*）撰寫的前言中提到這一點，xiii。他參考了如烏爾里希・馮・赫頓（Ulrich von Hutten）的《法國病》（*De morbo gallico* [*The French Disease*]）(1519) 等作品。
5. P. Eppenberger, F. Galassi and F. Rühli, 'A Brief Pictorial and Historical Introduction to Guaiacum – from a Putative Cure for Syphilis to an Actual Screening Method for Colorectal Cancer', *British Journal of Clinical Pharmacology* 83, no. 9 (September 2017), 2118–19, https://www.ncbi.nlm.nih.gov/pmc/articles/PMC5555855/。
6. Edmund D. Pellegrino, *Humanism and the Physician* (Knoxville: University of Tennessee Press, 1979), 33。

7. T. H. Huxley, 'Universities: Actual and Ideal' (University of Aberdeen, 1874), in *Science and Education*, vol. 3 of *Collected Essays* (London: Macmillan, 1910), 189–234，這一點見頁 220。

8. Petrarch, *Letters of Old Age* [*Rerum senilium*, books I–XVIII], trans. Aldo S. Bernardo, Saul Levin and Reta A. Bernardo (Baltimore and London: Johns Hopkins University Press, 1992), vol. 2, 438–49，這一點見頁444 (*Sen*. XII, 1: 蔬菜); vol. 1, 167–76，這一點見頁172 (*Sen*. V, 3: 所有人都博學多聞)。

9. Geoffrey Chaucer, *Canterbury Tales*, 'General Prologue', lines 443–44。

10. Johann Winter von Andernach (J. Guintherius), preface to his *Aliquot libelli* (Basel, 1529), sig. A2r-v, translated in Richard J. Durling, 'A Chronological Census of Renaissance Editions and Translations of Galen', *Journal of the Warburg and Courtauld Institutes* 24, nos. 3–4 (1961), 230–305，這一點見頁239。

11. 佩脫拉克的普林尼手稿現藏於巴黎法國國家圖書館：MS Lat. 6802。牛津大學的複製本現藏於博德利圖書館（Bodleian Library）：MS Auct. T.I.27。參見Charles G. Nauert Jr, 'Humanists, Scientists, and Pliny: Changing Approaches to a Classical Author', *American Historical Review* 84 (1979), 72–85，這一點見頁75n。德國人文主義者魯道夫．阿格裡科拉（Rodolphus Agricola）在義大利旅行的時候，也隨身攜帶他的普林尼手稿：Gerard Geldenhouwer, 'Vita', in *Rudolf Agricola: Six Lives and Erasmus's Testimonies*, ed and trans. Fokke Akkerman, English trans. Rudy Bremer and Corrie Ooms Beck (Assen, Netherlands: Royal Van Gorcum, 2012), 91–107，這一點見頁99。

12. 特別是早期的人文主義者埃爾莫勞．巴爾巴羅（Ermolao Barbaro），他在《普林尼著作校訂》（*Castigationes plinianae*）(1493)中宣稱他糾正了五千多個錯誤，但他補充說，這是抄寫員的錯。Brian W. Ogilvie, *The Science of Describing* (Chicago and London: University of Chicago Press, 2006), 122–25。

13. Niccolò Leoniceno, *De Plinii et plurium aliorum medicorum in medicina erroribus* . . . (Ferrara: I. Maciochius, 1509), f. 21v。關於指責普林尼，另見Angelo Poliziano, *Letters*, ed. and trans. Shane

Butler (Cambridge, MA, and London: I Tatti/Harvard University Press, 2006), vol. 1, 103–5。關於整個事件，參見Nauert, 'Humanists, Scientists, and Pliny'; Arturo Castiglioni, 'The School of Ferrara and the Controversy on Pliny', in *Science Medicine and History: Essays on the Evolution of Scientific Thought and Medical Practice Written in Honour of Charles Singer*, ed. E. Ashworth Underwood (London: Geoffrey Cumberlege/Oxford University Press, 1953), vol. 1, 269–79; Ogilvie, *The Science of Describing*, 127–29。

14. Vivian Nutton, 'The Rise of Medical Humanism: Ferrara, 1464–1555', *Renaissance Studies* 11 (1997), 2–19，這一點見頁4。

15. 譯文摘自Ogilvie, *The Science of Describing*, 129，並提及Leoniceno, *De Plinii et aliorum medicorum erroribus liber* . . . (Basel: Henricus Petrus, 1529), 65–66。

16. 當時食蝸蛇被認為是盧坎（Lucan）和加圖（Cato）提到的一種小型毒蛇；目前在美洲發現的同名蛇類則是完全無毒的。Nutton, 'The Rise of Medical Humanism: Ferrara, 1464–1555', 2–19，頁5提及 Niccolò Leoniceno, *De dipsade et pluribus aliis serpentibus* (Bologna, 1518；成書時間比出版日期早很多)。

17. 關於布拉薩沃拉：Nutton, 'The Rise of Medical Humanism: Ferrara, 1464–1555', 12–14。關於植物園與收藏：Paula Findlen, *Possessing Nature: Museums, Collecting and Scientific Culture in Early Modern Italy* (Berkeley: University of California Press, 1994)。

18. Susan P. Mattern, *The Prince of Medicine: Galen in the Roman Empire* (Oxford, UK: Oxford University Press, 2013), 151。

19. Saint Augustine, *Concerning the City of God against the Pagans*, book 23, chap. 24。

20. [T. Southwood Smith], *Use of the Dead to the Living: From the Westminster Review* (Albany, UK: Websters and Skinners, 1827), 37。

21. Charles D. O'Malley, *Andreas Vesalius of Brussels, 1514–1564* (Berkeley: University of California Press,

1964), 9（生命精氣）, 106（西爾維烏斯）; Bernard Schultz, *Art and Anatomy in Renaissance Italy* (Ann Arbor: UMI Research Press, 1985), 25。雅各布斯・西爾維烏斯這個名字是雅克・杜布瓦（Jacques Dubois）的拉丁化形式。

22. https://en.wikipedia.org/wiki/Rete_mirabile。

23. 譯文摘自Marco Catani and Stefano Sandrone, *Brain Renaissance: From Vesalius to Modern Neuro-science* (Oxford, UK: Oxford University Press, 2015), 154。

24. O'Malley, *Andreas Vesalius of Brussels*, 64。

25. Vesalius in Louvain: O'Malley, *Andreas Vesalius of Brussels*, 64（屍體）, 69–71（評論, i.e., Vesalius, *Paraphrasis*, 1537）。

26. O'Malley, *Andreas Vesalius of Brussel*, 77（早熟）, 318–20（解剖）, 81–82（課程）。十八歲學生維圖斯・特里托尼烏斯・阿特西努斯（Vitus Tritonius Athesinus）的課堂筆記，現藏於維也納的奧地利國家圖書館（Austrian National Library）。維薩留斯在《人體的構造》中描述了他的偏好與技巧。

27. 維薩留斯，《解剖六圖》（*Tabulae anatomicae*）(1538)，第三張圖仍然顯示了蓋倫的「神奇之網」；線上瀏覽圖像：https://iiif.wellcomecollection.org/image/L0002233.jpg/full/760%2C/0/default.jpg。維薩留斯在《人體的構造》中承認他的錯誤時提到「神奇之網」；參見下文。

28. O'Malley, *Andreas Vesalius of Brussels*, 98–100。

29. Andreas Vesalius, *De humani corporis fabrica libri septem* (Basel: J. Oporinus, 1543)。一五四三年和一五五五年版的《人體的構造》附注釋的譯本，另見Vesalius, *The Fabric of the Human Body*, ed. and trans. Daniel H. Garrison and Malcolm H. Hast (Basel: Karger, 2014)。數位版參見：http://www.vesaliusfabrica.com/en/original-fabrica.html。關於*fabrica*一詞，參見O'Malley, *Andreas Vesalius of Brussels*, 139。它也可以指「建築形式」，如同在描述建築物。另見Daniel H. Garrison, 'Why Did Vesalius Title His Anatomical Atlas "The Fabric of the Human Body"?', http://www.vesalius-fabrica.com/en/original- fabrica/inside- the- fabrica/the-na me-fabrica.html。

30. Vesalius, *De humani corporis fabrica*，譯文摘自Catani and Sandrone, *Brain Renaissance: From Vesalius to Modern Neuroscience*, 152–53。

31. Vesalius, *De humani corporis fabrica*, book 5, chap. 15。參見加里森和哈斯特在他們翻譯的《人體結構》中的注釋：*The Fabric of the Human Body*, vol. 2, 1069n40。維薩留斯以為它是小陰唇的一部分。

32. Realdo Colombo, *De re anatomica* (Venice: N. Bevilacqua, 1559), 243 (s. 11, lines 6–20)。拉丁文原文：'tam pulchram rem, tanta arte effectam, tantae utilitatis gratia'。科隆博在比較早的時候，一五四〇年代初期撰寫了這本書，但直到一五五九年才出版。參見Mark Stringer and Ines Becker, 'Colombo and the Clitoris', *European Journal of Obstetrics and Gynaecology and Reproductive Biology* 151 (2010), 130–33, and Robert J. Moes and C. D. O'Malley, 'Realdo Colombo: "On Those Things Rarely Found in Anatomy . . ."', *Bulletin of the History of Medicine* 34, no. 6 (1960), 508–28。加布里埃爾．法洛皮奧（Gabriele Falloppio）也描述過陰蒂，他在一五五〇年寫下記錄，並在一五六一年的《解剖觀察》（*Observationes Anatomicae*）裡描述它。維薩留斯從未發現這一點；他在後來寫的一本書中宣稱，「這個嶄新而無用的部位」只有雌雄同體者身上有，健康的女性身上沒有。Vesalius, *Anatomicarum Gabrielis Falloppii observationum examen* (1564), translated in Stringer and Becker, 'Colombo and the Clitoris', 132。

33. O'Malley, *Andreas Vesalius of Brussels*, 130–37。

34. 關於這些因素造成的影響，參見Ruth Richardson, *Death, Dissection and the Destitute* (London: Penguin, 1989)。

35. Stringer and Becker, 'Colombo and the Clitoris', 131。

36. Martin Clayton and Ron Philo, *Leonardo da Vinci: Anatomist* (London: Royal Collection, 2011), 17。

37. Paula Findlen et al., *Leonardo's Library: The World of a Renaissance Reader* (Stanford, CA: Stanford Libraries, 2019)，史丹福圖書館（Stanford Libraries）在二〇一九年舉辦的一場展覽的圖冊，試圖

根據達文西的書單和他提到的其他書籍來重現達文西可能擁有的藏書。

38. 譯文摘自Clayton and Philo, *Leonardo da Vinci: Anatomist*, 9，並提及達文西的筆記本：RL 19037 v。

39. Lucretius, *On the Nature of the Universe*, trans. Ronald Melville (Oxford, UK: Oxford University Press, 2008), 89 (book 3, line 712)。

第五章：人類之事

40. Lewis W. Spitz, *Conrad Celtis: The German Arch-Humanist* (Cambridge, MA: Harvard University Press, 1957), 23。

41. Leonard Forster, introduction to *Selections from Conrad Celtis, 1459–1508* (Cambridge, UK: Cambridge University Press, 1948), 31–33。

42. Rudolf Agricola to Jacob Barbireau, 7 June, 1484，後來以《論學習的培訓》(*De formando studio*)為題出版，收錄於Rudolf Agricola, *Letters*, ed. and trans. Adrie Van der Laan and Fokke Akkerman (Assen, Netherlands: Royal Van Gorcum; Tempe: Arizona Center for Medieval and Renaissance Studies, 2002), 203–19，這一點見頁205–9。不過，「事實本身」(*res ipsas*) 這句話則摘自本文的法文翻譯：R. Agricola, *Écrits sur la dialectique et l' humanisme*, ed. Marc van der Poel (Paris: H. Champion, 1997), 264–65 (「你應該研究事實本身」〔*res ipsas*〕)。

43. Rabelais, *Pantagruel*, chap. 8, in *Gargantua and Pantagruel*, ed. and trans. M. A. Screech (London: Penguin, 2006), 47–49。

44. Johann von Plieningen, 'Vita', in *Rudolf Agricola: Six Lives and Erasmus's Testimonies*, ed. and trans. Fokke Akkerman, English trans. Rudy Bremer and Corrie Ooms Beck (Assen, Netherlands: Royal Van Gorcum, 2012), 53– 75，這段話見頁 71–73。本段提到的其他細節也摘自前引書，除了他發音很道地這一點，摘自Goswinus van Halen, 'Vita', in *Rudolf Agricola: Six Lives and Erasmus's Testimonies*, 77–89，見頁89。關於阿格里科拉對別人的影響：Lewis W. Spitz, *The Religious Renaissance of the*

German Humanists (Cambridge, MA: Harvard University Press, 1963), 20–21。約翰・馮・普利寧根（Johann von Plieningen）是阿格里科拉在費拉拉結識的同鄉兩兄弟之一，因為他們姓氏的緣故，他稱他們「普林尼兄弟」（也因為他喜歡普林尼）。

45. 他最著名的是一部關於辯證法的發明的著作：*De inventione dialectica libri tres* (Amsterdam: Alardus, 1539)。

46. R. J. Schoeck, 'Agricola and Erasmus: Erasmus's Inheritance of Northern Humanism', in *Rodolphus Agricola Phrisius, 1444–1485* (Proceedings of the International Conference at the University of Groningen, 28–30 October, 1985), ed. F. Akkerman and A. J. Vanderjagt (Leiden, Netherlands; New York: Brill, 1988), 181–88，這一點見頁181–82。

47. Rudolf Agricola to Jacob Barbireau, 7 June, 1484，後來以《論學習的培訓》為題出版，收錄於Agricola, *Letters*, 203–19，這一點見頁205–9。

48. Peter Mack, *Renaissance Argument* (Leiden, Netherlands: Brill, 1993), 128。

49. 關於他的友誼與通信，參見Peter G. Bietenholz and Thomas B. Deutscher, *Contemporaries of Erasmus* (Toronto: University of Toronto Press, 1985–87)，裡面列出他認識或提到的人名大約有兩千個。

50. Erasmus, 'On Education for Children', in *Collected Works*, vol. 26: *Literary and Educational Writings*, 4: *De pueris instituendis / De recta pronuntiatione*, ed. J. K. Sowards (Toronto: University of Toronto Press, 1985), 291– 346，這段話見頁326。

51. Erasmus to Lambertus Grunnius, 1516，引自R. J. Schoeck, *Erasmus of Europe* (Edinburgh: Edinburgh University Press, 1990–93), vol. 1, 49。

52. E. M. Forster, 'Breaking Up' (*Spectator*, 28 July, 1933), in *The Prince's Tale and Other Uncollected Writings*, ed. P. N. Furbank (London: Penguin, 1999), 273。

53. 他旅居英格蘭期間撰寫的作品包括《論學習方法》（*De ratione studii*〔*On the Method of Study*〕，一五一一年出版，分別在一五一二年、一五一四年增訂）以及《論豐富》（*De copia*〔*On the*

Abundant Style〕，一五一二年出版，後來再加以增訂）。

54. Erasmus, 'On Good Manners for Boys', trans. Brian McGregor, in *Collected Works*, vol. 25: *Literary and Educational Writings*, 3: *De conscribendis epistolis formula / De civilitate*, ed. J. K. Sowards (Toronto: University of Toronto Press, 1985), 269–89，特別是頁276（西班牙人的刷牙習慣), 277–78（氣體), 274（開朗的眉毛）。

55. 關於這句座右銘的歷史，似乎可以追溯到十四世紀的威克姆的威廉（William of Wykeham），但最早是一五一九年由威廉・霍曼（William Horman）紀錄下來的，參見Mark Griffith, 'The Language and Meaning of the College Motto' (2012), https://www.new.ox.ac.uk/sites/default/files/1NCN1%20%282012%29%20Griffith-Manners.pdf。

56. Erasmus, *On the Method of Study*, in *Collected Works*, vol. 24: *Literary and Educational Writings*, 2: *De copia / De ratione studii*, ed. Craig R. Thompson, 661–91，這一點見頁671。

57. 關於豐富的概念，特別參見Terence Cave, *The Cornucopian Text: Problems of Writing in the French Renaissance* (Oxford, UK: Clarendon Press, 1979)。

58. Erasmus, *Copia*, in *Collected Works*, vol. 24: *Literary and Educational Writings*, 2: *De copia / De ratione studii*, 279–660，包括302（昆體良），572–81（原因、結果、例子），411（習慣用語），429（表示疑問），431–32（花言巧語的游說），560–62（描述死亡的方式）。這裡提到的是一九六九年，蒙提・派森（Monty Python）劇團上演的一齣關於鸚鵡的短劇。約翰・克里斯（John Cleese）把一隻死去的鸚鵡送回寵物店，反覆說服店員牠真的死了。他運用了伊拉斯謨的技巧來變化他的說法，如「這隻鸚鵡不再是活的」（This parrot has ceased to be），「這是一隻死鸚鵡」（This is an ex-parrot）等。

59. 《箴言集》的初版*Adagiorum collectanea* (1500)現在非常罕見：複製本藏於哈佛、塞勒斯塔（Sélestat）、海牙（The Hague）與巴黎法國國家圖書館。有四千兩百五十一條格言的版本出版於一五三三年。Schoeck, *Erasmus of Europe*, vol. 1, 237–38, 241n1。

60. 引自Schoeck, *Erasmus of Europe*, vol. 2, 134。
61. Erasmus, epistle 391A to Johannes Sapidus, 1516，譯文摘自 Schoeck, *Erasmus of Europe*, vol. 2, 159。
62. 譯文摘自P. S. Allen, *The Age of Erasmus* (Oxford, UK: Clarendon Press, 1914), 153。
63. Erasmus, 'Letter to Dorp' (epistle 337)，收錄於*The Erasmus Reader*, ed. Erika Rummel (Toronto: University of Toronto Press, 1990), 169–94，這一點見頁 192。
64. 關於這部作品，參見Schoeck, *Erasmus of Europe*, vol. 1, 141。
65. 他在公園修道院（Abbaye de Parc）找到這部作品。Schoeck, *Erasmus of Europe*, vol. 2, 44–45。
66. 當時有許多這一類的計畫在進行，其中包括西班牙阿爾卡拉大學（University of Alcalá）一群學者編寫的完整版多語種「康普魯頓合參本聖經」（Complutensian Polyglot Bible），一五一七年完成，一五二二年出版，內有希伯來文、希臘文、敘利亞文與拉丁文的經文對照。參見Jerry H. Bentley, *Humanists and Holy Writ* (Princeton, NJ: Princeton University Press, 1983), 70–111。一五二二年，路德把《新約聖經》翻譯成德文，並在一五三四年出版完整的路德版聖經。
67. Erasmus, 'Letter to Dorp', 169–94，這段話見頁 192。
68. Erasmus to Albert of Brandenburg, 19 October, 1519，譯文摘自約翰・C・奧林（John C. Olin）的伊拉斯謨選集*Christian Humanism and the Reformation: Selected Writings, with the Life of Erasmus by Beatus Rhenanus*, rev. ed. (New York: Fordham University Press, 1975), 134–45，這段話見頁 144–45。
69. Erasmus to Jodocus Jonas, 10 May, 1521，收錄於Erasmus, *Christian Humanism and the Reformation*, 150–63，這段話見頁 153。
70. 伊拉斯謨在《論自由意志》（*De libero arbitrio diatribe sive collatio* [Basel: Froben, 1524]）中對路德的觀點提出批評；路德則寫了《論意志的捆綁》（*De servo arbitrio* [Wittemberg: J. Lufft, 1525]）作為回應。
71. Valentina Sebastiani, *Johann Froben, Printer of Basel* (Leiden, Netherlands, and Boston: Brill, 2018), 66–67。

72. Erasmus to Richard Pace, 5 July, 1521，收錄於Schoeck, *Erasmus of Europe*, vol. 2, 231。

73. Erasmus, *In Praise of Folly*, trans. Betty Radice (Harmondsworth, UK: Penguin, 1971), 181。

74. Erasmus, 'Dulce bellum inexpertis', in Margaret Mann Phillips, *The 'Adages' of Erasmus* (Cambridge, UK: Cambridge University Press, 1964), 308–53，這一點見頁309。維蓋提烏斯的引言摘自Vegetius, *Art of War*, vol. 3, xiii（菲力浦斯糾正了伊拉斯謨的錯誤，後者引用時誤植為第十四章）。另見Erasmus, 'A Complaint of Peace' [*Querela pacis*], (December 1517), trans. Betty Radice, in *Collected Works*, vol. 27: *Literary and Educational Writings*, 5 (Toronto: University of Toronto Press, 1986), 289–322。

75. 皆摘自伊拉斯謨，「戰爭對沒有經歷過的人來說是甜蜜的」，308–53，這一點見頁317(羽飾與野獸)，310–12（友善的眼睛及其他），322（許多人之間的友誼），313（戰爭的破壞），頁309–10（律師與神學家）。

76. 其中一個很貼切的例子是史蒂芬・茨威格（Stefan Zweig）寫的傳記《鹿特丹的伊拉斯謨的勝利與悲劇》（*Triumph und Tragik des Erasmus von Rotterdam*），一九三四年在維也納出版，當時他周遭的世界也充斥著戰爭的狂熱。*Erasmus* [and] *The Right to Heresy*, trans. Eden and Cedar Paul (London: Hallam/Cassell, 1951)。

77. 目前該計畫名稱是Erasmus+。https://erasmus-plus.ec.europa.eu/。關於參與這個計畫的人數：https://ec.europa.eu/commission/presscorner/detail/en/qanda_20_130。關於「於伊拉斯謨計畫之母」（Mamma Erasmus）蘇菲亞・科拉迪，https://it.wikipedia.org/wiki/Sofia_Corradi。

78. Michel de Montaigne: *Essays*, in *The Complete Works*, trans. Donald Frame (London: Everyman, 2003), 913 (book 3, chap. 9)。蒙田選擇以法文寫作，也反映了當時以法文寫作蔚為風潮。他在第一卷第二十六章中描述了他父親的教育實驗(156–57)。

79. 參見M. A. Screech, *Montaigne's Annotated Copy of Lucretius: A Transcription and Study of the Manuscript, Notes and Pen-Marks* (Geneva: Droz, 1998)。

80. Montaigne, *Essays*, 181 (book 1, chap. 30)。
81. Montaigne, *Essays*, 961 (book 3, chap. 11)。
82. Montaigne, *Essays*, 278 (book 1, chap. 56: 很樂意相信), 521 (book 2, chap. 12: 在戰爭期間安全無虞)。
83. Montaigne, *Essays*, 1041–42 (book 3, chap. 13)。
84. Montaigne, *Essays*, 1039 (book 3, chap. 13)。
85. Montaigne, *Essays*, 399 (book 2, chap. 12: 難道還有), 508 (book 2, chap. 12: 普羅達哥拉斯)。
86. Montaigne, *Essays*, 365 (book 2, chap. 10: 西塞羅), 362 (book 2, chap. 10: 維吉爾), 269 (book 1, chap. 51: 修辭學), 155 (book 1, chap. 26: 了不起)。
87. Montaigne, *Essays*, 367 (book 2, chap. 10: 生動), 362 (book 2, chap. 10: 泰倫提烏斯)。
88. Montaigne, *Essays*, 205 (book 1, chap. 37)。
89. Montaigne, *Essays*, 193 (book 1, chap. 31)。
90. Montaigne, *Essays*, 725 (book 2, chap. 37)。
91. Montaigne, *Essays*, 740 (book 3, chap. 2: 整體與聯繫起來)。
92. Montaigne, *Essays*, 284 (book 1, chap. 56)。
93. Walter Pater, 'Charles Lamb', in *Appreciations* (London: Macmillan, 1890), 105–23，這一點見頁117。
94. Henry Fielding, *Tom Jones* (Harmondsworth, UK: Penguin, 1966), 52。
95. William James to Catherine Elizabeth Havens, 23 March, 1874，引自 Robert D. Richardson, *William James* (Boston and New York: Houghton Mifflin, 2007), 152。
96. George Eliot, 'The Natural History of German Life' (1856), in *Selected Critical Writings*, ed. Rosemary Ashton (Oxford, UK, and New York: Oxford University Press, 1992), 263。
97. 近期關於閱讀小說是否有助於我們表現得更有道德的研究，得出了不同的結論。一項重要的研究發現，剛讀過一段文學小說的人在進行測驗時所做出的道德抉擇多於沒有讀過的人：David Comer Kidd and Emanuele Castano, 'Reading Literary Fiction Improves Theory of Mind', *Science* 342, no. 6156 (18 October, 2013), 377–80, https://science.sciencemag.org/content/342/6156/377.abstract?sid=f192d0cc-1443-4bf1-a043-61410da39519。有些人則懷疑，根據同理心來做出道德抉擇是否真的是對的：保羅．布魯姆（Paul Bloom）認為，這種做法會導致我們以犧牲外團體（out-group）與陌生人為代價，與內團體（in-group）建立過於緊密的關係，因此，秉持理性的善意可能比較恰當：Paul Bloom, *Against Empathy: The Case for Rational Compassion* (London: Bodley Head, 2017)。

第六章：永恆的奇蹟

1. Edward Paice, *Wrath of God: The Great Lisbon Earthquake of 1755* (London: Quercus, 2008), 69，提及切斯寫給他母親的信，肯特郡研究中心（Centre for Kentish Studies），Gordon Ward Collection U442；以及BL Add. 38510 ff.7–14:「他逃離里斯本地震的敘述」。此事件的其他細節摘自Paice, 168–72 (傷亡人數) 與T. D. Kendrick, *The Lisbon Earthquake* (London: Methuen, 1956)。
2. J. W. von Goethe, *From My Life: Poetry and Truth*, vols. 1–3, trans. Robert R. Heitner, in Goethe, *Collected Works*, vol. 4 (Princeton, NJ: Princeton University Press, 1994), 35。
3. Russell R. Dynes, 'The Lisbon Earthquake of 1755: The First Modern Disaster', in *The Lisbon Earthquake of 1755: Representations and Reactions*, ed. Theodore E. D. Braun and John B. Radner (Oxford, UK: Voltaire Foundation, 2005), 34–49，這一點見頁 42。
4. 此事件發生於1708年至1711年之間。Kendrick, *The Lisbon Earthquake*, 95–100。
5. Saint Augustine, *Concerning the City of God against the Pagans*, trans. Henry Bettenson (London: Penguin, 2003), 475 (book 12, chap. 4)。
6. Alexander Pope, *An Essay on Man*, epistle 1, line 294。

7. Geoffrey Chaucer, *Canterbury Tales*, 'The Franklin's Tale', lines 885–93。
8. Voltaire to Jean-Robert Tronchin, 24 November, 1755, in Voltaire, *The Selected Letters*, ed. and trans. Richard A. Brooks (New York: New York University Press, 1973), 181。
9. Voltaire, 'Poème sur le désastre de Lisbonne' (1756)。參見Theodore Besterman, *Voltaire*, 3rd ed. (Oxford, UK: Blackwell, 1976), 367–71。
10. Voltaire, 'Good, all is' ('Bien [tout est]'), in *Philosophical Dictionary*, ed. and trans. Theodore Besterman (Harmondsworth, UK: Penguin, 1979), 72–73。
11. Voltaire, *Candide*, in *Candide and Other Stories*, trans. Roger Pearson (Oxford, UK: Oxford University Press, 2006), 1–88，這段話見頁48。
12. Voltaire to Elie Bertrand, 18 February, 1756, in Voltaire, *The Selected Letters*, 183。
13. Voltaire, *Candide*, 1–88, this on 88。
14. E. M. Forster, *The Longest Journey* (Harmondsworth, UK: Penguin, 1960), 101。
15. 初次使用這個詞的記錄出現在一八五八年蘇格蘭醫生約翰・布朗（John Brown）的論文集。他只是部分贊同這個原則，但確實為它命名。John Brown, *Horae Subsecivae* [*Leisure Hours*] (Edinburgh: T. Constable; London: Hamilton, Adams, 1858–82), vol. 1, xix。這是《牛津英語詞典》（*Oxford English Dictionary*）中最早的引文，戈登・S・海特（Gordon S. Haight）在他對艾略特來信的編注裡也提到這一點——她在信中謹慎地接受了發明這個詞的功勞，但指出這通常要同時歸功於好幾個人。她很可能不知道布朗使用過這個詞。Eliot to James Sully, 19 January, 1877, in *The George Eliot Letters*, ed. G. S. Haight (London: Oxford University Press; New Haven: Yale University Press, 1954–78), vol. 4, 333–34。薩利曾經寫過一本關於悲觀主義的書；當他在同年稍晚出版該書時，仍將這個詞的發明歸功於她。另見James Sully, *Pessimism: A History and a Criticism* (London: S. King, 1877), 399。
16. Rosemary Ashton, 'Coming to Conclusions: How George Eliot Pursued the Right Answer', *Times*

Literary Supplement, 15 November, 2019), 12–14，這段話見頁 14; Besterman, *Voltaire*, 397。里奇·羅伯遜（Ritchie Robertson）最新的著作影響了我對啟蒙價值觀的解讀，他強調啟蒙運動者的淑世與人文主義動機，甚於他們對理性的理想化。Robertson, *The Enlightenment: The Pursuit of Happiness, 1680–1790* (London: Allen Lane, 2020)。

17. P. N. Furbank, *Diderot: A Critical Biography* (London: Secker & Warburg, 1992), 128–29。

18. Furbank, *Diderot*, 130。

19. Nicolas de Condorcet, 'The Sketch' [*Sketch for a Historical Picture of the Progress of the Human Mind*], trans. June Barraclough, in Condorcet, *Political Writings*, ed. Steven Lukes and Nadia Urbinati (Cambridge, UK: Cambridge University Press, 2012), 1–147，這段話見頁 130。關於他數學專長的應用與進步的理想，參見 Lukes and Urbinati's introduction, xviii–xix。

20. 霍爾巴赫男爵，《自然體系》（*The System of Nature*），第一卷，改編自 H. D. 羅賓遜（H. D. Robinson）一八六八年的原譯 (Manchester, UK: Clinamen, 1999), 5 (黑暗的迷霧), 189 (遠遠沒有)。邁克爾·布希（Michael Bush）在此版本的前言中敘述了霍爾巴赫之妻的故事。

21. 理查德·S·波普金（Richard S. Popkin）為皮埃爾·貝爾，《歷史與批評辭典：選集》（*Historical and Critical Dictionary: Selections*）（Indianapolis and Cambridge, UK: Hackett, 1991）撰寫的前言（與克雷格·布魯什〔Craig Brush〕合著），xviii。這個故事摘自克勞德·格羅斯·德·博茲（Claude Gros de Boze）在〈波利尼亞克樞機主教的頌詞〉（Eloge de M. Le Cardinal de Polignac）中為波利尼亞克樞機主教的《反盧克萊修》（*L'anti-Lucrèce*）(Paris, 1749) 撰寫的序言。

22. Voltaire, *Treatise on Tolerance*, trans. Brian Masters (Cambridge, UK: Cambridge University Press, 2000)。

23. Voltaire, *Philosophical Dictionary*, 311.

24. Robert G. Ingersoll, 'The Gods', in *Orations* (London: Freethought, 1881), 33。

25. 天條令狀（*herem*）的全文參見 Steven Nadler, *Spinoza*, 2nd ed. (Cambridge, UK: Cambridge Uni-

versity Press, 2018), 139–41。

26. Condorcet, 'The Sketch', 140。

27. Michel de Montaigne, *Essays*, in *The Complete Works*, trans. Donald Frame (London: Everyman, 2003), 379 (book 2, chap. 11)。

28. Montaigne, *Essays*, 379 (雞), 385 (一些尊重), 380–81 (哭泣與酷刑) (都在第二冊第十一章)。

29. Tertullian, *Of Public Shows* (*De spectaculis*), § 30。

30. Bernard of Cluny, *Scorn for the World: Bernard of Cluny's* De contemptu mundi, trans Ronald E. Pepin (East Lansing, MI: East Lansing Colleagues Press, 1991), 17–19。

31. Charles Darwin, 'Religious Belief' (一八七九年完稿，一八八一年「複製」)，收錄於 *Autobiographies*, ed. Michael Neve and Sharon Messenger (London: Penguin, 2002), 49–55，這一點見頁49–50。

32. John Stuart Mill, *An Examination of Sir William Hamilton's Philosophy* (London: Longman, Green, Longman, Roberts & Green, 1865), 103。

33. Anthony Ashley Cooper, Third Earl of Shaftesbury, 'The Moralists, a Philosophical Rhapsody', in *Characteristics of Men, Manners, Opinions, Times*, ed. Lawrence E. Klein (Cambridge, UK: Cambridge University Press, 1999), 231–338。另見 Shaftesbury's earlier *An Inquiry Concerning Virtue* (London: A. Bell, 1699)。

34. Furbank, *Diderot*, 26。

35. John Locke, *A Letter on Toleration*, ed. J. W. Gough and R. Klibansky (Oxford, UK: Clarendon Press, 1968), 135。

36. Pierre Bayle, *Various Thoughts on the Occasion of a Comet*, trans. and ed. Robert C. Bartlett (New York: SUNY Press, 2000), 165–240 (letters 8 and 9)。

37. Jonathan Israel, *Radical Enlightenment: Philosophy and the Making of Modernity, 1650–1750* (Oxford,

UK: Oxford University Press, 2001), 334–35。

38. Elisabeth Labrousse, *Bayle*, trans. Denys Potts (Oxford, UK, and New York: Oxford University Press, 1983), 31。
39. Ian Davidson, *Voltaire* (New York: Pegasus, 2012), 108–11（《哲學通信》）, 356–57（《哲學辭典》）。
40. Furbank, *Diderot*, 48–50。
41. Furbank, *Diderot*, 291。
42. Israel, *Radical Enlightenment*, 286–91。
43. Bush, introduction to Baron d'Holbach, *The System of Nature*, vol. 1, vii。
44. Voltaire to Gabriel and Philibert Cramer, 25 February, 1759, in Voltaire, *The Selected Letters*, 198。
45. Voltaire to Madame du Deffand, 6 January, 1764, translated in Davidson, *Voltaire*, 328。
46. Jean des Cars, *Malesherbes: Gentilhomme des lumières* (Paris: Fallois, 1994), 45。
47. Des Cars, *Malesherbes*, 92（查禁的原因）, 93（藏匿手稿）, 85（蓬巴杜夫人）。
48. Furbank, *Diderot*, 254, 461, 472。
49. Furbank, *Diderot*, 273。
50. Des Cars, *Malesherbes*, 387–91。
51. 引自Joan Wallach Scott, 'French Feminists and the Rights of "Man": Olympe de Gouges's Declarations', *History Workshop Journal* 28 (1989), 1–21，這段話見頁17。她的宣言：https://en.wikipedia.org/wiki/Declaration_of_the_Rights_of_Woman_ and_of_the_Female_Citizen。
52. Nicolas de Condorcet, 'On the Emancipation of Women. On Giving Women the Right to Citizenship', trans. Iain McLean and Fiona Hewitt, in Condorcet, *Political Writings*, ed. Steven Lukes and Nadia Urbinati (Cambridge, UK: Cambridge University Press, 2012), 156–62。
53. Condorcet, 'The Sketch'，引言見頁147。盧克斯（Lukes）與烏爾比納蒂（Urbinati）在他的《政治

著作》（*Political Writings*）的前言中敘述了他的冒險與死亡的故事，xx–xxi。

54. Craig Nelson, *Thomas Paine* (London: Profile, 2007), 258–60; Susan Jacoby, *Freethinkers* (New York: Metropolitan Books/Henry Holt, 2004), 41。
55. Thomas Paine, *The Age of Reason* (London: Watts, 1938), 38 (一切都應該), 27–28 (比較適合：新鮮空氣), 2 (人類發明)。
56. Paine, *The Age of Reason*, 1。
57. Jacoby, *Freethinkers*, 61。
58. Paul Collins, *The Trouble with Tom: The Strange Afterlife and Times of Thomas Paine* (London: Bloomsbury, 2006)。
59. Joel H. Wiener, *Radicalism and Freethought in Nineteenth-Century Britain: The Life of Richard Carlile* (Westport, CT, and London: Greenwood, 1983), 46–47; G. D. H. Cole, *Richard Carlile, 1790–1843* (London: Victor Gollancz and Fabian Society, 1943), 10–11。
60. Richard Carlile, *An Address to Men of Science* (London: R. Carlile, 1821), 7。關於這一點與監禁，參見Cole, *Richard Carlile*, 11, 16。
61. Anthony Ashley Cooper, Third Earl of Shaftesbury, 'Sensus Communis: An Essay on the Freedom of Wit and Humour', in *Characteristics of Men, Manners, Opinions, Times*, 2nd ed. (1714), ed. Lawrence E. Klein (Cambridge, UK: Cambridge University Press, 1999), 34。祕傳式寫作（esoteric writing）的描述與實踐首見於約翰・托蘭（John Toland）的〈Clidophorus：或關於公開與祕傳的哲學〉（Clidophorus; or Of the Exoteric and Esoteric Philosophy ......），收錄於*Tetradymus* (London: J. Brotherton and W. Meadows [etc.]), 1720), 66。*Clidophorus*的意思是「鑰匙持有者」。
62. Paine, *The Age of Reason*, 2。
63. Bryan Magee, *Confessions of a Philosopher* (London: Phoenix, 1998), 128。
64. David Hume, *An Enquiry Concerning Human Understanding, and Other Writings*, ed. Stephen Buckle

(Cambridge, UK: Cambridge University Press, 2007), 101。

65. Carl Sagan, 'Encyclopaedia Galactica', episode 12 of *Cosmos: A Personal Voyage*, PBS, originally broadcast 14 December, 1980。薩根談論的是外星人造訪地球的證據，但這句話已經廣泛地應用在不同的語境。

66. Ernest Campbell Mossner, *The Life of David Hume*, 2nd ed. (Oxford, UK: Clarendon Press, 1980), 101。

67. Hume, *An Enquiry Concerning Human Understanding, and Other Writings*, 96–116 (section 10:'Of Miracles')。另見Mossner, *The Life of David Hume*, 286。

68. 'Note on the Text', in David Hume, *The Natural History of Religion*, ed. A. Wayne Colver, and *Dialogues Concerning Natural Religion*, ed. John Valdimir Price (Oxford, UK: Clarendon Press, 1976), 7。另見Mossner, *The Life of David Hume*, 320。

69. 'Philo' speaking, in Hume, *Dialogues Concerning Natural Religion*, ed. Martin Bell (London: Penguin, 1990), 131。

70. Mossner, *The Life of David Hume*, 162, 251–54。

71. 艾肯海德在一六九七年遭到處決。Michael Hunter, '"Aikenhead the Atheist": The Context and Consequences of Articulate Irreligion in the Late Seventeenth Century', in *Atheism from the Reformation to the Enlightenment*, ed. Michael Hunter and David Wootton (Oxford, UK: Clarendon Press, 1992), 221–54，這句話見頁225。

72. Mossner, *The Life of David Hume*, 587 (博斯韋爾), 245 (亞當)。休謨的朋友，因弗雷斯克（Inveresk）的亞歷山大·卡萊爾（Alexander Carlyle）敘述了晚餐的故事。A. Carlyle, *Autobiography*, ed. J. Hill Burton (London and Edinburgh: T. N. Foulis, 1910), 285–86。

73. Hume, *Dialogues Concerning Natural Religion*, ed. Bell, 132。

74. 休謨的信是寫給一位沒有具名的醫生（但未寄出），莫斯納（Ernest Campbell Mossner）稱他為約翰·阿巴斯諾特醫生（Dr John Arbuthnot）。關於這封信，參見Ernest Campbell Mossner, 'Hume's

Epistle to Dr Arbuthnot, 1734: The Biographical Significance', *Huntingdon Library Quarterly* 7, no. 2 (February 1944), 135–52, 137（「最結實」）。

75. David Hume, *A Treatise of Human Nature*, ed. L. A. Selby-Bigge, 2nd ed., rev. by P. H. Nidditch (Oxford, UK: Clarendon Press, 1978), 269 (book 1, part 4, §8)。

76. Hume, *A Treatise of Human Nature*, 576 (book 3, part 3, §1: shared feeling), 470 (book 3, part 1, §2: producing morality), 577–78 (book 3, part 3, §1: producing a full moral system), 364 (book 2, part 2, §5: mirrors)。休謨在《人類理解研究》（1751）中進一步論證了道德問題，Hume, Enquiry, ed. L. A. Selby-Bigge, 2nd ed. (Oxford, UK: Clarendon Press. L. A. Selby-Bigge, 2nd ed. (Oxford, UK: Clarendon Press, 1951), 167–323。休謨的朋友亞當・史密斯在《道德情操論》（*A Theory of Moral Sentiments*）(London: A. Millar; Edinburgh: A. Kincaid and J. Bell, 1759)中對道德與同情心提出了類似的論證。

77. David Hume to Anne-Robert Jacques Turgot, 1766, quoted in Mossner, *The Life of David Hume*, 286。

78. David Hume to Henry Home, December 1737，引自Mossner, *The Life of David Hume*, 112。

79. David Hume, *Four Dissertations* (London: A. Millar, 1757)。參見J. C. A. Gaskin, 'Hume's Suppressed Dissertations: An Authentic Text', *Hermathena* 106 (Spring 1968), 54–59，這一點見頁55。

80. James Boswell, diary entry for 28 December, 1764, in James Boswell, ed. F. A. Pottle, *Boswell on the Grand Tour* (London: Heinemann, 1953), vol. 1, 286。

81. 引自Mossner, *The Life of David Hume*, 587。

82. David Hume to William Strahan, 12 June, 1776, *Letters of David Hume to William Strahan*, ed. G. Birkbeck Hill (Oxford, UK: Clarendon Press, 1888), 337。

83. James Boswell, 'An account of my last interview with David Hume, esq.（一七七七年三月三日，部分記錄在我的日記裡，部分根據我的記憶擴充），收錄於他的日記 *Boswell in Extremes, 1776–1778*, ed. C. McC. Weis and F. A. Pottle (London: Heinemann, 1971), 11–15。

84. 博斯韋爾與約翰遜的評論：都記錄在博斯韋爾一七七七年九月十六日星期二的日記，*Boswell in Extremes 1776–1778*, 155。

85. 'Letter from Adam Smith to William Strahan', 9 November, 1776，描述了休謨病情的最後階段，並附上休謨在一七七七年出版的《我自己的生活》(18 April, 1776)，收錄於*The Life of David Hume, Esq; Written by Himself* (London: W. Strahan and T. Cadell, 1777), 37–62, 43–44 (快速死去), 49–50 (好心的卡戎)。

86. Mossner, *The Life of David Hume*, 592。

87. Gaskin, 'Hume's Suppressed Dissertations', 54–59，這一點見頁55–57。

88. 'Letter from Adam Smith to William Strahan', 37–62，這一點見頁 49–50 (「請上船」), 58 (「幸福的平靜」)。

89. Mossner, *The Life of David Hume*, 605 (博斯韋爾), 603 (atheist/honest man)。

90. 'Letter from Adam Smith to William Strahan', 37–62, this on 62。

第七章：全體人類的領域

1. David Hume, 'Of National Characters' (1748; rev. 1754)，引自*Race and the Enlightenment: A Reader*, ed. Emmanuel Chukwudi Eze (Cambridge, MA, and Oxford, UK: Blackwell, 1997), 33。休謨在一七七六年完成修訂，並在一七七七年他過世之後出版。有關比提的批評，參見James Beattie, *An Essay on the Nature and Immutability of Truth in Opposition to Sophistry and Scepticism*, 2nd ed. (Edinburgh: A. Kincaid and J. Bell; London: E. and C. Dilly, 1771), 508–11，這一點見頁511。

2. Nicolas de Condorcet, 'The Sketch' [*Sketch for a Historical Picture of the Progress of the Human Mind*], trans. June Barraclough, in *Political Writings*, ed. Steven Lukes and Nadia Urbinati (Cambridge, UK: Cambridge University Press, 2012), 1–147，這一點見頁126–29。

3. Jean-Jacques Rousseau, *Émile or On Education*, trans. Allan Bloom (London: Penguin, 1991), 358–63,

386–87。

4. Voltaire to Frederick the Great, 15 October, 1749, in Voltaire and Frederick the Great, *Letters*, ed. and trans. Richard Aldington (London: George Routledge, 1927), 203 (letter 99)。

5. Plato, *Timaeus*, 42a–b, 90e (女人是前世懦弱或不道德的男人轉世而來的), 92b (貝類)。

6. Aristotle, *The Politics*, trans. Ernest Barker, rev. R. F. Stalley (Oxford, UK, and New York: Oxford University Press, 1995), 16–17 (I, 5)。

7. 一五五〇年至一五五一年，西班牙的瓦拉多利德（Valladolid）舉行了有關這個主題的辯論，參見 Lewis Hanke, *All Mankind Is One: A Study of the Disputation between Bartolomé de Las Casas and Juan Ginés de Sepúlveda in 1550 on the Intellectual and Religious Capacity of the American Indians* (DeKalb: Northern Illinois University Press, 1974)。

8. 摘自 Josiah C. Nott, 'Two Lectures on the Natural History of the Caucasian and Negro Races' (1844), in *The Ideology of Slavery: Pro-slavery Thought in the Antebellum South, 1830–1860*, ed. Drew Gilpin Faust (Baton Rouge and London: Louisiana State University Press, 1981), 206–38，這句話見頁238。諾特後來與人合著《人的類型》（*Types of Mankind*）（1854）一書也提出了類似的論點，主張完全的種族差異。

9. Saint Augustine, *Concerning the City of God against the Pagans*, book 16, chap. 8。

10. Hanke, *All Mankind Is One*, 21。

11. Jane Ellen Harrison, 'Homo Sum', in *Alpha and Omega* (London: Sidgwick & Jackson, 1915), 80–115。

12. Dorothy L. Sayers, 'Are Women Human?', in *Unpopular Opinions* (London: Victor Gollancz, 1946), 108–9 (長褲與亞里斯多德)。

13. Sayers, 'Are Women Human?', 114。

14. Harriet Taylor Mill, 'Enfranchisement of Women', in *The Complete Works*, ed. Jo Ellen Jacobs and Paula Harms Payne (Bloomington and Indianapolis: Indiana University Press, 1998), 51–73，這段話見頁

57。

15. Thucydides, *The Peloponnesian War*, book 2, §46。

16. Joan Wallach Scott, 'French Feminists and the Rights of "Man": Olympe de Gouges's Declarations', *History Workshop Journal* 28 (1989), 1–21，這一點見頁17。

17. Mary Wollstonecraft, *A Vindication of the Rights of Woman*, in *A Vindication of the Rights of Men / A Vindication of the Rights of Woman / An Historical and Moral View of the Origin and Progress of the French Revolution* (Oxford, UK: Oxford University Press, 2008), 72（「我會先從人類的宏觀視角來思考」), 119（「人類的責任」), 122（「人類的美德」), 125（「關在籠子裡」), 265（「我希望看到」)。關於美德問題：她的論點必須面對這樣一個事實：連「美德」（virtue）這個詞的拉丁文起源也是以男性為標準，它源自 *vir*「男人」——亦即喚起男子氣概，或用二十一世紀的俚語來說，就是「像個男人」（manning up）。

18. John Stuart Mill, 'The Subjection of Women' (1869), in *Collected Works*, vol. 21: *Essays on Equality, Law and Education*, ed. John M. Robson (London: Routledge, 1984), 259–340，這句話見頁337。這本書是密爾在哈麗雅特去世以後，在一八五九年至一八六一年之間撰寫的，並於一八六九年出版。

19. Dan Goodley, *Disability and Other Human Questions* (Bingley, UK: Emerald, 2021), chap. 5 (未註明頁碼)。

20. Jeremy Bentham, *An Introduction to the Principles of Morals and Legislation*, in J. S. Mill and J. Bentham, *Utilitarianism and Other Essays*, ed. Alan Ryan (London: Penguin, 1987), 65–111，這一點見頁80–81。

21. Jeremy Bentham, *An Introduction to the Principles of Morals and Legislation*, ed. J. H. Burns and H. L. A. Hart (London: Athlone; Oxford, UK: Clarendon Press, 1970), 283n。

22. Jeremy Bentham, 'Of Sexual Irregularities' (1814), in *Of Sexual Irregularities and Other Writings on Sexual Morality*, ed. P. Schofield, C. Pease-Watkin and M. Quinn (Oxford, UK: Clarendon Press, 2014)。

23. 關於邊沁有趣的「自我肖像」：Jeremy Bentham, 'Auto-Icon, or, Farther Uses of the Dead to the Living: A Fragment. From the MSS. of Jeremy Bentham', unpublished manuscript [London?, 1832?]; [T. Southwood Smith], *Use of the Dead to the Living: From the Westminster Review* (Albany, UK: Websters and Skinners, 1827); T. Southwood Smith, *A Lecture Delivered over the Remains of Jeremy Bentham Esq., in the Webb Street School of Anatomy & Medicine, on the 9th of June, 1832* (London: Effingham Wilson, 1832); C. F. A. Marmoy, 'The "Auto-Icon" of Jeremy Bentham at University College, London', *Medical History* 2, no. 2 (April 1958), 77–86。

24. Thomas Wright, *Oscar's Books* (London: Chatto & Windus, 2008), 1–2。

25. Richard Ellmann, *Oscar Wilde* (London: Penguin, 1988), 465–66（第一次在火車站發生的事）, 492（「噢，美麗的世界」）。

26. Oscar Wilde, *De Profundis*, in *The Soul of Man and Prison Writings*, ed. I. Murray (Oxford, UK, and New York: Oxford University Press, 1990), 98。

27. Giovanni Boccaccio, *Famous Women*, ed. and trans. Virginia Brown (Cambridge, MA, and London: I Tatti/Harvard University Press, 2001)。

28. Paolo Giovio, *Notable Men and Women of Our Time*, ed. and trans. Kenneth Gouwens (Cambridge, MA: Harvard University Press, 2013), 367–69。

29. Michel de Montaigne, *Essays*, in *The Complete Works*, trans. Donald Frame (London: Everyman, 2003), 831 (book 3, chap. 5)。

30. Christine de Pizan, *The Book of the City of Ladies*, trans. Rosalind Brown-Grant (London: Penguin, 1999), 57 (part 1, §27)。

31. Virginia Woolf, *A Room of One's Own* (London: Penguin, 2004), 54–61。根據一九二八年發表的 篇文章加以改寫，一九四五年首次出版。

32. Simone de Beauvoir, *The Second Sex*, trans. C. Borde and S. Malovany-Chevallier (London: Jonathan

Cape, 2009), 293。

33. John Stuart Mill, 'The Subjection of Women' (1869), in *Collected Works*, vol. 21: *Essays on Equality, Law and Education*, ed. John M. Robson (London: Routledge, 1984), 259–340，這句話見頁276–77。

34. John Stuart Mill, 'Bentham' (1838), in *Mill on Bentham and Coleridge* (London: Chatto & Windus, 1962), 41（質疑者）, 42（顛覆性）。

35. Mill, 'The Subjection of Women', 269。

36. Mill, 'The Subjection of Women', 277。

37. Frederick Douglass, 'What to the Slave Is the Fourth of July?', in *The Portable Frederick Douglass*, ed. John Stauffer and Henry Louis Gates Jr (New York: Penguin, 2016), 207。這是一八五二年七月四日，道格拉斯對紐約羅徹斯特（Rochester）的婦女反奴隸制協會（Ladies' Anti-Slavery Society）發表的演講。文化歷史學家約翰．赫伊津哈（Johan Huzinga）在一九三五年的一場演講中，刻意曲解了當時歐洲流行的種族偽科學觀念，提出類似的問題：「種族理論家是否曾經震驚而羞恥地發現，自己的種族是低劣的？」J. Huizinga, *In the Shadow of Tomorrow: A Diagnosis of the Spiritual Distemper of Our Time*, trans. J. H. Huizinga (London and Toronto: W. Heinemann, 1936), 68–69。

38. Frederick Douglass, 'Narrative', in *The Portable Frederick Douglass*, ed. John Stauffer and Henry Louis Gates Jr (New York: Penguin, 2016), 15–21。

39. Frederick Douglass, 'To My Old Master', in *The Portable Frederick Douglass*, ed. John Stauffer and Henry Louis Gates Jr (New York: Penguin, 2016), 413–20，這句話見頁418–19。一八四八年九月八日，這封信首次發表在道格拉斯發行的報紙《北極星》（*The North Star*）。

40. Frederick Douglass, 'From *My Bondage and My Freedom*' (1855), in *The Portable Frederick Douglass*, ed. John Stauffer and Henry Louis Gates Jr (New York: Penguin, 2016), 547。

41. James Baldwin, 'Fifth Avenue, Uptown' (1960), in *Collected Essays*, ed. Toni Morrison (New York: Library of America, 1998), 179。

42. Douglass, 'From *My Bondage and My Freedom*', 547。
43. John Stauffer and Henry Louis Gates Jr, introduction to *The Portable Frederick Douglass*, ed. John Stauffer and Henry Louis Gates Jr (New York: Penguin, 2016), xxi。
44. John Stauffer, Zoe Trodd and Celeste-Marie Bernier, *Picturing Frederick Douglass: The Most Photographed American in the Nineteenth Century* (New York: Liveright/W. W. Norton, 2015), ix。前引書的作者群辨認出一百六十張不同的照片／姿勢。
45. Douglass, 'Narrative', 37。
46. Douglass, 'Narrative', 42。
47. Douglass, 'Narrative', 59 (「你們看到了」), 58 (「你鬆開了」)。
48. Douglass, 'Narrative', 95。
49. E. M. Forster, *Howards End* (Harmondsworth, UK: Penguin, 1987), 300 (「你就會看到」), 188 (所有其他的引文)。
50. 這是伊莉莎白・卡迪・斯坦頓（Elizabeth Cady Stanton）在一八四八年提出來的主張。參見 Siep Stuurman, *The Invention of Humanity* (Cambridge, MA, and London: Harvard University Press, 2017), 386。
51. E. M. Forster to Forrest Reid, 13 March, 1915, quoted in P. N. Furbank, *E. M. Forster: A Life* (London: Cardinal/Sphere, 1988), vol. 2, 14。
52. Edward Carpenter, *Love's Coming-of-Age*, 5th ed. (London: Swan Sonnenschein; Manchester, UK: Clarke, 1906), 3 (納入性), 11–12 (「削弱」、「人性元素」)。
53. Edward Carpenter, *My Days and Dreams: Being Autobiographical Notes* (London: Allen & Unwin, 1916), 163。
54. E. M. Forster, 'Terminal Note', in *Maurice* (Harmondsworth, UK: Penguin, 1972), 217。
55. Forster, *Maurice*, 146。

56. Forster, *Howards End*, 58。
57. 參見福斯特的札記中關於此事的記載，引自 Furbank, *E. M. Forster: A Life*, vol. 1, 180。
58. P．N．富爾班克（P. N. Furbank）引用福斯特的話：「我厭倦了我唯一能夠與可以處理的主題——男女情愛。Furbank, *E. M. Forster*, vol. 1, 199。
59. E. M. Forster, *A Room with a View* (Harmondsworth, UK: Penguin, 1986), 60–61。
60. E. M. Forster, 'Liberty in England'（一九三五年六月二十一日在巴黎國際作家大會〔Congrès International des Écrivains〕上發表的演講），收錄於*Abinger Harvest (Harmondsworth, UK: Penguin, 1967), 75–82*，這句話見頁76。
61. Wendy Moffat, *E. M. Forster: A New Life* (London: Bloomsbury, 2011), 18。
62. 曾參引用孔子的話：Confucius, *The Analects*, trans. Annping Chin (New York: Penguin, 2014), 51 (*Analects*, 4:15)。在英文譯本中，忠、恕都譯為「人性」（humanity）。

第八章：人性的發展

63. Erasmus, 'On Education for Children', in Collected Works, vol. 26, Literary and Educational Writings, 4: De pueris instituendis / De recta pronuntiatione, ed. J. K. Sowards (Toronto: University of Toronto Press, 1985), 291–346，這一點見頁304–6。熊的傳說摘自Pliny, Natural History, 8:126。
64. Immanuel Kant, Lectures on Pedagogy (1803), trans. Robert B. Louden, in Kant, Anthropology, History and Education, ed. Günter Zöller and Robert B. Louden (Cambridge, UK: Cambridge University Press, 2007), 434–85，這一點見頁 440。我在譯文中以「種子」（seed）取代「幼苗」（germ）一詞，因為在現代英語中，germ還有其他含義。這句話有幾個關鍵字，附上德文全文如下：Es liegen viele Keime in der Menschheit, und nun ist es unsere Sache, die Naturanlagen proportionirlich zu entwickeln, und die Menschheit aus ihren Keimen zu entfalten, und zu machen, daß der Mensch seine Bestimmung erreiche。引自Kant, Über Pädagogik, ed. Friedrich Theodor Rink (Königsberg: F. Nicolovius, 1803),

13。

65. 洪堡在他早期的筆記上，描述*Bildung*是內在的反思，也是理解外部世界的方式。個人的文化修養可以世代傳承，不會消失。Humboldt, 'Theory of Bildung' (written circa 1793–1794), trans. Gillian Horton-Krüger, in Teaching as a Reflective Practice: The German Didaktik Tradition, ed. I. Westbury, S. Hopmann and K. Riquarts (Mahwah, NJ, and London: Lawrence Erlbaum, 2000), 57–61，這一點見頁58–59。

66. Christopher Celenza, 'Humanism', in The Classi cal Tradition, ed. Anthony Grafton, Glenn W. Most and Salvatore Settis (Cambridge, MA, and London: Belknap Press of Harvard University Press, 2013), 462。尼特哈默爾的著作參見F. I. Niethammer, Der Streit des Philanthropismus und Humanismus in der Theorie des Erziehungs-Unterrichtsunserer Zeit (Jena, 1808)。另 見A. Campana, 'The Origin of the Word "Humanist"', Journal of the Warburg and Courtauld Institutes 9 (1946), 60–73。

67. 摘自 Georg Voigt, Die Wiederbelebung des classischen Alterthums, trans. Denys Hay, in The Renaissance Debate, ed. Denys Hay (New York: Holt, Rinehart and Winston, 1965), 29–34，這一點見頁30。

68. Jacob Burckhardt, Die Kultur der Renaissance in Italien (Basel: Schweighauser, 1860)，譯為《義大利文藝復興時期的文化》（Civilization of the Renaissance in Italy）。

69. 參見威廉在一八〇四年十月和一八一七年十一月寫給卡羅琳的信，都收錄於Humanist without Portfolio: An Anthology of the Writings of Wilhelm von Humboldt, trans. Marianne Cowan (Detroit: Wayne State University Press, 1983), 386, 407–8。

70. Johann Peter Eckermann, *Conversations with Goethe*, trans. John Oxenford, ed. J. K. Moorhead (London: J. M. Dent; New York: E. P. Dutton, 1930), 136。

71. Gabriele von Bülow, *Gabriele von Bülow, Daughter of Wilhelm von Humboldt: A Memoir*, trans. Clara Nordlinger (London: Smith, Elder, 1897), 229–30。

72. Paul R. Sweet, Wilhelm von Humboldt: A Biography (Columbus: Ohio State University Press, 1978–80),

vol. 1, 60–61。

73. Wilhelm von Humboldt, *The Sphere and Duties of Government* [*Ideen zu einem Versuch, die Grenzen der Wirksamkeit des Staatszubestimmen*], trans. Joseph Coulthard Jr (London: John Chapman, 1854), 73（對混亂的恐懼），90（「甜蜜而自然地」），94（剝奪成為完整的人的權利）。

74. Humboldt, The Sphere and Duties of Government, 86（「發展」）。

75. 席勒設法把該書部分內容刊登在《塔利亞與柏林月刊》（*Thalia and Berlin Monthly Review*）；參見Coulthard, preface to his translation of Humboldt, *The Sphere and Duties of Government*, iii。

76. Sweet, Wilhelm von Humboldt, vol. 2, 44。

77. Sweet, Wilhelm von Humboldt, vol. 2, 67。

78. Wilhelm to Caroline, 30 November, 1808, translated in W. H. Bruford, The German Tradition of Self-Cultivation: 'Bildung' from Humboldt to Thomas Mann (Cambridge, UK: Cambridge University Press, 1975), 25。

79. Humboldt, *The Sphere and Duties of Government*, 33（婚姻）。

80. 洪堡的日記，一七八九年七月十八日至二十三日；Humanist without Portfolio, 378–79。

81. Wilhelm to Caroline, October 1804, translated in *Humanist without Portfolio*, 388。

82. Wilhelm to Caroline, 13 October, 1809, translated in Sweet, *Wilhelm von Humboldt*, vol. 2, 46。

83. Sweet, Wilhelm von Humboldt, vol. 1, 277（各種語言）; vol. 2, 108（美洲原住民語言）。

84. Von Bülow, *Gabriele von Bülow*, 230。

85. Wilhelm von Humboldt, *On Language: On the Diversity of Human Language Construction and Its Influence on the Mental Development of the Human Species*, ed. Michael Losonsky, trans. Peter Heath (Cambridge, UK: Cambridge University Press, 1999)。參見Sweet, *Wilhelm von Humboldt*, vol. 2, 460–70。

86. Von Bülow, Gabriele von Bülow, 229–30（精神，語言），247–48（「一定有什麼」與「再見」）。

87. Harriet Taylor Mill, 'Enfranchisement of Women', in *The Complete Works*, ed. Jo Ellen Jacobs and Paula Harms Payne (Bloomington and Indianapolis: Indiana University Press, 1998), 51–73，這一點見頁57。

88. Humboldt, The Sphere and Duties of Government, 65. Quoted by John Stuart Mill as an epigraph to On Liberty (London: Watts, 1929)。

89. John Stuart Mill, *On Liberty*, 68。

90. 洪堡所說的「各式各樣的情況」，原文是Mannigfaltigkeit der Situationen，令人聯想到「多面性」。密爾在《論自由》開頭所強調的一句話中，則把Mannigfaltigkeit譯成「多元性」。關於兩者的德文原文，參見Humboldt, Ideen zu einem Versuch, die Grenzen der Wirksamkeit des Staatszubestimmen (Berlin: Deutsche Bibliothek, [1852]), 25（各式各樣的情況）, 71（多元性）。

91. Michel de Montaigne, Essays, in The Complete Works, trans. Donald Frame (London: Everyman, 2003), 141 (book 1, chap. 26). Cf. Mill, On Liberty, 24。

92. 「絕對自由」與「愚蠢」皆摘自Mill, *On Liberty*, 14–15。

93. John Stuart Mill, 'Statement on Marriage', in Collected Works, vol. 21: Essays on Equality, Law and Education, ed. John M. Robson (London: Routledge, 1984), 99, https://oll.libertyfund.org/titles/mill-the-collected-works-of-john-stuart-mill-volume-xxi-essays-on-equality-law-and-education/simple#lf0 223-21_head_034。

94. 一八三〇年至一八五八年，密爾寫了三篇談論宗教的文章，在他有生之年沒有發表，直到他去世以後才出版。最後一篇〈有神論〉（Theism）（大約撰寫於一八六八年至一八七〇年）提到可能有這樣一位上帝。但他在〈宗教的功用〉（Utility of Religion）一文中指出，對世間受苦的人來說，來世的承諾提供了莫大的慰藉；如果人們在現世中過著比較快樂、充實的生活，宗教的吸引力就會下降。這兩篇文章都收錄於John Stuart Mill, *Three Essays on Religion: Nature, The Utility of Religion, and Theism* (London: Longmans, Green, Reader & Dyer, 1874)。

95. John Stuart Mill, Autobiography, ed. Mark Philp (Oxford, UK: Oxford University Press, 2018), 25–28（童年與宗教）, 81（失去樂趣）。

96. Jeremy Bentham to Henry Richard Vassall, Third Baron Holland, 13 November, 1808, in Bentham, Correspondence, vol. 7, ed. John Dinwiddy (Oxford, UK: Clarendon Press, 1988), 570。（除了最後一句之外，每一句都寫到頁邊空白處的是散文：——而有些句子沒寫到頁邊空白處的就是詩。）('Prose is where all the lines but the last go on to the margin: – Poetry is where some of them fall short of it.')。另見A. Julius, 'More Bentham, Less Mill', in Bentham and the Arts, ed. Anthony Julius, Malcolm Quinn and Philip Schofield (London: UCL Press, 2020), 178。邊沁不可能對詩全然無動於衷：他在自己的花園裡立了一塊石碑，上面刻著「紀念詩人王子彌爾頓」：參見M. M. St J. Packe, Life of John Stuart Mill (London: Secker & Warburg, 1954), 21。關於密爾對詩的看法，參見Richard Reeves, John Stuart Mill (London: Atlantic, 2008), 20。

97. Mill, *Autobiography*, 84–86。

98. John Stuart Mill, 'Utilitarianism', in John Stuart Mill and Jeremy Bentham, *Utilitarianism and Other Essays*, ed. Alan Ryan (London: Penguin, 1987), 272–338，這段話見頁285；279–81（不同的樂趣）。

99. Giannozzo Manetti, *On Human Worth and Excellence* (*De dignitate et excellentia hominis*), ed. and trans. Brian Copenhaver (Cambridge, MA, and London: I Tatti/Harvard University Press, 2018), 205 (book IV)。

100. John Stuart Mill, 'The Subjection of Women' (1869), in *Collected Works*, vol. 21: *Essays on Equality, Law and Education*, ed. John M. Robson (London: Routledge, 1984), 259–340，這一點見頁337。

101. F. A. Hayek, *John Stuart Mill and Harriet Taylor: Their Correspondence and Subsequent Marriage* (London: Routledge & Kegan Paul, 1951), 260–63。關於肺結核，參見https://plato.stanford.edu/entries/harriet-mill/。

102. Mill, Autobiography, ed. Mark Philp, 169。
103. Matthew Arnold, Culture and Anarchy, ed. Jane Garnett (Oxford, UK: Oxford University Press, 2006), 9。他還說，洪堡本人就是一位均衡發展的人，是「有史以來最完美的靈魂之一」（94）。
104. Matthew Arnold, Culture and Anarchy, ed. Jane Garnett (Oxford, UK: Oxford University Press, 2006), 36。
105. Nicholas Murray, A Life of Matthew Arnold (London: Sceptre, 1997), 241。
106. Arnold, Culture and Anarchy, 5。
107. Arnold, *Culture and Anarchy*, 9。
108. Arnold, *Culture and Anarchy*, 80。
109. Arnold, *Culture and Anarchy*, 33。
110. Arnold, Culture and Anarchy, 5。
111. Arnold, Culture and Anarchy, 6（報紙）, 107（帶著嶄新的思維去閱讀）。
112. Arnold, *Culture and Anarchy*, 54–55。
113. Jonathan Swift, 'Battle of the Books', in *A Tale of a Tub and Other Works*, ed. Angus Ross and David Woolley (Oxford, UK, and New York: Oxford University Press, 1986), 104–25，這段描述見頁112。
114. Liberal: Arnold, *Culture and Anarchy*, 32。
115. 關於工人階級閱讀習慣的整體探討，參見Jonathan Rose, *The Intellectual Life of the British Working Classes* (New Haven and London: Yale University Press, 2002); Edith Hall and Henry Stead, *A People's History of Classics* (Abingdon, UK: Routledge, 2020)。
116. Hall and Stead, A People's History of Classics, 58。
117. http://www.gutenberg.org/wiki/Harvard_Classics_(Bookshelf)。參見Adam Kirsch, 'The "Five-Foot Shelf" Reconsidered', Harvard Magazine 103, no. 2 (November–December 2001)。

118. Frank Swinnerton, The Bookman's London (London: Allan Wingate, 1951), 47。
119. Rose, *The Intellectual Life of the British Working Classes*, 133。
120. 參見大衛・坎貝爾（David Campbell）在「一般人圖書館」網站上的描述。http://www.everymanslibrary.co.uk/history.aspx。早期出版品的清單，參見：http://scribblemonger.com/elcollect/elCatalog.pl。
121. 'The Best Hundred Books, by the Best Judges', *Pall Mall Gazette 'Extra'*, no. 24 (1886), 23。
122. 'The Best Hundred Books, by the Best Judges', 9。
123. 'The Best Hundred Books, by the Best Judges', 21。
124. Rose, *The Intellectual Life of the British Working Classes*, 267; Ethel Carnie and Lavena Saltonstall, letters to *Cotton Factory Times*, 20 March and 3, 10, 17 April, 1914。關於卡尼的生平，參見https://en.wikipedia.org/wiki/Ethel_Carnie_Holdsworth。
125. Rose, The Intellectual Life of the British Working Classes, 277。引文摘自George W. Norris, 'The Testament of a Trade Unionist', Highway 39 (May 1938), 158–59。
126. Humboldt to F. G. Welcker, 26 October, 1825, translated in Sweet, Wilhelm von Humboldt, vol. 2, 422–23。
127. Irving Babbitt, *Literature and the American College: Essays in Defense of the Humanities* (Boston and New York: Houghton Mifflin, 1908), 12。「新人文主義」是其他人對這些想法的稱呼，不要跟出現在不同時期的其他「新人文主義」運動搞混。
128. Babbitt, Literature and the American College, 8–9。
129. Sinclair Lewis, Nobel Lecture, 1930, https:// www.nobelprize.org/prizes/literature/1930/lewis/lecture/。另一場研討會上的其他回應：Other responses were collected in a symposium: C. Hartley Grattan, ed., *The Critique of Humanism: A Symposium* (New York: Brewer and Warren, 1930)。以下這本書對推廣新人文主義的作品集做出了回應：Norman Foerster, ed., *Humanism and America* (New York: Farrar

and Rinehart, 1930)。

130. Edward Said, *Humanism and Democratic Criticism* (Basingstoke, UK: Palgrave Macmillan, 2004), 21–22。

131. Montaigne, *Essays*, 149 (book 1, chap. 26)。

第九章：一些夢想中的國度

1. Charles Darwin, *On the Origin of Species* (London: Penguin, 1968), 459。
2. Darwin, *On the Origin of Species*, 459。
3. Janet Browne, *Charles Darwin: The Power of Place* (London: Jonathan Cape, 2002), 349。這裡提到的出版商是約翰・默里（John Murray）。
4. Browne, *Charles Darwin*, 88–90 (穆迪外借圖書館), 186 (密爾), 189–90 (艾略特)。一八五八年，劉易斯在期刊上發表《海邊研究》（*Sea-Side Studies*）並出版成書；另見 Rosemary Ashton, *G. H. Lewes: A Life* (London: Pimlico, 2000), 169。
5. Karl Marx, *Collected Works*, vol. 41: *Letters* (London: Lawrence & Wishart, 1985), 234 (粗糙的英式風格). Browne, *Charles Darwin*, 403 (寄《資本論》給達爾文)。
6. Adrian Desmond, *T. H. Huxley: From Devil's Disciple to Evolution's High Priest* (London: Penguin, 1998), 188 (海鞘), 224–25 (不知道)。
7. T. H. Huxley, 'The Origin of Species', in *Collected Essays* (London: Macmillan, 1892–95), vol. 2, 22–79，這段話見頁52。原文發表於*Westminster Review* 17 (1860), 541–70，轉載於https://mathcs.clarku.edu/huxley/CE2/OrS.html。
8. Browne, *Charles Darwin*, 105。
9. Browne, *Charles Darwin*, 94, 118 (達爾文找藉口不出席)。
10. George W. E. Russell, *Collections and Recollections* (London: Thomas Nelson, [1904?]), 161–62。

11. Ronald W. Clark, *The Huxleys* (London: Heinemann, 1968), 59，引自赫胥黎寫給弗雷德里克・戴斯特（Frederick Dyster）的一封信。
12. Desmond, *T. H. Huxley*, 280。
13. Browne, *Charles Darwin*, 136.
14. T. H. Huxley, 'A Liberal Education and Where to Find It' (1868), in *Science and Education*, vol. 3 of *Collected Essays* (London: Macmillan, 1910), 76–110，這一點見頁87–88 (批評當前的教育), 97–98 (人類過去的遺跡)。狄更斯的評論摘自*Bleak House*, chap. 12。
15. T. H. Huxley, 'On Science and Art in Relation to Education' (1882), in *Science and Education*, vol. 3 of *Collected Essays* (1910), 160–88，這句話見頁164。
16. Huxley, 'A Liberal Education and Where to Find It'，這一點見頁96。
17. T. H. Huxley, 'Universities: Actual and Ideal' (1874, University of Aberdeen), in *Science and Education*, vol. 3 of *Collected Essays* (1910), 189–234，這一點見頁212。赫胥黎引用了密爾一八六七年二月一日在聖安德魯斯大學（University of St Andrews）的校長致詞，但把他提到的古典文學研究都改成「科學」。
18. Matthew Arnold, 'Literature and Science', in *The Portable Matthew Arnold*, ed. Lionel Trilling (Harmondsworth, UK: Penguin, 1980), 405–29，這一點見頁413–20。
19. 達爾文在《人類的由來及性選擇》中提及這一點，他寫道：「道德素質直接或間接的提升，主要受到習慣、推理能力、教育與宗教等因素的影響，而不是天擇。」Charles Darwin, *The Descent of Man, and Selection in Relation to Sex* (London: Gibson Square, 2003), 618。
20. Darwin, *The Descent of Man*, 612 (「習慣、典範」與「全視之神」)。他主要是在第一篇第四章談到道德發展受到社會情感影響的理論，97–127。
21. Charles Darwin, 'Religious Belief' (written 1879, 'copied out' 1881), in *Autobiographies*, ed. Michael Neve and Sharon Messenger (London: Penguin, 2002), 49–55，這一點見頁49–50 (地獄); 54 (幫助別

人與「不可知論者」）。

22. T. H. Huxley, 'Agnosticism', in *Collected Essays* (London: Macmillan, 1892–95), vol. 5, 209–62，這段話見頁237–38。

23. Richard Bithell, *The Creed of a Modern Agnostic* (London: Routledge, 1883), 10–14。

24. Bryan Magee, *Ultimate Questions* (Princeton, NJ: Princeton University Press, 2016), 26。

25. Leslie Stephen, 'An Agnostic's Apology', in *An Agnostic's Apology and Other Essays* (London: Smith, Elder, 1893), 1.

26. Frederick James Gould, *The Life-Story of a Humanist* (London: Watts, 1923), 75。

27. Leslie Stephen, 'A Bad Five Minutes in the Alps', in *Essays on Freethinking and Plainspeaking*, rev. ed. (London: Smith, Elder; Duckworth, 1907), 177–225，這一點見頁184–85（「這一刻終於來了」）, 193（「一團可怕的東西」）, 203（《亞他那修信經》）, 221（「某種類似祝福的東西」）, 222–23（「責任」）。原作發表於《弗雷澤雜誌》（*Fraser's Magazine*）86 (1872), 545–61。關於這個故事的真實性，參見F. W. Maitland, *Life and Letters of Leslie Stephen* (London: Duckworth, 1906), 97–98，該書引述喬治・特里維廉（George Trevelyan）爵士的話，他說有一次史蒂芬帶著他跟另一個新手登山者走上一條不好走的小路，因此受困，史蒂芬的故事至少有一部分受到這件事的啟發。

28. 一八七三年，艾略特跟弗雷德里克・威廉・亨利・邁爾斯（Frederic W. H. Myers）在劍橋大學三一學院的研究員花園（Fellows' Garden）散步時，說了這句話。引自Gordon S. Haight, *George Eliot* (Oxford, UK: Clarendon Press, 1968), 464。

29. Darwin, *The Descent of Man, and Selection in Relation to Sex*, 97.

30. A note made in 1856. Maitland, *Life and Letters of Leslie Stephen*, 144–45。

31. Thomas Hardy, *A Pair of Blue Eyes* (Oxford, UK: Oxford University Press, 2005), 201。關於史蒂芬的故事影響了哈代的證據，參見John Halperin, 'Stephen, Hardy, and "A Pair of Blue Eyes"', in *Studies in Fiction and History from Austen to Le Carré* (New York: Springer, 1988)。

32. Thomas Hardy, 'A Plaint to Man' (1909–10), in *A Selection of Poems*, ed. W. E. Williams (Harmondsworth, UK: Penguin, 1960), 95–96。
33. Matthew Arnold, 'Dover Beach', in *The Portable Matthew Arnold*, ed. Lionel Trilling (Harmondsworth, UK: Penguin, 1980), 165–67。
34. Nicholas Murray, *A Life of Matthew Arnold* (London: Sceptre, 1997), 116。
35. Matthew Arnold, *Culture and Anarchy* (Oxford, UK: Oxford University Press, 2006), 11–12.
36. Friedrich Nietzsche, *The Gay Science*, ed. B. Williams, trans. Josefine Nauckhoff (Cambridge, UK: Cambridge University Press, 2001), 120 (part 3, §125)。
37. J. A. Froude, *Thomas Carlyle: A History of His Life in London, 1834–81* (London: Longman, Green, 1884), 248。
38. Waldo Hilary Dunn, *James Anthony Froude: A Biography* (Oxford, UK: Clarendon Press, 1961), vol. 1, 134–38。
39. 被定罪的兩名神職人員是詹姆斯・羅蘭・威廉斯（James Rowland Williams）和亨利・布里斯托・威爾遜（Henry Bristow Wilson）。參見Josef L. Altholz, *Anatomy of a Controversy: The Debate over* Essays and Reviews *1860–1864* (Aldershot, UK: Scolar, 1994), 1。
40. 史蒂文森致他的朋友查理斯・巴克斯特（Charles Baxter）的信，引自Claire Harman, *Robert Louis Stevenson: A Biography* (London: Harper, 2006), 79–80。
41. Edmund Gosse, *Father and Son: A Study of Two Temperaments* (Harmondsworth, UK: Penguin, 1983), 90 (「我失去了人性」), 248, 251 (遺憾)。
42. P. H. Gosse, *Omphalos: An Attempt to Untie the Geological Knot* (London: John Van Voorst, 1857)，他兒子說，這傷了他的心：Gosse, *Father and Son*, 105, 112。
43. Desmond, *T. H. Huxley*, 434。
44. Rose Macaulay, *Told by an Idiot* (London: Virago, 1983), 3, 6–7。

45. 關於這個文類概括的介紹，參見Robert Lee Wolff, *Gains and Losses: Novels of Faith and Doubt in Victorian England* (London: John Murray, 1977)。
46. Duncan Grant, 'Virginia Woolf', in *The Golden Horizon*, ed. Cyril Connolly (London: Weidenfeld & Nicolson, 1953), 394。
47. Mrs Humphry Ward, *Robert Elsmere* (Oxford, UK, and New York: Oxford University Press, 1987), 169 (「污垢與下水道」), 179 (「過別人的生活」), 261 (對基督教感到不安), 314 (「純粹屬於人類」)。
48. Ward, *Robert Elsmere*, 475 (「自我教義問答」與「善」), 332 (「每一個人類靈魂」)。
49. Ward, *Robert Elsmere*, 164–66。
50. Janet Browne, *Charles Darwin: Voyaging* (London: Pimlico, 1996), 396–97。
51. William Ewart Gladstone, '*Robert Elsmere* and the Battle of Belief', *Contemporary Review*, May 1888, http://www.victorianweb.org/history/pms/robertelsmere.html。蘿絲瑪麗．阿什頓在替沃德的《羅伯特．埃斯米爾》撰寫的前言中，引用了詹姆斯的話，vii。關於這本小說的接受（reception）情況，參見William S. Peterson, *Victorian Heretic: Mrs Humphry Ward's* Robert Elsmere (Leicester, UK: Leicester University Press, 1976)。
52. Rosemary Ashton, introduction to Ward, *Robert Elsmere*, vii。
53. 含糊不清（amphibologisms）：一八一三年，傑佛遜致約翰．亞當斯（John Adams）的信，引自彼得．曼索（Peter Manseau）的《傑佛遜聖經：傳記》（*The Jefferson Bible : A Biography*）(Princeton, NJ: Princeton University Press, 2020), 38。傑佛遜裁剪後再重組的聖經，以及作為資料來源，裁剪後剩下的兩本聖經，一直都在私人收藏家手中，直到被賽勒斯．阿德勒（Cyrus Adler）發現之後加以收購，成為史密森尼學會（Smithsonian Institution）的收藏。以上摘自曼索的描述，頁80–93。
54. Matthew Arnold, *Literature and Dogma: An Essay Towards a Better Apprehension of the Bible* (London:

Smith, Elder, 1873), xiii–xv, 383。阿諾德隨後出版了《上帝與聖經》（*God and the Bible*）(London: Smith, Elder, 1875)，回應前一本書引發的批評。牛津大學講師班傑明．喬維特（Don Benjamin Jowett）也主張把聖經當成文學作品，他是引發爭議的《論述與評論》一書的撰稿者之一：Benjamin Jowett, 'On the Interpretation of Scripture', *Essays and Reviews* (London: John W. Parker, 1860), 330–433。

55. H. W. Wardman, *Ernest Renan: A Critical Biography* (London: University of London/Athlone, 1964), 27–29。

56. Ernest Renan, *Memoirs*, trans. J. Lewis May (London: G. Bles, 1935), 237。

57. Renan, *Memoirs*, 226（克制）, 202–3（「太用功」）。

58. 聽過他講課的人是儒勒．勒梅特（Jules Lemaître）。譯文摘自Wardman, *Ernest Renan*, 183。

59. Robert G. Ingersoll, 'Ernest Renan' (1892), in *The Works of Robert G. Ingersoll* (New York: Dresden; C. P. Farrell, 1902), vol. 11, 283–301，這一點見頁300–301。

60. *The Best of Robert Ingersoll*, ed. Roger E. Greeley (New York: Prometheus, 1993), 14（沒興趣理解）。Robert Ingersoll to Albert H. Walker, 3 November, 1882, in Robert G. Ingersoll, *The Life and Letters*, ed. Eva Ingersoll Wakefield, preface by Royston Pike (London: Watts, 1952), 98（沒興趣改善）。

61. E. M. Forster, 'How I Lost My Faith', in *The Prince's Tale and Other Uncollected Writings*, ed. P. N. Furbank (London: Penguin, 1999), 318。

62. Ruth Scurr, *Fatal Purity: Robespierre and the French Revolution* (London: Chatto & Windus, 2006), 267。另見Mona Ozouf, *Festivals and the French Revolution* (Cambridge, MA: Harvard University Press, 1988), 100–101, and https://en.wikipedia.org/wiki/Cult_of_Reason。

63. 孔多塞也做了類似的事，他寫了一本沒有出版的〈反迷信年曆〉（Anti-Superstitious Almanack），把原本用來紀念聖人的主保日改成紀念反對教會施虐或行使酷刑的人。Nicolas de Condorcet, *Almanach anti-superstitieux*, ed. Anne-Marie Chouillet, Pierre Crépel and Henri Duranton (Saint-Étienne,

France: CNRS Éditions/Publications de Université de Saint-Étienne, 1992)。另見Steven Lukes and Nadia Urbinati, introduction to their edition of Condorcet, *Political Writings* (Cambridge, UK: Cambridge University Press, 2012), xvii。

64. 關於教堂: https://www.nytimes.com/2016/12/25/world/americas/nearly-in-ruins-the-church-where-sages-dreamed-of-a-modern-brazil.html。關於實證主義在巴西的整體發展，參見http://positivists.org/blog/brazil。

65. https://hibridos.cc/en/rituals/templo-positivista-de-porto-alegre/。

66. 〈實證主義信條〉（A Positivist Creed）手抄本，Bod. M. C347, f. 176。轉載於T. R. Wright, *The Religion of Humanity: The Impact of Comtean Positivism on Victorian Britain* (Cambridge, UK: Cambridge University Press, 1986), 85。

67. 摘自蒙庫爾・丹尼爾・康威（Moncure Daniel Conway）對一八八一年元旦舉行的一場聚會的描述：Moncure Daniel Conway, *Autobiography: Memories and Experiences* (London: Cassell, 1904), vol. 2, 347。

68. 約瑟芬・特魯普（Josephine Troup）和伊迪絲・斯威普斯通（Edith Swepstone）分別把這首詩改編成不同的讚美詩，亨利・福爾摩斯（Henry Holmes）則創作了大型清唱劇。Martha S. Vogeler, 'The Choir Invisible: The Poetics of Humanist Piety', in *George Eliot: A Centenary Tribute*, ed. Gordon S. Haight and Rosemary T. VanArsdel (London: Macmillan, 1982), 64– 81，這一點見頁78。

69. George Eliot, 'The Choir Invisible', in *Complete Shorter Poetry*, ed. Antonie Gerard van den Broek (London: Pickering & Chatto, 2005), vol. 2, 85–86，這一點見頁86 (第一行至第五行)。

70. T. R. Wright, *The Religion of Humanity* (Cambridge, UK: Cambridge University Press, 1986), 87。

71. John Stuart Mill, *Auguste Comte and Positivism* (London: N. Trübner, 1865), 54–56。

72. T. H. Huxley, 'On the Physical Basis of Life' (1868), *Collected Essays* (London: Macmillan, 1892–95), vol. 1, 156, https://mathcs.clarku.edu/huxley/CE1/PhysB.html。

73. Wright, *The Religion of Humanity*, 4。

74. Wright, *The Religion of Humanity*, 99（「咕咕噥噥」), 96（「向你致敬！」），這本讚美詩集名為《人類的服務》〔*The Service of Man*〕〔1890〕), 101（特洛勒普）。

75. Austin Harrison, *Frederic Harrison: Thoughts and Memories* (London: William Heinemann, 1926), 90（莎士比亞), 83（吉辛）。

76. Mill, *Auguste Comte and Positivism*, 50（系統化), 60（進化與教條）。

77. Harrison, *Frederic Harrison*, 67。

78. Bertrand Russell, 'What I Believe', in *Why I Am Not a Christian* (London: Unwin, 1975), 43–69，這一點見頁63。

第十章：希望博士

1. L. L. Zamenhof to N. Borovko, circa 1895, in L. L. Zamenhof, *Du Famaj Leteroj* [Letters to Nikolaj Borovko and Alfred Michaux], ed. and trans. André Cherpillod (Courgenard, France: Eldono La Blanchetière, 2013), 10–11。以世界語書寫，附法譯本與注釋。

2. L. L. Zamenhof to A. Michaux, 21 February, 1905, in Zamenhof, *Du Famaj Leteroj*, 39。

3. Genesis 11:1–9，這一點見頁6。

4. Dante, *De vulgari eloquentia*, ed. and trans. Steven Botterill (Cambridge, UK: Cambridge University Press. 1996), 3, 23（「制定」)(book 1, §1 and §9)。

5. Marjorie Boulton, *Zamenhof: Creator of Esperanto* (London: Routledge & Kegan Paul, 1960), 11。

6. 我在這裡把博爾頓（Boulton）的散文譯本改成有押韻的詩句：Boulton, *Zamenhof*, 15. 另見 Zamenhof to N. Borovko, circa 1895, in Zamenhof, *Du Famaj Leteroj*, 17。

7. Boulton, *Zamenhof*, 17–21。

8. 柴門霍夫的《第一本書》英譯本在一八八九年由理查·喬根（Richard H. Geoghegan）翻譯，二

9. 〇〇六年由吉恩・凱斯（Gene Keyes）修訂，線上查詢：http://www.genekeyes.com/Dr_Esperanto.html。關於希望醫生，參見 L. L. Zamenhof, *Doctor Esperanto's International Language*, part 1, 參見 Boulton, *Zamenhof*, 33。
10. Immanuel Kant, 'To Perpetual Peace' (1795), in *Perpetual Peace and Other Essays*, trans. Ted Humphrey (Indianapolis and Cambridge, UK: Hackett, 1983), 125。
11. 一九〇六年，柴門霍夫的《希列爾主義的教條》（*The Dogmas of Hillelism*）發表在俄羅斯世界語刊物《俄羅斯的世界語學家》（*Ruslanda Esperantisto*）上。Boulton, *Zamenhof*, 97–101。
12. Esther Schor, *Bridge of Words: Esperanto and the Dream of a Universal Language* (New York: Metropolitan Books, 2016), 78。
13. Boulton, *Zamenhof*, 104–5。柴門霍夫創造人類共同宗教的想法與巴哈伊信仰（Bahá'í faith）之間有一些相似之處，後者也將所有的宗教視為一體。
14. Zamenhof to A. Michaux, 21 February, 1905, in Zamenhof, *Du Famaj Leteroj*, 33–35。
15. Zamenhof, *Unua Libro*, trans. Geoghegan, rev. Keyes。朱利葉斯・斯坦豪斯（Julius Steinhaus）的早期譯本，引自 Boulton, *Zamenhof*, 39。
16. https://en.wikipedia.org/wiki/Neutral_Moresnet。
17. https://en.wikipedia.org/wiki/Republic_of_Rose_Island。
18. 英格索爾關於快樂的信條以不同的形式發表，收錄於《關於眾神的演說》（*An Oration on the Gods*）(29 January, 1872) (Cairo, IL: Daily Bulletin Steam Book & Job Print, 1873)，48。線上聆聽：https://youtu.be/rLLapwIoEVI。
19. Susan Jacoby, *The Great Agnostic: Robert Ingersoll and American Freethought* (New Haven and London: Yale University Press, 2013), 34。
20. Robert G. Ingersoll, *The Life and Letters*. ed. Eva Ingersoll Wakefield, preface by Royston Pike (London: Watts, 1952), 1。

20. Ingersoll, *The Life and Letters*, 13。
21. 內戰：Ingersoll, *The Life and Letters*, 23–32。憎恨戰爭：Edward Garstin Smith, *The Life and Reminiscences of Robert G. Ingersoll* (New York: National Weekly Pub. Co.; London: Shurmer Sibthorp, 1904), 116。
22. Ingersoll, *The Life and Letters*, 15–16。
23. Ingersoll, *The Life and Letters*, 36–37。
24. Clarence Darrow, *The Story of My Life* (New York: Charles Scribner's Sons, 1932), 381。英格索爾向陪審團發表的一些談話，參見Ingersoll, *The Works of Robert G. Ingersoll*, vol. 10。
25. Ingersoll, *The Life and Letters*, 55。
26. Smith, *The Life and Reminiscences of Robert G. Ingersoll*, part 2, *Reminiscences*, 32。
27. Ingersoll, 'The Ghosts', in *The Works of Robert G. Ingersoll*, vol. 1, 272（「不遺餘力」), 326（「讓他們用瘦骨嶙峋的手遮住」）。
28. Quintilian, *Institutio oratoria*, trans. H. E. Butler (London: W. Heinemann; New York: G. P. Putnam's Sons, 1922), vol. 4, 411 (XII.v.5)。
29. Smith, *The Life and Reminiscences of Robert G. Ingersoll*, part 2, *Reminiscences*, 208。
30. C. H. Cramer, *Royal Bob: The Life of Robert G. Ingersoll* (Indianapolis: Bobbs-Merrill, 1952), 102。
31. Robert G. Ingersoll, *The Best of Robert Ingersoll: Selections from His Writings and Speeches*, ed. Roger E. Greeley (New York: Prometheus, 1993), 79–80。仰慕莎士比亞：Ingersoll, *The Life and Letters*, 162–69。
32. Ingersoll, *The Best of Robert Ingersoll*, 55。
33. Ingersoll, *The Best of Robert Ingersoll*, 12。拍照：Jacoby, *The Great Agnostic*, 40。
34. Ingersoll, *The Best of Robert Ingersoll*, 83。

35. Jacoby, *The Great Agnostic*, 2（「靈魂損毀的羅伯特」）。瑪格麗特・山額（Margaret Sanger）回憶，英格索爾到他們居住的紐約康寧鎮（Corning）發表演講時，有人對他丟東西；她的父親也邀請了英格索爾，但引起太大的騷動，只好把演講地點改到戶外樹林一處靜僻的地方。Margaret Sanger, *An Autobiography* (London: Victor Gollancz, 1939), 2。

36. Ingersoll, *The Best of Robert Ingersoll*, 56。

37. Ingersoll, *The Life and Letters*, 291。

38. Bertrand Russell, *Principles of Social Reconstruction* (London: Allen & Unwin, 1916), 203。

39. 她在一封給她母親的信上這麼寫。引自Bertrand Russell, *Autobiography* (London and New York: Routledge, 1998), 12。

40. https://en.wikipedia.org/wiki/Katharine_Russell,_Viscountess_Amberley。

41. Alan Ryan, *Bertrand Russell: A Political Life* (London: Penguin, 1988), 4。

42. Russell, *Autobiography*, 36。

43. Anthony Trollope, *Can You Forgive Her?*(1864–1865) (London: Penguin, 1972), 48。

44. Russell, *Autobiography*, 17. The text is Exodus 23:2。

45. Bertrand Russell, *Sceptical Essays* (London and New York: Routledge, 2004), 1。

46. 維基百科文章https://en.wikipedia.org/wiki/Russell%27s_teapot 引用了羅素這段話，討論反對茶壺類比的論點。引用來源是羅素在一九五二年為《畫刊》（*Illustrated*）雜誌撰寫的文章〈上帝存在嗎？〉（Is There a God?），但未出版。卡爾・薩根（Carl Sagan）也提出類似的想法：「如果我說我的車庫裡有一條龍，但我們看不到牠，摸不到牠，牠沒有重量，噴出的火也沒有溫度，無法察覺，那麼這跟我的車庫裡根本沒有龍有什麼差別呢？」Carl Sagan, *The Demon-Haunted World* (London: Headline, 1997), 160–61。

47. Thomas Paine, 'Rights of Man', in *Rights of Man, Common Sense, and Other Political Writings*, ed. Mark Philp (Oxford, UK: Oxford University Press, 1995), 145。

48. Russell, *Autobiography*, 30。
49. Russell, *Autobiography*, 156–57。
50. Russell, *Autobiography*, 38。
51. 「充滿仇恨的人」：貝特麗絲・韋伯（Beatrice Webb）一九〇一年的日記，引自 Ray Monk, *Bertrand Russell* (London: Vintage, 1997–2001), vol. 1, 139。羅素反過來指責她和她的丈夫態度冷漠：Russell, *Autobiography*, 76。
52. Russell, *Autobiography*, 149。
53. 關於羅素對數學與邏輯的熱愛，參見他與吉伯特・默里（Gilbert Murray）之間往來的書信，引自 Russell, *Autobiography*, 160–62。這段引文摘自 *The Little Review* in Ronald W. Clark, *The Life of Bertrand Russell*, rev. ed. (Harmondsworth, UK: Penguin, 1978), 534。
54. Russell, 'What I Believe', in *Why I Am Not a Christian* (London: Unwin, 1975), 43–69，這一點見頁47。
55. Bertrand Russell, 'Why I Am Not a Christian', in *Why I Am Not a Christian* (London: Unwin, 1975), 13–26，這段話見頁26。
56. 羅素寫給莫瑞爾的信，引自 Clark, *The Life of Ber trand Russell*, 303。
57. 羅素寫給莫瑞爾的另一封信，引自 Clark, *The Life of Bertrand Russell*, 305。
58. Stefan Zweig, *The World of Yesterday*, trans. Anthea Bell (London: Pushkin, 2011), 25–26。
59. Béla Zombory-Moldován, *The Burning of the World: A Memoir of 1914*, trans. Peter Zombory-Moldovan (New York: New York Review Books, 2014), 6。
60. Ryan, *Bertrand Russell: A Political Life*, 61–62。
61. Clark, *The Life of Bertrand Russell*, 420–22。羅素的文章名為〈德國的和平提議〉（The German Peace Offer）。
62. Bertrand Russell, 'Experiences of a Pacifist in the First World War', in *Portraits from Memory, and Other*

Essays (London: Allen & Unwin, 1956), 30–34，這段話見頁33–34。

63. Russell, *Autobiography*, 256（「儘管整體上來說」), 257（斯特雷奇）。
64. Russell, *Autobiography*, 326。
65. Russell, *Autobiography*, 263。
66. Bertrand Russell, 'From Logic to Politics', in *Portraits from Memory, and Other Essays* (London: Allen & Unwin, 1956), 35–39，這一點見頁35–36。
67. Russell, *Autobiography*, 261。
68. Russell, *Principles of Social Reconstruction*, 18。
69. Rabindranath Tagore, 'The Modification of Education' (1892), in *Education as Freedom: Tagore's Paradigm*, trans. Subhransu Maitra (New Delhi: Niyogi Books, 2014), 27–40，這句話見頁31。
70. Bertrand Russell, *Education and the Good Life* (New York: Boni & Liveright, 1926), 29–30（「世界可能會是什麼樣子」), 142–46（想法可以改變）。
71. Russell, *Education and the Good Life*, 78。
72. Russell, *Autobiography*, 389–90。
73. Russell, *Education and the Good Life*, 213。
74. Russell, 'What I Believe', 57。
75. Katharine Tait, *My Father Bertrand Russell* (London: Victor Gollancz, 1976), 71。羅素的傳記作家羅納德・克拉克（Ronald Clark）講了這個故事的另一個版本，他說是當地牧師打電話來。但他引述了牧師兒子的一封信，他記得他父母對羅素學校裡裸體的孩子不以為意，允許他們在花園裡玩耍或進入他們家的廚房，而牧師太太則趁機講聖經故事給他們聽。Clark, *The Life of Bertrand Russell*, 530。
76. Russell, *Autobiography*, 460。

77. Horace M. Kallen, 'Behind the Bertrand Russell Case', in *The Bertrand Russell Case*, ed. H. M. Kallen and John Dewey (New York: Viking, 1941), 20。
78. Paul Edwards, 'How Bertrand Russell Was Prevented from Teaching at City College, New York', in Russell, *Why I Am Not a Christian* (London: Unwin, 1975), 165–99，這段話見頁 173。
79. Russell, *Autobiography*, 465。關於巴恩斯基金會的現況，參見 https://www.barnesfoundation.org/。
80. Ryan, *Bertrand Russell: A Political Life*, 67。
81. Russell, *Education and the Good Life*, 267。
82. Schor, *Bridge of Words*, 180。
83. Ulrich Lins, *Dangerous Language: Esperanto under Hitler and Stalin* (London: Palgrave Macmillan, 2016), 95, 115（希特勒等人的看法）, 116–17（世界語組織被禁）。
84. Boulton, *Zamenhof*, 208–9。
85. 她發表的文章如 Lidia Zamenhof, 'Nia Misio', *Esperanto Revuo*, no. 12 (December 1934)。參見 Schor, *Bridge of Words*, 186。莉迪亞・柴門霍夫也成了巴哈伊信仰的信徒，這種信仰跟人類主義一樣，支持所有人共享普世宗教的理念。
86. Schor, *Bridge of Words*, 193–95。
87. Boulton, *Zamenhof*, 213–14。
88. 英格索爾談「希望」的留聲機唱片收藏在紐約德勒斯登的英格索爾博物館。線上聆聽：https://youtu.be/rLLapwIoEVI。

第十一章：人類的臉孔

1. 一九三二年，墨索里尼與詹提勒的〈法西斯主義的教條〉（La dottrina del fascismo〔The Doctrine of Fascism〕）發表於《義大利百科全書》（*Enciclopedia italiana*）第十四卷：詹提勒撰寫（儘管由墨索里尼署名）第一部分「基本思想」（Fundamental Ideas）；墨索里尼撰寫第二部分「社會與政治學說」（Social and Political Doctrines）。這裡所有的引文均摘自*Readings on Fascism and National Socialism*, Project Gutenberg e-book, ed. Alan Swallow, 2004, https://www.gutenberg.org/files/14058/14058-h/14058-h.htm。該書收錄了墨索里尼與詹提勒的〈法西斯主義的教條〉以及詹提勒的〈法西斯主義的哲學基礎〉（The Philosophic Basis of Fascism）。

2. Gentile, 'The Doctrine of Fascism'。
3. Leon Trotsky, *Literature and Revolution*, trans. Rose Strunsky (London: Redwords, 1991), 282–83。
4. Fabio Fernando Rizi, *Benedetto Croce and Italian Fascism* (Toronto: University of Toronto Press, 2003), 52。關於詹提勒，另見A. James Gregor, *Giovanni Gentile: Philosopher of Fascism* (New Brunswick, NJ: Transaction, 2001)。
5. Erika Mann, *School for Barbarians* (New York: Modern Age Books, 1938), 47 (無法想像), 99–100 (戰爭的景象)。
6. Hannah Arendt, *The Origins of Totalitarianism* (London: Penguin, 2017), 614.
7. Erwin Panofsky, 'The History of Art as a Humanistic Discipline', in *The Meaning of the Humanities*, ed. T. M. Greene (Princeton, NJ: Princeton University Press; London: Humphrey Milford/Oxford University Press, 1938), 89–118，這一點見頁93。
8. Rizi, *Benedetto Croce and Italian Fascism*, 13。
9. Cecil Sprigge, *Benedetto Croce: Man and Thinker* (Cambridge, UK: Bowes & Bowes, 1952), 12–17。
10. Benedetto Croce to Giovanni Gentile, 24 October, 1924, translated in Rizi, *Benedetto Croce and Italian Fascism*, 75。
11. Benedetto Croce to Alessandro Casati, October 1924, translated in Rizi, *Benedetto Croce and Italian Fascism*, 76。
12. B. Croce, 'A Reply by Italian Authors, Professors, and Journalists to the "Manifesto" of the Fascist Intellectuals', in *From Kant to Croce: Modern Philosophy in Italy 1800–1950*, ed. and trans. Brian

Copenhaver and Rebecca Copenhaver (Toronto: University of Toronto Press, 2012), 713–16，這一點見頁 714–15; Gentile's 'Manifesto of Fascist Intellectuals', 706–12。

13. Rizi, *Benedetto Croce and Italian Fascism*, 114–20。

14. Benedetto Croce, 'History as the History of Liberty' (1937), in *Philosophy – Poetry – History: An Anthology of Essays*, trans. Cecil Sprigge (London: Oxford University Press, 1966), 546–88，這一點見頁585–86。

15. Stefan Zweig, *The World of Yesterday*, trans. Anthea Bell (London: Pushkin, 2011), 389。

16. Stefan Zweig, *Erasmus* [and] *The Right to Heresy*, trans. Eden and Cedar Paul (London: Hallam/Cassell, 1951), 5。另見chap. 6, 'Greatness and Limitations of Humanism', 67–88。

17. Stefan Zweig, *Montaigne*, trans. Will Stone (London: Pushkin, 2015)。

18. 自殺遺書見〈出版商的後記〉（Publisher's Postscript），收錄於Stefan Zweig, *The World of Yesterday*, ed. Harry Zohn (Lincoln: University of Nebraska Press, 1964), 437–40。

19. E. M. Forster, 'Some Books' (talk given on the BBC's *We Speak to India*, 4 March, 1942), in *The BBC Talks*, ed. Mary Lago, Linda K. Hughes and Elizabeth MacLeod Walls (Columbia and London: University of Missouri Press, 2008), 172。

20. Christopher Isherwood, *Down There on a Visit* (London: Vintage, 2012), 171。

21. Roger-Pol Droit, *Humanity in the Making: Overview of the Intellectual History of UNESCO, 1945–2005* (Paris: UNESCO, 2005), 40。

22. Thomas Mann, *Diaries 1918–1939*, ed. Hermann Kesten, trans. Richard and Clara Winston (London: André Deutsch, 1983), 222 (entry for Sunday, 5 August, 1934)。

23. Thomas Mann, 'Europe Beware', trans. H. T. Lowe-Porter, in *Order of the Day: Political Essays and Speeches of Two Decades* (New York: Alfred A. Knopf, 1942), 69–82，這段話見頁82。

24. Thomas Mann, *Mario and the Magician and Other Stories* (Harmondsworth, UK: Penguin, 1975), 113–

57。

25. Thomas Mann, *The Magic Mountain*, trans. H. T. Lowe-Porter (Harmondsworth, UK: Penguin, 1960), 400 (乖乖聽話), 522 (未來的教育)。

26. Mann, *The Magic Mountain*, 497。

27. 一九一五年，亨利希·曼在《空白頁》（*Die weissen Blätter*）雜誌上發表〈左拉〉（Zola），提出了這個相當有影響力的觀點，並轉載於他討論法國作家的論文集 *Geist und Tat: Franzosen 1780–1930* (Berlin: G. Kiepenheuer, 1931)。參見 Karin Verena Gunnemann, *Heinrich Mann's Novels and Essays: The Artist as Political Educator* (Rochester, NY: Camden House, 2002), 79。

28. Thomas Mann, 'An Appeal to Reason' (talk given in Berlin, October 1930), trans. H. T. Lowe-Porter, in *Order of the Day*, 46–68，這一點見頁 54–56 (叫囂); Tobias Boes, *Thomas Mann's War* (Ithaca, NY, and London: Cornell University Press, 2019), 85–86。

29. Thomas Mann to Hermann Hesse, 22 December, 1932, *The Hesse–Mann Letters*, ed. Anni Carlsson and Volker Michels, trans. Ralph Manheim (London: Arena, 1986), 16。

30. Erika Mann and Klaus Mann, *Escape to Life* (Boston: Houghton Mifflin, 1939), 6–7。

31. Thomas Mann, 'Achtung, Europa!' (April 1935), in *Achtung, Europa! Aufsätze zur Zeit* (Stockholm: Bermann-Fischer, 1938), 73–93。

32. Boes, *Thomas Mann's War*, 148–54。關於麥克利什的看法，參見 'Of the Librarian's Profession', *Atlantic Monthly* (June 1940), reprinted in *Champion of a Cause*, ed. Eva M. Goldschmidt (Chicago: ALA, 1971), 43–53。

33. Erika Mann, *The Lights Go Down*, trans. Maurice Samuel (London: Secker & Warburg, 1940), 239–81。有一條注釋指出，一九三九年七月十七日，《法蘭克福報》（*Frankfurter Zeitung*）引用了一篇希特勒談藝術的演講稿，裡面確實有三十三個文法錯誤。

34. 關於克里斯特勒的故事，參見 Paul Oskar Kristeller and Margaret L. King, 'Iter Kristellerianum: The

European Journey (1904–1939)', *Renaissance Quarterly* 47 (1994), 907–29，這一點見頁917–25。

35. Jeffrey Chipps Smith, introduction to Erwin Panofsky, *The Life and Art of Albrecht Dürer* (Princeton, NJ: Princeton University Press, 2005), xxix–xxxi。

36. Max Warburg, memorial address of 5 December, 1929, quoted in E. H. Gombrich, *Aby Warburg: An Intellectual Biography*, 2nd ed. (Oxford, UK: Phaidon, 1986), 22。

37. Aby Warburg, *Bilderatlas Mnemosyne*, ed. Axel Heil and Roberto Ohrt (Stuttgart and Berlin: Hatje Cantz, 2020)。二〇二〇年，倫敦的沃伯格研究所與世界文化宮（Haus der Kulturen der Welt）舉辦了兩場關於這些圖板的線上展覽：https://warburg.sas.ac.uk/collections/warburg-institute-archive/bilderatlas-mnemosyne/mnemosyne-atlas-october-1929，以及https://www.hkw.de/en/programm/projekte/2020/aby_warburg/bilderatlas_mnemosyne_start.php。

38. Fritz Saxl, 'Ernst Cassirer', in *The Philosophy of Ernst Cassirer*, ed. P. A. Schilpp (La Salle, IL: Open Court, 1949), 47–48。

39. On the move: Fritz Saxl, 'The History of Warburg's Library', in E. H. Gombrich, *Aby Warburg: An Intellectual Biography*, 2nd ed. (Oxford, UK: Phaidon, 1986), 325–38，這段話見頁336–37。這個想法主要歸功於海德堡大學的雷蒙德·克里班斯基（Raymond Klibansky）博士的建議；並由兩位首席策展人弗里茨·撒克爾與格特魯德·賓進行籌劃。

40. *Prospectus of the Journal of the Warburg Institute*, London, 1937（「人文主義研究」），以及'Memo Regarding the Warburg Institute: How to Get It Known in England', 30 May, 1934，兩者皆轉引於Elizabeth McGrath, 'Disseminating Warburgianism: The Role of the "Journal of the Warburg and Courtauld Institutes" ', in *The Afterlife of the Kulturwissenschaftliche Bibliothek Warburg*, ed. U. Fleckner and P. Mack (Berlin and Boston: De Gruyter, 2015), 39–50，這一點見頁43–44。兩個機構共同創辦的期刊簡介翻印於圖二。

41. https://warburg.sas.ac.uk/about/news/warburg-institute-receive-major-gift-edmund-de-waal。

42. Nikola van Merveldt, 'Books Cannot Be Killed by Fire', Library Trends 55, no. 3 (Winter 2007), 523–35, https://milholmbc.weebly.com/uploads/3/8/0/7/38071703/bookscannotbekilledbyfire.pdf。
43. Kathy Peiss, *Information Hunters* (New York: Oxford University Press, 2020), 43。
44. Marcel Reich-Ranicki, *The Author of Himself: The Life*, trans. Ewald Osers (London: Weidenfeld & Nicolson, 2001), 68–70。
45. Thomas Mann, *Listen, Germany! Twenty-five Radio Messages to the German People over BBC* (New York: Alfred A. Knopf, 1943), v–vi。另見Boes, *Thomas Mann's War*, 168–69。
46. Mann, *Listen, Germany!*, 69 (January 1942), 98 (June 1942)。
47. Mann, *Listen, Germany!*, 33 (May 1941)。
48. Frederick Hartt, *Florentine Art under Fire* (Princeton, NJ: Princeton University Press, 1949), 45。
49. 關於異化理論，參見Karl Marx, *Economic and Philosophical Manuscripts of 1844*, ed. Dirk J. Struik, trans. Martin Milligan (New York: International Publishers, 1964), 108。該書根據馬克思二十幾歲的時候在巴黎撰寫的許多份手稿編纂而成，首次出版於一九三二年。
50. Frank Dikötter, *The Cultural Revolution: A People's History, 1962–1976* (London: Bloomsbury, 2017), 89–91。
51. 這件事發生在一九六六年十一月。參見Sang Ye and Geremie R. Barmé, 'Commemorating Confucius in 1966–67', *China Heritage Quarterly*, no. 20 (December 2009), http://www.chinaheritagequarterly.org/scholarship.php?searchterm=020_confucius.inc&issue=020。
52. Dikötter, *The Cultural Revolution*, 94。
53. 這個數據獲得普遍認可，引自Yang Jisheng in *The Great Chinese Famine, 1958–1962*, trans. Stacy Mosher and Guo Jian (New York: Farrar, Straus & Giroux, 2012)。
54. Ranbir Vohra, *Lao She and the Chinese Revolution* (Cambridge, UK: East Asian Research Center, 1974), 163–65，特別是頁164，引用了一九六六年來訪的羅瑪與斯圖爾特・格爾德夫婦（Roma and Stuart

Gelder）對老舍的訪談。訪談內容收錄於他們的著作*Memories for a Chinese Grand-Daughter* (New York: Stein & Day, 1968), 182–95。

55. 關於各方估計數字，參見 https://en.wikipedia.org/wiki/Cambodian_genocide。
56. Rithy Panh and Christophe Bataille, *The Elimination*, trans. John Cullen (New York: Other Press, 2012), 142。
57. Rithy Panh and Christophe Bataille, *The Missing Picture* [*L' image manquante*], Catherine Dussart Productions, 2013。
58. William Golding, 'Fable', in *The Hot Gates* (London: Faber & Faber, 1970), 87（「任何經歷過」）, 94（時代的精神）。
59. 二十六歲的法律系學生海因茨·庫希勒（Heinz Küchler）在一九四一年九月六日寫的一封信，翻譯並引述於Omer Bartov, *Hitler's Army* (New York: Oxford University Press, 1991), 116。這句話也被引述於David Livingstone Smith, *Less Than Human* (New York: St. Martin's Press, 2011), 141。
60. Thomas Mann to Walter von Molo, 7 September, 1945, in Thomas Mann, *Letters, 1889–1955*, ed. and trans. Richard and Clara Winston (London: Secker & Warburg, 1970), vol. 2, 482。
61. Theodor Adorno, 'Cultural Criticism and Society' (1951), in *Prisms*, trans. Samuel and Shierry Weber (Cambridge, MA: MIT Press, 1981), 17–34，這句話見頁34。
62. Theodor Adorno and Max Horkheimer, *Dialectic of Enlightenment*, trans. John Cumming (London and New York: Verso, 1997)。參見頁24，舉例來說，他們批評啟蒙運動「跟任何體制一樣帶有極權主義色彩」。該書於一九四四年完成，並於一九四七年增訂。
63. Jacques Maritain, *True Humanism* (New York: Charles Scribner's Sons, 1938), 19。本書根據一九三四年八月在西班牙桑坦德大學（University of Santander）舉辦的一系列講座改寫而成。
64. *Partisan Review*, February–May/June 1950，這一點摘自一九五〇年二月號，頁103。
65. 'Assault of the Humanists', *Elsevier Weekblad* (1952), trans. in Hans van Deukeren et al., 'From History

to Practice – A History of IHEU, 1952–2002', in *International Humanist and Ethical Union, 1952–2002*, ed. Bert Gasenbeek and Babu Gogineni (Utrecht: De Tijdstroom, 2002), 16–104，這一點見頁26。

66. Martin Heidegger, 'Letter on "Humanism"', in *Pathmarks*, ed. W. McNeill, trans. Frank A. Capuzzi (Cambridge, UK: Cambridge University Press, 1998), 239–76，這一點見頁247, 260（存有的召喚），252（不是上帝）。「存有」一詞的英譯並不總是使用大寫字母B，因為所有德文名詞的第一個字母都要大寫，但是*Sein*（「存有」〔Being〕）與*Seiende*（「存有者」〔beings〕）有很大的不同，如果沒有使用大寫字母標示，在英譯時可能會無法區分。

67. Jean-Paul Sartre, *Existentialism and Humanism*, trans. Philip Mairet (London: Methuen, 2007), 38。法文書名略有不同：《存在主義是一種人文主義》（*L'Existentialisme est un humanism*）（根據沙特在一九四五年舉辦的講座改寫而成，一九四六年出版）。儘管我們是完全自由的，但也應該對他人做出道德與政治承諾。

68. Michel Foucault, *The Order of Things* (London and New York: Routledge, 2002), 422 (「抹去」), 420 (啓蒙運動)。

69. Frantz Fanon, *The Wretched of the Earth*, trans. Constance Farrington (London: Penguin, 1967), 251。

70. 本段所有的引文均摘自Fanon, *The Wretched of the Earth*, 252–54。

71. Longxi Zhang, 'Humanism Yet Once More: A View from the Other Side', in *Humanism in Intercultural Perspective: Experiences and Expectations*, ed. Jörn Rüsen and Henner Laass (Bielefeld, Germany: Transcript, 2009), 225–31，這段話見頁228。

72. Panh and Bataille, *The Elimination*, 268。

73. Benedetto Croce, 'Progress as a State of Mind and Progress as Philosophic Concept', in *Philosophy – Poetry – History: An Anthology of Essays*, trans. Cecil Sprigge (London: Oxford University Press, 1966), 589–94，這一點見頁589–92.

74. His Majesty's Stationery Office, 'The Basic Principle of the Curriculum', in *The Norwood Report:*

Curriculum and Examinations in Secondary Schools (London: His Majesty's Stationery Office, 1943), 55, http://www.educationengland.org.uk/documents/norwood/norwood1943.html。

75. Harvard Committee, *General Education in a Free Society* (Cambridge, MA: Harvard University Press, 1945), 168–69, https://archive.org/details/generaleducation032440mbp/page/n5。

76. H. J. Blackham, *The Human Tradition* (London: Routledge & Kegan Paul, 1953), 50。

77. *Constitution of the United Nations Educational, Scientific and Cultural Organization, signed at London, on 16 November 1945*: Preamble, https://treaties.un.org/doc/Publication/UNTS/Volume%204/volume-4-I-52-English.pdf。

78. Ronald W. Clark, *The Huxleys* (London: Heinemann, 1968), 310–12; Julian Huxley, *UNESCO: Its Purpose and Its Philosophy* [*L'Unesco: Ses buts et sa philosophie*] (London: Preparatory Commission, 1946; [facsimile edition] London: Euston Grove, 2010)。

79. Julian Huxley, *Memories* (Harmondsworth, UK: Penguin, 1972, 1978), vol. 2, 30–31。

80. Huxley, *Memories*, vol. 2, 22。

81. United Nations, *Universal Declaration of Human Rights*, article 1, https://www.un.org/en/universal-declaration-human-rights/。關於宣言起草過程，參見M. A. Glendon, *A World Made New: Eleanor Roosevelt and the Universal Declaration of Human Rights* (New York: Random House, 2001)，特別是頁68，頁90。關於這些特定問題的討論，另見Lynn Hunt, *Inventing Human Rights: A History* (New York and London: W. W. Norton, 2007)。

82. Sumner Twiss, 'Confucian Ethics, Concept-Clusters, and Human Rights', in *Polishing the Chinese Mirror: Essays in Honor of Henry Rosemont, Jr.*, ed. M. Chandler and R. Littlejohn (New York: Global Scholarly Publications, 2007), 50–67，這一點見頁60。

83. Geraldine Van Bueren, 'I Am Because You Are', *Times Literary Supplement*, Human Rights Special Feature, 21–28 December, 2018, 5–6。

84. Mann, *Listen, Germany!*, 71 (January 1942)。

85. Damiano Fedele, 'Cesare Fasola, il partigiano che salvò la Primavera di Botticelli', *Il Fiesolano*, 25 April, 2020, https://www.ilfiesolano.it/persone/cesare-fasola-il-partigiano-che-salvo-la-primavera-di-botticelli/。另見Eric Linklater, *The Art of Adventure* (London: Macmillan, 1947), 260–63。

86. Hartt, *Florentine Art under Fire*, 18–19。關於蒙特哥福尼城堡的藝術品清單與說明，參見Osbert Sitwell, *Laughter in the Next Room* (London: Macmillan, 1949), 350–64。

87. Linklater, *The Art of Adventure*, 266–67。

88. David Hapgood and David Richardson, *Monte Cassino* (New York: Congdon & Weed, 1984), 13。

89. Walter M. Miller Jr, *A Canticle for Leibowitz* (Philadelphia: Lippincott, 1959; London: Orbit, 2019), 26。參見William H. Roberson and Robert L. Battenfeld, *Walter M. Miller, Jr: A Bio-Bibliography* (Westport, CT: Greenwood Press, 1992), 1–2。

90. http://www.friendsofchartres.org/aboutchartres/colonelwelborngriffith/，和https://valor.militarytimes.com/hero/6100%7Ctitle=Militarytimes。另見https://www.washingtonexaminer.com/the-american-hero-who-saved-chartres-cathedral。

91. Jean-Paul Sartre, 'The End of the War', in *The Aftermath of War* (*Situations 3*), trans. C. Turner (London: Seagull, 2008), 65–75，這一點見頁65。

92. Bertrand Russell, 'Man's Peril' (23 December, 1954), in *Portraits from Memory, and Other Essays* (London: Allen & Unwin, 1956), 215–20，這段話見頁220。

93. 線上查詢帕格沃什宣言：https://pugwash.org/1955/07/09/statement-manifesto/。

94. Russell, *Autobiography* (London and New York: Routledge, 1998), 609。

95. Bertrand Russell, *Authority and the Individual (The Reith Lectures, 1948–49)* (London: Allen & Unwin, 1949), 93。

96. https://en.wikipedia.org/wiki/International_Union_for_Conservation_of_Nature。

97. Russell, *Autobiography*, 511–12; 537。關於墜機經過，參見https://en.wikipedia.org/wiki/Bukken_Bruse_disaster。
98. Bertrand Russell, 'Hopes: Realized and Disappointed', in *Portraits from Memory, and Other Essays* (London: Allen & Unwin, 1956), 45–49，這段話見頁47。
99. Russell, *Autobiography*, 728。

第十二章：快樂就在這裡

1. Edwin H. Wilson, *The Genesis of a Humanist Manifesto*, ed. Teresa Maciocha (Amherst, NY: Humanist Press [American Humanist Association], 1995), 23 (Raymond B. Bragg, letter of 17 February, 1970, 'humanist blast'), 63 (布什曼), 83 (席勒)。
2. 線上查詢一九三三年的宣言：https://en.wikipedia.org/wiki/Humanist_Manifesto_I。
3. Wilson, *The Genesis of a Humanist Manifesto*, 108–9。
4. 關於英國與國際人文主義組織及其起源的完整概述，參見Jim Herrick, *Humanism: An Introduction*, 2nd ed. (London: Rationalist Press Association, 2009), 123–58。關於英國人文主義組織的歷史，參見Callum Brown, David Nash and Charlie Lynch, *The Humanist Movement in Modern Britain: A History of Ethicists, Rationalists and Humanists* (London: Bloomsbury, 2022)。
5. J. B. H. Wadia, *M. N. Roy the Man: An Incomplete Royana* (London: Sangam, 1983), 10。
6. M. N. Roy, *New Humanism: A Manifesto* (Delhi: Ajanta, 1981), 41。
7. Bertrand Russell, 'The Triumph of Stupidity' (10 May, 1933), in *Mortals and Others* (London and New York: Routledge, 2009), 203。
8. Roy, *New Humanism*, 43。
9. Hans van Deukeren et al., 'From History to Practice – A History of IHEU, 1952–2002', in *International Humanist and Ethical Union, 1952–2002*, ed. Bert Gasenbeek and Babu Gogineni (Utrecht: De

Tijdstroom, 2002), 16–104，這一點見頁 21。

10. 二〇二二年，英國格拉斯哥舉行的人文主義國際大會（Humanists International General Assembly）上批准的《現代人文主義宣言》，收錄於本書附錄，線上查詢：https:// humanists.international/policy/declaration-of-modern-humanism/。一九五二年，世界人文主義大會（World Humanist Congress）上批准的《阿姆斯特丹宣言》，線上查詢：https://humanists.international/policy/amsterdam-declaration-1952/。在這兩份宣言之間，一九七五年和二〇〇二年還發表了修訂後的《阿姆斯特丹宣言》。

11. American Humanist Association, 'Humanist Manifesto III, a Successor to the Humanist Manifesto of 1933', 2003, https://americanhumanist.org/what-is-humanism/manifesto3/。關於美國人文主義者協會的歷史：https://americanhumanist.org/about/our-history。

12. 黛比・戈達德的話，引自'Celebrating the Diverse Spirituality and Religion of African-Americans', *Huffington Post*, 17 February, 2004, https://www.huffpost.com/entry/diverse-african-american-religion_n_4762315。

13. https://en.wikipedia.org/wiki/Debbie_Goddard，引述Brandon Withrow, 'What It's Like to Be Black and Atheist', *Daily Beast*, 19 November, 2016, https://www.thedailybeast.com/what-its-like-to-be-black-and-atheist。關於黑人社群面對無神論和／或人文主義議題的複雜性，另見https://en.wikipedia.org/wiki/Atheism_in_the_African_diaspora。

14. AAH, 'An African-American Humanist Declaration', in Anthony B. Pinn, ed., *By These Hands: A Documentary History of African American Humanism* (New York and London: New York University Press, 2001), 319–26，這一點見頁 326.

15. US: https://www.blackhumanists.org/about-the-bha. UK: https://en.wikipedia.org/wiki/Association_of_Black_Humanists。

16. James Kirkup's 'The Love That Dares to Speak Its Name'，線上查詢：https://www.pinknews.co.uk/

2008/01/10/the-gay-poem-that-broke-blasphemy-laws/。

17. https://en.wikipedia.org/wiki/John_William_Gott。
18. https://www.channel4.com/news/archbishop-admits-church-failed-terribly-over-abuse-revelations。
19. Tania Branigan, 'I Am Being Used, Claims Blasphemy Trial Poet', *Guardian*, 11 July, 2002, https://www.theguardian.com/uk/2002/jul/11/books.booksnews。
20. 'Blasphemy at the Old Bailey', *Everyman*, BBC, 1977。
21. 引自John Mortimer, *Murderers and Other Friends* (London: Penguin, 1995), 87。
22. Mortimer, *Murderers and Other Friends*, 88。
23. 'Blasphemy at the Old Bailey'。
24. http://www.lgbthumanists.org.uk/history/。
25. 感謝安德魯・科普森（Andrew Copson）告訴我這一點。
26. https://en.wikipedia.org/wiki/Blasphemy_law_in_the_United_States。
27. End Blasphemy Laws Now: https://end-blasphemy-laws.org/. Secular Rescue: David Robson, 'The "Underground Railroad" to Save Atheists', *Atlantic*, 18 January, 2018, https://www.theatlantic.com/international/archive/2018/01/the-underground-railroad-to-save-atheists/550229/。「世俗救援」網站：www.secular-rescue.org；另見https://www.center forinquiry.net/newsroom/center_for_inquiry_launches_secular_rescue_to_save_lives_of_threatened_acti/。
28. 英國人文主義者協會發起的運動，詳見該組織網站：https://humanists.uk/campaigns/。
29. https://humanists.uk/campaigns/secularism/constitutional-reform/bishops-in-the-lords/。
30. 關於預訂座位的問題：https://www.secularism.org.uk/news/2020/01/calls-for-parliamentary-prayers-review-after-mp-compelled-to-attend。關於祈禱方式：https://www.parliament.uk/about/how/business/prayers/。

31. G. W. Foote, *Reminiscences of Charles Bradlaugh* (London: Progressive, 1891), 35。關於布拉德洛，另見Charles Bradlaugh, *The True Story of My Parliamentary Struggle* (London: Freethought, 1882); Bryan Niblett, *Dare to Stand Alone: The Story of Charles Bradlaugh* (Oxford, UK: Kramedart, 2010); David Tribe, *President Charles Bradlaugh, MP* (London: Elek, 1971); John Robertson, *Charles Bradlaugh* (London: Watts, 1920)。
32. Thomas Jefferson, *Notes on the State of Virginia* (1787) (Baltimore: W. Pechin, 1800), 160。
33. https://en.wikipedia.org/wiki/Pledge_of_Allegiance。
34. https://en.wikipedia.org/wiki/In_God_We_Trust。
35. Vashti Cromwell McCollum, *One Woman's Fight* (Garden City, NY: Doubleday, 1951; rev. ed. Boston: Beacon Press, 1961; Madison, WI: Freedom From Religion Foundation, 1993), 86 (甘藍菜), 85 (「ATHIST」), 101 (「願你那腐爛的靈魂」), 104 (「嗯，想必」)。另見傑伊・羅森斯坦（Jay Rosenstein）的紀錄片，收錄麥考倫和她的兒子們的訪談：*God Is Not on Trial Here Today* (*McCollum v. Board of Education*), Jay Rosenstein Productions, 2010: http://jayrosenstein.com/pages/lord.html。線上瀏覽影片：https://youtu.be/EeSHLnrgaqY。另見https:// en.wikipedia.org/wiki/Vashti_McCollum，和她的訃告：http://www.nytimes.com/2006/08/26/obituaries/26mccullum.html。
36. Margaret Knight, *Morals without Religion, and Other Essays* (London: Dennis Dobson, 1955), 22–23 (「她看起來」), 16–17 (羅素，並且拿出來談)。關於BBC內部的反對聲浪，參見Callum G. Brown, *The Battle for Christian Britain* (Cambridge, UK: Cambridge University Press, 2019), 139–40。
37. Bishopsgate Institute Library, London: BHA papers. BHA 1/17/148, 關於公車宣傳活動，包含一份英國人文主義者協會的報告〈無神論公車宣傳活動：為什麼會成功〉（Atheist Bus Campaign: Why Did It Work?），BHA 1/17/149，二〇〇八年至二〇〇九年的宣傳活動相關信件與訊息，另見https://humanism.org.uk/campaigns/successful-campaigns/atheist-bus-campaign/。
38. Zora Neale Hurston, *Dust Tracks on a Road*, reprinted in *Folklore, Memoirs, and Other Writings* (New

York: Library of America, 1995), 764。

39. Julian Huxley, *Religion without Revelation* (London: Ernest Benn, 1927), 358。

40. Anton Chekhov to Alexei Suvorin, 15 May, 1889, in *Anton Chekhov's Life and Thought: Selected Letters and Commentary*, trans. Michael Henry Heim, ed. Simon Karlinsky (Evanston, IL: Northwestern University Press, 1997), 145。這首歌由格林卡創作，為普希金作的詞譜曲。你可以線上聆聽加林娜・維什涅夫斯卡婭（Galina Vishnevskaya）的演唱：https://www.youtube.com/watch?v=ymfoXrd-WVQM&ab_channel=Galina Vishnevskaya-Topic。

41. H. J. Blackham, *Humanism* (Harmondsworth, UK: Pelican, 1968), 159。

42. Geoffrey Scott, *The Architecture of Humanism* (London: Constable, 1914), 211–15 (身體在世界上的感受), 235 (「物質條件」)。

43. Jane Jacobs, *The Death and Life of Great American Cities* (New York: Random House, 1961, 1989), 50, 55, 83。

44. Annie Matan and Peter Newman, *People Cities: The Life and Legacy of Jan Gehl* (Washington, DC, and Covelo, CA: Island Press, 2016), 14–15（阿斯科利皮切諾〔Ascoli Piceno〕地方報紙刊登了一張他的照片，附上文字說明：「他看起來像個披頭族，但他不是」〔Sembra ma non è un "beatnik"〕），18（「破壞行為」；一九六九年的計畫）。另見Jan Gehl, *Cities for People* (Washington, DC: Island Press, 2010)，收錄行人被汽車與道路擠到一邊去，顯得矮小的照片。

45. Leonid Sergeyevich Madyarov speaking, in Vasily Grossman, *Life and Fate*, trans. Robert Chandler (London: Vintage, 2006), 267。

46. 摘自伊康尼科夫-莫爾日（Ikonnikov-Morzh）的遺囑：Grossman, *Life and Fate*, 393。

47. 關於搶救這本小說的故事：Robert Chandler, introduction to Grossman, *Life and Fate*, xvii–xix; Robert Chandler, introduction to 'Late Stories', in Vasily Grossman, *The Road*, trans. Robert and Elizabeth Chandler with Olga Mukovnikova (London: Maclehose/Quercus, 2011), 197。另見https://en.wikipedia.

org/wiki/Life_and_Fate。

48. 羅伯特・錢德勒（Robert Chandler）為他翻譯的格羅斯曼，《生活與命運》撰寫前言，並與契訶夫的短篇小說進行比較，xii–xiii。

49. Grossman, *Life and Fate*, 539 (「星辰」), 201 (機器，法西斯主義)。

50. Jaron Lanier, *You Are Not a Gadget: A Manifesto* (London: Allen Lane/Penguin, 2010), 32。

51. George Eliot, 'Shadows of the Coming Race', *Impressions of Theophrastus Such* (Edinburgh and London: W. Blackwood, 1879), 299–309，這段話見頁 307。

52. https://www.theguardian.com/environment/2016/aug/31/domestic-chicken-anthropocene-humanity-influenced-epoch。另見Jeremy Davies, *The Birth of the Anthropocene* (Oakland: University of California Press, 2016)。認為這個概念言過其實的看法，參見Peter Brannen, 'The Anthropocene Is a Joke', *Atlantic*, 13 August, 2019, https://www.theatlantic.com/science/archive/2019/08/arrogance-anthropocene/595795/。

53. http://www.vhemt.org/。另見https:// www.theguardian.com/lifeandstyle/2020/jan/10/i-campaign-for-the-extinction-of-the-human-race-les-knight。後人類主義：一九七七年，文學理論家伊哈布・哈桑（Ihab Hassan）最早對這個詞提出以下說明：「我們必須明白，五百年的人文主義可能即將終結，因為人文主義變成我們必須無奈地稱之為後人類主義的東西。」Ihab Hassan, 'Prometheus as Performer: toward a Posthumanist Culture? A University Masque in Five Scenes', *Georgia Review* 31, no. 4 (Winter 1977), 830–50，這段話見頁 843. 另見David Roden, *Posthuman Life: Philosophy at the Edge of the Human* (London and New York: Routledge, 2015)。

54. 類似的評論，參見James Lovelock and Bryan Appleyard, *Novacene* (London: Penguin, 2020), 56。

55. David C. Barker and David H. Bearce, 'End-Times Theology, the Shadow of the Future, and Public Resistance to Addressing Global Climate Change', *Political Research Quarterly* 66, no. 2 (June 2013), 267–79。

56. https://climatecommunication.yale.edu/publications/global-warming-god-end-times/。

57. Ray Kurzweil, *The Singularity Is Near: When Humans Transcend Biology* (London: Duckworth, 2005), 15。關於超人類主義，另見https://humanityplus.org/philosophy/transhumanist-declaration/ and Max More and Nata- sha Vita-More, eds., *The Transhumanist Reader* (Oxford, UK: Wiley, 2013)。

58. Arthur C. Clarke, *Childhood's End* (London: Pan, 1956), 122。

59. Clarke, *Childhood's End*, 159。

60. Clarke, *Childhood's End*, 178。

61. 「超越人類的能力／無法用語言表達」（'Transumanar significar *per verba* / non si poria'）. Dante, *Paradiso*, trans. Robin Kirkpatrick (London: Penguin, 2007), 6–7 (canto 1, lines 70– 71)。關於這幾行詩，參見Prue Shaw, *Reading Dante* (New York and London: Liveright/ W. W. Norton, 2015), 245–46。

62. James Baldwin, 'Down at the Cross', in *Collected Essays*, ed. Toni Morrison (New York: Library of America, 1998), 339 (part of *The Fire Next Time*, 1963; originally published in the *New Yorker*, 17 November, 1962)。

63. Tzvetan Todorov, *Duties and Delights: The Life of a Go-Between. Interviews with Catherine Portevin*, trans. Gila Walker (London, New York, and Calcutta: Seagull Books, 2008), 264。

64. 英格索爾關於快樂的信條，摘自*An Oration on the Gods* (29 January, 1872) (Cairo, IL: Daily Bulletin Steam Book & Job Print, 1873), 48。一八九九年的錄音，線上聆聽：https://youtu.be/rLLap wIoEVI。

國家圖書館出版品預行編目資料

人文主義的追尋：人文主義七百年來的自由思考、探究和希望／莎拉・貝克威爾（Sarah Bakewell）著；陳衍秀 譯. -- 初版. -- 臺北市：商周出版，城邦文化事業股份有限公司出版：英屬蓋曼群島商家庭傳媒股份有限公司城邦分公司發行，民112.10
面； 公分. --（Discourse；123）
譯自：Humanly Possible: 700 Years of Humanist Freethinking, Enquiry and Hope
ISBN 978-626-318-877-8（平裝）
1. CST: 人文主義
143.47 112015676

人文主義的追尋：
人文主義七百年來的自由思考、探究和希望

原著書名／Humanly Possible: 700 Years of Humanist Freethinking, Enquiry and Hope
作者／莎拉・貝克威爾（Sarah Bakewell）
譯者／陳衍秀
企劃選書／梁燕樵
責任編輯／嚴博瀚

版權／吳亭儀、林易萱
行銷業務／周丹蘋、賴正祐
總編輯／楊如玉
總經理／彭之琬
事業群總經理／黃淑貞
發行人／何飛鵬
法律顧問／元禾法律事務所 王子文律師
出版／商周出版
城邦文化事業股份有限公司
臺北市中山區民生東路二段141號9樓
電話：(02) 2500-7008 傳真：(02) 2500-7759
E-mail：bwp.service@cite.com.tw
Blog：http://bwp25007008.pixnet.net/blog
發行／英屬蓋曼群島商家庭傳媒股份有限公司城邦分公司
臺北市中山區民生東路二段141號11樓
書虫客服服務專線：(02) 2500-7718・(02) 2500-7719
24小時傳眞服務：(02) 2500-1990・(02) 2500-1991
服務時間：週一至週五09:30-12:00・13:30-17:00
郵撥帳號：19863813 戶名：書虫股份有限公司
讀者服務信箱E-mail：service@readingclub.com.tw
歡迎光臨城邦讀書花園 網址：www.cite.com.tw
香港發行所／城邦（香港）出版集團有限公司
香港灣仔駱克道193號東超商業中心1樓
電話：(852) 2508-6231 傳真：(852) 2578-9337
E-mail：hkcite@biznetvigator.com
馬新發行所／城邦（馬新）出版集團 Cité (M) Sdn. Bhd.
41, Jalan Radin Anum, Bandar Baru Sri Petaling,
57000 Kuala Lumpur, Malaysia
電話：(603) 9056-3833 傳真：(603) 9057-6622
Email：services@cite.my

封面設計／兒日設計
排版／新鑫電腦排版工作室
印刷／韋懋印刷有限公司
經銷商／聯合發行股份有限公司
電話：(02) 2917-8022 傳真：(02) 2911-0053
地址：新北市231新店區寶橋路235巷6弄6號2樓

■2023年（民112）10月初版
定價 800 元

Printed in Taiwan
城邦讀書花園
www.cite.com.tw

ISBN 978-626-318-877-8

商周出版

廣	告	回	函
北區郵政管理登記證			
台北廣字第000791號			
郵資已付，免貼郵票			

104台北市民生東路二段141號11樓

英屬蓋曼群島商家庭傳媒股份有限公司　城邦分公司

請沿虛線對摺，謝謝！

商周出版

書號：BK7123　**書名：**人文主義的追尋　**編碼：**

請於此處用膠水黏貼

讀者回函卡

線上版讀者回函卡

感謝您購買我們出版的書籍！請費心填寫此回函卡，我們將不定期寄上城邦集團最新的出版訊息。

姓名：________________ 性別：□男 □女

生日：西元________年________月________日

地址：________________

聯絡電話：________________ 傳真：________________

E-mail ：

學歷：□ 1. 小學 □ 2. 國中 □ 3. 高中 □ 4. 大學 □ 5. 研究所以上

職業：□ 1. 學生 □ 2. 軍公教 □ 3. 服務 □ 4. 金融 □ 5. 製造 □ 6. 資訊

□ 7. 傳播 □ 8. 自由業 □ 9. 農漁牧 □ 10. 家管 □ 11. 退休

□ 12. 其他________________

您從何種方式得知本書消息？

□ 1. 書店 □ 2. 網路 □ 3. 報紙 □ 4. 雜誌 □ 5. 廣播 □ 6. 電視

□ 7. 親友推薦 □ 8. 其他________________

您通常以何種方式購書？

□ 1. 書店 □ 2. 網路 □ 3. 傳真訂購 □ 4. 郵局劃撥 □ 5. 其他______

您喜歡閱讀那些類別的書籍？

□ 1. 財經商業 □ 2. 自然科學 □ 3. 歷史 □ 4. 法律 □ 5. 文學

□ 6. 休閒旅遊 □ 7. 小說 □ 8. 人物傳記 □ 9. 生活、勵志 □ 10. 其他

對我們的建議：________________

____

____

請於此處用膠水黏貼